Hans-Helmuth Knütter · Stefan Winckler (Hrsg.)

Der Verfassungsschutz

Hans-Helmuth Knütter · Stefan Winckler (Hrsg.)

Der Verfassungsschutz

Auf der Suche nach dem verlorenen Feind

Universitas

Besuchen Sie uns im Internet unter
http://www.herbig.net

Schutzumschlag: Wolfgang Heinzel
Satz: Fotosatz Völkl, Puchheim
Druck: Jos. C. Huber KG, Dießen
Binden: R. Oldenbourg, München
Printed in Germany
ISBN 3-8004-1407-4

Inhalt

Anhang

Hans-Helmuth Knütter / Stefan Winckler

Einleitung:

Auf der Suche nach dem verlorenen Feind? Über die Verfassungsschutzämter nach dem Ost-West-Konflikt

»Bloß keine vor Selbstmitleid triefende Ansammlung von Autoren, die mit ihren links- oder rechtsextremistischen, realitätsfernen, von der Geschichte überholten Einstellungen kaum Leser erreichen und für ihren Mißerfolg die Gesellschaft, mehr noch den Staat, vertreten durch den Verfassungsschutz, verantwortlich machen.« So oder ähnlich läßt sich der erste Gedanke der Herausgeber zusammenfassen, als sie die Idee des Verlegers Dr. Herbert Fleissner annahmen, einen Sammelband über die Ämter für Verfassungsschutz zu erarbeiten. Ein anwaltschaftlicher, unkritischer Journalismus kam keinesfalls in Frage.

Allzu bequem wäre es andererseits, Gefälligkeitsbeiträge zu schreiben, die jene Tätigkeiten des Verfassungsschutzes rechtfertigen, welche eine kritisch-abwägende Betrachtung verdienen, weil sie über die ursprünglich zugedachten Aufgaben wie die Abwehr von Hoch- und Landesverrat am Verfassungsstaat Bundesrepublik Deutschland hinausgehen und damit eher an ein Arbeitsbeschaffungsprogramm der Beamten und an eine Einschränkung der Freiheit denken lassen als an einen effizienten, auf das unbedingt Notwendige beschränkten Staatsschutz. Ein solcher apologetischer Sammelband[1] erschien bereits im Jahr 1998. Wir sehen uns aufgefordert, auch auf ihn mit Kompetenz und begründeter Kritik zu reagieren.

Worum geht es überhaupt?

Es gibt drei Nachrichtendienste der Bundesrepublik Deutschland: Bundesnachrichtendienst, Militärischer Abschirmdienst und Verfassungsschutz. Während die erstgenannte Behörde im Ausland tätig ist und die zweite die Bundeswehr vor ausländischen Agenten schützen soll, ist der Verfassungsschutz zum Schutze der freiheitlichen demokratischen Grundordnung vor Kommunisten und Nationalsozialisten 1950 geschaffen worden. Seine Aufgabe ist »das Sammeln und Auswerten von Informationen (›Auskünfte, Nachrichten und Unterlagen‹) über extremistische und sicherheitsgefährdende Bestrebungen«, also »politisch motivierte Aktivitäten gegen die freiheitlich-demokratische Grundordnung, gegen den Bestand und die Sicherheit des Bundes oder eines Landes, die durch Anwendung von Gewalt auswärtige Belange der Bundesrepublik gefährden (Ausländerextremismus)«, und Spionageabwehr einschließlich Geheimschutz.«[2] Er beschränkt sich auf das Hoheitsgebiet der Bundesrepublik Deutschland.

Das Bundesamt für Verfassungsschutz beschäftigte 1998 2164 Bedienstete und erhielt einen Zuschuß aus dem Bundeshaushalt über 220.508.083 DM.[3] Hinzu kommen 16 Verfassungsschutzbehörden auf Landesebene, teils als eigene Verfassungsschutzämter, teils als Abteilungen im jeweiligen Innenministerium organisiert. Ihre Erkenntnisse schöpfen sie größtenteils aus offen zugänglichen Quellen, doch setzen sie, innerhalb der gesetzlich vorgegebenen Schranken, auch V-Leute ein, observieren Post und Telefon. Die Strukturdaten zeigen schon eine Relevanz auf, die durch die Publizistik noch untermauert wird: Der Verfassungsschutz betreibt eine rege Öffentlichkeitsarbeit, und er ist auch das Thema kritischer Betrachtung in politischen Zeitschriften und Büchern. Große Verdienste in Vergangenheit und Gegenwart dürfen uns aber nicht den Blick auf besorgniserregende Tendenzen verstellen. In den letzten Jahren mehrten sich Zeichen eines Wandels beim Verfassungsschutz – eines Wandels zum Schlechteren. Mochten die Verfassungsschutzberichte lange Zeit aus Erwägungen der Selbstrechtfertigung – Stichwort: Transparenz des Staates – wünschenswert sein und auch dazu dienen, der Öffentlichkeit im In- und Ausland objektiv fest-

stellbare Staatsschutzvergehen kompetent und ohne Übertreibung vor Augen zu führen, so können Verfassungsschutzpublikationen ebenso zu »Gesinnungsprüfungen« gegen eine politische Opposition mißbraucht werden, die Gewalt strikt ablehnt und auch keine andere Verfassungsordnung anstrebt. Diesen Mißbrauch gilt es jetzt zu kritisieren, damit nicht im Zuge einer weiteren Linksverschiebung des politischen Spektrums der Konservatismus und die demokratische Rechte zu Verfassungsfeinden gemacht werden. Diesen Trend gilt es aufzudecken und nicht etwa das ganze Konzept eines polizeiunabhängigen Verfassungsschutzes zu verdammen.
Während eine völlige Umwandlung oder auch Abschaffung des Verfassungsschutzes bis zur Wiedervereinigung hauptsächlich von linken und radikalliberalen Positionen gefordert wurde, haben wir es heute hauptsächlich mit einer Kritik von rechts zu tun. Sie mag teilweise überzogen sein – doch sie ist ernst zu nehmen, sie kann anregend und dadurch nützlich sein, denn sie lenkt den Blick auf bestimmte amtliche Maßnahmen, die sich gegen Gesinnungen richten, anstatt gegen demokratiefeindliche Bestrebungen. Es wäre allerdings ein Fehler, den Verfassungsschutz isoliert zu betrachten und als Wurzel des Übels zu verurteilen. Das wäre genauso falsch, wie die Staatssicherheit als allein schuldig für die Unterdrückung der Deutschen in der DDR anzusehen. Beide Geheimdienste sind nur die Exekutive, die von der jeweiligen politischen Führung angeleitet wird. Während aber die SED-Führungsclique nicht durch Wahlen legitimiert war, sind die Funktionseliten der Bundesrepublik Deutschland immerhin demokratisch gewählt. Die Bevölkerung hat deshalb die Führung, die sie verdient. Der Blick nach der Verantwortung für das Tun des Verfassungsschutzes richtet sich also letztlich auf den Demos. Nähern wir uns hier der beliebten These vom deutschen Sonderweg wieder einmal in nationalmasochistischer Spielart? Gibt es in Deutschland eine besondere Neigung zur Gesinnungskontrolle durch eine Gedankenpolizei? Nun, wir wissen, daß Sokrates für inkorrekte Gedanken sterben mußte, und auch die Inquisition war keine deutsche Er-

findung. Es gibt also keinen deutschen Sonderweg, aber dennoch: Deutschland war das Land der großen weltanschaulichen Kontroversen, mindestens seit der Reformation. Hierzulande wurde schon immer Politik als Weltanschauungskampf verstanden. Nie ging es um die Regelung des alltäglichen Zusammenlebens allein, sondern um den Kampf zwischen Gut und Böse.

Während es in den westeuropäischen Ländern schon früh eine Selbst- oder Mitregierung gesellschaftlicher Gruppen gab, war das Bürgertum in Deutschland von politischer Mitbestimmung bis ins 19. Jahrhundert ausgeschlossen. Während in anderen Ländern die politischen Tugenden des Kompromisses und des Ausgleichs geübt wurden, konnten sich in Deutschland die Gebildeten fern der politischen Praxis die Radikalität des reinen Gedankens leisten. Das macht die deutsche Besonderheit aus.

Seit Metternichs Zeiten gab es in Deutschland die Tradition einer politischen Gesinnungsüberwachung neuer Art: Jetzt ging es nicht mehr um den Glauben, dessen Korrektheit kirchlich überwacht wurde. Mit dem Entstehen der säkularen Religionen des Liberalismus, Sozialismus und Nationalismus achtete der Staat nicht mehr nur auf staatsbürgerliche Loyalität, sondern auch auf die richtige, erwünschte Gesinnung.

Den Höhepunkt erreichte dies mit den totalitären Herrschaftssystemen Nationalsozialismus und Kommunismus, die beide auf deutschem Boden ihre Verwirklichung erlebten. Darin liegt eine deutsche Besonderheit. Nirgendwo hat es in der Lebenszeit einer Generation einen derartigen Wandel an Werten gegeben. Jeder Epochenwechsel – 1918, 1933, 1945, 1989 – brachte einen Umsturz der Strukturen und Werte. Es wurde üblich, daß die Nutznießer des Umbruchs einen Fluch über die vorangegangene Epoche aussprachen. Das Tun der Eliten von gestern unterlag denunziatorischer Vergangenheitsbewältigung. Die neu etablierte Verfassung bedurfte des Schutzes vor den Ressentiments der Gestrigen. Wenn es eine deutsche Besonderheit gibt, dann ist sie hier.

Veränderungen, Umbrüche, Charakterwäschen – das hat es auch anderswo gegeben, aber nirgends intensiver und folgenreicher als in Deutschland. Hier ist auch der Ansatzpunkt für den Mißbrauch jener Behörden, die zum Schutz vor politisch motivierter Kriminalität, vor Gewalt und Gewaltpropaganda geschaffen wurden. Sie neigen, begünstigt durch eine Atmosphäre der Traditionslosigkeit, politischer Unsicherheit und politisch-ideologischer Maßlosigkeit zu einer nicht vorgesehenen Präzeptorenfunktion. Diese Haltung kann aber nur in einem Klima verklemmter Obrigkeitshörigkeit, kombiniert mit dem Wunsch nach weltanschaulicher Orientierung, gedeihen. Wer nicht so will, wie er soll, wird denunziert. Diese Mentalität ist das Übel, das zum Mißbrauch des Verfassungsschutzes führt. Er ist nur Nutznießer.
Es wäre die Aufgabe verantwortungsbewußter Politik, diesen Verbiegungen durch behutsame Erziehung entgegenzuwirken. Das wäre eine Volksbildung, die diese Bezeichung verdient. Die Politiker, ihre Medien und die Bundes- und Landeszentralen für politische Bildung haben hier völlig versagt. Zwar schwätzen sie unentwegt von Versöhnung, aber sie grenzen munter aus und fördern die denunziatorische Mentalität. Der Verfassungsschutz ist in dieser Kette der Interessengeschäfte ein wichtiges Glied. Die Ursache des Mißbrauchs ist er nicht. In einem wirklich freiheitlichen System müßten sich Sicherheitsbehörden zurückhalten. Aus Angst vor Stellenabbau und Etatverlusten, aber auch aus deutscher Wichtigtuerei hat man sich vorgedrängt, das Feld der öffentlichen Sicherheit ausgeweitet und sich dem Vorwurf der Gesinnungskontrolle zu Recht ausgesetzt. Damit wurde der Vertrauensverlust selbst verschuldet: »gewogen und zu leicht befunden«.
Herausgeber und Autoren dieser Schrift fragen sich nach Ziel und Nutzen ihres Tuns. Was bringt es, Politikern, Verfassungsschützern und einer mäßig interessierten Öffentlichkeit gut zuzureden und auf Einsicht zu hoffen? Wir wissen doch, daß banales Posten-, Etat- und Machtinteresse das Verhalten bestimmt, das zudem von Existenzängsten angetrieben wird.

Niemand mache sich Illusionen – gutes Zureden und rationale Argumente bewirken gegen den Druck von Interessen gar nichts. Zwar kennen wir das Goethe-Wort: »Hab nur den Mut, die Meinung frei zu sagen und ungestört! Es wird den Zweifel in die Seele tragen, dem, der es hört. Und vor der Lust des Zweifels flieht der Wahn. Du glaubst nicht, was ein Wort oft wirken kann.« Auch Karl Marx glaubte, eine Idee werde zur materiellen Gewalt, wenn sie die Massen ergreife. Aber eine unmittelbare Wirkung hat das Wort nicht. Dennoch vertrauen wir auf seine längerfristig verändernde Kraft. Hier wie in der sonstigen verfassungsschutzkritischen Literatur wird vorgedacht, was getan werden könnte. Allerdings ist das als richtig Erkannte auch lautstark zu propagieren. Was nur auf dem Papier stehenbleibt, ist dort bestattet. In unserer Mediengesellschaft ist das Totschweigen eine wirkungsvolle Zensurmethode, die es im Interesse der Freiheit zu unterlaufen gilt. Bereits im frühen 19. Jahrhundert spottete der Links-Hegelianer Ludwig Gall, der deutsche Gebildete lege seine Ideen auf einem Stück Papier nieder, wie der Vogel Strauß seine Eier in den Sand legt. Danach kümmern sich beide nicht mehr darum, ob und wie die Produkte ihres Tuns ins Leben hinaustreten.

Was ist also zu tun? Da die Einsicht nicht von selbst kommt, ist ihr mit allen zu Gebote stehenden Mitteln zum Siege zu verhelfen. Die Zusammenhänge sind aufzudecken und die Erkenntnisse unermüdlich zu propagieren. Dann haben sie – vielleicht – eine Wirkung und in weiterer Ferne auch Erfolg. In diesem Sinne waren Herausgeber und die Autoren von Anfang an unabhängig, ja unbestechlich genug, ihre politikwissenschaftliche, historische und juristische Kompetenz zu einer Bestandsaufnahme zu nutzen, die sich nicht in der Benennung von Fehlentwicklungen der Verfassungsschutzämter erschöpft, sondern auch bessere und vor allem begründete Alternativen aufzeigt. So enthält diese Anthologie neben einer umfassenden Kritik an den Verfassungsschutzberichten speziell Nordrhein-Westfalens die Gliederung eines besseren, »alternativen« Verfassungsschutzberichtes, der dem Rechtsstaatsprinzip entspricht. Damit hebt sie sich ab von dem offiziösen Sammelband »Verfassungsschutz: Bestandsaufnahme und Perspektiven«, der dem Verfassungsschutz in apologetischer und damit überraschungsarmer Manier die neuen »Aufgaben« erschließen hilft, indem er lediglich die amtlichen Tätigkeitswünsche bestätigt. Um inhaltlichen Einseitigkeiten vorzubeugen, haben die Herausgeber gezielt Vertreter unterschiedlicher wissenschaftlicher Disziplinen sowie erfahrene Politiker und Journalisten herangezogen. Bemerkenswert ist sicher auch die Spannbreite der Generationen: der älteste Autor wurde 1927 geboren, der jüngste ist Jahrgang 1969. Großen Wert legten wir auf kompetente Begründungen und Belege, bessere Alternativen sowie stilistische Fähigkeiten, nicht aber auf das modische Betroffenheitsvokabular oder die weinerliche Wiedergabe von wirklicher Benachteiligung oder angeblicher Verfolgung. Einig sind sie sich im Einsatz für den Wettbewerb der Meinungen in einer freiheitlichen Demokratie und in einem »unverkrampften« (Roman Herzog) Bekenntnis zu Deutschland als Kulturnation in einer immer stärker zusammenwachsenden Welt. Mit großer Berechtigung ließe sich für den »schlanken Staat« streiten, der sich auf seine »klassischen« Aufgaben wie Kriminalitätsbekämpfung, Sicherung der Landesgrenzen, Finanzpolitik, Geldpolitik, Außenpolitik, zeitlich beschränkte Unterstützung der Bedürftigen, politische Bildung und einige wenige andere mehr beschränkt. Denn je weniger Aufgaben sich der Staat aufbürdet, desto effektiver kann er sie ausfüllen. In diesem Sinne ist eine Öffentlichkeitsarbeit des Verfassungsschutzes über extremistische Bestrebungen nicht nötig, da die Politikwissenschaft zahlreiche, in Inhalt, Methodik und Qualität unterschiedliche Publikationen über Extremisten erstellt hat und eine allein gültige, absolute Sichtweise bis hin zu einer quasi monopolartigen Feindbestimmung durch ein Bundesland oder die Konferenz der Innenminister in einer offenen Gesellschaft scharf abzulehnen ist. Denn Verfassungsschutzberichte als amtliche Bestandsaufnahme dürften bei einem eher etatistisch geprägten Volk wie den Deutschen eine herausragende Bedeutung haben, wenn es um die Bestimmung des »Feindes« und seinen Ausschluß aus der politischen Debatte geht. Keinesfalls kann hier aber einer Massenmobilisierung durch den Staat das Wort geredet werden, etwa in Form von Massenaufmärschen (wie am 8.11.1992 in Berlin gegen Ausländerfeindlichkeit), flankiert von Aufrufen und Informationen aus den Verfassungsschutzämtern[4], weil der Staat in einer freiheitlichen Demokratie keine »allgemeine Verfassungstreuepflicht des Bürgers einfordern kann«[5] und darf. Dies wäre nämlich ein erster Schritt in einen totalitären Staat, den der Verfassungsschutz erklärtermaßen verhindern soll.

Doch sollen auch die Argumente für eine »geistig-politische Auseinandersetzung« des Staates nicht verschwiegen werden, soweit sie nicht auf einem Auge blind sein will: Die PDS, die laut Parteiprogramm das ganze »System« ändern will, ist als Parlamentsfraktion auf Bundesebene und in einigen Ländern von großem Belang, so daß der Staat – will er denn »geistig-politisch« streiten – gefordert ist. Derzeit richtet sich diese Form der Auseinandersetzung hauptsächlich gegen »rechts« mittels Sonderpublikationen gegen den »Revisionismus«[6] und die Internet-Angebote rechtsextremistischer Splittergruppen. Eine grobe Einseitigkeit liegt vor, wenn das Bundesamt für Verfassungsschutz (BfV) in seiner »Kurzinfo zu Ergebnissen der Europawahl am 13. Juni 1999« unter der Überschrift »Rechtsextremistische Parteien beim Wähler ohne Chance« auf die Wahlverlierer REP und NPD eingeht, aber keinen Blick auf linksextremistische Parteien wirft: Wenn schon eine Seite über Wahlergebnisse eingerichtet wird, wäre eine ausführliche Thematisierung der PDS, die mit 5,8 Prozent ihr Ziel klar erreichte, geboten gewesen. Oder ist sie schon etabliert, in den Verfassungsbogen aufgenommen?

Wenn auf der Homepage des BfV, eine Zeile unter der Wahlinformation, steht: »Geh Rechtsextremisten nicht ins Netz«, vermißt der Leser angesichts der Informationsfülle zum Schwerpunktthema Rechtsextremismus Entsprechendes über

Linksextremisten. Nicht zuletzt werden Kundgebungen politischer Parteien von Linksextremisten in grob verfassungswidriger Weise gestört.
Die Frage nach Abschaffung oder Reform des Verfassungsschutzes stellte sich insbesondere nach dem Verschwinden der Hauptverwaltung Aufklärung (DDR-Spionage), gefolgt von der Schrumpfung der DKP, ihrer Betriebe und Vereinigungen im Winter 1989/90. Die Verfassungsschutzbehörden gerieten in eine Legitimationskrise. Eine drastische Verkleinerung stand plötzlich auf der Tagesordnung.
Nachdem Jugendliche, stark angetrunken und oberflächlich politisiert, Brandsätze gegen Asylbewerber geworfen und damit ein weltweites Medienecho hervorgerufen hatten, konzentrierte der Verfassungsschutz seine Aktivität gegen den Rechtsextremismus, der zwar immer beobachtet worden, aber in den letzten drei Jahrzehnten von untergeordneter Bedeutung war. Jene Verbrecher standen allerdings wenig in Verbindung mit den neonationalsozialistischen oder nationalrevolutionären Gruppen, und schon gar nicht mit den angeblichen »geistigen Brandstiftern«, den rechten und konservativen Intellektuellen.[7] Sehr rasch kam die Idee auf die Tagesordnung, die (eigentlich unpolitische) organisierte Kriminalität (insbesondere den Drogenhandel und den grenzüberschreitenden Autodiebstahl), islamistische Gruppen und die »Scientology«-Organisation auszuforschen; zumal jene »Objekte« nicht auf die geringste Sympathie in der Öffentlichkeit hoffen dürfen. Hier besteht die Gefahr einer mißbräuchlichen Tätigkeit der Behörde, die sich auf konkrete Verfassungsgefährdungen zu beschränken hat. Das politische Denken, das in der Adenauer-Ära zur »Mitte« gehörte, wird im Rahmen der geistig-politischen Auseinandersetzung mit »rechts« gleichfalls unter Verdacht (»Intellektualisierung des Rechtsextremismus«, »Neue Rechte«) gestellt, während linksextremistische Bestrebungen nur insofern in den Verfassungsschutzberichten aufgeführt werden, als sie einen anderen Staat, eine andere Grundordnung gewaltsam anstreben (wobei den Rechten, namentlich der Wochenzeitung »Junge

Freiheit« und den Republikanern, eine »Mimikry« zugeschrieben wird, den Linken aber nicht). Dadurch ergibt sich eine Schieflage der politischen Debatten. Bildlich ausgedrückt: der (Bundes-)Adler mit einem gestutzten rechten Flügel wird schlecht fliegen können. Diese Überlegungen lassen uns vor einer Instrumentalisierung der Verfassungsschutzbehörden durch eine eher linke, scheinliberale politische Klasse[8] warnen, die die Möglichkeiten des Verfassungsschutzes zur Sicherung der eigenen Machtstellung nutzt. Vor allem haben wir es immer wieder mit einer Vermengung von »rechts« und »rechtsextrem« in der politischen Auseinandersetzung zu tun, was einem Rufmord an konservativen bzw. rechten Demokraten (siehe dazu die Kapitel »Der Fall Schultze-Rhonhof« und »Konservative Publizistik im Visier«) und einem Triumph des sogenannten »Antifaschismus« gleichkommt. Es hieße aber, das Kind mit dem Bade auszuschütten, wollte man die streitbare Demokratie ganz abschaffen. Um was es sich bei diesem Begriff handelt, erläutert Hans-Helmuth Knütter in seinem Aufsatz. Ein Thema, das das ganze Buch prägt, und insbesondere von Regierungsdirektor Josef Schüßlburner auf die ihm eigene originelle, angriffslustige Weise und zugleich auf hohem wissenschaftlichem Niveau betrachtet wird, sind die Verfassungsschutzberichte. Sie sind relevant, denn sie sind nach Auflagen um die 100.000 Exemplare (allein der Bericht des Bundesamtes) in der Vergangenheit jetzt im Internet weltweit abrufbar und werden insbesondere in der parlamentarischen Auseinandersetzung, in Rechtsprechung, Wissenschaft, Verwaltung eine unübersehbare Rolle in der Bewertung bestimmter Parteien, Vereine, Verlage und einzelner Personen spielen. Daß es nicht nur ehrenwerte antitotalitäre, sondern auch parteipolitische Interessen sind, die hinter der Bestimmung von »Verfassungsfeinden« stehen, erklärt Rechtsanwalt Klaus Kunze.[9] Es läßt sich noch hinzufügen, daß der Verfassungsschutzbericht eines CDU/CSU-regierten Bundeslandes die linksextremistischen »Objekte« zuerst nennt, um sich anschließend dem Rechtsextremismus zu widmen.

Bei sozialdemokratisch regierten Ländern ist es umgekehrt. Auch wird in NRW die »Junge Freiheit« unter »rechtsextrem« aufgeführt, in anderen Verfassungsschutzberichten fehlt sie ganz. Insofern gibt es von Bundesland zu Bundesland Differenzen. Die juristisch festgelegten Grenzen des Verfassungsschutzes und deren Überschreitung beschreibt der Jurist F. Roland A. Richter. Möglichkeiten und Risiken nachrichtendienstlicher Mittel benennt Heinrich Lummer, als Innensenator a. D. »ein Mann aus der Praxis«. Das geistig-kulturelle Umfeld, das Fehlentwicklungen in den Verfassungsschutzbehörden erst möglich machte, veranschaulicht Hans-Helmuth Knütter ebenso wie das von den Herausgebern und Autoren bevorzugte Konzept der »wehrhaften Demokratie«, welches sich gegen gewaltbereite Staatsfeinde richtet. Eine historische Herleitung der Zensur (welche heute nicht offen, sondern gleichsam verdeckt geübt wird) stammt von Caspar von Schrenck-Notzing. Vor einer Ausweitung der Verfassungsschutzaufgaben ungeachtet der nachrichtendienstlichen Kompetenz warnt der Bundestagsabgeordnete und Jurist Martin Hohmann in Zusammenarbeit mit Gunnar Digutsch. Abgerundet wird der Sammelband durch die Darstellung zweier Einzelfälle. Im ersten beschreibt der Rechtsvertreter der Wochenzeitung »Junge Freiheit«, Manfred Brunner, die gerichtliche Auseinandersetzung vor dem Verwaltungsgerichtshof Düsseldorf, nachdem diese Zeitung im Verfassungsschutzbericht des Landes Nordrhein-Westfalen unter »Rechtsextremismus« ausführlich beschrieben war. Im zweiten beschreibt Stefan Winckler, wie die Bundeswehr einen General a. D. an seinem Rederecht zu hindern suchte, nachdem ein Verfassungsschutzbeamter ihn in einem ehrverletzenden Zusammenhang genannt hatte. Bernd Kallina zeigt auf, wie Verfassungsschutzberichte zwei angesehenen Historikern eine Begünstigung des Rechtsextremismus unterstellten.

Wer Kritik übt, ist aufgefordert, bessere Alternativen aufzuzeigen. In diesem Sinne schlägt Josef Schüßlburner vor, den bisherigen Verfassungsschutz durch eine »Grundgesetzpoli-

zei« zu ersetzen. Den Verfassungsschutzberichten, deren Fehler in verschiedenen Aufsätzen benannt werden, setzt er einen dem Rechtsstaat entsprechenden und damit besseren Verfassungsschutzbericht entgegen.
Im übrigen gilt: Wenn die Konservativen und die demokratischen Rechten auf Kritik an Mißständen in Zusammenhang mit dem Verfassungsschutz verzichten, dann werden sich andere dieses Themas annehmen. Während es bisher entschiedene Linke und Radikalliberale waren, könnte es in Zukunft eine extremistische, antidemokratische Rechte sein, die nicht an einer Beseitigung einzelner Mißstände interessiert ist, sondern an einer Abschaffung der streitbaren Demokratie überhaupt. Und das wollen wir mit einer heilsamen, konstruktiven Kritik[10] als verantwortungsbewußte deutsche Staatsbürger verhindern.

Anmerkungen

1 Bundesministerium des Inneren (Hrsg.): Verfassungsschutz: Bestandsaufnahme und Perspektiven. Beiträge aus Wissenschaft und Praxis. Halle: Mitteldeutscher Verlag, 1998.

2 N. N.: Was genau macht der Verfassungsschutz? In: Bundesamt für Verfassungsschutz: Verfassungsschutz – Aufgaben, Organisation, Kontrolle, S. 4, http://verfassungsschutz.de/aufgaben4.htm.

3 Verfassungsschutzbericht über das Jahr 1998, S. 9; www.bmi.bund.de/publikationen/vsb 1998/index.html.

4 Es sind als Faltblatt oder Broschüre lieferbar bzw. online einsehbar und auszudrucken:
die jährlichen Verfassungsschutzberichte des Bundes und der Länder, Zwischenberichte (Halbjahresberichte) in NRW, Rechtsextremismus in der Bundesrepublik Deutschland (auch auf englisch), Militante Linksextremisten rekrutieren Nachwuchs, Militante Autonome, Extremistische Bestrebungen im Internet, Rechtsextremistische Bestrebungen im Internet (auch auf englisch), Rechtsextremistische Skinheads, Die Beobachtung islamistischer Bestrebungen als Aufgabe des Verfassungsschutzes, Deutsche Volksunion – Strukturanalyse einer rechtsextremistischen Partei, Rechtsextremistische Parteien in der Bundesrepublik Deutschland, Entwicklungen im Rechtsextremismus in den neuen Bundesländern, Extremistisch-islamistische Bestrebungen in der Bun-

desrepublik Deutschland (auch auf englisch). Des weiteren das BfV-Computerspiel »Was steckt dahinter?«, die Wanderausstellungen »Verfassungsschutz im demokratischen Rechtsstaat« und »Demokratie ist verletzlich – Rechtsextremismus in Deutschland«. Mitarbeiter des Verfassungsschutzes treten als Referenten auf Kongressen zu Fragen des Extremismus auf.

5 Vgl. Christiane Hubo: Verfassungsschutz des Staates durch geistig-politische Auseinandersetzung: Ein Beitrag zum Handeln des Staates gegen Rechts. Göttingen 1998, S. 62.

6 »Revisionisten«, ursprünglich eine Selbstbezeichnung, werden im politisch-publizistischen Sprachgebrauch all jene genannt, die den Massenmord durch Gas in NS-Vernichtungslagern leugnen oder auch die Zahl der Ermordeten um Millionen herunterspielen. Viele »revisionistische« Schriften stammen von ausländischen Autoren sozialistischer oder anarchistischer Couleur, wurden jedoch in Deutschland von Anfang an zur willkommenen Propaganda der Rechtsextremisten. Durch Weglassung relevanter Quellen und Literatur häufig unwissenschaftlich, in Widerspruch zur Forschung auf einem der bestdokumentierten Felder der Geschichte überhaupt, nicht zuletzt durch Aussagen von NS-Tätern selbst und jüdischen Häftlingen widerlegt, sind diese Texte von sehr geringem Einfluß. Durch Unterschlagungen und Strafverfolgungen gegen die Verfasser und Verlage fühlen sich die Urheber allerdings in eine Märtyrerrolle gedrängt, auf die sie ihre Propaganda aufbauen, nachdem sie zu den gegenwärtigen Problemen keine realistischen Lösungsmöglichkeiten anbieten können und so ohne Resonanz in der Öffentlichkeit sind. Zum Revisionismus im weiteren Sinn gehört auch ein weitgehendes Bestreiten der deutschen Schuld am Ausbruch des Zweiten Weltkriegs. Hier prallten Hitlers Planungen eines Kriegs zur »Lebensraum«-Gewinnung im Osten auf Stalins kriegerische Westexpansion, während Großbritannien und Frankreich Hitler nach Jahren des Gewährenlassens erst mit der Besetzung Prags am 15.3.1939 entschieden entgegentraten. Daß Hitler eine zentrale Schuld am Krieg trifft, dürfte angesichts seiner Absichten und Taten nicht ernsthaft zu widerlegen sein.

7 Passend dazu ein Zitat von Botho Strauß: Der Rechte unterscheide sich vom Skinhead ebensosehr wie der Fußballfreund vom Hooligan. Vgl.: Botho Strauß: Anschwellender Bocksgesang. In: Heimo Schwilk / Ulrich Schacht (Hrsg.): Die selbstbewußte Nation. Frankfurt; Berlin 1995, dritte Auflage, S. 25.

8 Gebraucht wird das Wort hier im Sinne von Hans Herbert v. Arnim: Fetter Bauch regiert nicht gern, München 1997.

9 Kunze steht mit dieser Ansicht nicht allein: Der Politikwissenschaftler Gerd Jaschke sieht es in seinem Buch »Die Republikaner« (Bonn 1993, zweite Auflage) auf S. 142 ff. auch so, was von Wolfgang Gessenharter wohlwollend zitiert wird (»Kippt die Republik?«, München 1994, S. 172).

Es soll nicht verschwiegen werden, daß Kunze eine völlig andere politische Position einnimmt als Jaschke und Gessenharter, so daß seine Zustimmung sachlich begründet ist.

10 Auf der Homepage des BfV, Verfassungsschutz – Aufgaben, Organisation, Kontrolle (www.verfassungsschutz.de/aufgaben3.htm) steht als Motto »Kritische Bürger erwünscht«. Hier, in dieser Anthologie, sind sie versammelt.

Der administrative Verfassungsschutz im Kontext der Geschichte

CASPAR VON SCHRENCK-NOTZING

Zensur – einst und jetzt

Metternich redivivus?

In Johann Nestroys Revolutionsposse »Freiheit in Krähwinkel« dozierte der »europäische Freiheits- und Gleichheitskommissär« Eberhard Ultra: »Die Zensur ist die jüngere von zwei schändlichen Schwestern, die ältere heißt Inquisition. Die Zensur ist das lebendige Geständnis der Großen, daß sie nur verdummte Sklaven treten, aber keine freien Völker regieren können. Die Zensur ist etwas, was tief unter dem Henker steht, denn derselbe Aufklärungsstrahl, der vor sechzig Jahren dem Henker zur Ehrlichkeit verholfen, hat der Zensur in neuester Zeit das Brandmal der Verachtung aufgedrückt.« Ein Vierteljahr vor der Uraufführung von Nestroys Posse war auch in Wien die Zensur aufgehoben worden: »Seine k.k. apostolische Majestät haben die Aufhebung der Censur und die alsbaldige Veröffentlichung eines Preßgesetzes allergnädigst zu beschließen geruht.« Wenig später, am 2. April 1848, wurde für den Deutschen Bund die zeitlich befristete, aber bis dahin immer wieder verlängerte Ausnahmegesetzgebung aufgehoben, die Metternich 1819 auf der Konferenz von Karlsbad durchgedrückt hatte.
Die Ermordung des allgemein bekannten Theaterdichters und russischen Staatsrats August von Kotzebue durch den Studenten Sand hatte an erster Stelle ein Universitätsgesetz veranlaßt, doch Metternich war es mehr noch um ein Pressegesetz zu tun, denn, so schrieb er an Gentz, das Universitätsübel nehme von selber ab, und zwar durch Ermüdung der Studenten und Verblödung der Professoren. Das größte und demnach das dringendste Übel sei nun die Presse. Bücher bis zu 20 Bogen und das gesamte periodische Schrifttum wurden der Vorzensur, Genehmigung des Inhalts vor dem Druck, unterworfen, die von Zensoren der einzelnen

Bundesstaaten ausgeübt, aber von der Pressekommission der Bundesversammlung überwacht wurde. Das dritte Ausnahmegesetz schuf ein Bundesamt für Verfassungsschutz, die Central-Untersuchungskommission in Mainz, die von 1819 bis 1828 Erkenntnisse über Verfassungsfeinde sammelte. Im Verfassungsschutzbericht von 1827 (»Hauptbericht«)[1] sind die Erkenntnisse zusammengefaßt: Die »Verschwörungen« der Jahre 1817 bis 1819 seien aus den geheimen Verbindungen erwachsen, die sich gegen die Fremdherrschaft Napoleons gebildet hatten. Die intellektuellen Urheber der revolutionären Bewegung seien Schleiermacher, Fichte und Arndt gewesen. Der Tugendbund habe die erste revolutionäre Zelle gebildet. Stein, Gneisenau und Hardenberg seien die ersten Beschützer und Förderer der Bewegung gewesen. Mit der Erkenntnis, daß die großen und erfolgreichen Umsturzbewegungen durchweg aus kleinen Zellen, aus zufällig erscheinenden Zusammenhängen, aus ersten dilettantischen Versuchen erwachsen seien, wurden nicht erfolglos Präventivmaßnahmen eingeleitet: »Die radikalen Führer wurden in die Emigration getrieben; ihre Helfer wurden festgesetzt oder doch zur Zurückhaltung gezwungen; das geheime Verbindungsnetz wurde zerrissen.«[2] Als nach der Pariser Juli-Revolution von 1830 die Bewegung auch auf Deutschland überzugreifen drohte, konnte sie mit Hilfe der gespeicherten Personaldaten schnell eingedämmt und auf das weniger gefährliche Gleis einer »zweiten deutschen Verfassungswelle« (1830–1833) umgeleitet werden.

Nach 1848 war die Zeit über die Ära Metternich so gründlich hinweggegangen wie über die in ihr verkehrenden Postkutschen. Die Reaktionszeit stand im Zeichen der Eisenbahnen und Telegrafen. Ein Rückgriff auf die Vorzensur war ausgeschlossen. Die Zensur aufgrund der Karlsbader Beschlüsse war vergessen, bis sie als Kulturkuriosum von H. H. Houben dem Gelächter einer neuen Zeit preisgegeben wurde. Doch mitten in den 70er Jahren des nunmehr verflossenen Jahrhunderts war Metternichs Zensur plötzlich brandaktuell. »Hundertfünfzig Jahre sind vergangen wie ein Tag«[3], riefen die engagierten Intellektuellen. Der Kampf gegen die Zensur trat an die Stelle des Kampfes gegen die Notstandsgesetze, als »liberale Demokraten provozierend fragten, ob mit der vielbeschworenen Tendenzwende Metternichsche Zeiten zurückgekehrt seien«.[4] Walter Jens schrieb in gedrechselten Worten einen offenen Brief an den Bundespräsidenten: »Wir wiederholen nur – wir beschwören mit rückgewandter Phantasie –, was die kleine, aber illustre Zahl der Weerth, Gervinus und Co. schon vor hundertfünfzig Jahren an Thesen fixierten.«[5] Keine katholische, evangelische oder sonstwie politische Akademie ließ sich eine Tagung mit einem Titel wie »Die Zensur in der BRD«, »Die Schere im Kopf«, »Das gefesselte Wort« oder »Mut zur Meinung« entgehen. Auf der Buchmesse 1978 wurde eine ständige Kommission zum Schutze des Buches ins Leben gerufen, an der sich der Verband Deutscher Schriftsteller, das PEN-Zentrum, die Deutsche Bibliothekskonferenz und der Börsenverband des deutschen Buchhandels beteiligten. Das III. Internationale Russell-Tribunal verhandelte vom 3.1. bis zum 8.1.1979 gegen die Bundesrepublik und gelangte zu dem Urteil: »Eine Zensur findet nicht statt – so heißt es im Grundgesetz. In der Tat gibt es in der BRD keine offizielle Zensurinstanz. Dennoch findet Zensur in vielen Bereichen täglich statt.« Die Aufregung von Gruppen, die in den 60er Jahren und besonders seit der Studentenbewegung die Kontrolle über weite Bereiche des kulturellen Lebens übernommen hatten, spiegelte deren Unsicherheit über den Fortgang des Terrorismus, die strafrechtlichen Gegenmaßnahmen und die diese begleitende öffentliche Debatte wider. Besonders der neue § 88a des Strafgesetzbuches[6], der die Befürwortung von terroristischen Straftaten mit Gefängnis ahndete, sofern sie geeignet sei, »die Bereitschaft anderer zu fördern, sich durch die Begehung solcher Taten für Bestrebungen gegen den Bestand und die Sicherheit der Bundesrepublik Deutschland oder gegen Verfassungsgrundsätze einzusetzen«, verunsicherte manche Intellektuelle. Zugleich sorgte eine »Sozialadäquanzklausel« in § 86 dafür, daß die Strafbarkeit entfällt, wenn das Verbreiten der betreffenden Schrift der staatsbürgerlichen Aufklärung, der Abwehr verfassungswidriger Bestrebungen, der Kunst oder der Wissenschaft, der Forschung oder der Lehre, der Berichterstattung über Vorgänge des Zeitgeschehens oder der Geschichte oder ähnlichen Zwecken diene. Weit schmerzhafter war eine von den Parteien und Medien breitgetretene Diskussion über die »Sympathisanten« oder gar über die »geistigen Urheber« des Terrorismus. Der § 88a und die anderen 1976 im Zuge der Bekämpfung des Terrorismus in das Strafgesetzbuch aufgenommenen Paragraphen (126, 130a, 140) erweiterten zweifellos die Nachzensurmöglichkeiten der Gerichte. Doch hatten sie auch mit dem Abflauen der Terrorwelle ihren Dienst – durch Abschreckung – getan. In den Vordergrund trat eine andere Form der Zensur, die Dieter Breuer in seiner »Geschichte der literarischen Zensur in Deutschland« beschreibt: »An die Stelle der Nachzensur der Gerichte ist eine informelle Zensur, wenn nicht gar eine vielfältig gestaffelte Vorzensur in den medialen Institutionen selbst getreten.« Die Zensur »hat sich verlagert von der Justiz in die streng hierarchisch gegliederten kulturtragenden Institutionen wie Presseredaktionen, Rundfunk- und Fernsehanstalten, Theater in staatlicher und kommunaler Verwaltung, Großverlage«.[7] Gegen diese »Zensur« richteten sich Kampagnen für die »innere Pressefreiheit«, gegen die »Ausgewogenheit« des Programms in den öffentlich-rechtlichen Anstalten und die »Tabus« in der bundesdeutschen Presse.

Kleiner Gang durch die Zensurgeschichte

Das Wort Zensur kommt vom lateinischen »censura«. Ein amtliches Verfahren (census) diente der Vermögenseinschätzung der Bürger für Zwecke der Steuer, des Heeresdienstes, des Stimmrechts. Zwei Zensoren bildeten ein Zweierkollegium, das auch Staatsaufträge vergeben, Staatsland und Steuern verpachten sowie eine Sittenaufsicht führen konnte. Die literarische Zensur gehörte nicht zu seinen Aufgaben, obwohl auch in Rom Bücherverbrennungen oder Verbannungen, wie die von Ovid nach Tomi, vorkamen. Doch blieb der lateinische Ausdruck erhalten und erinnert daran, daß der Zensurprozeß aus zwei Teilen besteht: der Einschätzung, Beurteilung und der im negativen Falle daraus erwachsenden Strafmaßnahme.

Die Kirchensprache verwendete den Ausdruck im Mittelalter. Der »Corpus iuris canonici« vom Beginn des 14. Jahrhunderts kannte nur zwei Zensuren: die Einstufung als »Häresie« und die Einstufung als »Irrtum«. Dieser tauchte in vielerlei Formen auf, als »haeresii proxima« (an Häresie grenzend), »erronea« (irrtümlich), »falsa« (falsch) und »scandalosa« (skandalös). Vor der Erfindung des Buchdrucks konnten die Zensoren erst tätig werden, nachdem Ketzereien und Irrlehren aufgetreten waren und sich verbreitet hatten (Repressivzensur). Die Kirche rief zur »denuntiatio« (Anzeige) auf. Die Erfindung Gutenbergs machte es ungewollt möglich, Irrlehren bereits vor ihrer Verbreitung zu bekämpfen. Bahnbrechend war die Universität Köln, die 1479 von Papst Sixtus IV. belobigt wurde, »mit welchem Eifer der Rechtgläubigkeit, mit welcher Klugheit ihr verhindert habt, daß ketzerische Schriften gelesen, gedruckt und verkauft werden«. Die Präventivzensur (Vorzensur) fand in der Kirchenverfassung ihren organisatorischen Rahmen. Die Bulle »Contra impressores librorum reprobatorum« übertrug die Zensur jeweils dem Bischof, in dessen Diözese sich eine Druckerei befand.

Kaum war das Zensurwesen geordnet, da wurde es durch die Kirchenspaltung über den Haufen geworfen. Druckereien in protestantischen Territorien waren dem Zugriff der katholischen Zensur entzogen. Die Zensur wurde nun nicht mehr gegen die Drucker, sondern gegen die Leser gerichtet. 1564 wurde erstmals ein »Index librorum prohibitorum« zusammengestellt, ein Verzeichnis verbotener Bücher, deren Lektüre empfindliche Kirchenstrafen nach sich zog. Die kirchliche Zensur diente dem Hirtenamt der Kirche, der fürsorglichen Verhinderung der Lektüre von Schriften, die das Seelenheil der Gläubigen in Gefahr brachten.

In Auseinandersetzung mit der Glaubensspaltung übernah-

men weltliche Instanzen die Aufsicht und den ausgebauten Apparat der kirchlichen Zensur. Statt der Bischöfe sollte »ein jeder Churfürst, Fürst und Stand des Reichs, geistlich und weltlich«[8] die Druckereien überwachen. Neben die Vorzensur trat eine breitgefächerte Nachzensur: »Zum erste das niemand wes stands oder wirde er sey, soll wider drucke noch schreibe, auch nicht aufschreibe, copieren, noch das im bewust sey, bey sich haben, entpfangen, tragen, bewaren, verschweigen, noch heimlich halten, verkauffen, kauffen, geben, austeilen, seen oder fallen lassen in Kirchen, Strassen noch anderen Örtern keinerley Bücher oder Schriffte gemacht von Martin Luther, Johannes Ecolampadius, Uldaricus Zwinglius, Martinus Bucerus, Johann oder andere Ketzer und Scribenten solcher Secten, auch sonst anderer böser und falscher Bücher, verworffen von der heiligen Kirche.«[9] Das klingt modern, wenn man es mit § 88a StGB vergleicht.
»Wer eine Schrift (§ 11 Abs. 3), die die Befürwortung einer der im § 126 Abs. 1 Nr. 1 bis 6 genannten rechtswidrigen Taten enthält und bestimmt sowie nach den Umständen geeignet ist, die Bereitschaft anderer zu fördern, sich durch die Begehung solcher Taten für Bestrebungen gegen den Bestand oder die Sicherheit der Bundesrepublik Deutschland oder gegen Verfassungsgrundsätze einzusetzen,

1. verbreitet,
2. öffentlich ausstellt, anschlägt, vorführt oder sonst zugänglich macht oder
3. herstellt, bezieht, liefert, vorrätig hält, ankündigt, anpreist, in den räumlichen Geltungsbereich dieses Gesetzes einzuführen oder daraus auszuführen unternimmt, um sie oder aus ihr gewonnene Stücke im Sinne der Nummern 1 oder 2 zu verwenden oder einem anderen eine solche Verwendung zu ermöglichen,
4. wird mit Freiheitsstrafe bis zu drei Jahren oder mit Geldstrafe bestraft.«

Der Staat übernahm das von der Kirche geschaffene Instrument der Zensur. Als der Augsburger Religionsfrieden (1555)

Teil des Grundgesetzes des Reiches geworden war, trat als Richtschnur der Zensur die Einhaltung des religiösen Friedens an die Stelle der Glaubenslehren der einen oder anderen Seite. Vor allem die durch die Kirchenspaltung hervorgerufene Fülle der Schmähschriften wurde eingedämmt.[10] De jure blieb die Zensur bis zum Ende des alten Reiches (1806) Reichssache. Sie wurde seit 1569 durch eine kaiserliche Bücherkommission mit Sitz in Frankfurt am Main, dem Hauptort des Buchhandels, ausgeübt. Doch wichen die Buchhändler zunehmend nach Leipzig aus, wo der Kurfürst August eine sächsische Bücherkommission einrichtete. De facto übten die Landesherren in dem bunten Teppich der Territorien von unterschiedlichster Größe die Zensur aus, die sich nach und nach neben den religiösen auch auf sittliche und politische Fragen erstreckte.

Die Fronten der religiösen Zensur hatten sich verschoben. Die Konfessionsbestimmungen des Westfälischen Friedens erkannten nur die Katholiken, Lutheraner und Reformierten an, während die »Quarta Species Religionis« nicht toleriert werden sollte. Da große Bücherbestände, etwa der Pietisten, erhalten sind, muß die Zensur der Heterodoxen zumindest lückenhaft gewesen sein. Als einige kleinere Herrschaften, etwa die Sayn-Wittgensteinsche in Berleburg, Zensurversuche abwehrten, erlahmte anderenorts der Eifer.[11] Aufgeklärte Fürsten richteten die Zensur gegen den Volksglauben und abweichende Überlieferungen. König Friedrich I. von Württemberg[12], der im Zensurgesetz von 1808 der »Beförderung der ächten Aufklärung« und der »aufrichtigen Wahrheitsliebe« den Weg bahnen wollte, verbot Astrologie, Chiromantie, Magie, Alchimie, Mystizismus, Spiritualismus, Magnetismus und Traumdeutung, all das, was Kant in seiner gegen Swedenborg gerichteten Schrift »Träume eines Geistersehers« als »hypochondrische Dünste, Ammenmärchen und Klosterwunder« abtat.

Als Jung-Stilling im Disput mit den Zensoren über seine »Theorie der Geisterkunde« eine »wahre« Aufklärung »der oberflächlich rationalistischen Aufklärung« gegenüberstellte, dekretierte Friedrich: »Pietismus und Mysticismus gehören nicht zu den im Staat aufgenommenen Konfessionen, sondern sie sind vielmehr ihrer inneren Natur und Äußerung nach als verderblich für den Zweck des Staates mit dessen wahrem Interesse unvereinbar.«[13] Jung-Stillings Schrift wurde verboten, die Buchhändler mußten der Polizei die Namen der Käufer nennen, und Fiskale wurden in jedem Ort mit einer Buchhandlung eingesetzt, um mögliche Verstöße zu melden.

Der englische Agronom Arthur Young, der zwischen 1788 und 1792 als aufmerksamer Beobachter Frankreich bereiste, war erstaunt, daß der Hof die Attacken der revolutionären Pamphletisten nicht durch Gegenattacken eigener Pamphletisten beantwortete. Doch war mit dem fürstlichen Absolutismus die Arkanpolitik eng verbunden, die ihre Aufgabe darin sah, zu regieren, nicht zu erklären. Mit Napoleon begann eine neue Epoche. Er war der erste, der auf seinen Feldzügen in Italien und Ägypten eine Felddruckerei mit sich führte. Von ihm stammt das Wort von der »Großmacht Presse«. Vier feindliche Zeitungen, meinte er, richten mehr Schaden an als 100.000 Mann auf dem offenen Felde. In dem von ihm kontrollierten Rheinbund errichtete er ein Nachrichtenmonopol. Alle politischen Nachrichten mußten aus dem Pariser »Moniteur« übernommen werden. Neben die abwehrende Kommunikationspolitik der Zensur trat eine aktive Pressepolitik, bei der der Staat bei der Formung der öffentlichen Meinung mitwirkte.

Vorzensur, Nachzensur

Nach dem Sturz Napoleons wurde die Zensur vorübergehend gelockert. Das Grundgesetz des Deutschen Bundes, die Deutsche Bundesakte vom 8. Juli 1815, sah in Art. 18 d vor: »Die Bundesversammlung wird sich bei ihrer ersten Zusammenkunft mit der Abfassung gleichförmiger Verfügungen über die Preßfreiheit und die Sicherstellung der Rechte der Schriftsteller und Verleger gegen den Nachdruck beschäfti-

gen.«[14] Die Überlegungen der Bundesversammlung wurden am 12.10.1818 im Vortrag des Gesandten von Berg zusammengefaßt. Von Berg[15] stellte zwei Modelle der Zensur einander gegenüber: das Polizeisystem und das Justizsystem. Das Polizeisystem entsprach der bis zum Ende des alten Reiches geübten Vorzensur, das Justizsystem einer gerichtlichen Nachzensur, bei der die Richter über Verstöße gegen die geltende Gesetzgebung entschieden. Diese Nachzensur folgte dem Grundsatz : Jeder kann ungehindert drucken, was er sich vor Gericht zu verantworten getraut. Ein Drittel der deutschen Staaten hatten bereits das Justizsystem eingeführt, darunter Bayern und Württemberg.
England galt als Mutterland der Pressefreiheit, da das Parlament 1695 das Lizenzgesetz nicht mehr verlängert und die Vorzensur abgeschafft hatte. In England wurde aber auch ein neues Zensursystem entwickelt, das sich aus der Nachzensur und anderen Formen der Kommunikationssperre zusammensetzte. Das Justizsystem stützte sich auf das Delikt des »Seditious Libel«, der aufrührerischen Verleumdung, das von Gerichten, teilweise auch dem Parlament, mit Gefängnis, Geldstrafen und auch dem Pranger bestraft wurde. Da »Breach of the King's Peace« nur der Opposition angelastet werden konnte, blieb das unklar gefaßte Delikt ein Instrument in der Hand der Regierung. Dann gab es ein »Finanzsystem«. Die Presse wurde mit einer Stempelsteuer belegt, einer Sondersteuer pro Seite und Anzeige, die die Druckkosten mehr als verdreifachte. Die Abführung der Steuer (und der Inhalt der Schriften) wurde laufend von der Regierung kontrolliert, die eine halbstaatliche Organisation, »The King's Messengers«, aussandte, die verhaften, beschlagnahmen, Kautionen einziehen und Druckplatten zerstören durfte.
Im Grundrechtsteil der Frankfurter Reichsverfassung vom 28.3.1849 wurde darum wohlweislich festgelegt: Die Preßfreiheit darf unter keinen Umständen und in keiner Weise durch vorbeugende Maßregeln, namentlich in Censur, Concessionen, Sicherheitsbestellungen, Staatsauflagen, Beschränkungen der Druckereien oder des Buchhandels, Postverbote oder

andere Hemmungen des freien Verkehrs beschränkt, suspendiert oder aufgehoben werden.[16]

Zensur und Verfassungsschutz

Die literarische Vorzensur war alles in allem ein Fehlschlag. Es dürfte kein Buch geben, das trotz der Zensur nicht früher oder später wieder aufgetaucht wäre und seine Leser gefunden hätte. Natürlich kann die »Jetztgewalt« (»The Power of Now«) eine Zeitlang hemmend in die Produktion und Zirkulation von Literatur eingreifen. Doch je mehr der Druck wächst, desto schneller schwindet die Glaubwürdigkeit. Der Zensor arbeitet nach Vorschrift, er kann sich gar nicht auf die schnell wechselnde Lage einstellen. Bis zum Ende des alten Reiches folgte die Zensur teilweise noch Vorschriften aus der Zeit von Kaiser Karl V. Sprichwörter wie »Gedanken sind zollfrei« weisen darauf hin. Das Wort vom »weiten Flug der Asche der verbrannten Bücher« ist seit der Mitte des 17. Jahrhunderts belegbar.[17] Eine sichtbare Zensur bildet zudem rasch eine Gegenfront. Nach den Karlsbader Beschlüssen machten sich die Zensur und die hinter ihr stehenden Obrigkeiten einen ganzen Berufsstand zum Feind, den der Verleger und Buchhändler, der vom umständlichen Zensurapparat geschäftlich geschädigt wurde. Es war ausgerechnet der Berufsstand, der professionell auf die öffentliche Meinung einwirkte. Mit List und Tücke verstand er es immer wieder, die Zensur zu umgehen. Im vorrevolutionären Frankreich entstand gar ein wohlorganisierter schwarzer Markt, in den die Entdeckung des Archives der Société Typographique de Neuchâtel (das damals zum aufgeklärten Preußen gehörte) Licht geworfen hat.[18]

Weit wirksamer ist die unsichtbare, dezentralisierte Zensur unserer Tage. »Wenn man sich unter Zensur nicht einen fleißigen Beamten vorstellt, der mit einem Rotstift dicke Bände durchgeht, sondern die Technik, mit der eine Seite verhindert, daß die andere zu Wort kommt, dann kann nur unterstrichen werden, daß in den modernen Demokratien die

Zensur einen Höhepunkt erreicht hat. Der größte Erfolg der ›neuen Zensoren‹ ist jedoch, das Publikum überzeugt zu haben, daß es keine Zensur mehr gibt.«[19] Die neue Zensur hatte Thomas Molnar 1972 anhand amerikanischer Erfahrungen skizziert. Die neuen Zensoren wollen nicht mehr eine bestehende staatliche Ordnung erhalten, sondern gehen im Namen einer zukünftigen Menschheit ans Werk, deren »öffentliche Meinung« sie schon jetzt verkörpern. Durch ihren Zugriff auf die Medien sind sie Schiedsrichter über Fakten, Meinungen und Ideologien. Im »Anschwellenden Bocksgesang« resümierte Botho Strauß 1994: »Das Regime der telekratischen Öffentlichkeit ist die unblutigste Gewaltherrschaft und zugleich der umfassendste Totalitarismus der Geschichte.« Er setzte hinzu: »Es herrscht der Drill des Vorübergehenden, gegen den sich keine Instanz der Erde auflehnen kann.«

Da die Techniken der neuen Zensur überaus vielfältig sind, seien hier nur pars pro toto zwei herausgegriffen. 1. Die Artikulationsverhinderung. Das Bundesverfassungsgericht hat die Funktionen der Medien als Information, Meinungsbildung, Kontrolle, Unterhaltung und Erbauung beschrieben. Die wichtigste Funktion hat es ausgelassen. Das Fischerlexikon Publizistik/Medien sagt dazu: »Alle Standpunkte und insbesondere die im breiten Spektrum der demokratischen Bevölkerung legal eingenommenen Positionen müssen in den Medien formuliert werden, sonst können Menschen im Gespräch ihre Standpunkte nicht vertreten, und zwar müssen sie formuliert werden nicht als erkennbares ›Minderheitsvotum‹, sondern in ausreichender Breite und Kumulation, also ohne daß ihnen eine ›Isolationsdrohung‹ anhaftet.« Wenn die Medien glauben, sie seien nur für die Artikulation einer Seite da, die die eigene Einstellung widerspiegelt, dann bleibt der anderen Seite nur möglich, sich ohne öffentliche Auseinandersetzung im isolierten Zirkel zu artikulieren, wofür meist das Schlagwort »Stammtisch« dient.

2. Die neue Zensur, »La Nouvelle Censure«, tauchte 1976 als Buchtitel des französischen Autors Jean-François Revel auf.

Diese neue Zensur verhindert nicht die Verbreitung von Büchern und Ideen, wozu sie auch keine gesetzliche Handhabe besitzt, sondern versucht dem Publikum einzuhämmern, daß es besser ist, sich von dergleichen abzuwenden wie von einer ansteckenden Krankheit, als den Versuch zu machen, sich unvoreingenommen mit den Argumenten des Autors auseinanderzusetzen. Hier spielen Vokabeln wie »umstritten«, »sattsam bekannt«, »notorisch« ihre Rolle. Der Autor wird aufgrund eines einzelnen Zitates oder einer früheren Zeitungsmeldung in eine Schublade gesteckt, auf der das Etikett »gefährlich«, »ewiggestrig« oder »irrtümlich« steht. Auf die Argumente eines solchen Menschen wird man lieber verzichten.

Der Verfassungsschutz ist nicht eine mit der Ausübung der neuen Zensur beauftragte Behörde. Die dezentrale, pluralistische und globale, aber dennoch überraschend konforme neue Zensur erlaubt einer noch immer staatlichen Organisation nur eine begrenzte Mitwirkung. Sich frei organisierende Gruppen wie Medien, Parteien, Pressure Groups haben bessere Bewegungsmöglichkeiten. Die Annäherung an die neue Zensur ergab sich, als der Verfassungsschutz nicht, wie die Mainzer Central-Untersuchungskommission, seine Erkenntnisse nur der Polizei und den Gerichten zur Verfügung stellen, sondern direkt durch Inlandspropaganda auf die Bevölkerung einwirken wollte. Damit geriet die Behörde in einen Konflikt zwischen ihrer amtlichen Aufgabe (»Gesinnungs-TÜV«) und einer Parteinahme im Meinungskampf. »Das Spezifikum«, schreibt Leggewie, »das den deutschen Verfassungsschutz von allen Geheimdiensten westlicher Demokratien unterscheidet, ist jedoch, daß der politische Meinungskampf und damit die freie Meinungsbildung selbst unter Verdacht gestellt wird.«[20]

Die Einmischung in die Meinungsbildung der Bevölkerung trägt den zweideutigen Namen »geistig-politische Auseinandersetzung«.[21] Die neue Funktion der Behörde, den »Verfassungsschutz durch Aufklärung«, rief die Ständige Konferenz der Innenminister am 9. Dezember 1974 ins Leben.[22] Nunmehr sollten die vom Verfassungsschutz gesammelten Informationen auch für eine »aktive Aufklärung im Rahmen der geistig-politischen Auseinandersetzung mit den Gegnern der verfassungsmäßigen Ordnung« Verwendung finden. Das sei um so dringlicher, hieß es 1976, als »die antidemokratischen Kräfte durch optimale Ausnutzung der Meinungs- und Pressefreiheit versuchen, die Bevölkerung ideologisch zu beeinflussen und insbesondere die Einrichtung des Verfassungsschutzes zu diffamieren«.[23]

Erst 1994 nahm der Verfassungsschutzbericht in einem eigenen Kapitel zum »Verfassungsschutz durch Aufklärung« Stellung. Es war ein besonderes Jahr, da in ihm ein Großexperiment der neuen Zensur durchgezogen wurde. Es ging darum, vor den Europawahlen dieses Jahres die öffentliche Meinung so zu beeinflussen, daß die Beschlüsse von Maastricht ohne Widerrede implementiert werden konnten. Nach der von allen Medien groß aufgezogenen Kampagne der Jahre 1992/93 gegen »Ausländerfeindlichkeit« wurde nun gegen publizistische Abweichler vorgegangen, die des Delikts beschuldigt wurden, eine »Normalisierung« des Status Deutschlands nach der Wiedervereinigung anzustreben. Sie wurden pars pro toto in der »Frankfurter Allgemeinen Zeitung« ausgekundschaftet und als »neue Rechte« tituliert. Die Säuberung, vor allem des FAZ-Feuilletons, folgte, auch wenn eines der schwarzen Schafe, wie »Foreign Affairs«[24] monierte, der Redaktion noch immer angehört.

Doch kann heute jeder, der offene Augen hat, die neue Zensur erkennen. Hat sie damit ihren Zenit überschritten?

Anmerkungen

1 Leopold Friedrich Ilse: Geschichte der politischen Untersuchungen. Frankfurt 1860, S. 57 ff.

2 Ernst Rudolf Huber: Deutsche Verfassungsgeschichte Bd. 1. Stuttgart 1990, S. 748.

3 Heinrich Hubert Houben: Der ewige Zensor. Kronberg 1978, S. 144.

4 A.a.O., S. 143.

5 Walter Jens: Republikanische Reden. München 1976, S. 78.

6 Ulrich Klug: § 88a StGB. Ein Übergriff des Gesetzgebers. In: Ingeborg Drewitz und Wolfhart Eilers: Mut zur Meinung. Gegen die zensierte Freiheit. Frankfurt 1980.

7 Dieter Breuer: Geschichte der literarischen Zensur in Deutschland. Heidelberg 1982, S. 253.

8 Franz Schneider: Pressefreiheit und politische Öffentlichkeit. Berlin; Neuwied 1966, S. 43.

9 A.a.O., S. 32f.

10 A.a.O., S. 46.

11 Hans-Jürgen Schrader: Pietistisches Publizieren unter Heterodoxieverdacht. In: Herbert G. Goepfert (Hrsg.): »Unmoralisch an sich«. Zensur im 18. und 19. Jahrhundert. Wiesbaden 1988, S. 61–88.

12 Wolfram Siemann: Normenwandel. Auf dem Weg zur »modernen Zensur«. In: John A. McCarthy: Zensur und Kultur. Tübingen 1995, S. 73.

13 A.a.O., S. 75.

14 Ernst Rudolf Huber: Dokumente zur Deutschen Verfassungsgeschichte Bd. 1. Stuttgart 1978, 3. Auflage, S. 90.

15 Schneider 1966, a.a.O., S. 204 ff.

16 Huber 1978, a.a.O., S. 391.

17 Johann Ernst Gruner: Cremutius Cordus oder Über die Bücherverbote. Leipzig 1798, S. 127.

18 Robert Darnton: Literaten im Untergrund. München; Wien 1985.

19 Thomas Molnar: Die neuen Zensoren. In: Criticon, Jg. 1972, S. 111.

20 Claus Leggewie: Republikschutz. München 1995, S. 101.

21 Christiane Hubo: Verfassungsschutz des Staates durch geistig-politische Auseinandersetzung. Göttingen 1998.

22 Klaus Riekenbrauk: Die Verfassungsfeindbestimmung in den veröffentlichten Verfassungsschutzberichten des Bundes und der Länder. Ein Beitrag zum Verfassungsschutz neuer Art. Münster 1986.

23 Hubo 1998, a.a.O., S. 60.

24 Jacob Heilbrunn: Germany's New Right. In: Foreign Affairs, Jg. 1996, Nr. 6, S. 80–98.

Hans-Helmuth Knütter

Der Verfassungsschutz und die politische Kultur nach dem Ende des Kalten Krieges

Freiheitliche Demokratie ist heute ein Wert, auf den sich alle berufen. Im Gegensatz zur Weimarer Republik will heute jeder ein Demokrat sein. Demokratie soll die persönliche Freiheit gewährleisten, und insofern ist sie kein Selbstzweck. Sie ist den Werten Freiheit und Rechtsstaatlichkeit im Range nachgeordnet. Vorrang hat immer die persönliche Freiheit, die Freiheit von Fremdbestimmung. Wer gefährdet diese? Vor 1848 richtete sich das Freiheitsstreben gegen die absolutistische Staatsmacht und die bevormundende Kirche. Im 20. Jahrhundert entstanden die totalitären politischen Religionen des Kommunismus und Nationalismus. Und heute, in der Demokratie, der freiheitlichsten, die wir nach Meinung ihrer Lobredner haben? Die Freiheitsgefährdung geht im heutigen Deutschland, aber auch in vergleichbaren demokratischen Systemen nicht zuletzt von Geheimdiensten aus. Angeblich zum Schutze des Staates, der Verfassung (und vor allem der jeweils Regierenden) geschaffen, neigen sie zur Bevormundung der Bürger und entwickeln sich zu Instrumenten der Gesinnungskontrolle, der Nachzensur und der Meinungslenkung.[1] Offenbar kommt vielen Bürgern das Wirken der Geheimdienste unheimlich vor. Das liegt nach den jüngsten Erfahrungen auch nahe. Über den KGB und vor allem die Staatssicherheit haben wir Tatsachen erfahren, die früher als Verschwörerphantasien abgetan worden wären. Jetzt greift das Mißtrauen auch auf die »demokratischen« Geheimdienste über. Besonders seit dem Ende des Ost-West-Gegensatzes neigt der Verfassungsschutz dazu, seine Kompetenzen zu mißbrauchen, weil ihm vermeintlich der linke Gegner abhanden kam. Die einseitige Konzentration auf den rechten Gegner führt zu Verzerrungen, die allerdings nicht

neu sind, wie ein Blick auf die Geschichte der Verfassungsschutzberichte lehrt. Im April 1962 veröffentlichte der Bundesinnenminister eine Denkschrift über »Erfahrungen aus der Beobachtung und Abwehr rechtsradikaler und antisemitischer Tendenzen 1961«. Das war die Geburtsstunde der heutigen Verfassungsschutzberichte. Auch damals gab es einen politischen Anlaß. Selbst in jenen politisch ruhigen Zeiten tauchten von Zeit zu Zeit phantastische Berichte über den Rechtsextremismus auf. So alarmierten Horrormeldungen über 70.000 rechtsradikale Jugendliche die in- und ausländische Öffentlichkeit. Der offenkundige Unsinn wurde geglaubt und »schädigte das deutsche Ansehen im Ausland«. Diese feige Phrase tauchte bereits damals auf und veranlaßte das Innenministerium zu der Richtigstellung, es habe nie mehr als 2.300 rechtsradikale Jugendliche gegeben. Das »deutsche Ansehen« war gerettet, und eine Notwendigkeit für jährlich erscheinende Berichte wurde zunächst nicht gesehen. Das änderte sich erst Ende der 60er Jahre. Unter dem Eindruck der ersten großen Legitimationskrise der »freiheitlichen demokratischen Grundordnung« durch die kulturrevolutionäre Bewegung um 1968 kam man im Innenministerium auf die Idee, zur vorbeugenden Gefahrenabwehr einen amtlichen Bericht herauszugeben. War doch die Demokratie bedroht, und zwar nunmehr von links: »Der Osten wird rot, und der Sozialismus siegt.« So entstanden die Verfassungsschutzberichte, die sich im Laufe der Zeit als ein Teil von jener Kraft erweisen sollten, die zwar das Gute will, jedoch das Böse schafft. Denn sie boten natürlich keinen objektiven Spiegel der Lage, sondern waren Ausdruck der politischen Interessen der jeweiligen Regierung.
Der erste Bericht von 1962 sollte die Gefahr des Rechtsextremismus herunterspielen. Linksextremismus gab es damals nur als Bedrohung von außen, vom kommunistischen Osten. Innenpolitisch war er bedeutungslos und unterlag einem rigorosen Staatsschutzrecht. Der Bericht war damals nüchtern-sachlich, und historische, geistesgeschichtliche und soziologische Kraftakte wurden gar nicht erst versucht. Das ist heute anders.

Die Verfassungsschutzberichte haben sich von einem sachlichen Informationsmittel zu einem Instrument der Meinungslenkung entwickelt. Auch an diesem Beispiel bewahrheitet sich das Spottwort, Deutschsein heiße, eine an sich vernünftige Sache so zu betreiben, daß sie durch Übertreibung verdorben und in ihr Gegenteil verkehrt wird.
Der Haupteinwand gegen die Verfassungsschutzberichte richtet sich gegen die ungleiche Gewichtung des linken und des rechten Extremismus. Der Grund für die Unterschiede wird aus den Berichten selbst deutlich: Jede (linke) Gewalttat wird auch dann nur einmal gezählt, wenn sie aus zahlreichen Einzeldelikten besteht. Wenn zum Beispiel bei einem linken Krawall Polizisten verletzt, Geschäfte geplündert, Autos zerstört werden, dann gilt das alles als *ein* Fall von Landfriedensbruch, also als *eine* Gewalttat![2] Beim rechten Spektrum werden hingegen die »Propagandadelikte« mitgezählt, ein Tatbestand, den es auf der linken Seite nicht gibt. Wenn zum Beispiel irgendwo ein Hakenkreuz angemalt wird, dann ist das ein Propagandadelikt, wie die Aufforderung »Ausländer raus« »Aufstachelung zum Rassenhaß« wäre. Selbstverständlich ist die linke Schmierage »RAF lebt« oder »Deutschland verrecke« weder das eine noch das andere. Die jüngsten offiziellen Zahlenangaben des Bundesinnenministeriums belegen dies auf eine groteske Weise.[3] So entsteht ein verzerrtes, wenngleich statistisch korrektes Bild der beiden Extremismen. Keine Fälschung und doch falsch.
Ein ganz besonders übles Kapitel ist, was sich »Intellektualisierung des Rechtsextremismus« nennt. Seit 1994 findet sich in den Verfassungsschutzberichten solch ein Hinweis, der Jahr für Jahr an Umfang zugenommen hat. In allen Berichten seit 1994 ist auch die »Junge Freiheit« als ein Beispiel unter mehreren genannt. Wovor soll der Verfassungsschutz schützen? Vor »Bestrebungen, die gegen die freiheitliche demokratische Grundordnung, den Bestand oder die Sicherheit des Bundes oder eines Landes gerichtet sind oder eine ungesetzliche Beeinträchtigung der Amtsführung der Verfassungsorgane des Bundes oder eines Landes oder ihrer Mit-

glieder zum Ziele haben«. Weil es – im Gegensatz zum »kriminellen Linksextremismus« keinerlei Aufrufe zu Krawallen oder Bastelanleitungen für Sprengsätze in der »Jungen Freiheit« gibt, hat der Verfassungsschutz »tatsächliche Anhaltspunkte für den Verdacht rechtsextremer Bestrebungen« entdeckt. »Was Fritz über Franz sagt, das kennzeichnet mehr Fritz als Franz« – an dieses Witzwort erinnert diese »Einschätzung«. Sie kennzeichnet mehr den Verfassungsschutz als die Betroffenen. Wo Tatsachen fehlen, da müssen Verdächtigungen und Interpretationen her. Eine staatliche Sicherheitsbehörde soll Staat und Gesellschaft vor politischer Kriminalität schützen und hat sich – wie das in den Anfangsjahren der Bundesrepublik auch der Fall war – auf knallharte Fakten zu beschränken. Was heute geschieht, ist aber eine Fehlentwicklung hin zur Gesinnungskontrolle, die gerade in der Ungleichbehandlung von links und rechts zum Ausdruck kommt. Über die »Republikaner« heißt es zum Beispiel, sie »versuchen, das Individuum der Gemeinschaft unterzuordnen und damit den besonderen Stellenwert, den das Grundgesetz den Individualgrundrechten und den Menschenrechten zumißt, zu vermindern«.[4] Alle diese »Anhaltspunkte« sind nichts als Meinungsäußerungen, die allenfalls diskutabel, aber auf keinen Fall extremistisch und gesetzwidrig sind. Vielmehr verstößt die Interpretation des Verfassungsschutzes, der kein zeitgeschichtliches Institut und keine Glaubenskongregation ist, gegen die Meinungsfreiheit und überdehnt unzulässig § 3 Abs. 1 des Bundesverfassungsschutzgesetzes, der wie zur Selbstentlarvung jeweils im Verfassungsschutzbericht abgedruckt wird.

Warum wird auf der Rechten die »Intellektualisierung« als besondere Gefahr angesehen, auf der Linken hingegen nicht? Nach 1989 schien die Linke in jeder Hinsicht erledigt zu sein, eine Annahme, die sich spätestens 1992 als Irrtum herausstellte. Während mit der »Wende« die an Moskau orientierte Richtung des Linksextremismus an Zahl, Kraft und Bedeutung abnahm, nahmen Anarchisten, Libertäre und Autonome an Aktivität, Selbstbewußtsein und auch Gefährlichkeit zu. Die terroristische Komponente des Linksextremismus blieb erhalten. Bereits dem 1989 veröffentlichten Verfassungsschutzbericht für 1988 kann man entnehmen, daß es in der Bundesrepublik ein virulentes linksterroristisches Potential gab, das gerade deswegen Zukunftsaussichten hat, weil es in keiner erkennbaren Verbindung zur zusammengebrochenen DDR und zur DKP gestanden hat. Motiviert wird dieser anarchistische Aktionismus offenbar aus einem Gefühl des Fehlangepaßtseins, das vor allem Intellektuelle empfinden. Frustration ist die Triebkraft der Aktivität, die ihre Bedeutung aus einem gewissen intellektuellen Niveau der Anhänger gewinnt. Bereits damals entstand der Eindruck, daß linksextreme Organisationen mit festgefügter Theorie und Organisation an Bedeutung verlieren, aktionistische Gruppen hingegen ihre Bedeutung mit steigender Tendenz behalten.

Der Rechtsextremismus nahm sich lediglich vor dem Hintergrund der linksextremen Pleite konsolidiert aus. Angesichts der Erfolge der PDS kann keine Rede davon sein, daß es dem Rechtsextremismus gelungen wäre, Protesthaltungen für sich nutzbar zu machen. Wenn also der Verfassungsschutzbericht wirklich nur die tatsächliche Verfassungsgefährdung durch kriminellen Extremismus darstellte, müßte die linke Seite weit überwiegen. Das wird auch angedeutet: Es fehle rechten Gewalttätern an Unterstützung. Im Gegensatz zur Linken gibt es keine rechtsextremen Strategiekonzepte. Wohl hat man zahlreiche Waffen beschlagnahmt, aber angewendet wurden sie nie, denn es gibt keine rechtsterroristischen Gruppen, die auf der linken Seite sehr wohl existieren. Da nicht sein kann, was nicht sein darf – d. h., die linke Gefahr darf nicht größer sein als die rechte –, muß man sie eben aufbauschen. Mit Hilfe der Propagandadelikte und Gesinnungskontrolle (»Anhaltspunkte«) wird die rechte Gefahr trickreich vervielfältigt. Wie weit der Linksextremismus bis ins Zentrum der Gesellschaft vorgedrungen ist, haben die bürgerkriegsähnlichen Castor-Krawalle im März 1997 gezeigt. Auch die Wahlerfolge der PDS, die nicht nur von Sozialdemokraten und Medien, sondern bis in die Reihen der CDU hinein als »demokratische Partei« salonfähig geredet wurde, haben in diesem Sinne gewirkt. Der Verfassungsschutz ist an dieser Entwicklung mitschuldig, weil er die PDS nicht insgesamt beobachtet, sondern nur einzelne Arbeitsgemeinschaften, da nicht alle Mitglieder Extremisten seien. Auch von den Republikanern heißt es, daß nicht alle ihre Mitglieder Extremisten seien, gleichwohl wird die Partei insgesamt beobachtet.

Die Lücken der Verfassungsschutzberichte legen die kritisch-distanzierende Kommentierung dieser Art von Propaganda der jeweiligen Regierungsparteien des Bundes und vor allem der Länder nahe. Wenn beim Bestreben, die Grundrechte zu schützen, Grundrechte tendenziell eingeschränkt werden (dafür gibt es »tatsächliche Anhaltspunkte«), dann ist etwas faul im Staate BRD.

Die Kritik an den Geheimdiensten und ihrer manipulativen Funktion nimmt dank der Enthüllungen über das Wirken der Staatssicherheit zu.

Peter Ferdinand Koch hat in seinem Buch »Die feindlichen Brüder« den Kampf zwischen Staatssicherheit und Verfassungsschutz eindrucksvoll und mit schockierenden Einzelheiten geschildert.[5] Dem Verfassungsschutz erschien es wegen einer Fülle kritischer Veröffentlichungen wohl angebracht, vorsorglich ein Buch mit rechtfertigender Tendenz vorzulegen.[6] Eine der wichtigsten kritischen Schriften der letzten Jahre ist die Dissertation von Christiane Hubo: Verfassungsschutz des Staates durch geistig-politische Auseinandersetzung.[7] Diese Schrift ist eine wissenschaftliche Untersuchung, die als Dissertation bei dem renommierten Verwaltungsjuristen Prof. Dr. Helmut Quaritsch an der Hochschule für Verwaltungswissenschaften in Speyer entstand. Der Leser findet eine fundierte Kritik des Mißbrauchs politischer Macht durch den Verfassungsschutz. In fünf großen Kapiteln schildert die Autorin die in einer Demokratie zu schützenden Freiheitsrechte. Neben der Verbotspraxis ist die »geistig-politische Auseinandersetzung« eine der staatlichen Methoden, für die es die schöne Bezeichnung »Verfassungsschutz durch

Aufklärung« gibt. Die Gefahr des Mißbrauchs liegt nahe, den die Autorin anhand des Extremismusverständnisses schildert. Das Fazit lautet, daß der Staat durch die Praxis des Verfassungsschutzes »transformiert« und das heißt negativ verändert wird. Die Autorin hat die Verfassungsschutzberichte verglichen und stellt gleich eingangs eine manipulative Tendenz dieser »Aufklärung« fest: Seit 1995 werden neben tatsächlichen rechten Gewalttätern auch solche in die Statistik mit einbezogen, bei denen lediglich »Anhaltspunkte« für die Gewaltbereitschaft gegeben sind. Beim Linksextremismus werden aber mehrere tausend Personen, die zum Mobilisierungspotential zählen, nicht berücksichtigt. Der Aussagewert der in der Öffentlichkeit wahrgenommenen Gesamtzahlen werde damit erheblich relativiert, lautet das sehr zurückhaltend formulierte Urteil der Autorin.[8] Wir leben heute in einer »anderen Republik«, die sich erheblich von der alten Bonner BRD unterscheidet. Aber bereits unter der CDU/CSU/FDP-Regierung hat jene Linksentwicklung begonnen, die heute den SPD-Innenminister Schily veranlaßt, die Überwachung der linksextremen PDS zu »überdenken«. Christiane Hubo behandelt auch den Wertrelativismus der Weimarer Demokratie. Aus deren angeblicher Hilflosigkeit dem Extremismus gegenüber wird ja die Wertgebundenheit des Grundgesetzes abgeleitet. Das war verständlich in den Jahren des Kalten Krieges, als es vor allem um die Abwehr des Kommunismus ging. In der Tat waren die SED und die an ihrem Gängelband laufenden Parteien KPD und DKP Agenturen einer fremden, feindlichen Macht. Ihre kämpferische Abwehr war notwendig und berechtigt. Aber gut gemeint heißt noch lange nicht gut gemacht. In Anlehnung an den ehemaligen Bundesverfassungsrichter Hans Hugo Klein stellt Christiane Hubo fest, daß die wertgebundene Demokratie vom Bürger nicht nur die Beachtung der Rechtssätze verlangt, sondern darüber hinaus Identifizierung und Realisierung, ihn also viel intensiver in die Pflicht nimmt. Das führt zu Eingriffen in Freiheitsrechte. Der Verfassungsschutz wird vorverlagert auf den vorstaatlichen Bereich der politischen

Willensbildung (S. 23 f.). Christiane Hubo verwendet das Wort, das an dieser Stelle angebracht ist, nicht: Es findet Gesinnungskontrolle statt. Immerhin stellt sie fest: »Die Sicherung der Verfassung darf nicht dazu führen, daß die ständige politische Auseinandersetzung, die für die freiheitliche demokratische Staatsordnung konstituierend ist, durch die Ausschaltung des freien Wettbewerbs der politischen Ideen aufgehoben wird.« (S. 28)

Warum bekämpfte die Regierung Kohl den Rechts- und den Linksextremismus entgegen offizieller Versicherung höchst ungleichgewichtig? Christiane Hubo bietet zahlreiche Beispiele für den politischen Opportunismus der Bundesregierung (S. 34–39). Sie bietet eine horrende Blütenlese von kritischen Aussagen zur Politik der Bundesregierung, die in den Verfassungsschutzberichten zitiert werden (S. 118–123). Es handelt sich in keinem Falle um Aufrufe zum Umsturz, sondern um legale und legitime regierungskritische Äußerungen. In den Verfassungsschutzberichten gelten sie allerdings als »tatsächliche Anhaltspunkte für den Verdacht verfassungsfeindlicher Bestrebungen« (wie die unglaubliche Diffamierungsformel lautet). Wer gefährdet hier eigentlich die Verfassung?

Ein Grundproblem der geistig-moralischen Befindlichkeit hierzulande deutet Christiane Hubo an (S. 120): Im Verfassungsschutzbericht des Bundes für 1996 wird über zwei Meinungsfreiheitskampagnen berichtet. Je ein »Appell der 100« und ein »Appell der 500« haben in Zeitungsanzeigen auf die Gefährdung der Meinungsfreiheit in der BRD hingewiesen. Der Verfassungsschutzbericht referiert das mit dem Hinweis, daß neben »rechtsextremistischen« Publizisten und Akademikern »mehrheitlich« (!!) Personen unterzeichnet hätten, die »bislang« (!!) nicht durch »rechtsextreme« Äußerungen in Erscheinung getreten seien. Wer wird hier wegen einer legalen, legitimen, ja notwendigen Meinungsäußerung in den Verdacht des Rechtsextremismus gerückt? Die Tücke liegt darin, daß der Verfassungsschutz sich herausreden wird (wie es in einer prozessualen Auseinandersetzung mit der »Jungen

Freiheit« auch geschehen ist), man habe ja nur auf »tatsächliche Anhaltspunkte für den Verdacht verfassungsfeindlicher Bestrebungen« hingewiesen und im übrigen niemanden bespitzelt und auch keine Namen genannt. Aber dennoch maßt sich eine Behörde an, die konkrete Verfassungsgefährdungen beobachten soll (also Hoch- und Landesverrat, Gewaltprogaganda und -taten), Meinungsäußerungen zu zensieren, die keinen von den vorstehenden Tatbeständen erfüllen. So liegt das Fazit nahe: »Die Entgrenzung des Extremismusbegriffs, besonders deutlich in der Formel vom Extremismus der Mitte, und damit die Einordnung aller derjenigen, die linken Bestrebungen ablehnend gegenüberstehen, als rechtsextrem, könnte letztlich dazu führen, daß solcherart begriffliche Ausweitungen benutzt werden, den demokratischen Verfassungsstaat zu delegitimieren. Der Extremismusbegriff würde dann zum offensiven Kampfmittel für Bestrebungen werden, die selbst dem Verfassungsstaat reserviert gegenüberstehen ...« (S. 128) Christiane Hubo bescheinigt dem Verfassungsschutz, daß geistig-politische Auseinandersetzung Formen des politischen Krieges annehmen könne, indem über Bewußtseinsformung und informal sanktionsbewehrte Verhaltenssteuerung mit staatlichen Mitteln ein neues Herrschaftssystem vorbereitet wird (S. 253).

Allerdings ist dies nicht die erste Kritik am Verfassungsschutz. Vorher bereits hatte Klaus Kunze eine fundierte Kritik des parteipolitischen Mißbrauchs dieser Behörde vorgelegt.[9] Es ist bezeichnend für den geistig-moralischen Zustand unserer Meinungsbildner, daß ein solcher parteipolitischer Mißbrauch sich keineswegs geheim abspielt, sondern in aller Offenheit. Sofern dieser Mißbrauch nur antifaschistisch geschminkt und antirechts getarnt auftritt, wird er billigend hingenommen. Für Hubo wie für Kunze gilt, daß sie in einer Zeit der Orientierungslosigkeit richtungweisend sein können, wenn sie nur zur Kenntnis genommen werden. Wir leben in orientierungsloser, aber orientierungsbedürftiger Zeit. Die Zeitgenossen sind verunsichert: Kriminalität, Rechtsunsicherheit, Spionage, Ausländerextremismus nehmen zu. Die bürgerkriegsähnlichen Krawalle und die hilflosen Reaktionen des Establishments lassen nach einem starken, überwachenden, ordnenden Staat rufen. Aber Vorsicht! Gut gemeint ist meist das Gegenteil von gut gemacht. Wenn der erhabene Gedanke des Verfassungsschutzes in banalem Parteiengezänk (»Haltet den Dieb«) und Gesinnungsschnüffelei endet, dann geht es darum, Fehlentwicklungen zu bekämpfen.

Die nach dem Ende des Kalten Krieges entstandene »Berliner Republik« ist eine andere als die bisherige, auch wenn die Ideologen und Nostalgiker der »Bonner Republik« dies nicht wahrhaben wollen. Es gilt, die Gefahr einer Fehlentwicklung zu bannen, die Christiane Hubo in ihrem Schlußwort bezeichnet: An die Stelle des bisherigen »träte dann ein neuer Staat mit einem neuen Volk als Träger der Staatsgewalt. Dies alles ohne die Zustimmung durch die verfassungsgebende Gewalt des ›bestehenden‹ Volkes dürfte letztlich auf eine Zerstörung der jetzigen verfassungsmäßigen Ordnung hin sich entwickeln, auf eine Transformation des Staates, begleitet von ›geistig-politischer Auseinandersetzung‹ als Mittel des Verfassungsschutzes.«

Anmerkungen

1 Josef Schüßlburner hat verdienstvoll diesen Mißbrauch angeprangert (Junge Freiheit 6.11. und 13.11.1998).

2 Verfassungsschutzbericht des Bundes 1996, S. 26.

3 Am 13.8.1999 gab das Bundesinnenministerium eine Übersicht über »politisch motivierte Straftaten von Januar bis Mai 1999«: Demnach gab es 1.173 linksextremistische und 2.839 rechtsextremistische Straftaten. Die Anzahl der Propagandadelikte betrug auf linker Seite bezeichnenderweise 0, auf rechter Seite hingegen 2.471. Wenn man diese Delikte von der Gesamtzahl abzieht, bleiben 368 rechtsextremistische Straftaten. Das tatsächliche Verhältnis müßte also lauten: links 1.173, rechts 368. Ein abstoßendes Beispiel für politisch-propagandistische Manipulation. Nebenbei bemerkt gibt es, der gleichen Statistik zufolge, 1.530 politisch motivierte Straftaten durch Ausländer, deren Propagandadelikte ebenfalls bei 0 liegen. (Antwort der Bundesregierung auf die kleine Anfrage des Abgeordneten Erwin Marschewski und anderer Abgeordneter der Fraktion der CDU/CSU. Deutscher Bundestag, Drucksache 14/1487 vom 13.8.1999, S. 1 f.)

[4] Verfassungsschutzbericht (Bund) 1996, S. 115.

[5] Peter-Ferdinand Koch: Die feindlichen Brüder. DDR contra BRD. Eine Bilanz nach 50 Jahren Bruderkrieg. Bern/München 1994.

[6] Bundesministerium des Innern (Hrsg.): Verfassungsschutz. Bestandsaufnahme und Perspektiven. Beiträge aus Wissenschaft und Praxis. Halle 1998.

[7] Christiane Hubo: Verfassungsschutz des Staates durch geistig-politische Auseinandersetzung. Ein Beitrag zum Handeln des Staates gegen Rechts. Göttingen 1998.

[8] A.a.O., S. 4 f.; vgl. dazu auch die von Christiane Hubo noch nicht berücksichtigte Statistik, die sich aus der Drucksache 14/1487 ergibt. (Siehe Anm. 3)

[9] Klaus Kunze: Geheimsache Politprozesse. Uslar 1998.

Gut gedacht: Grundlagen

Hans-Helmuth Knütter

Das Konzept der »wehrhaften Demokratie«

Die Demokratie ist in Deutschland, anders als in England und in den USA, nicht traditional legitimiert, sondern aus vielfältigen Traditionsbrüchen entstanden und deshalb historisch belastet (Ernst Fraenkel).

Ende der 50er Jahre hat die Untersuchung von Almond und Verba[1] ergeben, daß in den USA 80 % der Bevölkerung in einem emotional stabilen, positiven Verhältnis zur eigenen politischen Ordnung stehen, in der Bundesrepublik Deutschland waren es damals nur 30 %. Das erklärt sich aus den unterschiedlichen traditionellen Bedingungen, unter denen ein demokratisches politisches System funktionieren mußte.

Die politische Ordnung der Bundesrepublik Deutschland versteht sich als eine abwehrbereite, wehrhafte, militante, streitbare, wertgebundene wachsame Demokratie. Eingebürgert hat sich der Ausdruck »streitbare Demokratie«, der sowohl in der Literatur als auch vom Bundesverfassungsgericht verwendet wird.[2] Den Begriff »militant democracy« hatte 1937 Karl Loewenstein, ein Emigrant in den USA, zuerst verwendet. Karl Mannheim, ebenfalls Emigrant, hatte 1941 angesichts des nationalsozialistischen und kommunistischen Totalitarismus die »streitbare Demokratie« gefordert, damit die (westliche) Demokratie überleben könne.[3] Die Bezeichnung »freiheitliche demokratische Grundordnung« wurde nicht, wie oft angenommen, vom Bundesverfassungsgericht geprägt, sondern findet sich bereits in den Formulierungen des Herrenchiemseer Verfassungskonvents.

Eine ausdrückliche Definition, was unter freiheitlicher demokratischer Grundordnung zu verstehen sei, ist allerdings weder vom Parlamentarischen Rat noch im Grundgesetz gegeben worden, sondern die Definition hat das Bundesverfassungsgericht erst im Urteil gegen die »Sozialistische Reichspartei« am 24. Oktober 1952 und dann noch einmal im Urteil gegen die KPD vom 17. August 1956 geleistet.[4]

Das Bundesverfassungsgericht nennt als die grundlegenden Prinzipien der freiheitlichen demokratischen Grundordnung folgende acht Punkte:

»– Die Achtung vor den im Grundgesetz konkretisierten Menschenrechten, vor allem vor dem Recht der Persönlichkeit auf Leben und freie Entfaltung,
– die Volkssouveränität,
– die Gewaltenteilung,
– die Verantwortlichkeit der Regierung,
– die Gesetzmäßigkeit der Verwaltung,
– die Unabhängigkeit der Richter,
– das Mehr-Parteien-Prinzip,
– die Chancengleichheit für alle politischen Parteien mit dem Recht auf verfassungsmäßige Bildung und Ausübung einer Opposition.«

Als Voraussetzung gilt der Ausschluß jeglicher Gewalt- und Willkürherrschaft und eine rechtsstaatliche Herrschaftsordnung auf der Grundlage der Selbstbestimmung des Volkes nach dem Willen der jeweiligen Mehrheit. Weitere Grundlagen sind Freiheit und Gleichheit.[5]

Das im SRP-Urteil ausgesprochene Prinzip, das Grundgesetz sei eine wertgebundene Verfassung[6] fortführend, heißt es im KPD-Urteil, daß Einschränkungen einer ungebundenen Freiheit zulässig seien. Zum Zwecke der Verteidigung der freiheitlichen demokratischen Grundordnung müssen Einschränkungen der politischen Betätigungsfreiheit ihrer Gegner hingenommen werden. Das Grundgesetz habe sich bemüht, zwischen dem Prinzip der Toleranz und dem Bekenntnis zu unantastbaren Grundwerten einen Kompromiß zu finden, dessen Folge Einschränkungen der ungebundenen Freiheit sein können.[7] Allerdings darf es nur ein Minimum von Einschränkungen der Freiheitsrechte geben, um zu vermeiden, daß bei der Verteidigung der Freiheit die Freiheit selber zu weit eingeschränkt wird.

Bei der »streitbaren Demokratie« handelt es sich nicht nur um eine zusammenfassende Bezeichnung, sondern um ein Verfassungsprinzip. Das Bundesverfassungsgericht hat sich seit 1956 in zahlreichen Entscheidungen ausdrücklich auf das Prinzip der »streitbaren Demokratie« berufen.[8]

Wenn nach der Interpretation des Bundesverfassungsgerichts der Grundsatz der »streitbaren Demokratie« ein Verfassungsprinzip ist, so muß es das Ziel der Exekutive sein, alles zu tun, um zu verhindern, daß die freiheitliche demokratische Grundordnung beeinträchtigt oder beseitigt wird. Allerdings ist darauf zu achten, daß die Freiheit nicht durch Maßnahmen, die vorgeblich dem Schutze der Freiheit dienen, beseitigt wird. Der Freiheitsspielraum im einzelnen muß groß sein. Die Kehrseite des Schutzes der freiheitlichen demokratischen Grundordnung kann durchaus darin bestehen, daß eine restriktive Auslegung zu Intoleranz führt. In der Tat hat sich seit 1949 das Staatsverständnis erheblich gewandelt, und zwar im Sinne einer Auflockerung.

In der Gegenwart erleben wir, daß unter dem Vorwand des Antifaschismus durchaus Tendenzen vorhanden sind, die durch einen vermeintlichen »Faschismus« bedrohte Freiheit einzuschränken, da den angeblichen »Faschisten« Versammlungsfreiheit, Meinungsfreiheit und die Freiheit der Berufswahl nicht gewährt werden sollen.[9]

Das dargestellte Prinzip ist nicht von der Frage zu trennen, wie weit die Pflicht der Staatsbürger geht, sich aktiv für die freiheitliche demokratische Grundordnung einzusetzen. Die Auseinandersetzung, ob Verfassungstreue eine Bürgerpflicht sei, ob also nicht nur der Beamte sich jederzeit für die freiheitliche demokratische Grundordnung einsetzen müsse, sondern ob es eine Pflicht jedes einzelnen Bürgers gebe, konnte entstehen, weil in einzelnen Landesverfassungen außerordentlich weitgehende diesbezügliche Bestimmungen vorhanden sind. So lautet der Art. 117 der bayerischen Verfassung vom 2. Dezember 1946: »Der ungestörte Genuß der Freiheit für jedermann hängt davon ab, daß alle ihre Treuepflicht gegenüber Volk und Verfassung, Staat und Gesetzen erfüllen. Alle haben die Verfassung und die Gesetze zu achten und zu befolgen, an den öffentlichen Angelegenheiten Anteil zu nehmen und ihre körperlichen und geistigen Kräfte so zu betätigen, wie es das Wohl der Gesamtheit erfordert.« Hier wird ein aktives Eintreten nicht nur durch Beamte, also Hoheitsträger, sondern von jedermann verlangt und erwartet. Die Verfassung des Landes Hessen vom 1. Dezember 1946 regelt im Art. 146 »1. Es ist Pflicht eines jeden, für den Bestand der Verfassung mit allen ihm zu Gebote stehenden Kräften einzutreten. 2. Das Gesetz bestimmt, welche Rechte aus dieser Verfassung durch Entscheidung des Staatsgerichtshofes aberkannt werden können, wenn jemand dieser Pflicht zuwiderhandelt oder einer politischen Gruppe angehört oder angehört hat, welche die Grundgedanken der Demokratie bekämpft.«

Diese beiden Bestimmungen waren bereits lange vor dem Zusammentreten des Parlamentarischen Rates in Kraft. Die hier geforderte Pflicht des einzelnen Bürgers zur Verfassungstreue birgt in der Tat die Gefahr einer Einschränkung der Freiheit in sich, so daß das Bundesverfassungsgericht später zu einer abgemilderten Interpretation gekommen ist. Im Extremistenurteil vom 22. Mai 1975 wird ausdrücklich anerkannt, daß zwar der Beamte für die verfassungsmäßige Ordnung einzutreten habe, dem Bürger bleibe aber die Freiheit, diese Ordnung abzulehnen und mit allgemein erlaubten Mitteln politisch gegen sie einzutreten.[10]

In der Literatur werden 16 Bestimmungen des Grundgesetzes, die vor Verletzungen der freiheitlichen demokratischen Grundordnung durch Bürger, Amtsträger und Staatsorgane schützen sollen, behandelt. Der Staat soll vor dem Umsturz durch einzelne oder Gruppen, und der Bürger soll vor dem Staat und seinen Übergriffen geschützt werden. Einschlägig sind die Art. 2, Abs. 1 (Freiheit der Person); Art. 5, Abs. 3 Satz 2 (Meinungsfreiheit); Art. 9, Abs. 2 (Vereinigungsfreiheit); Art. 10, Abs. 2 Satz 2 (Brief-, Post- und Fernmeldegeheimnis); Art. 11, Abs. 2 (Freizügigkeit); Art. 18 (Verwirkung von Grundrechten); Art. 20, Abs. 4 (Widerstandsrecht); Art. 21,

Abs. 2 (Verfassungswidrigkeit von Parteien); Art. 33, Abs. 4 und 5 (Verfassungstreue der Beamten); Art. 73 Nr. 10b (ausschließliche Gesetzgebung des Bundes, Verfassungsschutz); Art. 79, Abs. 3 (unzulässige Änderung des Grundgesetzes); Art. 87, Abs. 1 Satz 2 (Gegenstände bundeseigener Verwaltung); Art. 87a, Abs. 4 (Streitkräfte); Art. 91 (innerer Notstand); Art. 98, Abs. 2 und 5 (Rechtsstellung der Richter).
Eine der theoretisch wichtigsten und schärfsten Instrumente zum Schutze der Verfassung, von der aber andererseits auch durch Mißbrauch eine erhebliche Gefahr der Einschränkung mehrerer Grundrechte ausgeht, ist die in Art. 18 vorgesehene Grundrechtsverwirkung: »Wer die Freiheit der Meinungsäußerung, insbesondere die Pressefreiheit (Art. 5, Abs. 1), die Lehrfreiheit (Art. 5, Abs. 3), die Versammlungsfreiheit (Art. 8), die Vereinigungsfreiheit (Art. 9), das Brief-, Post- und Fernmeldegeheimnis (Art. 10), das Eigentum (Art. 14) oder das Asylrecht (Art. 16, Abs. 2) zum Kampf gegen die freiheitliche demokratische Grundordnung mißbraucht, verwirkt diese Grundrechte. Die Verwirkung und ihr Ausmaß werden durch das Bundesverfassungsgericht ausgesprochen.«
Bisher hat die Bundesregierung in vier Fällen einen Antrag auf Grundrechtsverwirkung an das Bundesverfassungsgericht gestellt. Allen Anträgen ist kein Erfolg beschieden gewesen. Am 28. April 1952 beantragte die Bundesregierung gegen den zweiten Vorsitzenden der Sozialistischen Reichspartei, Generalmajor a. D. Otto Ernst Remer, die Verwirkung der Meinungsfreiheit, der Versammlungs- und Vereinigungsfreiheit und des aktiven und passiven Wahlrechts sowie die Verwirkung der Fähigkeit zur Bekleidung öffentlicher Ämter. Am 25. Juli 1960 (BVerfGE 11, S. 282 f.) wies das Bundesverfassungsgericht den Antrag zurück. Am 20. März 1969 beantragte die Bundesregierung die Verwirkung der Meinungs- und Pressefreiheit sowie Aberkennung des Wahlrechts, der Wählbarkeit und der Fähigkeit zur Bekleidung öffentlicher Ämter gegen den Chefredakteur und Verleger der »Deutschen National-Zeitung«, Dr. Gerhard Frey. 1974 wies das Bundesverfassungsgericht auch diesen

Antrag zurück (BVerfGE 38, S. 23 ff.). Nach langer Pause stellte die Bundesregierung gegen zwei Politiker der extremen Rechten erneut einen Antrag, nämlich gegen Heinz Reisz und Thomas Dienel. Auch diese Anträge wurden 1996 zurückgewiesen. Es ist bezeichnend, daß kein einziger dieser Anträge sich gegen einen Vertreter der extremen Linken richtete.

Das Verbot verfassungsfeindlicher Vereinigungen nach Art. 9, Abs. 2 GG sieht vor: »Vereinigungen, deren Zwecke oder deren Tätigkeiten den Strafgesetzen zuwider laufen oder die sich gegen die verfassungsmäßige Ordnung oder gegen den Gedanken der Völkerverständigung richten, sind verboten.« Hier handelt es sich um eine wirksame und auch häufig angewendete Schutzmaßnahme. Die Antragsberechtigung liegt beim Bundesinnenminister, soweit es sich um Vereinigungen handelt, die in ihrer Tätigkeit die Grenzen eines Bundeslandes überschreiten, andernfalls liegt sie beim jeweiligen Landesinnenminister.

Eine Selbstbegrenzung der Exekutive liegt im Grundsatz, daß bloße Kritik, Nichtanerkennung oder Ablehnung der freiheitlichen demokratischen Grundordnung für die Auflösung einer Vereinigung nicht ausreichend sind, sondern eine kämpferische, aggressive Haltung muß vorhanden sein.[11]

Das Vereinsgesetz von 1964 hat eine frühere Unklarheit beseitigt: Die Frage, ob das Verbot automatisch eintritt oder ob es einer Feststellungsverfügung der zuständigen Verwaltungsbehörde bedarf, ist zugunsten der letzteren Auffassung geregelt worden (§ 3, Abs. 1 Satz 1 VereinsG).

Die Feststellung »sind verboten« gibt den Behörden zwar keinen Ermessensspielraum, dennoch aber sind zahlreiche Vereine, deren verfassungsfeindliche Haltung unbezweifelbar ist, nicht verboten worden. Das Urteil gegen die KPD 1956 hätte eine Anwendung des Art. 9 auf die »Vereinigung der Verfolgten des Nazi-Regimes (VVN)«, deren enge Bindung in personeller und ideologischer Hinsicht an die KPD bzw. SED offenkundig war, ermöglicht. Dennoch ist der 1959 unternommene Versuch eines Verbots dieser Vereinigung

aus politisch-opportunistischen Gründen stillschweigend und blamabel für die Bundesregierung aufgegeben worden.
Immerhin ist dieser Grundgesetzartikel häufig angewendet worden; bis zum Inkrafttreten des Vereinsgesetzes 1964 sind 119 Vereine verboten worden. In den folgenden 20 Jahren, von 1964 bis 1983, sind zwölf Verbote ausgesprochen worden, in sieben Fällen gegen ausländische, in vier gegen rechtsextreme und in einem Fall gegen eine kriminelle Vereinigung (Hell's Angels Motor-Club).[12] Für die danach erfolgenden Verbote ist vor allem bemerkenswert, daß zwei Vereinigungen nach Art. 9 verboten wurden, die ihrem Selbstverständnis nach politische Parteien waren. 1994 wurden die »Freiheitliche Arbeiterpartei (FAP)« und die »Nationale Liste« mit der Begründung verboten, daß sie keine politischen Parteien im Sinne des Art. 21 GG seien. Gleichzeitig wurde die kurdische PKK, die tatsächlich keine Partei im Sinne des Parteiengesetzes ist, verboten.
Unter den Organisationen nehmen die Parteien eine Sonderstellung ein, folglich ist das Verbot verfassungsfeindlicher Parteien nach Art. 21 Abs. 2 GG speziell geregelt: »Parteien, die nach ihren Zielen oder nach dem Verhalten ihrer Anhänger darauf ausgehen, die freiheitliche, demokratische Grundordnung zu beeinträchtigen oder zu beseitigen oder den Bestand der Bundesrepublik Deutschland zu gefährden, sind verfassungswidrig. Über die Frage der Verfassungswidrigkeit entscheidet das Bundesverfassungsgericht.« Diese Bestimmung garantiert den Parteien insofern eine Sonderstellung, als im Gegensatz zu Vereinigungen Parteien nur durch das Bundesverfassungsgericht für verfassungswidrig erklärt und verboten werden können.
Obwohl nur das Bundesverfassungsgericht eine Partei für »verfassungswidrig« erklären kann, berührt dies nicht die Möglichkeit, eine Partei als »verfassungsfeindlich« zu charakterisieren, auch wenn gegen sie noch kein Verfahren vor dem Bundesverfassungsgericht stattgefunden hat. Die Charakterisierung einer Partei als »verfassungsfeindlich« durch die Exekutive, etwa in den Verfassungsschutzberichten des Innenmi-

nisteriums, ist vom Bundesverfassungsgericht ausdrücklich für zulässig erklärt worden. Dreimal hat die Bundesregierung Anträge, eine politische Partei für verfassungswidrig zu erklären, an das Bundesverfassungsgericht gerichtet. Die beiden Anträge von 1951 gegen die Sozialistische Reichspartei und die Kommunistische Partei Deutschlands wurden 1952 und 1956 im Sinne des Antragstellers erfolgreich abgeschlossen. Ein weiterer Antrag gegen die Deutsche Reichspartei 1953 wurde von der Bundesregierung nicht weiterverfolgt, sondern zurückgezogen.
Kennzeichnend für das gewandelte Verfassungsverständnis ist es, daß seit 1951 kein erfolgreicher Antrag mehr gestellt worden ist, daß Versuche in den 70er Jahren, maoistische kommunistische Gruppierungen, die KPD und den Kommunistischen Bund Westdeutschlands wegen ihrer offenkundig extremistischen Propaganda und ihres gewalttätigen Auftretens zum Gegenstand eines Verbotsverfahrens zu machen, nicht einmal mehr unternommen worden sind. Auch für die politischen Parteien gilt, daß nicht das bloße Eintreten gegen die politische Ordnung oder Einzelheiten der politischen Ordnung zum Verbot führen kann, sondern es muß eine aktiv-kämpferische Haltung gegen die freiheitlich demokratische Grundordnung vorliegen, und die Methoden müssen aggressiv sein.
In deutlichem Unterschied dazu steht das Verhalten gegenüber der 1967, also elf Jahre nach dem KPD-Verbot, entstandenen DKP. Hinsichtlich Struktur, Programmatik und personeller Zusammensetzung ist diese Partei offenkundig eine Nachfolgeorganisation der verbotenen KPD gewesen, so daß sie an sich auch verboten war, ohne daß es eines neuen Verfahrens bedurft hätte. Es kennzeichnet das gewandelte politische Klima in der Bundesrepublik, daß infolge der kulturrevolutionären Bewegung der späten 60er Jahre eine verfassungsfeindliche Partei toleriert wurde, ohne ihre Verfassungsfeindlichkeit festzustellen, was in diesem Falle, fußend auf dem KPD-Urteil vom 17. August 1956, Sache der Exekutive gewesen wäre.

Allgemein bekannt ist der sogenannte »Radikalenerlaß«, eine Bezeichnung, die in mehrfacher Hinsicht unzutreffend ist. Während man in Deutschland unter dem Begriff »radikal« ein subversives Verhalten versteht, gilt im westlichen Ausland »radikal« als aufklärerisch, dem Gedankengut der Französischen Revolution von 1789 verbunden. Um Mißverständnisse zu vermeiden, sollte deswegen der Begriff »radikal« durch die eigentlich gemeinte und zutreffende Bezeichnung »extrem« oder, wie es im Sprachgebrauch der Verfassungsschutzbehörden heißt, »extremistisch« ersetzt werden. Es handelte sich auch keineswegs um einen »Erlaß«, sondern um einen Beschluß der Ministerpräsidenten und eine gemeinsame Erklärung der Ministerpräsidenten der Bundesländer und des Bundeskanzlers vom 28. Januar 1972, die sich auf die Beamtenrechte bezieht. Es handelt sich hier also um eine politische Absichtserklärung und nicht um die Schaffung einer neuen Bestimmung. Deswegen muß die Grundlage jeder Betrachtung das Beamtenrecht sein. Neben den Beamtengesetzen der Länder sind das Bundes-Beamtengesetz (BBG) und das Beamtenrechtsrahmengesetz (BBRG) maßgeblich. Hier wird gefordert, daß in das Beamtenverhältnis nur berufen werden darf, wer »die Gewähr dafür bietet, daß er jederzeit für die freiheitliche demokratische Grundordnung im Sinne des Grundgesetzes eintritt« (§§ 4 Abs. 1 Nr. 2 BBRG, 7 Abs. 1 Nr. 2 BBG). Hier wird ein aktives Engagement gefordert, das über die Erwartungen an den einzelnen Staatsbürger weit hinausgeht. Die einstellende Behörde hat sorgfältig zu prüfen, ob neben anderen diese Voraussetzung gegeben ist. Die einstellende Behörde muß davon überzeugt sein, daß der Anwärter seiner Pflicht zur Verfassungstreue nachkommt. Verbleibende Zweifel gehen zu dessen Lasten.

Zweimal in der Geschichte der Bundesrepublik sah sich die Bundesregierung genötigt, die eindeutigen Rechtsvorstellungen zu interpretieren. Am 19. September 1950 erklärte die Bundesregierung die Unterstützung von verfassungsfeindlichen Parteien und Vereinigungen für unvereinbar mit der dienstlichen Treuepflicht eines Beamten, Angestellten oder Arbeiters im öffentlichen Dienst. Hier wurden 13 rechts- und linksextreme Organisationen aufgeführt, darunter als wichtigste die KPD und die SRP, gegen die kurz darauf ein Verfahren vor dem Bundesverfassungsgericht mit dem Ziel, ihre Verfassungswidrigkeit festzustellen, eingeleitet wurde. Der damalige Bundesinnenminister Heinmann regelte in einem Erlaß vom 19. September 1950, daß bereits die bloße Mitgliedschaft in verfassungsfeindlichen Organisationen für Angehörige des öffentlichen Dienstes unzulässig sei. Bei einem Verstoß gegen die hier niedergelegten Grundsätze sollte unnachsichtig die sofortige Entfernung aus dem Bundesdienst herbeigeführt werden.[13]

Ab 1953, mit der vollen Entfaltung des »Wirtschaftswunders« und dem zunehmend dichter geknüpften sozialen Netz, spielte das Problem des politischen Extremismus in der Öffentlichkeit und auch in der Personalpolitik eine geringe Rolle. Erst als in den 60er Jahren die Phase der Stabilität durch eine Zeit der Stagnation abgelöst wurde und die politische Ordnung der Bundesrepublik und deren Grundlagen zunehmend angefochten wurden, drängte die Frage der Sicherung des öffentlichen Dienstes gegen Infiltration durch Verfassungsfeinde erneut in den Vordergrund. Im November 1971 entschied der Hamburger Senat, daß die Betätigung in rechts- und linksextremen Gruppen die Ernennung zum Lebenszeitbeamten unmöglich mache. Kurz darauf betonten der Bundeskanzler und die Ministerpräsidenten der Bundesländer am 28. Januar 1972 in einem Beschluß, daß »ein Bewerber, der verfassungsfeindliche Aktivitäten entwickelt, nicht in den öffentlichen Dienst eingestellt [wird] ... Gehört ein Bewerber einer Organisation an, die verfassungsfeindliche Ziele verfolgt, so gründet diese Mitgliedschaft Zweifel daran, ob er jederzeit für die freiheitliche demokratische Grundordnung eintreten wird. Diese Zweifel rechtfertigen in der Regel eine Ablehnung des Einstellungsantrages.« Vergleicht man die Erklärung von 1950 mit der von 1972, so fällt auf, daß nicht mehr die bloße Mitgliedschaft in einer verfassungsfeindli-

chen Organisation automatisch zur Ablehnung führen soll, sondern daß eine Prüfung des Einzelfalls vorgesehen ist. Gegen eine Ablehnung wegen mangelnder Verfassungstreue kann der Bewerber Widerspruch einlegen, bleibt dieser ohne Erfolg, können die Verwaltungsgerichte angerufen werden, schließlich besteht die Möglichkeit einer Verfassungsbeschwerde beim Bundesverfassungsgericht.
Am 17. Januar 1979 beschloß die Bundesregierung »Grundsätze für die Prüfung der Verfassungstreue«.[14] Hier wurde nicht nur die Regelanfrage bei den Ämtern für Verfassungsschutz abgeschafft, die in Zukunft nur dann erfolgen sollte, wenn tatsächliche Anhaltspunkte darauf hindeuteten, daß der Bewerber nicht die Voraussetzungen für die Einstellung in den öffentlichen Dienst erfülle. Außerdem wurde festgelegt, daß nur solche Bewerber vom öffentlichen Dienst ferngehalten werden sollten, die die freiheitliche demokratische Grundordnung bekämpfen oder politische Ziele auch mit Gewalt durchsetzen wollen. Die Formulierungen stellen eine erhebliche Einschränkung des Beschlusses von 1972 dar. Es kann also festgestellt werden, daß seit 1950 eine fortlaufende Entfernung vom Bild des starken Staates hin zu mehr Individualrechten zu beobachten ist.
Im westlichen Ausland gibt es – aufgrund anderer historischer Erfahrungen – zwar keinen toleranteren Umgang mit Verfassungsfeinden, wohl aber weniger eindeutige Regelungen. Dort können verfassungsfeindliche Bewerber stillschweigend und ohne Kontrollmöglichkeit vom öffentlichen Dienst ferngehalten werden.[15] Die welthistorische Wende von 1989/90 hat auch auf diesem Gebiet scheinbar zu grundsätzlichen Veränderungen geführt: Die SED und zahlreiche von ihr finanzierte Parteien, Verbände, Verlage und Periodika sind zusammengebrochen. Von geringerer Gefährlichkeit des Linksextremismus kann aber keine Rede sein: Während die an der Sowjetunion orientierte Richtung an Zahl, Kraft und Bedeutung abnahm, nehmen Anarchisten, Libertäre und Autonome an Aktivität und Gefährlichkeit zu. Die terroristische Komponente des Linksextremismus bleibt erhalten.

Es gab und gibt ein virulentes gewaltbereites Potential, das gerade deshalb bleiben wird, weil es in keiner erkennbaren Verbindung zu SED und DKP gestanden hat. Motiviert wird dieser anarchistische Aktionismus offenbar aus einem Gefühl des Fehlangepaßtseins, das vor allem Intellektuelle empfinden. Frustration ist die Triebkraft der Aktivität. Auch wenn der ideologische Verfall des Marxismus unverkennbar ist, kann doch das Problem des Linksextremismus keineswegs als endgültig gelöst gelten. Soweit es sich beim linken Extremismus um die terroristische Variante handelt, muß gesagt werden, daß die heutige Linke ihre Anhänger nicht mehr mit Theorien mobilisiert, wie noch vor 30 Jahren, sondern durch aktuelle Konflikte. Als vorläufiges Fazit bleibt, daß trotz der PDS-Wahlerfolge 1998/99 linksextreme Organisationen mit festgefügter Theorie und Organisation an Bedeutung verlieren, aktionistische Gruppen aber behalten ihre Bedeutung mit steigender Tendenz.

Am Staatsschutzstrafrecht in Westdeutschland seit 1945 werden die Veränderungen des geistig-politischen Klimas und der Wertewandel besonders deutlich. Da es 1945 in Deutschland keine eigene Staatsgewalt gab, also weder Umsturz noch Verrat von Staatsgeheimnissen möglich waren, hoben die Besatzungsmächte, die am 5. Juni 1945 die oberste Gewalt übernommen hatten, durch die Kontrollratsgesetze Nr. 1 und 11 die im Reichsstrafgesetzbuch enthaltenen Vorschriften gegen Hoch- und Landesverrat auf.[16] Als die Bundesrepublik Deutschland 1945 entstand, verfügte sie über kein spezielles Staatsschutzstrafrecht. Allerdings sah der Art. 143 GG provisorische Strafbestimmungen gegen Hochverrat vor. Jeder mit Mitteln der Gewalt oder Drohung der Gewalt betriebene Angriff auf die verfassungsmäßige Ordnung des Bundes oder eines Landes wurde unter Strafe gestellt, ferner hochverräterischer Zwang gegen den Bundespräsidenten und die Vorbereitung, Verabredung und Aufforderung zu diesen Taten. Als Schutzobjekt wurde die »verfassungsmäßige Ordnung« genannt. Art. 143, Abs. 6 GG bestimmte, daß diese Vorschrift nur bis zur anderweitigen Regelung durch Bundesgesetz Geltung haben solle. Das erste Strafrechtsänderungsgesetz vom 30. August 1951, die erste Grundgesetzänderung überhaupt, hob den Art. 143 GG auf und ersetzte ihn durch ein neues Staatsschutzrecht.[17]

Abgesehen vom Auftrag des Art. 143 GG an den Gesetzgeber, eine gesetzliche Regelung zu schaffen, hatten sich seit Gründung der Bundesrepublik durch die Verschärfung des Ost-West-Gegensatzes wie durch das Entstehen mehrerer extremer Parteien Gefährdungen der neuen politischen Ordnung ergeben, die bereits 1950 zu einem von der SPD-Fraktion vorgelegten Entwurf eines »Gesetzes gegen die Feinde der Demokratie« führten. Kennzeichnend für das gewandelte Staatsverständnis nach 1945/49 war, daß die Strafbestimmungen darauf zielten, eine Gefährdung der freiheitlichen demokratischen Grundordnung durch die Regierung selbst zu verhindern. So wurden zwar der Hochverrat durch Regierungsmitglieder und der Verfassungsbruch durch öffentliche Bedienstete mit Strafe bedroht, ein Schutz demokratischer Institutionen aber war nicht vorgesehen. Aus diesem Entwurf sprach zweifellos ein starkes Mißtrauen gegen den Staat und die Regierung.

Die Bundesregierung legte ihrerseits den Entwurf eines »Gesetzes zur Änderung des Strafgesetzbuches« vor, aus dem am 30.8.1951 das erste Strafrechtsänderungsgesetz hervorging. Die 1945 aufgehobenen Bestimmungen des Reichsstrafgesetzbuches über Hoch- und Landesverrat wurden ohne große Veränderungen wieder in das Strafgesetzbuch eingefügt. Zusätzlich zu den herkömmlichen Begriffen »Hochverrat« und »Landesverrat« wurde ein neuer Abschnitt »Staatsgefährdung« in das Strafgesetzbuch aufgenommen, der die Lücken des bisherigen Staatsschutzstrafrechts ausfüllen sollte. Der »Hochverrat« nach herkömmlichem Verständnis setzt Gewaltanwendung des Täters voraus. Unter »Staatsgefährdung« wird hingegen der gewaltlose Umsturz durch Maßnahmen im Innern, gegebenenfalls mit Unterstützung von außen, verstanden. Auch hier spielten die Erfahrungen mit der nationalsozialistischen Machtergreifung eine Rolle, die gezeigt habe, daß man eine Verfassung nicht nur durch Anwendung von Gewalt beseitigen kann, sondern daß es auch eine »kalte Revolution« auf scheinbar legalem Wege gibt.[18] Entsprechend dem Selbstverständnis der jungen Bundesrepublik Deutschland als einer »streitbaren Demokratie« wurde die Verteidigungslinie des Staates in einen Bereich vorverlegt, »in dem die Staatsfeinde unter der Maske der Gewaltlosigkeit und damit gewissermaßen unter dem Schutz der Hochverratsbestimmungen die Macht« erschleichen.[19] Vom Bundestag wurde die Neuerung ausdrücklich mit der Notwendigkeit der Verteidigung gegen »Angriffe aus dem Lager der unbelehrbaren verbrecherischen Anhänger der nationalsozialistischen Ideologie« begründet.[20] Die Bundesregierung orientierte sich bei ihrem Entwurf am Vorbild des Schweizer Strafrechts. Eingeschränkt wurde die Neuregelung durch die Besatzungsmächte. Die Alliierte Hohe Kommission erließ das Zusatzgesetz Nr. 62 zum Strafrechtsänderungsgesetz, um dessen Anwendung auf deutsche Informanten der Besatzungsmächte zu verhindern.[21] Der kommunistische Angriff auf Südkorea am 25. Juni 1950 verschärfte die politischen Spannungen zwischen Ost und West. Die Abwehr des Kommunismus, seit 1948 von zunehmender Bedeutung, trat nunmehr in den Mittelpunkt. Das Staatsbewußtsein und damit der strafrechtliche Staatsschutz waren in den Anfangsjahren der Bundesrepublik Deutschland sehr rigoros. Der beabsichtigte Sturz Adenauers, den das »Programm der nationalen Wiedervereinigung« der DDR vorsah, das den Gegenstand von Hochverratsanklagen in der damaligen Zeit bildete, wurde als Aufforderung zur Abschaffung einer verfassungsmäßigen Institution verstanden.[22] Angriffe gegen den seinerzeitigen Verteidigungsminister Strauß galten als Verunglimpfung eines Staatsorgans (§ 97 StGB), weil er in seiner Stellung als »verfassungsmäßiges Organ« angesehen wurde.[23] Als staatsgefährdende Absicht galt bereits ein bloßer zielgerichteter Wille oder das Bewußtsein der Förderung fremder verfassungsfeindlicher Bestrebungen. Zum Begriff des »Rädelsführers« (§ 90a StGB) gehörte auch »eine mehr auf das Technische gerichtete Tätigkeit, die keinerlei Führungseigenschaften erfordert«.[24]

Dem Staatsschutz kam in den ersten Jahren der Bundesrepublik eine besondere Bedeutung zu. Auf der einen Seite wirkte traditionelles Verständnis vom starken Staat nach, auf der anderen Seite ging es um den Schutz der neuen, noch nicht gefestigten demokratischen Grundordnung. Negative Erfahrungen mit dem Nationalsozialismus hatten zwar die in Deutschland traditionelle Annahme, der Staat könne nichts Böses tun, erschüttert, eine Tendenz, die sich in den folgenden Jahrzehnten verstärken sollte. Zunächst aber setzte sich zeitweilig das extensive Verständnis des Staatsschutzes in Gesetzgebung und Rechtsprechung durch, die zum Teil antitotalitär (gegen den Nationalsozialismus wie gegen den Kommunismus gerichtet) interpretiert wurden und zugleich an das traditionelle Verständnis vom starken Staat anknüpfen konnten. Das politische Strafrecht galt damals als Waffe, um im kalten Krieg bestehen zu können, und diente neben der Bestrafung bereits begangener der präventiven Abwehr bevorstehender Angriffe auf Staat und Verfassung.

Das Sicherheitsbedürfnis vor der damals gesehenen doppelten Gefahr – Wiederholung der Weimarer Verhältnisse und Abwehr der Ostblock-Infiltration – ließ alle politischen Kräfte trotz vereinzelter Kritik am Perfektionismus der Neuregelung zusammenhalten.[25] Das KPD-Verbot hatte zunächst einen starken Anstieg der Strafverfahren zur Folge. Nach § 90, Abs. 3 StGB hing bei politischen Parteien die strafrechtliche Verfolgung von einem Verbot durch das Bundesverfassungsgericht ab: Damit wurden auch frühere, vor dem Verbot der Partei begangene Taten verfolgbar. Aber mit zunehmender Kritik an der Welle von Prozessen wandelte sich das innenpolitische und geistige Klima in der Bundesrepublik. Die Phase der Stabilität wurde durch eine Phase der Stagnation abgelöst. Anfang der 60er Jahre setzte – mit der Präsidentschaft Kennedys beginnend – eine Phase der Entspannung ein, die auch Auswirkungen auf die Bundesrepublik hatte. Die Folge war, daß sich von 1961/62 bis zur kulturrevolutionären Welle am Ende des Jahrzehnts zunehmend die Tendenz zur Abmilderung des restriktiven Staatsschutzrechts durchsetzte. Das Bundesverfassungsgericht erklärte am 21.3.1961 den § 90a, Abs. 3 StGB für verfassungswidrig.[26] Von nun an durfte die Tätigkeit für eine Partei vor dem Verbot nicht mehr zur strafrechtlichen Verfolgung herangezogen werden. In den folgenden Jahren setzte eine allmähliche Abkehr von der rigorosen Anwendung des Staatsschutzrechtes ein, bis mit dem achten Strafrechtsänderungsgesetz von 1968 dieser Entwicklung auch gesetzgeberisch Rechnung getragen wurde. Die Tendenz dieses Gesetzes war, daß dem Schutz der Verfassung besser gedient wird, wenn der Weg zu fortgesetzter Diskussion und zur Begegnung freigehalten wird, als wenn durch ein komplettes System von Strafvorschriften die Freiheit des einzelnen stark eingeschränkt wird, selbst wenn dabei Mißbräuche der Freiheit in Kauf genommen werden müssen.[27] Die wichtigsten Änderungen waren, daß ein neuer Tatbestand »Friedensverrat« eingeführt wurde. Dies war bereits seit 1949 in Art. 26, Abs. 1 GG vorgesehen worden (§§ 80, 80a StGB).[28] Ferner wurde die Strafbestimmung (§ 128 StGB) über Geheimbündelei gestrichen, ebenso wie die Bestimmungen §§ 92 und 100d, Abs. 2 und Abs. 3 gegen staatsgefährdenden Nachrichtendienst, staatsgefährdende Beziehungen und staatsgefährdende Lügenpropaganda, weil sich hier zunehmend Schwierigkeiten bei Kontakten zu Besuchern aus der DDR ergeben hatten. 1969 schließlich wurde anstelle der bisherigen ausschließlichen Zuständigkeit des BGH für Staatsschutzstrafsachen ein zweistufiger Verfahrensablauf mit der Tatsacheninstanz bei den Oberlandesgerichten und der Revision beim BGH eingeführt. Die Tendenz dieser Änderungen, die sämtlich unter der Regierung der großen Koalition stattfanden, war es, das Staatsschutzrecht auf das unbedingt für erforderlich gehaltene Maß einzuschränken. Diese strafrechtlichen Veränderungen sind im Zusammenhang mit der deutschlandpolitischen, diese im Zusammenhang mit der weltpolitischen Lage zu sehen. Seit Anfang der 60er Jahre, in den USA eingeleitet durch Präsident

Kennedy, deutete sich ein Wandel zur Entspannung, der Entwicklung von der Konfrontation zur Kooperation an. Die Bundesrepublik mußte sich, um nicht isoliert zu werden, diesem internationalen Entspannungsprozeß anpassen. Da die restriktive Handhabung des Staatsschutzrechts dieser Entwicklung entgegenstand, setzte sich – auch unter innenpolitischem Druck – die Tendenz zu einer Milderung durch. Hinzu kam die Tendenz, die Rechte des einzelnen Bürgers stärker zu bewerten als die Bedeutung des starken Staates, der in Hegelscher Tradition als die Verwirklichung der sittlichen Idee gegolten hatte – eine Auffassung, die durch die Staatshypertrophie des Nationalsozialismus schwer erschüttert worden war. Dem gewandelten Verständnis von der Stellung und den Rechten des Bürgers entsprachen die Vorschriften des alten Staatsschutzrechts nicht mehr. Die Interessen des Staatsbürgers an ungehinderter Information und Entfaltung gewannen Vorrang vor Staat und Verfassung, die eben diesen Interessen des Einzelnen zu dienen hatten. Die Konsequenzen der geschilderten Entwicklung lagen in einer starken Abnahme politischer Strafprozesse. Während von 1955 bis 1968 insgesamt 2.784 Personen verurteilt wurden (Jahresdurchschnitt 199), ergingen von 1969 bis 1978 334 Urteile (Jahresdurchschnitt 33,4) in Staatsschutzstrafsachen.[29] Anfang der 70er Jahre entstand durch den Terrorismus eine neuartige Form des Angriffs auf Staat und Verfassung. Terroristische Aktionen wurden nicht mehr als hochverräterischer Angriff, sondern als gewöhnliche Kriminalität bewertet. Es sollte durch diese Auffassung auch vermieden werden, die Terroristen als politische Straftäter aufzuwerten. Deswegen ist der Terrorismus für das Staatsschutzstrafrecht von untergeordneter Bedeutung. Allerdings wurden mit dem 14. Strafrechtsänderungsgesetz vom 22.4.1976 erweiterte Strafvorschriften gegen den Terrrorismus geschaffen.[30] In § 88a StGB wurde die Strafbarkeit der Befürwortung schwerer Straftaten in verfassungsfeindlicher Absicht und in § 130a StBG die Strafbarkeit der Anleitung zu diesen Straftaten durch Schriften oder öffentliche Äußerungen neu eingefügt, in § 126 StGB

wurde die Störung des öffentlichen Friedens durch Androhung von Straftaten von den gemeingefährlichen Verbrechen auf andere Straftaten ausgedehnt. Allerdings äußerte sich die Tendenz zu einer milderen Handhabung des Staatsschutzstrafrechts darin, daß durch das 20. Strafrechtsänderungsgesetz vom 17.12.1981 die §§ 88a und 130a StGB wieder aufgehoben wurden. Insgesamt hatte der Terrorismus einen geringen Einfluß auf den strafrechtlichen Staatsschutz. Man kann also nicht behaupten, daß die seit den frühen 60er Jahren zu beobachtende Tendenz, die Rechte des Bürgers zugunsten der Pflichten gegenüber dem Staat in den Vordergrund zu stellen, sich geändert habe.
Die »streitbare Demokratie« sichert sich mit einer imposanten Fülle verfassungsrechtlicher, verwaltungsrechtlicher und strafrechtlicher Bestimmungen, die in der Vergangenheit durchaus Anwendung fanden. Wie aber steht es mit der Entwicklung der politischen Kultur, jenem Geist, der Voraussetzung für die Bereitschaft zur Anwendung der Bestimmungen ist? Die Zeichen an der Wand und auf der Straße kennen wir alle: Bomben- und Brandanschläge, Demonstrationen, die zum Krawall entarten, aber moralisch legitimiert werden, wenn es z. B. gegen »Faschisten« oder angeblich »faschistische« ausländische Staaten (Südafrika zur Zeit der Apartheid) geht. Jede Lumpentat wird geadelt, wenn sie antifaschistisch maskiert und antirassistisch geschminkt auftritt. In Berlin-Kreuzberg und in der Hamburger Hafenstraße entstehen rechtsfreie Räume, in denen es – zeitweilig – keine funktionierende Staatsgewalt mehr gibt. Ist es ein Wunder, wenn das Gewalt- und Waffenmonopol des modernen Staates bezweifelt wird, seine Fähigkeit, die Gesetze durchzusetzen und für Sicherheit zu sorgen, Zweifeln begegnet und Selbstschutz und Feme gefordert werden? Man habe diesem System die Loyalität aufgekündigt und zum zivilen Ungehorsam aufgerufen, verkündete Jo Leinen, damals Sprecher des Koordinationsausschusses der »Friedensbewegung« am 20. Oktober 1983 in der Universität Bonn (Generalanzeiger Bonn, 21.10.1983, Seite 4), und er fügte hinzu, es könne nicht

darum gehen, Verwaltungsakte und Gesetze zu respektieren. – Wohlgemerkt: demokratische Verwaltungsakte und Gesetze. Diese Äußerungen haben nicht verhindert, daß der Redner Minister in der saarländischen Landesregierung geworden ist.

Wir leben in einer Zeit ständiger Veränderungen, laufender Wandlungen und der Umwertung von Werten. Die gärenden Widersprüche der Zeit äußern sich in einem allgemeinen Krisenbewußtsein, das eine Gegenwartsdiagnose nötig macht. Die Antwort auf die Frage, wo wir stehen, woher wir kommen und wohin wir gehen, ist in der Krise der Werte und Maßstäbe nicht selbstverständlich, sondern muß mühselig gesucht werden. Die Krise des Staatsbewußtseins und des Rechtsstaates ist eingebettet in ein globales Krisenbewußtsein unserer Tage. Der Fortschrittsoptimismus der 60er und frühen 70er Jahre ist abgelöst worden durch einen weltweiten Pessimismus. Im einzelnen handelt es sich um Ängste

- vor extremistischer Staats- und Gesellschaftsgefährdung,
- vor dem Versagen ökonomischer Effizienz, Aufbrauchen der Ressourcen der Erde, was zum Ende des Wohlstands und der sozialen Sicherheit führt,
- vor Krieg und Rüstungswettlauf,
- vor einer ökologischen Katastrophe,
- vor dem Zerfall der Moral. Kriminalität und Terror ereignen sich nicht nur, sie werden als Widerstand moralisch gerechtfertigt.
- Demokratie und Rechtsstaat werden infolgedessen als gefährdet angesehen.

Deutschland ist hinsichtlich der Zukunftsängste führend in der Welt. Schon vor Jahren hat der Zukunftsforscher Hermann Kahn festgestellt: »Es gibt kaum ein anderes wohlhabendes Volk in der westlichen Welt, an dessen Tun und Lassen sich ein entscheidender neuer Trend der Menschheit (gemeint: Zukunftsangst) derart anschaulich ablesen ließe wie am Verhalten der Deutschen – jedenfalls der Westdeutschen.«[31] Allerdings gibt es in Deutschland Gründe für die Zukunftsängste. Zahlreiche Traditionsbrüche im Verlauf der deutschen Geschichte haben ein Gefühl dafür geweckt, daß alle Strukturen, alle Errungenschaften brüchig, nicht dauerhaft, immer gefährdet sind. Hoffnungen, das Bestehende möge dauern, stehen Seite an Seite mit Befürchtungen, daß dies nicht der Fall sein könne, weil man schon mehrfach die Erfahrung gemacht hat, daß periodische politische, soziale oder wirtschaftliche Katastrophen das Erworbene vernichten. In den Jahren des Neubeginns nach 1945 gab es unter dem Eindruck der Erfahrungen mit dem Nationalsozialismus und dem neuen totalitären System des Kommunismus in Westdeutschland eine »Gemeinsamkeit aller Demokraten«, die für eine streitbare Demokratie eintraten. Seit Mitte der 60er Jahre zerfiel dieser Konsens zunehmend. Nicht nur in der Bundesrepublik Deutschland, auch in anderen westlichen Demokratien gab es einen Stimmungsumschwung. Während man bis dahin der Regierung nichts Übles zugetraut hatte, gab es nunmehr nichts Übles mehr, was man ihr nicht zugetraut hätte. Sind aber die kritischen Erscheinungen – Nachlassen des streitbaren Impulses, Zunahme der Fundamentalkritik – grundsätzliche Gefährdungen einer freiheitlichen Demokratie, oder sind nicht vielmehr Opposition, Demonstration, Fundamentalkritik normal? Sind nicht eher Forderungen nach Stabilität und Maßnahmen zur Stabilisierung der bestehenden Ordnung ein Zeichen von Unsicherheit? Und die Tolerierung von Anfechtungen ein Zeichen von innerer Souveränität? Hat sich der Staat in der Bundesrepublik seit 1949 gefestigt, oder hat der kämpferische, streitbare Impuls der ersten Jahre mit zunehmender Saturiertheit nachgelassen? Die Niederlage des »starken Staates« 1945 hatte eine Abwendung von der traditionellen deutschen Staatsidee zur Folge, die in der geistigen Nachfolge Hegels im Staat die Verwirklichung der sittlichen Idee sah. Diese Auffassung machte – gefördert durch den wirtschaftlichen Aufschwung – einer hedonistischen Lebenseinstellung Platz mit der Folge der Abkehr auch von anderen traditionellen Werten. Dieser

Wertewandel wirkte sich auch auf Rechtsprechung und Gesetzgebung ab etwa 1962 aus: Die Rechte und Ansprüche des Individuums gewannen Vorrang vor denen des Staates und der Allgemeinheit. Neben positiven Zügen hat diese Entwicklung durchaus negative, führt sie doch auch zu einem Mangel an Verantwortungsbewußtsein und Zivilcourage. Das demokratische Staatsverständnis in Deutschland ist spannungsreich: Die Bundesrepublik versteht sich nicht als Weltanschauungsstaat, sondern als pluralistisch und säkularisiert. Andererseits gilt sie als wertgebunden und damit doch wieder einer sittlichen Idee verpflichtet, die Gegner »ausgrenzt« und damit die persönliche Freiheit einschränkt.

Diese Gegensätze können nicht, wie es oft geschieht, mit Hinweisen auf die »freiheitlichste Ordnung der deutschen Geschichte« aufgehoben werden. Jene, gegen die sich die freiheitssichernden Gesetze und Maßnahmen richten, werden zu einer ganz anderen Einschätzung kommen. Hier hilft Ernst Wolfgang Böckenförde mit seinem Hinweis auf die Trennung von Recht und Ethik weiter. Darin sieht er die Grundlage der Freiheit. Das Recht gilt als Ziel der sittlichen Ordnung, der Staat hat in begrenztem Umfang durchaus die Aufgabe der inhaltlichen Orientierung der Freiheit, etwa im Schulwesen. Aber es gibt keine allgemein akzeptierte Rangordnung von Werten.[32] Eine derartige Einstellung erfordert ein hohes Maß an Rationalität, das nur erreicht werden kann, wenn die Emotionen gezügelt und institutionelle Vorkehrungen zur Kontrolle und Begrenzung der Macht getroffen werden.

In der heutigen Situation des Struktur- und Wertewandels kommt es darauf an, den Rechtsstaat, die wichtigste Errungenschaft seit der Aufklärung, zu wahren. Rechtsstaat ohne Demokratie ist heute nicht möglich. Gefahren für den demokratischen Rechtsstaat gehen heute nicht mehr nur von unkontrollierter Macht aus, sondern auch von einer auf Leidenschaft und Mangel an Vernunft beruhenden Tyrannei der Mehrheit oder aktivistischer Minderheiten, die imstande sind, die passive Mehrheit zu manipulieren. Ein Mittel dagegen ist in den institutionellen Sicherungen einer repräsentativen Demokratie zu suchen, in der sich die verschiedenen Gewalten gegenseitig kontrollieren und eine funktionierende Rechtsordnung Unvernunft und Leidenschaft bändigt. Nötig ist, daß diese Institutionen von der Mehrheit der Bevölkerung akzeptiert werden, daß die Gewählten sich nicht von ihren Wählern entfernen. Seit Jahrzehnten ist diese Gefahr bekannt.

Eine Möglichkeit, ihr zu entgehen, ist eine repräsentative Demokratie, erweitert um plebiszitäre Elemente. Beide Komponenten kontrollieren sich gegenseitig und verhindern die Extreme: plebiszitäre Unvernunft und volks- und basisfremdes Wirken der Repräsentanten. Der heutige Staat ist ein Parteienstaat, deswegen aber versuchen oft Minderheiten diesen Staat zu instrumentalisieren, um ihn partiellen Zielen dienstbar zu machen. Ein Mißtrauen gegen diesen Parteienstaat und seine Institutionen ist deswegen angebracht.

Anmerkungen

1 Gabriel A. Almond / Sidney Verba: The Civic Culture. Princeton 1963.

2 Eckhard Jesse: Streitbare Demokratie. Berlin 1980, und ders.: Die streitbare Demokratie in der Defensive. Mainz (Ministerium des Innern und für Sport) 1981. In BVerfGE 39, S. 349, ist von der »wehrhaften Demokratie« die Rede, in BVerfGE 2, S. 12, heißt es »wertgebundene Verfassung«.

3 Karl Loewenstein: Militant Democracy. In: American Political Science Review 31, 1937, und Karl Mannheim: Diagnose unserer Zeit. Zürich 1951, S. 17.

4 Das Grundgesetz erwähnt die »freiheitliche demokratische Grundordnung« an sieben Stellen, allerdings ohne sie zu definieren. (Art. 10 Abs. 2, Art. 11 Abs. 2, Art. 18, Art. 21 Abs. 2, Art. 73 Nr. 10b, Art. 87a Abs. 4, Art. 91 Abs. 1).

5 BVerfGE 2, S. 12 f. Im KPD-Urteil ist die Definition bekräftigt worden (BVerfGE 5, S. 140).

6 BVerfGE 2, S. 12.

7 BVerfGE 5, S. 139.

8 In bisher neun Entscheidungen hat sich das Bundesverfassungsgericht auf die streitbare Demokratie berufen, nämlich BVerfGE 2, 1 (SRP-Urteil), BVerfGE 5, 85 (KPD-Urteil), BVerfGE 13, 46 (Entschädigung für KPD-Mitglieder), BVerfGE 25, 44 (Flugblätterverteilung durch KPD-Mitglied), BVerfGE 25, 88 (KPD-Berufsverbot), BVerfGE 28, 36 (Sol-

datenbeschluß), BVerfGE 28, 51 (Flugblattverteilung durch Soldaten), BVerfGE 30, 1 (Abhörurteil), BVerfGE 39, 334 (Radikalenbeschluß), BVerfGE 40, 287 (NPD-Urteil).

9 Zum Prinzip der »streitbaren Demokratie« hat sich ausführlich geäußert Andreas Sattler: Die rechtliche Bedeutung der Entscheidung für die streitbare Demokratie. Untersucht unter besonderer Berücksichtigung der Rechtsprechung des Bundesverfassungsgerichts. Baden-Baden 1982, S. 31 ff., S. 103 ff.

10 BVerfGE 39, S. 359.

11 Rupert Scholz. In: Theodor Maunz u. a.: Grundgesetz-Kommentar. Art. 9, Rdnr. 128.

12 Eckhard Jesse: Verfassungsschutz in der Bundesrepublik Deutschland im Vergleich zu anderen westlichen Demokratien. In: Politische Bildung 17, 1984, H.1, S. 47 ff.

13 Erhard Denniger: Freiheitliche demokratische Grundordnung. Materialien zum Staatsverständnis und zur Verfassungswirklichkeit in der Bundesrepublik, 2 Bände, Frankfurt/Main 1977, S. 508 f.

14 Hans Koschnick (Hrsg.): Der Abschied vom Extremistenbeschluß. Bonn 1979, 2. Auflage, S. 173 ff.

15 Ernst-Wolfgang Böckenförde / Christian Tomuschat / Dieter C. Umbach (Hrsg.): Extremisten und öffentlicher Dienst. Rechtslage und Praxis des Zugangs zum und der Entlassung aus dem öffentlichen Dienst in Westeuropa, USA, Jugoslawien und der EG. Baden-Baden 1981. Hier ist in international vergleichender Darstellung eine ausführliche Schilderung der Praxis der Fernhaltung aus dem öffentlichen Dienst gegeben sowie eine Schilderung der rechtlichen Möglichkeiten der Betroffenen.

16 Kontrollratsgesetz (KRG) Nr. 1 vom 20.9.1945, Amtsblatt des Kontrollrats in Deutschland, S. 6;
KRG Nr. 11 vom 30.1.1946, a.a.O., S. 35;
KRG Nr. 55 vom 20.6.1947, a.a.O., S. 284.

17 BGBl. Teil 1 S. 739 (Strafrechtsänderungsgesetz vom 30.8.1951).

18 Eduard Kern: Der Strafschutz des Staates und seine Problematik. Tübingen 1963, S. 12.

19 Begründung eines Strafrechtsänderungsgesetzes in: Bundestagsdrucksache I/1307, S. 34.

20 Ebd.

21 Reinhard Schiffers: Grundlegung des strafrechtlichen Staatsschutzes in der Bundesrepublik Deutschland 1949–1951. In: Vierteljahrshefte für Zeitgeschichte, 1990, H. 4, S. 596 f. Vgl. auch: Ders.: Zwischen Bürgerfreiheit und Staatsschutz – Wiederherstellung und Neufassung des politischen Strafrechts in der Bundesrepublik Deutschland 1949–1951. Düsseldorf 1989.

22 BGH, Hochverrat und Staatsgefährdung, Band II, S. 308, 321.

23 BGH, 12, 364.

24 BGH 9, 142; 10, 163; 7, 279; 19, 112. Hier sind aus einer großen Zahl von Urteilen nur einige wenige zitiert. Einen heute schwer nachvollziehba-

ren Eindruck von der Atmosphäre jener Jahre vermittelt Peter Bender: Neue Ostpolitik. Vom Mauerbau bis zum Moskauer Vertrag. München 1986, S. 11–19.

25 Schiffers, a.a.O., S. 604 f.

26 BVerfGE 12, 296.

27 Hermann Krauth / Werner Kurfess / Helmuth Wulf: Zur Reform des Staatsschutz-Strafrechts durch das achte Strafrechtsänderungsgesetz. In: JZ 1968, S. 577 f.

28 Friedrich Christian Schroeder: Das Strafrecht zum Schutz von Verfassung und Staat. In: Verfassungsschutz und Rechtsstaat, herausgegeben vom Bundesministerium des Innern, Köln 1981, S. 225.

29 Thomas Basten: Von der Reform des politischen Strafrechts bis zu den Anti-Terrorgesetzen, Köln 1983, S. 83.

30 BGBl. 1976, Teil II, S. 1056.

31 Hermann Kahn in: Die Zeit, 16.4.1982.

32 Ernst-Wolfgang Böckenförde: Recht, Staat, Freiheit. Studien zur Rechtsphilosophie, Staatstheorie und Verfassungsgeschichte. Frankfurt/Main 1991.

F. ROLAND A. RICHTER

Rechtliche Grundlagen des administrativen Verfassungsschutzes

Seit über Sinn und Zweck einer »Verfassung« nachgedacht wurde, gibt es auch Überlegungen zu deren Schutz.[1] Am Beginn der abendländischen Traditionen begegnen uns die Überlegungen Platons.[2] Dessen Schüler Aristoteles hat sich als genauer Beobachter der Politik- und Verwaltungswirklichkeit erwiesen und teilweise bis heute aktuelle Überlegungen zum Erhalt von Verfassungen angestellt.[3] Die Geistesgeschichte des Verfassungsschutzes kann fortgeschrieben werden über die mittelalterliche Fürstenspiegel-Literatur, die Arcana-imperii-Schriften des 16. und 17. Jahrhunderts[4] bis hin zur Rechtsstaatsdiskussion und dem deutschen Konstitutionalismus des 19. Jahrhunderts. Schon damals wurden unter anderem die Prinzipien der Öffentlichkeit sowie der bundesstaatlichen bzw. staatenbündischen Verfassungsgewährleistung zu den Einrichtungen des Schutzes der Verfassung gerechnet.[5] Der erste auf Dauer angelegte Geheimdienst dürfte im Jahre 1330 durch den britischen König Edward III. eingerichtet worden sein.[6]
Heute gibt es in der Bundesrepublik Deutschland mit dem Bundesnachrichtendienst (BND), dem Verfassungsschutz und dem Militärischen Abschirmdienst (MAD) drei Aufklärungs- und Sicherheitsdienste.[7] Bei allen Unterschieden ist ihnen gemein, daß sie keine polizeilichen Befugnisse haben.
Der BND beschafft solche Informationen über das Ausland, die für Deutschland von außen- und sicherheitspolitischem Interesse sind. Der Verfassungsschutz sammelt Informationen über Gefährdungen der verfassungsmäßigen Ordnung im Inland. Der MAD nimmt entsprechende Aufgaben im Bereich der Bundeswehr wahr.[8]
Der Verfassungsschutz seinerseits ist föderativ gegliedert. Neben dem Bundesamt unterhalten alle Länder eigene Einrichtungen für Verfassungsschutz. Zum Teil handelt es sich

dabei um eigenständige Landesbehörden, zum Teil um Abteilungen der Innenministerien. Die Schaffung besonderer Behörden mit der ausschließlichen Aufgabe »Verfassungsschutz« ist eine relativ moderne Erscheinung.

I. Einleitung / Begriffsbestimmung

Daraus, daß das Grundgesetz (GG) das höchstrangige Gesetz ist und nach Art. 20 Absatz 3 GG die Gesetzgebung an die verfassungsmäßige Ordnung, Rechtsprechung und vollziehende Gewalt an Gesetz und Recht gebunden sind, ergibt sich, daß der Schutz der Verfassung grundsätzlich allen Staatsorganen und Behörden aufgetragen ist.[9] Nach dem Zweiten Weltkrieg sind in der Bundesrepublik besondere Ämter auf Ebene von Bund und den einzelnen Ländern geschaffen worden, denen ausschließlich Aufgaben des Verfassungsschutzes übertragen sind.[10] Nach der Konzeption des Jahres 1949 sollte vor allem das Wachsen organisierter Kräfte, die gegebenenfalls die staatliche Ordnung ernsthaft von innen heraus oder in Verbindung mit Kräften von außerhalb des Landes gefährden können[11], bereits im Stadium der Vorbereitung erkannt werden. Dadurch sollte die Regierung rechtzeitig unterrichtet werden, um notwendige Maßnahmen treffen zu können.[12] Schutzgüter der so verstandenen »streitbaren Demokratie« sind damit die freiheitlich demokratische Grundordnung des Grundgesetzes sowie Bestand und Sicherheit des Bundes oder eines Landes.[13] Wenn man von administrativem Verfassungsschutz spricht, so ist damit die Tätigkeit der Landesämter und des Bundesamtes für Verfassungsschutz gemeint. Die rechtlichen Grundlagen dieser Tätigkeit sind Gegenstand dieses Beitrags.

II. Rechtsgrundlagen des Verfassungsschutzes

Die Art und Weise, in der ein Parlament die Tätigkeiten der Nachrichtendienste regelt oder eben auch zu regeln unterläßt, ist ein subtiler Gradmesser für die Rechtskultur eines

Landes. Dabei spielt die Bedrohungssituation, in dem dieses Land sich sieht, eine wesentliche Rolle. In gefährlichen Krisenzeiten ist die Bereitschaft, Nachrichtendienste von effizienzhindernden gesetzlichen Beschränkungen freizuhalten, verständlicherweise größer als in ruhigen Perioden. So bestätigt die Lage in Israel, das seit seiner Gründung aufs höchste gefährdet ist, diesen Zusammenhang: Für die beiden großen israelischen Geheimdienste Mossad und Shin Bet gelten noch die alten klassischen Regeln: Personalstärke, Budget oder Standort des Hauptquartiers sind weitgehend unbekannt. Der Mossad untersteht einem Direktor, der für die Koordination der nachrichtendienstlichen Tätigkeit aller Geheimdienste zuständig ist. Er ist direkt und ausschließlich dem Premierminister verantwortlich. Der Direktor erfüllt seine Koordinierungsaufgabe in einem Ausschuß zusammen mit den Leitern der anderen Dienste. Diese wiederum unterstehen ihrem jeweiligen Fachressort. Über den weiteren Aufbau der israelischen Dienste ist wenig bekannt, insbesondere findet keine der Öffentlichkeit zugängliche Kontrolle statt. Die Dienste operieren weitgehend ohne gesetzliche Regelung. Aufgrund der instabilen Situation Israels erfreuen sie sich breitester öffentlicher Zustimmung und weitestgehender Handlungsfreiheit.[14] Nach einem ungeschriebenen »Gesetz« verfügen sie über die stillschweigende Ermächtigung, »unkonventionelle«, manchmal auch brutale Methoden anzuwenden.[15] So hatte die israelische Regierung 1987 die Erlaubnis erteilt, daß auf Gefangene »mäßiger physischer Druck« ausgeübt werden dürfe. Ein solcher Freibrief zur Folter wäre bei einer strikten Bindung der Geheimdienste an rechtsstaatliche Grundsätze undenkbar, erst recht, wenn diese kodifiziert wäre. Diese Befugnis ist im September 1999 durch Gerichtsentscheid aufgehoben worden.

In der Bundesrepublik Deutschland mit ihrer stabilen inneren und äußeren Sicherheitslage ist die Tätigkeit der Nachrichtendienste weitgehend kodifiziert. Für die Einrichtung von Verfassungsschutzämtern bedarf es besonderer gesetzlicher Grundlagen. Diese finden sich auf höchster Ebene im

Grundgesetz, weiter in besonderen Bundes- und Landesgesetzen. Der Bund hat hierbei die Gesetzgebungskompetenz[16] hinsichtlich der Arbeit der eigenen Nachrichtendienste und für die Zusammenarbeit der Verfassungsschutzbehörden. Im übrigen ist es Sache der Länder, das Recht ihrer Verfassungsschutzbehörden zu regeln.

1. Grundgesetz

a. Gesetzgebungskompetenz

Die Staatsorgane der Bundesrepublik Deutschland sind verpflichtet, für den Bestand der Verfassung und die Sicherheit der staatlichen Ordnung einzutreten. Das Grundgesetz enthält keine Bestimmung, welche die Schaffung eines Bundesamtes für Verfassungsschutz ausdrücklich anordnet. Jedoch gibt es mehrere Artikel, die den Schluß zulassen, daß der Verfassungsgeber eine solche Befugnis offenbar stillschweigend vorausgesetzt hat.
Nach Artikel 73 Nr. 10 Buchstabe b) und c) GG hat der Bund die ausschließliche Gesetzgebungskompetenz über die Zusammenarbeit des Bundes und der Länder im Bereich des administrativen Verfassungsschutzes.[17] Die Norm stellt klar, daß Verfassungsschutz sowohl die äußere als auch die innere Sicherheit des Bundes oder eines Bundeslandes umfaßt.[18] Sie spricht nur die Zusammenarbeit zwischen Bund und Ländern in diesem Bereich an, begründet jedoch keine eigene Kompetenz des Bundes. Daß eine solche vom Verfassungsgeber jedoch vorausgesetzt wurde, wird daran ersichtlich, daß eine Regelung über die Zusammenarbeit ansonsten keinen Sinn ergeben würde.[19]
Ferner gibt es in Artikel 87 GG eine Vorschrift über Gegenstände der bundeseigenen Verwaltung. Artikel 87 Absatz 1 Satz 2 GG ermächtigt den Bund, durch Bundesgesetz eine Zentralstelle zur Sammlung von Unterlagen für Zwecke des Verfassungsschutzes und des Schutzes gegen Bestrebungen im Bundesgebiet, die durch Anwendung von Gewalt oder darauf gerichtete Vorbereitungshandlungen auswärtige Be-

lange der Bundesrepublik Deutschland gefährden, einzurichten.
Diese beiden Gesetzgebungskompetenzen hat der Bund genutzt, um das »Gesetz über die Zusammenarbeit des Bundes und der Länder in Angelegenheit des Verfassungsschutzes und über das Bundesamt für Verfassungsschutz« (Bundesverfassungsschutzgesetz – BVerfSchG)[20] zu schaffen. Das Bundesamt nimmt im Verhältnis zu den Landesbehörden als Zentralstelle eine Koordinierungsfunktion wahr, daneben hat es auch Aufgaben als eigenständige Verfassungsschutzbehörde des Bundes.
Soweit das Grundgesetz dem Bund keine Gesetzgebungskompetenz verleiht, sind die Länder befugt, Aufgaben und Befugnisse ihrer Verfassungsschutzbehörden zu regeln.[21]
Aufgrund der im Grundgesetz und im BVerfSchG festgeschriebenen Pflicht zur Zusammenarbeit von Bund und Ländern sind sie dabei in ihrem gesetzgeberischen Ermessen eingeschränkt. Die im Bundesrecht beschriebenen Gegenstände der Zusammenarbeit müssen im Landesrecht vorgesehen sein. Man spricht insofern von einem Mindestaufgabenbestand.[22] Einer Ausweitung der Aufgaben und Befugnisse stehen die bundesrechtlichen Vorgaben nicht entgegen.

b. Ausführungskompetenz

Aus der Gesetzgebungskompetenznorm des Artikel 73 Nr. 10 Buchstaben b) und c) GG ist der Schluß zu ziehen, daß Bund und Länder im Bereich des Verfassungsschutzes Ausführungskompetenzen[23] haben, weil sonst eine Zusammenarbeit nicht möglich wäre.
Das Bundesamt für Verfassungsschutz ist eine Bundesoberbehörde und untersteht dem Bundesminister des Innern.[24]
Soweit Verpflichtungen der Länder zur Zusammenarbeit aus dem BVerfSchG in Frage stehen, ergibt sich die Ausführungskompetenz aus Artikel 83 GG.[25] Danach führen die Länder Bundesgesetze grundsätzlich als eigene Angelegenheit aus. Für den Bereich des Verfassungsschutzes gibt es keine davon abweichenden Bestimmungen. Ansonsten folgt die Kompetenz der Länder zur Ausführung der jeweiligen

Landesverfassungsschutzgesetze aus ihrem jeweiligen Landesverfassungsrecht.
Das Nebeneinander von Ausführungskompetenzen in Bund und Ländern führt zu einer der Verfassung sonst fremden, nach Ansicht des Bundesverfassungsgerichts[26] grundsätzlich verbotenen Mischverwaltung.[27] Der administrative Verfassungsschutz ist Bund und Ländern vom Grundgesetz ausdrücklich zur gemeinsamen Erfüllung zugewiesen, daher ist hier die Mischverwaltung erlaubt.

c. Entstehung, historischer Hintergrund

Die Schaffung eines institutionalisierten Verfassungsschutzes in der Bundesrepublik Deutschland wird meist mit den Erfahrungen und dem ungehinderten Aufkommen des Nationalsozialismus begründet. Übergangen wird dabei oft, daß es auch schon vor der nationalsozialistischen Machtergreifung eine nachrichtendienstliche Überwachung verfassungsfeindlicher Bestrebungen im Reich und in Preußen gab.
1920 schuf die Reichsregierung nach dem Kapp-Putsch das Reichskommissariat für die Überwachung der öffentlichen Ordnung. Diese Behörde war dem Reichsminister des Innern unterstellt. Sie hatte im wesentlichen die Aufgaben, wie sie heute Verfassungsschutzbehörden haben. Polizeiexekutive Befugnisse hatte sie nicht.
In Preußen war schon im August 1919 ein dem Innenministerium unmittelbar unterstelltes Staatskommissariat für die Überwachung der öffentlichen Ordnung geschaffen worden. Auch hierbei handelte es sich um eine nachrichtendienstliche Behörde, die sich für ihre Ermittlungen und für die Nachrichtenbeschaffung der Polizeidienststellen bedienen durfte, die aber nicht in die Polizei integriert war.
Diese Behörden wurden offenbar bei den Polizeidienststellen und beim Innenministerium als Fremdkörper empfunden.[28] Der Sozialdemokrat Carl Severing löste als preußischer Innenminister 1923 das preußische Staatskommissariat und als Reichsinnenminister 1929 das Reichskommissariat auf. Die Aufgaben gingen in Preußen auf die Polizeiabtei-

lung, im Reich auf die Abteilung I des Innenministeriums über.

Die Trennung zwischen Nachrichtenbeschaffung und Vollzugstätigkeit wurde aufgehoben. Nach dem Preußenschlag[29] 1932 entwickelte sich aus dieser Organisation 1933 das Geheime Staatspolizeiamt (Gestapa), dessen Leiter 1934 Heydrich wurde.[30] 1936 wurde aus der Gestapa die Gestapo.[31]

Die historischen Erfahrungen mit der Gestapo des Dritten Reichs veranlaßten die drei alliierten Militärgouverneure im Rahmen ihrer Beobachtung der Arbeiten zum Grundgesetz zu ihrem »Polizeibrief« vom 14. April 1949.[32] In diesem an den Präsidenten des Parlamentarischen Rats gerichteten Brief gestanden sie zu, »eine Stelle zur Sammlung und Verbreitung von Auskünften über umstürzlerische gegen die Bundesregierung gerichtete Tätigkeiten einzurichten«. Diese Stelle durfte jedoch keine Polizeibefugnis haben.

Den Militärgouverneuren ging es hierbei um die Verhinderung der Zusammenführung von nachrichtendienstlichen Arbeitsmethoden und Zwangsbefugnissen einer Institution. Solche Befugnisse sollten zur Abwehr konkreter Gefahren und zur Ermittlung von Tätern strafbarer Handlungen auf die Polizei beschränkt sein. Darüber hinaus enthält dieses Trennungsgebot den Grundsatz, daß Polizei und Geheimdienste prinzipiell soweit wie möglich voneinander abzugrenzen sind. Der Polizeibrief ist nach der inzwischen eingetretenen Ablösung der alliierten Vorbehaltsrechte nicht mehr wirksam. Sein Inhalt wurde jedoch in Artikel 87 Absatz 1 Satz 2 GG übernommen und hat somit Verfassungsrang, soweit die Gesetzgebung des Bundes betroffen ist.[33] Dieses Trennungsgebot hat Eingang in die Verfassungsschutzgesetze des Bundes und der Länder gefunden.

2. Bundesgesetze

Das wichtigste Gesetz ist das bereits erwähnte BVerfSchG. Daneben finden sich wichtige Vorschriften über Befugnisse, Pflichten und über die Kontrolle des Verfassungsschutzes unter

anderem in folgenden Bundesgesetzen: Gesetz über die Parlamentarische Kontrolle nachrichtendienstlicher Tätigkeit des Bundes (PKK-Gesetz); Gesetz zur Beschränkung des Brief-, Post- und Fernmeldegeheimnisses (Gesetz zu Art. 10 GG – G 10); Bundesdatenschutzgesetz (BDSG); Bundeszentralregistergesetz (BZRG); Melderechtsrahmengesetz (MRRG); Paßgesetz (PaßG); Personalausweisgesetz (PAuswG); Straßenverkehrsgesetz (StVG) sowie Sozialgesetzbuch (SGB).
Für den MAD gilt das Gesetz über den Militärischen Abschirmdienst vom 20. Dezember 1990 (MAD-Gesetz), und für den BND das Gesetz über den Bundesnachrichtendienst vom 20. Dezember 1990 (BND-Gesetz).

3. Landesgesetze

Die Grundlagen für die Arbeit der Verfassungsschutzbehörden der Länder finden sich in erster Linie in den 16 einschlägigen Landesgesetzen über den Verfassungsschutz. Daneben sind von besonderer landesrechtlicher Bedeutung die Gesetze zur Ausführung des Gesetzes zu Artikel 10 Grundgesetz, die Datenschutzgesetze sowie Gesetze, die Datenübermittlungen von anderen Stellen an die Verfassungsschutzbehörden zulassen. Solche Regelungen können z. B. in den Polizeigesetzen enthalten sein.[34] Weitere Einzelvorschriften, die für die Arbeit der Landesverfassungsschutzbehörden von Bedeutung sind, finden sich in weiteren Spezialgesetzen, so beispielsweise in den Landeshaushaltsordnungen.

III. Aufgaben der Verfassungsschutzbehörden

1. Grundlegendes

Allen Nachrichtendiensten ist die Aufgabe der Sammlung und Auswertung von Informationen und personenbezogener Daten gemeinsam.
Die Ämter sollen vornehmlich über die innere Sicherheitsla-

ge unterrichten und so Maßnahmen der Exekutive und der Strafverfolgung vorbereiten. Ihre Aufgabe ist, Agitation, Infiltration und Sabotage bereits im Vorfeld durch »Sammlung und Auswertung von Auskünften, Nachrichten und sonstigen Unterlagen« (§ 3 Absatz 1 BVerfSchG) zu erfassen. Dieses Beschaffen von Informationen kann mit Erfolg nicht durch bloß passives Registrieren geschehen, sondern verlangt auch aktives Beschaffen entsprechender Informationen.
Im Vergleich zur Polizei sind die Aufgaben der Nachrichtendienste in erheblichem Umfang um die Eingriffs- und Vollstreckungstätigkeit beschnitten. Allerdings sind im Hinblick auf den heute geltenden erweiterten Eingriffsbegriff manche Tätigkeiten der Dienste durchaus als Eingriffe zu qualifizieren, insbesondere im Bereich der Datenverarbeitung. So sind denn nach dem Volkszählungsurteil des Bundesverfassungsgerichts[35] die Verfassungsschutzgesetze von Bund und Ländern unter diesem Aspekt neu gefaßt worden. Die Tätigkeit der Nachrichtendienste kann darüber hinaus Eingriffscharakter haben, soweit z. B. Parteien, Organisationen oder sonstige Gruppierungen Objekte der Beobachtung durch Verfassungsschutzbehörden sind. Dies gilt insbesondere, wenn dies durch Publikationen der Behörden in der Öffentlichkeit verbreitet wird.[36]

2. *Aufgabenfelder*

Die Aufgabenfelder der Verfassungsschutzbehörden in Bund und Ländern sind im wesentlichen dieselben. Hauptsächlich geht es um die Sammlung und Auswertung von Informationen. Von Interesse sind hier Informationen über Bestrebungen, die gegen die freiheitliche demokratische Grundordnung, den Bestand oder die Sicherheit des Bundes oder eines Landes gerichtet sind oder eine ungesetzliche Beeinträchtigung der Amtsführung der Verfassungsorgane selbst oder deren Mitglieder im Bund oder in einem Land zum Ziel haben. Ferner sind Informationen über sicherheitsgefährdende oder geheimdienstliche Tätigkeiten für eine fremde Macht

zu sammeln und schließlich Informationen über Bestrebungen, die durch Anwendung von Gewalt oder darauf gerichtete Vorbereitungshandlungen auswärtige Belange der Bundesrepublik gefährden.[37]
Diese in § 3 Absatz 1 BVerfSchG und den entsprechenden Normen der Landesverfassungsschutzgesetze festgelegten Beobachtungsbereiche sind durch einige Bundesländer erweitert worden. So haben die Länder Berlin, Mecklenburg-Vorpommern, Sachsen, Sachsen-Anhalt und Thüringen fortwährende Strukturen und Tätigkeiten der Aufklärungs- und Abwehrdienste der ehemaligen DDR als Beobachtungsobjekte der Verfassungsschutzbehörden vorgesehen. Nordrhein-Westfalen, Hamburg und Niedersachsen haben Bestrebungen und Tätigkeiten, die gegen den Gedanken der Völkerverständigung oder das friedliche Zusammenleben der Völker gerichtet sind[38], dem Katalog der »klassischen« Beobachtungsbereiche hinzugefügt.
Eine weitere ausdrücklich genannte neue Aufgabe für den Verfassungsschutz hat das Land Bayern geschaffen, indem es in Artikel 1 Absatz 1 Satz 2 des Bayerischen Verfassungsschutzgesetzes (BayVerfSchG) vorgesehen hat, daß das Landesamt für Verfassungsschutz auch dem Schutz vor organisierter Kriminalität dient. Entsprechend ist die Beobachtungsaufgabe des Landesamtes in Artikel 3 Absatz 1 Nr. 4 BayVerfSchG um Bestrebungen und Tätigkeiten der organisierten Kriminalität erweitert worden. Ferner sind auch bestimmte religiöse Organisationen bzw. Organisationen mit religiösem Auftreten in das Beobachtungsfeld der Ämter für Verfassungsschutz geraten. Auf diese beiden Bereiche wird noch einzugehen sein.

3. Kooperation der Verfassungsschutzbehörden

Die Erfüllung der Aufgabe »Verfassungsschutz« obliegt gleichermaßen dem Bundesamt für Verfassungsschutz sowie den einzelnen Landesbehörden. Diese Behörden stehen dabei in einem Gleichordnungsverhältnis zueinander, die Leitvorstellung ist ein kooperatives Miteinander. Bund und Länder sind verpflichtet, in Angelegenheiten des Verfassungsschutzes zusammenzuarbeiten, sich gegenseitig zu unterstützen und Hilfe zu leisten.[39]

Aber eben weil die Aufgaben der Bundes- und Landesbehörden im wesentlichen die gleichen sind, ist es notwendig, die jeweiligen Zuständigkeiten abzugrenzen. Ansonsten besteht die Gefahr, daß es zu einem unkoordinierten Nebeneinander bei der Tätigkeit der jeweiligen Behörden kommen kann.

Bis zur Neufassung des BVerfSchG vom 20.12.1990 war die Zuständigkeitsabgrenzung problematisch. Als Ansatzpunkt wurde zum einen der Zentralstellencharakter des Bundesamtes nach Art. 87 Absatz 1 Satz 2 GG herangezogen. Andererseits war die grundsätzlich vorrangige Länderkompetenz nach den Artikeln 30, 83–85 GG zu beachten.

Die Abgrenzung der Zuständigkeiten erfolgt nunmehr durch den neugefaßten § 5 BVerfSchG, der sich an den verfassungsrechtlichen Vorgaben orientiert und in der Literatur als »gelungen«[40] bezeichnet wird.

Danach ist es vorrangige Aufgabe der Landesbehörden, Informationen, Auskünfte, Nachrichten und Unterlagen zur Erfüllung ihrer Aufgaben zu sammeln, sie auszuwerten und an das Bundesamt und andere Landesbehörden weiterzuleiten, soweit es für deren Aufgabenerfüllung erforderlich ist.

Das Bundesamt darf im Benehmen mit der jeweiligen Landesbehörde auch selbst in den Ländern Erkenntnisse sammeln, wenn Bestrebungen und Tätigkeiten sich ganz oder teilweise gegen den Bund richten, sich über den Bereich eines Landes hinaus erstrecken oder auswärtige Belange der Bundesrepublik Deutschland berühren.

An diesen Kriterien wird deutlich, daß es besondere Berührungspunkte von Bundes- und Länderinteressen geben kann, woraus Koordinierungsnotwendigkeiten erwachsen.

Eine Bundeskompetenz sieht das Gesetz ferner vor, wenn eine Landesbehörde das Bundesamt um Tätigwerden ersucht. Da es hier um die Unterstützung eines Landes auf dessen Wunsch hin geht, liegt kein Eingriff in die Landeskompetenz vor.

Zur Koordination der Verfassungsschutzbehörden gehört auch die gegenseitige Unterrichtung mit Hilfe gemeinsamer Dateien, die sie im automatisierten Verfahren nutzen.[41]

4. Die besonderen Aufgabenfelder im einzelnen

a. Extremismus- und Terrorismusbeobachtung, § 3 Absatz 1 Nr. 1 BVerfSchG

Als »extremistisch« oder »verfassungsfeindlich« werden politische Bestrebungen bezeichnet, die gegen den Bestand oder die Sicherheit des Bundes, eines Landes oder gegen den Kernbestand unserer Verfassung, die freiheitlich demokratische Grundordnung, gerichtet sind.[42] Die Gesetzgeber der meisten Verfassungsschutzgesetze haben definiert, was im Sinne dieser Gesetze unter solchen Bestrebungen zu verstehen ist und was zur freiheitlich-demokratischen Grundordnung gehört.

Nach § 4 BVerfSchG sind Bestrebungen gegen den Bestand des Bundes oder eines Landes politisch bestimmte, ziel- und zweckgerichtete Verhaltensweisen in einem oder für einen Personenzusammenschluß, der darauf gerichtet ist, die Freiheit des Bundes oder eines Landes von fremder Herrschaft aufzuheben, ihre staatliche Einheit zu beseitigen oder ein zu ihnen gehörendes Gebiet abzutrennen.

Als Bestrebungen gegen die Sicherheit des Bundes oder eines Landes werden politisch bestimmte, ziel- und zweckgerichtete Verhaltensweisen in einem oder für einen Personenzusammenschluß definiert, der darauf gerichtet ist, den Bund, Länder oder deren Einrichtungen in ihrer Funktionsfähigkeit erheblich zu beeinträchtigen.

Bestrebungen gegen die freiheitlich demokratische Grundordnung sind politisch bestimmte, ziel- und zweckgerichtete Verhaltensweisen in einem oder für einen Personenzusammenschluß, die darauf gerichtet sind, einen der in § 4 Absatz 2 BVerfSchG und den entsprechenden landesrechtlichen

Vorschriften genannten Verfassungsgrundsätze zu beseitigen oder außer Geltung zu setzen.
Zur freiheitlich demokratischen Grundordnung im Sinne der Verfassungsschutzgesetze gehören danach:

a) das Recht des Volkes, die Staatsgewalt in Wahlen und Abstimmungen und durch besondere Organe der Gesetzgebung, der vollziehenden Gewalt und der Rechtsprechung auszuüben und die Volksvertretung in allgemeiner, unmittelbarer, freier, gleicher und geheimer Wahl zu wählen,
b) die Bindung der Gesetzgebung an die verfassungsmäßige Ordnung und die Bindung der vollziehenden Gewalt und der Rechtsprechung an Gesetz und Recht,
c) das Recht auf Bildung und Ausübung einer parlamentarischen Opposition,
d) Ablösbarkeit der Regierung und ihre Verantwortlichkeit gegenüber der Volksvertretung,
e) die Unabhängigkeit der Gerichte,
f) der Ausschluß jeder Gewalt- und Willkürherrschaft und
g) die im Grundgesetz konkretisierten Menschenrechte.

Verfassungsfeindliche Bestrebungen können sowohl links- als auch rechtsextremistischer Natur sein.
Zur Aufgabenstellung des § 3 Absatz 1 Nr. 1 BVerfSchG gehört auch die Beobachtung von Bestrebungen, die als »terroristisch« zu charakterisieren sind. Auch bei terroristischen Bestrebungen geht es um die oben genannten Rechtsgüter, die allerdings nicht »geistig-politisch«, sondern »gewalttätig-politisch« bekämpft werden[43], in der Regel mit Hilfe schwerster Gewalttaten, wie sie in § 129a StGB genannt sind.[44]

b. Spionageabwehr, § 3 Absatz 1 Nr. 2 BVerfSchG

Zu den Primäraufgaben der Verfassungsschutzbehörden gehört des weiteren die in § 3 Absatz 1 Nr. 2 BVerfSchG genannte repressive Spionageabwehr. Auch hier sind die Verfassungsschutzbehörden auf ihren Sammlungs- und Auswertungsauftrag beschränkt. Das im Gesetz unbestimmt formulierte Beobachtungsziel »sicherheitsgefährdende oder geheimdienstliche Tätigkeiten für eine fremde Macht« umfaßt:

a) diejenigen Handlungen, die auf die unerlaubte Preisgabe und Verschaffung von Staatsgeheimnissen gerichtet sind,
b) Informationsweitergabe an Nachrichtendienste einer fremden Macht,
c) Sabotage im Auftrag einer fremden Macht mit dem Ziel, die Funktionsfähigkeit des Staates (z. B. seine Verteidigungsfähigkeit) zu beeinträchtigen,
d) Maßnahmen, die dem Zweck dienen, heimlich in die Willensbildung von Staatsorganen einzugreifen oder die öffentliche Meinung zu lenken.[45]

In die Beobachtungstätigkeit der Verfassungsschutzbehörden fällt auch der illegale Technologietransfer, soweit er nachrichtendienstlich betrieben wird.[46]
Mitwirkungsaufgaben haben die Verfassungsschutzbehörden bei der präventiven Spionage- und Sabotageabwehr nach § 3 Absatz 2 BVerfSchG. Der personelle Geheim- und Sabotageschutz[47] umfaßt dabei im wesentlichen die Überprüfung von künftigen Geheimnisträgern und Inhabern von sicherheitsempfindlichen Stellen in lebens- und verteidigungswichtigen Einrichtungen. Der materielle Geheimschutz[48] beinhaltet technische Sicherheitsmaßnahmen. Für Schutzaufgaben in der elektronischen Datenverarbeitung ist 1990 ein eigenes Bundesamt für Sicherheit in der Informationstechnik geschaffen worden.[49]

c. Beobachtung von Gefährdungen auswärtiger Belange durch Anwendung oder Vorbereitung von Gewalt, § 3 Absatz 1 Nr. 3 BVerfSchG

Diese Aufgabe wird meist verkürzend als »Ausländerextremismus« bezeichnet.[50] Zu dem Personenkreis, von dem die genannten Gefährdungen ausgehen, können jedoch auch Deutsche gehören. § 3 Absatz 1 Nr. 3 BVerfSchG grenzt

zwar die Begehungsweise und die Angriffsrichtung der gefährdenden Bestrebungen ein, nicht aber den Täterkreis. Allerdings geht es in diesem Zusammenhang schon vorwiegend um gewaltbereite extremistische Ausländergruppen, die vom Bundesgebiet aus Gewaltaktionen gegen andere Staaten vorbereiten oder durchführen und dadurch auswärtige Belange der Bundesrepublik gefährden. Da sich die Angriffe in der Regel nicht gegen die deutsche Verfassungsordnung, sondern gegen die politischen Verhältnisse in anderen Staaten richten, geht es hier eigentlich nicht um Verfassungsschutz im engeren Sinne. Gewaltgeneigte Bestrebungen von Ausländergruppen können sich jedoch auch gegen die freiheitliche demokratische Grundordnung der Bundesrepublik richten oder die Sicherheit des Bundes[51] oder eines Landes gefährden und folglich auch unter diesen Aspekten Beobachtungsobjekte der Verfassungsschutzbehörden sein.
In jüngerer Zeit ist ein weiteres Extremismuspotential Gegenstand der Beobachtung durch die Verfassungsschutzbehörden geworden: der Islamismus.[52] Diese Ideologie läßt sich nur schwer in das übliche Rechts-Links-Schema einordnen. Islamistische Bestrebungen müssen nicht nur gegen fremde Staaten, sondern können auch gegen in der Bundesrepublik Deutschland lebende Personengruppen oder die deutsche Gesellschaftsordnung gerichtet sein. Da von daher die freiheitlich demokratische Grundordnung berührt ist, sind islamistische Bestrebungen richtigerweise Gegenstand der Beobachtung durch die Verfassungsschutzbehörden.[53] Der Islamismus läßt sich grundsätzlich auch in den noch darzustellenden Bereich des religiösen Extremismus einordnen.[54]

d. Die Bekämpfung der organisierten Kriminalität

Die mit diesem Thema angesprochene Problematik ist äußerst vielschichtig. Bayern übernahm hier 1994 eine Vorreiterrolle, indem es als erstes Bundesland bestimmte, daß sein Landesamt für Verfassungsschutz auch dem Schutz vor

organisierter Kriminalität dienen soll.[55] Hessen hat jüngst angekündigt, dem bayerischen Beispiel folgen zu wollen.
Organisierte Kriminalität wird definiert als die von Gewinn- oder Machtstreben bestimmte planmäßige Begehung von Straftaten, die einzeln oder in ihrer Gesamtheit von erheblicher Bedeutung für die Rechtsordnung sind, durch mehr als zwei Beteiligte, die auf längere oder unbestimmte Dauer arbeitsteilig tätig werden unter Verwendung gewerblicher oder geschäftsähnlicher Strukturen, unter Anwendung von Gewalt oder durch entsprechende Drohung oder unter Einflußnahme auf Politik, Verwaltung, Justiz, Medien oder Wirtschaft.[56]
Sieht man von dem in der Definition hervorgehobenen Aspekt des Gewinnstrebens und den gewerblichen oder geschäftsähnlichen Strukturen einmal ab, zeigen sich im übrigen schon deutliche Berührungspunkte zu den beschriebenen Aufgaben der Verfassungsschutzbehörden.[57]
Interessant ist in diesem Zusammenhang, daß als Schutzobjekte neben den klassischen staatlichen Bereichen Politik, Verwaltung und Justiz auch Medien oder Wirtschaft genannt sind. Wenngleich Medien und Wirtschaft für das Funktionieren des öffentlichen Lebens sehr wichtig sind, wird doch die staatliche Überwachungstätigkeit in vorwiegend privatrechtlich geregelte Belange der Bürger hinein ausgedehnt, die bislang nicht unter den Begriff der freiheitlich demokratischen Grundordnung subsumiert wurden. Hier stellt sich die Frage, ob der Verfassungsschutz nicht bei seinen klassischen Aufgaben im politischen Bereich bleiben sollte und der Schutz privater Bereiche primär durch effizientere Strafverfolgungsbehörden zu gewährleisten wäre. Die Erfüllung der davon abgegrenzten klassischen Aufgaben des Verfassungsschutzes ließe sich durch den Austausch gewonnener Erkenntnisse sicherstellen. Man kann allerdings nicht grundsätzlich sagen, daß diese Aufgabe dem Verfassungsschutz zwangsläufig fremd sein müßte. Zu seinen Aufgaben gehört ja auch der Schutz vor Spionage. Von dieser sind neben Militär und Politik auch der wissenschaftlich-technologische sowie der wirtschaftliche Bereich betroffen. Die

russischen Nachrichtendienste etwa haben den Auftrag, den Schutz russischer Wirtschaftsinteressen im eigenen Land und auf dem Weltmarkt zu gewährleisten sowie möglichst objektive Bedingungen für deren Wettbewerbsfähigkeit zu schaffen.[58] Die Unternehmen in Deutschland sind vorwiegend privat, so daß deren durch Spionage berührte Interessen ebenfalls nicht unter den Begriff der freiheitlich demokratischen Grundordnung subsumiert werden können.

Für eine entsprechende Kompetenzerweiterung zugunsten des Verfassungsschutzes wird das zu beachtende Trennungsgebot angeführt. Die Beobachtung des Vorfeldes von Straftaten war bislang ein Monopol des Verfassungsschutzes. Würde der Polizei diese Befugnis übertragen, so bedeutete dies eine Inaugenscheinnahme auch legaler Verhaltensweisen durch eine Behörde mit Exekutivbefugnissen. Die Polizei könnte letztlich jedermann unter Zuhilfenahme auch polizeilicher Zwangsbefugnisse überwachen und gegebenenfalls in grundrechtlich geschützte Rechtsgüter eingreifen, ohne daß es auf einen strafprozessualen Anfangsverdacht ankäme. Rechtspolitisch sei dies in Ansätzen die Entscheidung für eine neue Geheime Staatspolizei. Das Legalitätsprinzip würde so zwangsläufig in Frage gestellt.[59] Gegen diese Argumentation spricht jedoch, daß die Polizei bereits heute unter bestimmten Voraussetzungen nachrichtendienstliche Mittel einsetzen darf[60], und zwar auch im Bereich der polizeilichen Gefahrenabwehr.[61] Angesichts dieses Befundes erscheint der Vorwurf des Ansatzes zu einer neuen Geheimen Staatspolizei polemisch und die so begründete Ablehnung der Übertragung entsprechender Kompetenzen auf die Polizei keineswegs zwingend.

Wenn allerdings der Verfassungsschutz mit der Bekämpfung der organisierten Kriminalität beauftragt wird, hat das eine Überschneidung mit dem Aufgabenbereich der Polizei zur Folge. Dies kann zu Schwierigkeiten praktischer Art führen, weil die Behörden sich bei ihrer Tätigkeit immer wieder miteinander abstimmen müssen. Stimmt der Informationsfluß nicht oder weiß die eine Behörde gar nicht, daß die andere an dem gleichen Fall arbeitet, kann es zu Pannen bei den Er-

mittlungen kommen, bis hin zur Gefährdung des Ermittlungserfolgs. Die Probleme werden noch dadurch verstärkt, daß die Beteiligten oftmals unterschiedliche Ziele verfolgen. So ist bekannt, daß der Verfassungsschutz zum Teil deshalb der Polizei keine Mitteilung über Straftaten macht, weil er durch sofortige Strafverfolgungsmaßnahmen die Möglichkeit gefährdet sieht, an weitere Informationen heranzukommen. Ein Beispiel für das Durcheinander, welches es bei den Sicherheitsbehörden geben kann, ist der Polizeieinsatz von Bad Kleinen, der zur Ablösung des damaligen Bundesinnenministers Seiters und des Generalbundesanwalts von Stahl führte. Derartige Koordinierungsmängel werden als Auswirkung der Neuregelungen befürchtet.[62] Da die Polizei grundsätzlich Ländersache ist, sind Koordinierungsschwierigkeiten auch dann nicht auszuschließen, wenn mehrere Länder an einem Polizeieinsatz beteiligt sind. Solche praktischen Probleme können daher nicht gegen eine Kompetenzerweiterung des Verfassungsschutzes angeführt werden, sie müssen aber im Vorfeld erkannt und gelöst werden.
Für eine Zuständigkeit des Verfassungsschutzes bei der Bekämpfung der organisierten Kriminalität wird ferner angeführt, daß dieser aus dem Stand in der Lage wäre, die Aufgabe der Vorfeldbeobachtung zumindest bestimmter Erscheinungsformen der organisierten Kriminalität zu übernehmen. Er verfügt über reichhaltige Erfahrungen in der Infiltration und Aufdeckung verdeckt arbeitender Strukturen. Seine Beobachtungen richten sich schon immer auch auf solche Verhaltensweisen, die legal sind und niemandem verwehrt werden können.[63] Organisierte Kriminalität ist zunächst einmal vor allem Kriminalität. Ihr Bestreben ist die höchstmögliche Gewinnmaximierung mit legalen und illegalen Methoden. Dies ist ihr finaler Zweck, die von ihr ausgehende Gefährdung der freiheitlich demokratischen Grundordnung nur Mittel zu seiner Erreichung. Sachnäher und damit sachgerechter ist der Einsatz der Strafverfolgungsbehörden.[64] Seine praktischen Erfahrungen allein können den Einsatz des Verfassungsschutzes nicht rechtfertigen. Da verdeckte Strukturen Metho-

den der organisierten Kriminalität zum Teil erst nach ihrem Entstehen und Verfestigen anwenden, ist eine effektive Bekämpfung durch die Strafverfolgungsbehörden nicht immer möglich, da diese aufgrund des Legalitätsprinzips erst bei Vorliegen eines Anfangsverdachts tätig werden dürfen. Auf Vorfelderkenntnisse kann nicht verzichtet werden.
Diese Thematik sollte in absehbarer Zeit von Bund und Ländern in gleicher Weise geregelt werden, denn das Problem drängt. 1998 wurden in Deutschland insgesamt 8.444 Tatverdächtige im Bereich der organisierten Kriminalität ermittelt, davon 37,3 % Deutsche. Schwerpunkte liegen in den Bereichen Rauschgift, Eigentum, Fälschung, Gewalt, Prostitution und Zuhälterei, Wirtschaftskriminalität und illegale Einschleusung von Ausländern. Soweit überhaupt erfaßbar, beläuft sich die Schadenssumme geschätzt auf ca. 1,8 Milliarden DM.[65] Auch wenn die Mittel der Bekämpfung der organisierten Kriminalität primär im Bereich der Strafverfolgung zu liegen haben, besteht angesichts des Bedrohungspotentials großer Bedarf nach Erkenntnissen aus dem Vor- und Umfeld. Vorfeldbefugnisse und nachrichtendienstliche Mittel für die Polizei sind kein Idealrezept, sie führen in rechtsstaatliche Grenzbereiche. Eine Zuständigkeit der Verfassungsschutzbehörden für die Beobachtung der organisierten Kriminalität muß nicht zwangsläufig Grauzonen eröffnen, in denen früher oder später überhaupt keine rechtsstaatlichen Orientierungsmarken mehr erkennbar wären. Es muß jedoch gewährleistet sein, daß der Informationsfluß funktioniert. Die Vorfeldbeobachtung ist für den Verfassungsschutz einfacher, da die Polizei nach dem Legalitätsprinzip auch gegen dessen Informanten vorgehen müßte. Quellenschutz könnte dann kaum betrieben werden, was an der Effektivität polizeilichen Handelns in diesem Bereich Zweifel aufkommen läßt.

e. Die Beobachtung religiöser Organisationen

Der Deutsche Bundestag hat am 9.5.1996 eine Enquetekommission »Sogenannte Sekten und Psychogruppen« eingerichtet[66], die am 7.7.1997 einen Zwischenbericht[67] und am

9.6.1998 einen Endbericht[68] vorgelegt hat. Grundsätzlich wurde von der Kommission festgestellt, daß von dem Gros der neuen weltanschaulichen und religiösen Gemeinschaften keine Gefahren für Staat und Gesellschaft ausgingen. Ausnahmen bestätigten die Regel, so wurde beispielsweise die Beobachtung der Scientology Church durch die Verfassungsschutzbehörden ausdrücklich begrüßt.[69]

Die Scientology Church steht unter dem Verdacht, unter dem Deckmantel einer Religionsgemeinschaft mit kriminellen Mitteln wirtschaftliche und politische Macht erlangen zu wollen. Bereits 1992 haben die Verfassungsschutzbehörden das bekannte Schrifttum daraufhin geprüft, ob es tatsächliche Anhaltspunkte für den Verdacht auf eine verfassungsfeindliche Zielsetzung enthält. Dabei fanden sich in hinreichendem Maße Belegstellen dafür, daß das Endziel der Scientology Church nicht ausschließlich in der angeblichen persönlichen Befreiung ihrer Mitglieder oder in der Anhäufung von Vermögen oder Macht liegt. Vielmehr strebt die Organisation auch die Errichtung einer neuen weltumspannenden gesellschaftlichen und staatlichen Ordnung an, die in absolutem Gegensatz zu unserer verfassungsmäßigen Ordnung steht.[70]

Die Frage, ob die Verfassungsschutzbehörden mit der Beobachtung von Scientology beauftragt werden sollten, wurde öffentlich diskutiert. Teilweise wurde eine solche Beobachtung gefordert[71], teilweise wurden solche Maßnahmen für unzulässig gehalten.[72] Diese Diskussion hat vorläufig mit der Entscheidung der Innenministerkonferenz vom 6.6.1997 einen Abschluß gefunden.[73] Diese hatte beschlossen, Scientology künftig bundesweit beobachten zu lassen.[74]

In diesem Zusammenhang ist interessant, daß man Scientology trotz offenkundig totalitärer Zielsetzungen[75] nicht in das herkömmliche Rechts-links-Schema einordnen kann. Diese Organisation versteht sich selbst als Religionsgemeinschaft. Dies ist umstritten und wurde vom Bundesarbeitsgericht in einem aufsehenerregenden Urteil verneint.[76] Aber selbst wenn man Scientology als Religionsgemeinschaft einstuft, stünde die in Artikel 4 GG verbürgte Religionsfreiheit einer

Beobachtung nicht entgegen. Zwar haben die religiösen Anschauungen der Bürger den Staat grundsätzlich nicht zu interessieren. Diese Freiheit findet jedoch ihre Grenzen dort, wo Grundrechte anderer oder die freiheitlich demokratische Grundordnung gefährdet werden.[77] Daher kann auch eine religiöse Organisation, die unter Berufung auf ihren Glauben gegen die Verfassungsordnung arbeitet, von den Verfassungsschutzbehörden beobachtet werden.

5. Verfassungsschutzberichte

Gemäß § 16 BVerfSchG hat das Bundesamt für Verfassungsschutz den Bundesinnenminister mindestens einmal jährlich in einem zusammenfassenden Bericht über die gewonnenen Erkenntnisse zu informieren. Diese Information dient auch der Öffentlichkeit, weswegen die jährlichen Berichte des Bundesamts veröffentlicht werden.[78] Vergleichbare Regelungen gibt es auch in den meisten Ländern.

Diese Verfassungsschutzberichte enthalten in der Regel Werturteile, die für die Betroffenen zwar faktische Nachteile mit sich bringen, an die aber keinerlei rechtliche Auswirkungen geknüpft sind. Es wäre jedoch untersagt, wenn die Regierung eine nicht verbotene politische Partei in der Öffentlichkeit nachhaltig verfassungswidriger Zielsetzung und Betätigung verdächtigen würde, wenn diese Maßnahme bei verständiger Würdigung der das Grundgesetz beherrschenden Gedanken nicht mehr verständlich wäre und sich von daher der Schluß aufdrängte, daß sie auf sachfremden Erwägungen beruhte.[79]

6. MAD und BND

Der MAD nimmt im Geschäftsbereich des Bundesministers der Verteidigung die Aufgaben wahr, die denen der anderen Verfassungsschutzbehörden entsprechen. Man kann ihn von daher als 18. Verfassungsschutzbehörde bezeichnen.[80]

Der BND ist eine Bundesoberbehörde im Geschäftsbereich des Chefs des Bundeskanzleramtes. Organisation, Aufgaben und Befugnisse sind im BND-Gesetz geregelt. Er sammelt Erkenntnisse von außen- oder sicherheitspolitischer Bedeutung und wertet sie aus.[81]

IV. Nachrichtendienstliche Mittel

Sobald durch eine staatliche Maßnahme die Grundrechte einzelner Bürger berührt werden können, stellt sich die Frage, ob dem Staat dieser Eingriff auch erlaubt ist.
Die große Mehrheit der durch den Verfassungsschutz gesammelten Informationen stammt aus offenen Quellen. Ihre Gewinnung stellt regelmäßig keinen Eingriff in Grundrechte dar. Die Informationsgewinnung durch eingreifende Maßnahmen stellt eher den Sonder- als den Normalfall dar. Das liegt alleine schon an den wesentlich höheren personellen und organisatorischen Aufwendungen, die durch diese Art der Informationsbeschaffung verursacht werden. Dies alles kostet Geld, ein Aufwand, der bei unsicheren Erfolgsaussichten stets einer besonderen Begründung darf. Hieraus resultieren bürokratische Hemmnisse, und liegen diese auch nur in einer besonderen Rechtfertigung gegenüber dem Rechnungshof.[82]
Soweit die Grundrechte der betroffenen Menschen berührt werden, sind die Verfassungsschutzbehörden für die Informationsbeschaffung auf die sogenannten »nachrichtendienstlichen Mittel« angewiesen.
Noch bis in die 50er Jahre hatte die Auffassung geherrscht, staatliche Informationserhebung stelle für sich keinen Eingriff dar. Ein solcher sei erst gegeben, wenn aufgrund der gewonnenen Erkenntnisse Maßnahmen der Exekutive oder Justiz gegen eine Person getroffen würden. Die Informationserhebung sei nicht mehr als eine grundrechtsfreie Vorbereitungshandlung. Erst mit der Erkenntnis vom selbständigen, eingreifenden Gehalt der staatlichen Datenerhebung wurde die Forderung nach gesetzlichen Ermächtigungsgrundlagen erhoben.[83]
Durch das Gesetz zur Änderung des Gesetzes über die Zusammenarbeit des Bundes und der Länder in Angelegenhei-

ten des Verfassungsschutzes vom 7.8.1972[84] wurde dem Bundesamt für Verfassungsschutz erstmals die Befugnis zum Einsatz »nachrichtendienstlicher Mittel« verliehen. Kritik an der inhaltlichen Unbestimmtheit dieser Norm traten Bundesregierung und Verfassungsschutzbehörden mit dem Argument entgegen, daß eine inhaltliche Präzisierung des Begriffs »nachrichtendienstliches Mittel« untunlich sei. Eine Offenlegung der zur Verfügung stehenden Mittel würde die Erledigung der zugewiesenen Aufgaben undurchführbar machen und eine Anpassung dieser Mittel an geänderte Methoden des zu beobachtenden Personenkreises unnütz verzögern.[85] Mit dem Argument, die vom Verfassungsschutz anzuwendenden Mittel seien von den Angriffsmitteln der »Gegenseite« und in hohem Maße von der Technik abhängig, wurde auch noch Mitte der 80er Jahre begründet, daß diese Mittel nur im Wege einer Generalklausel festgelegt werden könnten.[86] Ein transparenter Verfassungsschutz wäre ein Widerspruch in sich.[87] Hiergegen ist jedoch schon in den 70er Jahren Kritik laut geworden.[88] Dem Argument, klare gesetzliche Grundlagen würden »Terroristen, Extremisten und Spionen« die Gelegenheit geben, sich auf die jeweils genannten Mittel einzustellen und ihnen durch Verfeinerung ihrer Mittel entkommen[89], wurde durch die Rezeption verfeinerter datenschutzrechtlicher Erkenntnisse durch das Bundesverfassungsgericht[90] letztlich der Boden entzogen.

Die 1990 erfolgte Neuregelung des BVerfSchG wurde als angemessener Kompromiß zwischen dem verfassungsrechtlichen Gebot der Normenklarheit einerseits und den praktischen Anforderungen nach Geheimhaltung der Methoden des Verfassungsschutzes andererseits angesehen. Die nunmehr geltende Fassung des BVerfSchG sollte eine Präzisierung und Konkretisierung des alten Rechts begründen.[91] Die Befugnisse zur Informationsbeschaffung ergeben sich aus den §§ 8 ff. BVerfSchG, insbesondere aus § 8 Absatz 2 BVerfSchG. Nach dessen Satz 1 darf das Bundesamt für Verfassungsschutz Methoden, Gegenstände und Instrumente zur heimlichen Informationsbeschaffung anwenden. Exemplarisch aufgeführt

sind der Einsatz von Vertrauensleuten und Gewährspersonen, Observationen, Bild- und Tonträgeraufzeichnungen, Tarnpapiere und Tarnkennzeichen. Dieser Katalog ist jedoch nicht abschließend, so daß auch der Einsatz hier nicht genannter Mittel und Methoden erlaubt ist. Vergleichbare offene Regelungen gibt es auch in einem Teil der Bundesländer.
Die Sammlung von Unterlagen zum Zwecke des Verfassungsschutzes ist ein Teilbereich der Informationsaufgaben. Erfaßt sind auch die eigenständige Beschaffung und die Auswertung einschlägiger Daten sowie ihre Übermittlung an die jeweiligen Landesbehörden. Die Wahrnehmung dieser Aufgaben stellt jedoch von den allgemeinen verfassungsrechtlichen Anforderungen, zumal bei der Beeinträchtigung individueller Grundrechte, nicht frei. Die Ermächtigung zur heimlichen Informationsbeschaffung nach § 8 Absatz 2 Satz 1 BVerfSchG kann gegenüber den betroffenen Grundrechten nur im Rahmen von deren jeweiligen Begrenzungen durchgreifen.[92]
Die Entwicklung der rechtlichen Regelungen der Informationsbeschaffung ist 1990 jedoch nicht stehengeblieben. Einige sozialdemokratisch regierte Bundesländer sind inzwischen dazu übergegangen, einen abschließenden Katalog erlaubter nachrichtendienstlicher Mittel in ihren Verfassungsschutzgesetzen zu formulieren.
Erstmalig in Deutschland erfolgte 1992 in Niedersachsen die Aufnahme eines Katalogs erlaubter Maßnahmen in das Verfassungsschutzgesetz des Landes.[93] Das Gesetz regelt zudem ausdrücklich, daß bei der Anwendung nachrichtendienstlicher Mittel keine Straftaten begangen werden dürfen. Diese Regelung wurde vor dem Hintergrund des »Celler Lochs« geschaffen.[94] Andere Länder haben sich dem angeschlossen.
Exemplarisch sei hier der Katalog aus § 6 Absatz 3 des Gesetzes über den Verfassungsschutz im Land Brandenburg vorgestellt. Danach darf die Verfassungsschutzbehörde zur Informationsbeschaffung als nachrichtendienstliche Mittel die folgenden Maßnahmen anwenden:

a. Einsatz von Vertrauensleuten, sonstigen geheimen Informanten, zum Zwecke der Spionageabwehr überworbenen Agenten, Gewährspersonen und verdeckten Ermittlern,
b. Observationen,
c. Bildaufzeichnungen (Fotografieren, Videographieren und Filmen) außerhalb des Schutzbereiches des Artikels 13 des Grundgesetzes,
d. verdeckte Ermittlungen und Befragungen,
e. Mithören ohne Inanspruchnahme technischer Mittel,
f. Mithören und Aufzeichnen des nicht öffentlich gesprochenen Wortes unter Einsatz technischer Mittel außerhalb des Schutzbereiches des Artikels 13 des Grundgesetzes,
g. Beobachtung des Funkverkehrs auf nicht für den allgemeinen Empfang bestimmten Kanälen sowie die Sichtbarmachung, Beobachtung, Aufzeichnung und Entschlüsselung von Signalen und Kommunikationssystemen,
h. Verwendung fingierter biographischer, beruflicher oder gewerblicher Angaben (Legenden),
i. Beschaffung, Erstellung und Verwendung von Tarnpapieren und Tarnkennzeichen,
j. Überwachung des Brief-, Post- und Fernmeldeverkehrs nach Maßgabe des Gesetzes zu Artikel 10 des Grundgesetzes.

Diese abschließende Katalogisierung erlaubter nachrichtendienstlicher Mittel ist im Interesse der Rechtssicherheit zu begrüßen. Dieser Katalog ist so weit gefaßt, daß er den Verfassungsschutzbehörden die Erfüllung ihrer Aufgaben auch in schwierigen Situationen erlaubt, die abstrakt vor ihrem Entstehen oft nicht beurteilt werden können. Erfreulich ist insbesondere die ausdrückliche Klarstellung, daß Eingriffe in die Unverletzlichkeit der Wohnung nicht zulässig sind. Dies entspricht im wesentlichen der bisher geltenden Rechtslage, bei der das Abhören oder Aufzeichnen in Wohnungen durch den Verfassungsschutz nur zulässig war, wenn bei Beginn der Maßnahme drei Voraussetzungen gegeben waren. Zum einen mußten zureichende Anhaltspunkte für das Vorliegen einer gegenwärtigen gemeinen oder Lebensgefahr bestehen. Weiter mußte zugleich die Gefahr durch den Einsatz besonderer Formen der Datenerhebung noch weiter aufklärungsbedürftig sein, und drittens mußte der Verfassungsschutz im Einzelfall nicht bloß zur Aufklärung, sondern zugleich zur Gefahrenabwehr tätig werden. Diese Vielzahl an Voraussetzungen konnte kumulativ praktisch niemals vorliegen.[95] Soweit versucht wurde, die Befugnisse der Verfassungsschutzbehörden durch eine erweiterte Auslegung der einschlägigen Befugnisnormen[96] an das für erforderlich gehaltene Maß anzupassen[97], traf dies auf Bedenken hinsichtlich der Grundrechtsdogmatik und der auch im Verfassungsschutzrecht gebotenen Rechtsklarheit.[98]

V. Staatliche Kontrolle der Nachrichtendienste

Eine staatliche Kontrolle der Geheimdienste findet durch die Parlamente, die Gerichte und die Verwaltung statt.

Im Bund ist die parlamentarische Kontrolle zunächst im Gesetz über die parlamentarische Kontrolle nachrichtendienstlicher Tätigkeit des Bundes geregelt. Für den Bundestag nimmt die Parlamentarische Kontrollkommission diese Aufgabe wahr. Ferner wird das Bundesamt für Verfassungsschutz auch durch den Innenausschuß des Bundestages kontrolliert, da es der Dienst- und Fachaufsicht des Bundesinnenministers untersteht. Für die einzelnen Bundesländer gibt es vergleichbare Bestimmungen.

Eine weitere parlamentarische Kontrolle erfolgt durch die Untersuchungsausschüsse, die vom Parlament eingesetzt werden können.[99]

Eingriffe in die Rechtssphäre des Bürgers unterliegen wie alle anderen staatlichen Eingriffe der gerichtlichen Kontrolle. Voraussetzung für das Tätigwerden ist jedoch ein Antrag oder eine Klage des betroffenen Bürgers: Wo kein Kläger, da kein Richter.[100]

Im Rahmen der Dienst- und Fachaufsicht unterliegen die Dienste einer Kontrolle durch die Exekutive.[101] Hervorzuheben sind insbesondere die Datenschutzbeauftragten in Bund und Ländern. Diese durchforsten die gesammelten Datenbestände regelmäßig und bestehen in vielen Fällen auf der Löschung.[102]

VI. Kontrolle der Nachrichtendienste durch die Öffentlichkeit

Eine Kontrolle nachrichtendienstlicher Tätigkeit findet zum einen durch die von ihr betroffenen Bürger statt, die unter bestimmten Voraussetzungen Auskunftsrechte haben. Daneben erfolgt eine Kontrolle durch die Öffentlichkeit und die Presse. Eine Kontrolle durch die betroffenen Bürger und Gruppierungen erfolgt dadurch, daß diese grundsätzlich ein Recht darauf haben, zu erfahren, welche Informationen die Nachrichtendienste über sie sammeln. In einem Spannungsverhältnis zueinander stehen dabei einerseits das Interesse des Bürgers, Auskunft über die zu seiner Person gespeicherten Daten zu erhalten, und andererseits das staatliche Geheimhaltungsinteresse.[103] Es ist dafür Sorge zu tragen, daß der Betroffene nicht durch ein ausschließlich auf Ausforschung gerichtetes Auskunftsverlangen Kenntnis darüber erhält, ob der Verfassungsschutzbehörde ein bestimmtes Verhalten bekannt geworden ist und auf welche Weise sie diese Erkenntnisse gewonnen hat. Einen sachgerechten Ausgleich zwischen diesen Interessen schafft § 15 BVerfSchG.[104] Nach dessen Absatz 1 wird auf Antrag Auskunft erteilt, soweit der Betroffene auf einen konkreten Sachverhalt hinweist und ein besonderes Auskunftsinteresse darlegt. Eine Auskunftserteilung unterbleibt in den in Absatz 2 genannten Fällen: bei Gefährdung der Aufgabenerfüllung, der Quellen oder der öffentlichen Sicherheit. Ebenso unterbleibt danach die Auskunftserteilung, wenn die Ausforschung des Erkenntnisstandes oder der Arbeitsweise zu befürchten ist, dem Wohl des Bundes oder eines Landes Nachteile bereitet würden oder Daten oder die Tatsache ihrer Speicherung wegen einer Rechtsvorschrift oder wegen entgegenstehender Interessen eines Drit-

ten geheimgehalten werden müssen. Die Auskunfterteilung erfolgt für den betroffenen Bürger unentgeltlich.
Die öffentliche Meinung kann erheblichen Druck auf die Staatsorgane ausüben, dem Nachrichtendienste in besonderem Maße ausgeliefert sind. Pannen der Dienste erregen ganz erheblich das öffentliche Interesse. In diesem Zusammenhang sei nur auf das bereits erwähnte Celler Loch oder an die Plutonium-Affäre erinnert. Bei letzterer haben kriminelle Geschäfte mit waffenfähigem Plutonium und die Verwicklung des BND darin für Aufsehen gesorgt.
Untrennbar mit der Öffentlichkeit verbunden ist die freie Presse. Medien berichten über Angelegenheiten des öffentlichen Interesses[105] und üben nach ihrem Selbstverständnis dadurch eine Kontrolle der Staatsgewalt aus.[106]

VII. Die Gefahr des politischen Mißbrauchs

Die Aufgaben und Befugnisse der Verfassungsschutzbehörden in Deutschland sind heute weitgehend kodifiziert. Dies gibt Rechtssicherheit insbesondere für solche Bürger und Bewegungen, die aus ihrer Sicht unverschuldet und unberechtigt in den Blickwinkel dieser Behörden geraten sind und sich dadurch in ein falsches Licht gestellt sehen. Die Erwähnung in Veröffentlichungen der Ämter oder einzelner Mitarbeiter kann zu gravierenden Nachteilen im beruflichen oder privaten Umfeld führen. Die so betroffenen Bürger haben grundsätzlich die Möglichkeit, eine gerichtliche Überprüfung der Tätigkeit der Verfassungsschutzbehörden zu erreichen. Die weitgehende Verrechtlichung ist unter rechtsstaatlichen Gesichtspunkten zu begrüßen.
Im Interesse der Rechtsstaatlichkeit müssen dann aber für die Tätigkeiten der verschiedenen Behörden in Bund und Ländern dieselben Maßstäbe gelten. Die Beobachtung bzw. Nichtbeobachtung einzelner Gruppierungen muß durch einen sachlichen Grund gerechtfertigt sein, ein den Verfassungsschutzämtern und ihrer politischen Leitung gegebener Beurteilungsspielraum muß voll überprüfbar sein.

Hieran hat es in der Vergangenheit zum Teil gefehlt, was den Verdacht aufkommen läßt, daß Verfassungsschutzbehörden als ideologisches Kampfinstrument mißbraucht worden sind. Dies soll durch drei Beispiele verdeutlicht werden.

Das erste Beispiel betrifft die Wochenzeitung »Junge Freiheit«. Im Verfassungsschutzbericht des Landes Nordrhein-Westfalen für das Jahr 1995 wurde mitgeteilt: »Deutliche antisemitische Ausfälle waren in mehreren Zeitschriften der sogenannten ›Neuen Rechten‹ festzustellen, wie z. B. in ... der Jungen Freiheit ... Teilweise wurden die jüdischen Opfer der Massenvernichtung in Form von Satiren verächtlich gemacht ...«[107] Grundlage für diese Aussage war eine unter dem 21.11.1994 im Innenministerium NRW angefertigte »kommentierte Fundstellendokumentation« bezüglich der »Jungen Freiheit«.[108] In dieser wird der Vorwurf des Antisemitismus wie folgt begründet: »In der Ausgabe 19/1994, Seite 22, werden in einer Satire ... einige altbekannte Vorurteile gegen Juden in Erinnerung gerufen (›jüdischer Oberlehrer‹, ›Nachtbarbesitzer‹, ›Der Jude ist's, der die unheildräuenden Fäden in der Hand hält und unser Land im allgemeinen und Eure höchst private Existenz im besonderen mit allerlei Unbill beschwert‹).«[109] Zitiert wurde aus einer Glosse »Antisemiten«, die solche explizit verächtlich machte. Zur Begründung des Vorwurfs des Antisemitismus gegen die JF wurden in verzerrender Weise Satzteile aus ihren Zusammenhängen gerissen zitiert. Durch den Verfassungsschutz Nordrhein-Westfalen wurden somit zur Untermauerung eines Vorwurfs Tatsachen verfälscht, und der auf verfälschten Tatsachen beruhende Bericht wurde weitergegeben und als solcher im politischen Meinungsstreit eingesetzt.

Ein zweites Beispiel betrifft den Verfassungsschutz in Brandenburg. In dessen Verfassungsschutzberichten für 1997 und 1998 wurde die PDS nicht erwähnt, obwohl diese zumindest in Teilen der freiheitlich-demokratischen Grundordnung entgegenstehende Positionen vertritt. Der seinerzeit verantwortliche Innenminister Alwin Ziel begründete dies 1998 damit, daß die PDS eine demokratische Partei sei, allerdings mit mehreren Gesichtern. In Brandenburg trage sie die Züge einer demokratischen politischen Kraft, die sich den Alltagssorgen der Bürger widme. Andernorts, vor allem im Westen, trete sie wie die alte kommunistische Kaderpartei auf.[110] Diese Einschätzung ist vor dem Hintergrund sich anbahnender politischer Bündnisse zwischen SPD und PDS auf Landesebene zu sehen, wozu es in der Folge in Mecklenburg-Vorpommern gekommen ist.[111] Auf Anfrage teilte das Ministerium des Innern dem Verfasser mit: »Die Stellungnahme des brandenburgischen Innenministers zur Demokratiefähigkeit der PDS ist der gültige Bewertungsmaßstab im Umgang mit dieser Partei.«[112] Dies bedeutet, daß die Nichterwähnung der PDS in den Verfassungsschutzberichten eine rein politische Entscheidung des Innenministers Ziel war und nicht aus einem sachlichen Grund erfolgte.

Ein drittes Beispiel betrifft das Land Niedersachsen. Dessen 1992 geändertes Verfassungsschutzgesetz faßte die Aufgaben und Befugnisse des Landesamtes enger als das BVerfSchG. Während Aufgabe der Verfassungsschutzbehörden in Bund und Ländern allgemein u. a. die Sammlung und Auswertung von Informationen ist, die gegen die freiheitlich demokratische Grundordnung gerichtet sind, waren nach dem niedersächsischen Verfassungsschutzgesetz nur solche Verhaltensweisen relevant, die auf die Anwendung von Gewalt gerichtet sind oder sich in aktiv kämpferischer, aggressiver Weise gegen einen der zur freiheitlich demokratischen Grundordnung zählenden Grundsätze richten.

Diese Einschränkung war ein zentrales Anliegen der rot-grünen Landtagsmehrheit bei deren Novelle des Niedersächsischen Verfassungsschutzgesetzes 1992. In der Begründung des Regierungsentwurfs heißt es hierzu: »... damit soll auch durch die gesetzliche Formulierung unmißverständlich zum Ausdruck gebracht werden, daß die vielfach unterstellte ›Gesinnungsschnüffelei‹, also die Beobachtung einer extremistischen Einstellung als solcher, nicht stattfinden darf. Es muß vielmehr die Beeinträchtigung eines Schutzgutes im Sinne des Gesetzes mit einer gewissen Handlungsintensität verfolgt werden, ohne daß freilich die Gewaltschwelle erreicht oder gar überschritten sein muß ...«[113] Da diese Anforderungen bei der Partei »Die Republikaner« in Niedersachsen selbst nach Einschätzung des Landesamtes für Verfassungsschutz nicht erfüllt waren, untersagte das OVG Lüneburg durch Beschluß vom 21.9.1993 dem Land Niedersachsen die weitere Observierung der »Republikaner«.[114]

Eine mögliche Reaktion der Landesregierung deutete sich schon nach der vorangegangenen Entscheidung des VG Hannover vom 8. Februar 1993 an. Dieses hatte bereits die weitere Observierung untersagt. Der damalige Innenminister Glogowski kündigte an, der weitere Rechtsweg solle beschritten werden, um sich später nicht vorwerfen lassen zu müssen, auf dem »rechten Auge« blind zu sein. Das Innenministerium wollte somit auf geheimdienstliche Methoden und Mittel als vermeintlich effiziente »Kampfmittel gegen rechts« setzen, welche die rot-grüne Koalition eben gerade aus politischen Zusammenhängen zurückdrängen wollte.[115]

Nach der Entscheidung des OVG Lüneburg wurde das Niedersächsische Verfassungsschutzgesetz so geändert, daß eine Observierung der Republikaner wieder möglich wurde. Der formelle Anstoß hierzu kam dabei von der CDU, die zur Begründung ihres Antrags zur Änderung des NVerfSchG explizit anführte, daß die Beobachtung der Republikaner nach geltendem Recht nicht möglich sei.[116] Nach § 4 Absatz 1 Satz 3 NVerfSchG[117] gilt diese Einschränkung nur noch für Verhaltensweisen von Einzelpersonen, die nicht in einem oder für einen Personenzusammenschluß handeln. Politische Parteien und sonstige Personenzusammenschlüsse können danach wieder unter den auch in den übrigen Ländern und für das Bundesamt geltenden Voraussetzungen beobachtet werden.

Aus den genannten drei Beispielen lassen sich keine verallgemeinerungsfähigen Schlüsse ziehen, sie zeigen jedoch eine gefährliche Tendenz auf. Wenn vorgebliche Anhaltspunkte für verfassungsfeindliche Bestrebungen konstruiert werden, wenn extremistische Parteien aufgrund politischer Vorgaben nicht beobachtet werden oder aber Gesetze so geändert werden, daß bestimmte politisch unerwünschte Gruppierungen nunmehr beobachtet werden können, wird der Verfassungsschutz zum politischen Kampfinstrument. Dies darf aber nicht sein in einer Demokratie, die auf den politischen Meinungskampf außerhalb des staatlichen Bereichs lebensnotwendig angewiesen ist. Die rot-grüne Landesregierung in Niedersachsen hat 1992 mit der Schaffung eines liberalisierten Verfassungsschutzrechts einen Schritt in die richtige Richtung gemacht. Die danach erfolgten Beschränkungen lassen den Verdacht aufkommen, daß der Verfassungsschutz möglicherweise nur auf dem linken Auge blind gemacht werden sollte.

VIII. Schlußbetrachtung

Die Einrichtung eines administrativen Verfassungsschutzes als Instrumentarium der wehrhaften Demokratie hat sich in der Vergangenheit bewährt. Trotz der Gefahr politischen Mißbrauchs als ideologisches Kampfinstrument wird diese Institution auch in der Zukunft notwendig sein. Die Bedrohungslage hat sich nach Wegfall des Ost-West-Konflikts grundlegend geändert. Die Demokratie ist heute in Deutschland fest verwurzelt. Weder das Auftreten rechtsextremer Parteien wie etwa der DVU oder der NPD noch die Regierungsbeteiligung der linksextremen PDS in Mecklenburg-Vorpommern vermochten die freiheitlich demokratische Grundordnung nachhaltig zu erschüttern. Aus dem Auftreten und partiellen Erfolg dieser Gruppen wird jedoch ersichtlich, daß der administrative Verfassungsschutz im politischen Bereich seine Bedeutung nicht gänzlich verloren hat. Es ist aber überlegenswert, den Verfassungsschutz zukünftig verstärkt als Serviceeinheit zur Aufklärung der Öffentlichkeit über die Gefahren des Extremismus zu begreifen. Die Beschaffung von Informationen, deren Auswertung und die Veröffentlichung dieser Ergebnisse sollte künftig nur unter höheren Voraussetzungen als gegenwärtig möglich sein. Der von Niedersachsen 1992 beschrittene und in der Folge wieder verlassene Weg könnte dabei vorbildlich sein. Die Demokratie in Deutschland ist fest genug, daß die Auseinandersetzung mit Parteien wie der DVU oder der PDS dem politischen Meinungskampf überlassen werden kann. Den daraus resultierenden höheren Anforderungen an die demokratischen Parteien haben diese sich im Interesse unseres Gemeinwesens zu stellen. Etwas mehr Vertrauen in das Volk – dem Souverän in einer Demokratie – ist durchaus angebracht.

Davon unabhängig wäre es wünschenswert, wenn die Voraussetzungen, unter denen Einzelpersonen oder Gruppierungen von den Verfassungsschutzämtern beobachtet werden dürfen, in Bund und Ländern einheitlich geregelt wären. Der Wettbewerb politischer Meinungen ist auch im extremistischen Spektrum regelmäßig nicht auf einzelne Länder beschränkt, und es ist für die politische Kultur nicht zuträglich, wenn einzelne Gruppierungen aufgrund politischer Vorgaben in einem Bundesland dem Vorwurf verfassungsfeindlicher Bestrebungen ausgesetzt sein können, in einem anderen Bundesland aber ihrer Tätigkeit unbeanstandet nachgehen können.

Andererseits tauchen mit der Organisierten Kriminalität und dem religiösen Extremismus neuartige Bedrohungsphänomene auf, deren Gefahrenpotential noch nicht voll erkennbar ist. Ihre Auswirkungen auf den Bestand der freiheitlich demokratischen Grundordnung sind heute noch nicht abzusehen. Da die Schwelle zum Verdacht strafbaren Handelns bei den betroffenen Personenkreisen oft nicht überschritten ist, sind die Strafverfolgungsbehörden für deren alleinige Bekämpfung nicht geeignet. Insbesondere für die Vorfeldbeobachtung ist der Verfassungsschutz das geeignete Instrumentarium.

Festzuhalten ist somit, daß die Einrichtung des administrativen Verfassungsschutzes heute keineswegs überflüssig geworden ist. Wohl aber ist für die Zukunft eine Veränderung der Aufgabenschwerpunkte erforderlich.

Anmerkungen

1 Hierbei wurde zwischen dem Staat und der ihn konstituierenden Verfassung erst seit Beginn des 19. Jahrhunderts differenziert. Zur Konkurrenz von Staats- und Verfassungsschutz vgl. H.-Joachim Schwagerl: Verfassungsschutz in der Bundesrepublik Deutschland, Heidelberg 1985, S. 10 ff.

2 Vgl. hierzu Klaus Schöpsdau: Platon – Nomoi (Gesetze) Buch I–III, Göttingen 1994, S. 113 ff.

3 Aristoteles: Politik, vor allem im 8. Kapitel des 5. Buches, 1308b, 25 ff.

4 In diesen Schriften geht es um die Geheimnisse der Herrschaftsausübung oder die verborgene Seite der Macht. Vgl. hierzu Michael Stolleis: Staat und Staatsräson in der frühen Neuzeit, Frankfurt/Main 1990, darin insbesondere: Arcana Imperii und Ratio Status, S. 37 ff. Die ersten systematischen Geheimdienste wurden in dieser Zeit aufgebaut, wobei es primär um Informationsbeschaffung und -weitergabe ging. Die Verschlüsselung von Nachrichten war nicht gelehrte Spielerei, sondern praktische Notwendigkeit.

5 Erhard Denninger: »Streitbare Demokratie« und Schutz der Verfassung, in: Ernst Benda / Werner Maihofer / Hans-Jochen Vogel: Handbuch des Verfassungsrechts, Berlin 1994, 2. Auflage, S. 675–716, RNr. 9–13.

6 Alexander Hirsch: Die Kontrolle der Nachrichtendienste. Berlin 1996, S. 40.

7 Nach Hirsch, a.a.O., Anm. 6, S. 34 ff., kann das Zollkriminalamt (ZKA) als vierter Geheimdienst eingestuft werden. Da es organisatorisch zur Finanzverwaltung gehört und nachrichtendienstliche Eingriffsbefugnisse lediglich im Rahmen seiner Aufgaben in der Finanzverwaltung besitzt, wird es hier nicht weiter behandelt.

8 Da es in diesem Band primär um politischen Verfassungsschutz im nichtmilitärischen Bereich geht, werden MAD und BND hier nur am Rande behandelt.

9 Klaus Stern: Staatsrecht der Bundesrepublik Deutschland, Band I, München 1984, 2. Auflage, S. 218; Fritz-Achim Baumann: Polizei- und Nachrichtendienste. In: Innenministerium des Landes Nordrhein-Westfalen (Hrsg.): Rechtsgrundlagen des Verfassungsschutzes in Nordrhein-Westfalen. Düsseldorf 1997.

10 Zur Entwicklung, vgl. Stern, a.a.O., Anm. 9, S. 218, Fn. 273.

11 Hierbei ging es seinerzeit primär um die von kommunistischen Bestrebungen ausgehende Bedrohung, aber auch die Frage, ob und inwieweit nationalsozialistische Kräfte sich reorganisieren und an Einfluß gewinnen können.

12 Hans Ziegler: Probleme der inneren Sicherheit des Staates. In: BayVBl 1968, S. 333–337, hier S. 336.

13 Dazu Denninger, a.a.O., Anm. 5, Rdnr. 31 ff.

14 Hirsch, a.a.O., Anm. 6, S. 218–220.

15 Hermann Borgs-Maciejewski: Verfassungsschutz im internationalen Vergleich. In: Bundesamt für Verfassungsschutz (Hrsg.): Verfassungsschutz in der Demokratie, Köln 1990, S. 165 (166 f.).

16 Die Gesetzgebungskompetenz ist die Befugnis einer bestimmten Institution zur Gesetzgebung. Die Bundesrepublik Deutschland besteht aus mehreren Bundesländern, die einen Bundesstaat bilden. Sowohl die Bundesländer als auch der Bund selbst haben eine eigene Staatlichkeit und somit grundsätzlich die Kompetenz, eigene Gesetze zu erlassen. Die Frage nach der Gesetzgebungskompetenz für eine bestimmte Rechtsmaterie ist hierbei primär im Grundgesetz geregelt. Artikel 70 Absatz 1 GG bestimmt, daß das Recht zur Gesetzgebung grundsätzlich bei den Ländern liegt, soweit dem Bund nicht durch das Grundgesetz Gesetzgebungsbefugnisse verliehen wurden. Vgl. hierzu Horst Tilch: Deutsches Rechts-Lexikon. Band 2, München 1992, 2. Auflage, S. 198–200.

17 In seiner ursprünglichen Fassung lautete Artikel 73 Nr. 10 GG: »Der Bund hat die ausschließliche Gesetzgebungskompetenz über: … 10. die Zusammenarbeit des Bundes und der Länder in der Kriminalpolizei und in Angelegenheiten des Verfassungsschutzes, …«, vgl. Bundesgesetzblatt I 1949/1950, S. 9. Er erhielt durch das 31. Gesetz zur Änderung des Grundgesetzes vom 28.7.1972 seine gegenwärtige Fassung, vgl. Bundesgesetzblatt I 1971, S. 1305. Sah die alte Fassung des Artikel 73 Nr. 10 GG lediglich eine Gesetzgebungskompetenz für die nicht näher umschriebene Aufgabc »Verfassungsschutz« vor, enthält er nunmehr eine Legaldefinition des Begriffs.

18 Vgl. Karl-Heinz Seifert / Dieter Hömig: Taschenkommentar zum Grundgesetz für die Bundesrepublik Deutschland, Baden-Baden 1999, 6. Auflage, Art. 73, Rdnr. 10.

19 Baumann, a.a.O., Anm. 9, S. 6.

20 Das gegenwärtige BVerfSchG stammt vom 20.12.1990. Erstmalig hat der Bund von der ihm eingeräumten Gesetzgebungskompetenz durch das BVerfSchG vom 27. September 1950 Gebrauch gemacht, Bundesgesetzblatt I 1949/1950, S. 682.

21 Aufgrund ihrer eigenen Staatlichkeit können die Bundesländer grundsätzlich selbst entscheiden, ob sie einen eigenen administrativen Verfassungsschutz einrichten möchten.

22 Baumann, a.a.O., Anm. 9, S. 7.

23 Analog zur Regelung der Frage, wer zum Erlaß von Gesetzen für eine bestimmte Rechtsmaterie befugt ist, stellt sich immer auch die Frage, wer diese Gesetze auszuführen hat. Insofern spricht man von Ausführungskompetenz.

24 Vgl. insoweit § 2 Absatz 1 BVerfSchG. Eine Bundesoberbehörde ist eine Obere Behörde des Bundes. Unter Oberen Behörden versteht man in der Verwaltungssprache Behörden, die für das ganze Staatsgebiet zuständig sind, aber noch eine weitere Behörde unter sich haben. Beim Bund spielen Bundesoberbehörden auch deshalb eine große Rolle, weil es ihm grundsätzlich versagt ist, für seine Verwaltung einen eigenen Mit-

tel- und Unterbau zu schaffen. Dagegen darf er gem. Art. 87 GG Obere Behörden errichten. Von dieser Befugnis hat er extensiv Gebrauch gemacht. Vgl. hierzu Werner Thieme: Einführung in die Verwaltungslehre, Köln [u.a.] 1995, S. 27 und S. 66 f. Aus der Beschränkung des Bundes auf die Einrichtung von Zentralstellen in Artikel 87 Absatz 1 Satz 2 GG folgt allerdings, daß für das Bundesamt Mittel- und Unterbehörden ausgeschlossen sind, vgl. Seifert/Hömig, a.a.O., Anm. 18, Art. 87, Rdnr. 5. Die Bezeichnung als Bundesoberbehörde sollte, da sie technisch nicht korrekt ist, aufgegeben werden.

25 Dieser lautet: »Die Länder führen die Bundesgesetze als eigene Angelegenheit aus, soweit dieses Grundgesetz nichts anderes bestimmt oder zuläßt.«

26 BVerfGE 11, 105 (124); 39, 96 (120).

27 Dies liegt daran, daß die Verwaltung des Bundes und die Verwaltungen der einzelnen Bundesländer organisatorisch und funktionell grundsätzlich voneinander getrennt sind. Sie bilden jeweils in sich geschlossene Verwaltungsorganisationen mit je eigenem Zuständigkeitskomplex. In bestimmten Bereichen ist es jedoch sinnvoll, unter Umständen kann es für eine Erfüllung der Aufgaben sogar unerläßlich sein, daß die Verwaltungstätigkeit zwischen Bund und Ländern koordiniert wird. Dies wiederum kann bis hin zu gemeinsamen Einrichtungen führen. Man spricht insofern von einer Mischverwaltung. Vgl. hierzu auch Hartmut Maurer: Allgemeines Verwaltungsrecht, München 1999, 12. Auflage, § 22, Rdnr. 41 ff.

28 Baumann, a.a.O., Anm. 9, S. 18.

29 Am 20. Juli 1932 wurde die Regierung Preußens durch Notverordnung abgesetzt. Sie bestellte den Reichskanzler von Papen zum Reichskommissar für das Land Preußen und ermächtigte ihn, die Mitglieder des Staatsministeriums ihrer Ämter zu entheben, was in der Folge geschah. Vgl. hierzu auch Jürgen Bay: Der Preußenkonflikt 1932/33. Diss. iur. Erlangen 1965, und Henning Grund: Preußenschlag und StGH im Jahre 1932. Diss. iur. Göttingen 1976.

30 Vgl. hierzu Christof Graf: Kontinuitäten und Brüche – von der politischen Polizei der Weimarer Republik zur Geheimen Staatspolizei. In: Gerhard Paul / Klaus Michael Mallmann (Hrsg.): Die Gestapo – Mythos und Realität. Darmstadt 1995, S. 73–78. Zahlenmäßig bestand die Preußische Politische Polizei in der Weimarer Republik 1927 neben ein paar Beamten des Innenministeriums im wesentlichen aus rund 300 Innen- und vor allem Außendienstmitarbeitern der Abteilung I des Polizeipräsidiums Berlin. Infolge des Preußenschlages änderte sich an den rechtlichen Grundlagen sowie den institutionellen und organisatorischen Rahmenbedingungen kaum etwas. Wohl aber kam es zu einer Zäsur in der personellen Zusammensetzung, der praktischen Tätigkeit und des politischen Stellenwerts der Preußischen Politischen Polizei. Auch die nationalsozialistische Führung versuchte unmittelbar nach der Ernennung Hitlers zum Reichskanzler, den wichtigsten zivilen Machtfak-

tor – die preußische Polizei mit ihren ca. 50.000 Mann – möglichst bald in ihre Gewalt zu bekommen. Zu diesem Zweck wurde noch am 30. Januar 1933 Hermann Göring anstelle Brachts zum kommissarischen preußischen Innenminister und damit zum obersten Chef der preußischen Polizei ernannt. Göring veranlaßte sofort die Neubesetzung von Schlüsselpositionen durch Vertrauensleute der Nationalsozialisten. Alsbald wurde eine Neuformierung der politischen Polizei »zur Bekämpfung des Kommunismus« eingeleitet, die Göring seinem besonderen Vertrauensmann Rudolf Diels übertrug. Unmittelbar nach der Ernennung Görings zum preußischen Ministerpräsidenten wurde Mitte April 1933 die ganze Preußische Politische Polizei räumlich und organisatorisch aus dem Polizeipräsidium Berlin herausgelöst. Durch das Gesetz über die Errichtung eines Geheimen Staatspolizeiamts vom 26. April 1933 erhielt dieses seine formalrechtliche Grundlage als selbständige Behörde.

31 Vgl. hierzu Johannes Tuchel: Gestapa und Reichssicherheitshauptamt – Die Berliner Zentralinstitution der Gestapo. In: Paul / Mallmann, a.a.O., Anmerkung 30, S. 84–100. Der kurz zuvor zum Reichsführer SS und Chef der Deutschen Polizei im Reichsministerium des Innern ernannte Heinrich Himmler leitete am 26. Juni 1936 eine neue Organisation seines Geschäftsbereichs ein. Das Gestapa erhielt jene Fülle von Kompetenzen, die es nach 1939 zum Koordinierungsinstrument der NS-Gewaltverbrechen werden ließ.

32 Abgedruckt in: Bonner Kommentar – Eckart Werthebach / Dietmar Droste, Art. 73 Nr. 10, 88. Lfg. Februar 1999, Rdnr. 10.

33 Martin Koch: Überwachung der Organisierten Kriminalität durch den bayerischen Verfassungsschutz, ZRP 1995, S. 24. Das Bundesverfassungsgericht ist der Auffassung, daß auch der erst 1972 in das Grundgesetz eingefügte Artikel 87 Absatz 1 Satz 2 GG die Reaktion des Verfassungsgebers auf den Polizeibrief gewesen sei, vgl. BVerfG NVwZ 1998, S. 495 (496).

34 Z. B. § 26 Absatz 1 Satz 2 Nr. 1 des Polizeigesetzes NRW.

35 BVerfGE 65, 1 ff.

36 Vgl. hierzu z. B. OVG Lüneburg, NJW 1992, S. 192–196.

37 Zu den Möglichkeiten und Grenzen einer Aufgabenerweiterung vgl. Michael Ostheimer: Verfassungsschutz nach der Wiedervereinigung. Frankfurt/Main 1994.

38 Solche Bestrebungen werden vom Grundgesetz als »verboten« (Artikel 9 Absatz 2 GG) beziehungsweise »verfassungswidrig« (Artikel 26 Absatz 1 Satz 1 GG) bezeichnet.

39 Vgl. §§ 1 bis 3 BVerfSchG.

40 Christoph Gusy: Die Zentralstellenkompetenz des Bundes. In: DVBl 1993, S. 1117–1128, hier S. 1123.

41 Vgl. § 6 BVerfSchG.

42 Baumann, a.a.O., Anm. 9, S. 11.

43 Aufschlußreich zur differenzierten Betrachtung sogenannter »rechter«

und »linker« Gewalt sowohl in der Öffentlichkeit als auch in Publikationen der Verfassungsschutzämter; Walter Schmitt Glaeser: Über Ursachen politisch motivierter Privatgewalt und ihre Bekämpfung. In: ZRP 1995, S. 56 ff.

44 Hier sind u. a. aufgezählt: Mord, Totschlag, Völkermord, Freiheitsberaubung, Erpressung, Brandstiftungsdelikte, Explosionen durch Atom- oder Sprengstoffbomben, Eingriffe in den Straßen-, Bahn-, Schiffs- und Luftverkehr.

45 Vgl. Helmut Roewer: Nachrichtendienstrecht der Bundesrepublik Deutschland. München 1987, § 3 Rdnr. 42 ff., insbesondere 48, 49, 51.

46 Hierzu Roewer, a.a.O., Anm. 45, Rdnr. 67–69.

47 § 3 Absatz 2 Nr. 1 und Nr. 2 BVerfSchG.

48 § 3 Absatz 2 Nr. 3 BVerfSchG

49 Durch das Gesetz über die Errichtung des Bundesamtes für Sicherheit in der Informationstechnik vom 17. Dezember 1990, BGBl. I S. 2834–2836.

50 Baumann, a.a.O., Anm. 9, S. 12.

51 Beispielsweise wenn vom Gebiet der Bundesrepublik Deutschland aus umstürzlerische Tätigkeiten in einem anderen Land geplant, unterstützt oder durchgeführt werden.

52 Der Begriff »Islamismus« leitet sich vom Begriff »Islamisten« ab, der Selbstbezeichnung der Vertreter dieser ideologischen Richtung. In der Öffentlichkeit und insbesondere in den Medien wird diese extremistische Ideologie auch als »islamischer Fundamentalismus« bezeichnet. Kern dieser Ideologie ist die Prämisse, daß staatliche Herrschaft nicht der Willkür von Menschen überlassen werden dürfe, sondern allein Allah zukomme, dessen Wille sich im Koran als alleinige, für alle geltende Wahrheit offenbart habe. Auf dieser Basis verneint eine islamistische Gesellschaftsordnung denknotwendig die in Art. 20 GG niedergelegten grundlegenden Prinzipien der freiheitlichen demokratischen Grundordnung wie z. B. die Volkssouveränität, das Mehrheitsprinzip oder das Recht auf Bildung und Ausübung einer parlamentarischen Opposition. Vgl. hierzu den Verfassungsschutzbericht des Bundes für 1998, herausgegeben vom Bundesministerium des Innern, Berlin, Bonn 1999, S. 134 ff.

53 Hierzu siehe auch »Islamismus als politische Ideologie«. In: Durchblicke Nr. 8, herausgegeben vom Landesamt für Verfassungsschutz, Berlin 1997. Ferner: Peter Frisch: Die Beobachtung islamistischer Bestrebungen als Aufgabe des Verfassungsschutzes, in: Bundesministerium des Innern (Hrsg.): Verfassungsschutz, Bestandsaufnahme und Perspektiven, Halle (Saale) 1998, S. 26 ff.

54 Da die Personengruppen, von denen islamistische Bestrebungen ausgehen, aber ganz überwiegend Nichtdeutsche sind und die Bestrebungen sich vorwiegend gegen ausländische Staaten richten, ist die Einordnung dieses Themas in den Bereich der Gefährdung auswärtiger Belange vorzunehmen.

55 Der Bayerische Landtag hatte dem Landesamt für Verfassungsschutz mit Wirkung vom 1.8.1994 die Aufgabe übertragen, Bestrebungen und Tätigkeiten der organisierten Kriminalität (OK) im Bereich des Grundgesetzes zu beobachten. Insgesamt sind seither im Durchschnitt ständig rund 1.500 Spurenkomplexe im Informationssystem des Landesamtes für den Bereich OK gespeichert. Die größten vom Landesamt beobachteten Gruppierungen bilden Deutsche, Russen, Vietnamesen und Chinesen sowie Personen aus den Balkanstaaten, vor allem aus dem ehemaligen Jugoslawien. Die Beobachtungen des Verfassungsschutzes beziehen sich auf die Deliktsbereiche Prostitution und Zuhälterei, Waffendelikte, Menschenhandel und Schleusungen, Fälschungs- und Geldwäschedelikte sowie das Glücksspiel. Verfassungsrechtliche Bedenken gegen eine entsprechende Ausweitung der Kompetenzen sind für die Praxis mit der Entscheidung des Bayerischen Verfassungsgerichtshofes vom 11.11.1997 erledigt, vgl. BayVBl 1998, S. 142–148, hier S. 147.

56 Vgl. Artikel 1 Absatz 3 des Bayerischen Verfassungsschutzgesetzes.

57 Baumann, a.a.O., Anm. 9, S. 22.

58 Verfassungsschutzbericht 1998, a.a.O., Anm. 52, S. 185.

59 Eckart Werthebach: Lage der inneren Sicherheit aus Sicht des Verfassungsschutzes. In: NWVBl 1994, S. 201–211, hier S. 210.

60 Im Bereich der Strafverfolgung z. B. Überwachung des Fernmeldeverkehrs nach § 100a f. StPO, Oberservierungen nach § 100c f. StPO. Voraussetzung für solche Maßnahmen ist jedoch, daß ein hinreichend konkretisierter Anfangsverdacht einer strafbaren Handlung besteht. Der Verfassungsschutz darf im Gegensatz zu den Strafverfolgungsbehörden nachrichtendienstliche Mittel unter geringeren Anforderungen einsetzen.

61 Dies ist in den Polizeigesetzen der Länder geregelt, vgl. insofern Karl Heinrich Friauf: Polizei- und Ordnungsrecht. In: Eberhard Schmidt-Aßmann: Besonderes Verwaltungsrecht, 10. Auflage, Berlin 1995, S. 101–199, Rdnr. 130a ff. In den Polizeigesetzen der Länder werden der Polizei zur vorbeugenden Bekämpfung von Straftaten die Möglichkeiten der polizeilichen Beobachtung und Observation, des verdeckten Einsatzes technischer Mittel oder des Einsatzes von Verbindungspersonen und verdeckten Ermittlern eingeräumt. Das Trennungsgebot zwischen Polizei und Nachrichtendiensten hat insofern eine Aufweichung erfahren.

62 Koch, a.a.O., Anm. 33, S. 28.

63 Werthebach, a.a.O., Anm. 59.

64 So im Ergebnis auch Wolfgang Hetzer: Polizei und Geheimdienste zwischen Strafverfolgung und Staatsschutz. In: ZRP 1999, S. 19–24; ders.: Strafrechtspflege durch Geheimdienste. In: StV 1999, S. 165–171.

65 »Die Welt« vom 16. August 1999, S. 5; von den ermittelten 62,7 % ausländischen Tätern sind 13,0 % Türken, 6,0 % Jugoslawen, 5,5 % Polen, 5,1 % Italiener, 2,8 % Albaner, 2,5 % Russen und 27,8 % verteilen sich auf 85 andere Nationalitäten.

66 Bundestagsdrucksache 13/4477. Der Auftrag der Kommission ging unter anderem dahin, daß die Analyse dieser Gruppen und ihres Wirkens auch die von ihnen ausgehenden Gefahren für den einzelnen, den Staat und die Gesellschaft erfassen sollte.

67 Bundestagsdrucksache 13/8170.

68 Bundestagsdrucksache 13/10950.

69 Ralf B. Abel: Die aktuelle Entwicklung der Rechtsprechung zu neueren Glaubens- und Weltanschauungsgemeinschaften. In: NJW 1999, S. 331.

70 Vgl. hierzu Helmut Albert: Beobachtung der Scientology-Organisation durch die Verfassungsschutzbehörden, DÖV 1997, S. 810 ff.; Hans-Gerd Jaschke: Auswirkungen der Anwendung scientologischen Gedankenguts auf eine pluralistische Gesellschaft oder Teile von ihr in einem freiheitlich demokratisch verfaßten Rechtsstaat. In: Innenministerium des Landes Nordrhein-Westfalen (Hrsg.): Scientology – Eine Gefahr für die Demokratie. Düsseldorf 1996; Jacqueline Engelmann: Ist die Beobachtung von Scientology durch den Verfassungsschutz zulässig. In: BayVBl 1998, S. 358–363.

71 Z. B. durch Beschluß auf dem CDU-Bundesparteitag vom 21./22.10.1996, vgl. »Die Welt« vom 23.10.1996.

72 So der damalige Leiter des Hamburger Landesamtes für Verfassungsschutz, Ernst Uhrlau, FAZ vom 9.8.1996 oder der rheinland-pfälzische Justizminister Peter Caesar, »Saarbrücker Zeitung« vom 13.9.1996.

73 Hierzu Innenministerium des Landes Nordrhein-Westfalen (Hrsg.): Zur Frage der Beobachtung der Scientology-Organisation durch die Verfassungsschutzbehörden, Düsseldorf 1997.

74 Der ehemalige Leiter der Abteilung für Verfassungsschutz im Innenministerium in Nordrhein-Westfalen, Fritz-Achim Baumann, hat in einem Interview geäußert, das Ergebnis der Beobachtungen der Scientology sei, daß es zwar Anhaltspunkte für verfassungsfeindliche Bestrebungen gebe, diese aber nicht konkret umgesetzt würden. Scientology müsse daher nicht vom Verfassungsschutz beobachtet werden. Vgl. »Stern« 36/99, S. 176. In Frankreich dagegen gibt es Meldungen, daß die Scientology-Organisation in der Vergangenheit die Staatsspitze unterwandert habe. Den Scientologen sei es gelungen, die Umgebung eines namentlich nicht genannten ehemaligen Staatspräsidenten zu unterwandern. Vgl. »Die Welt« vom 16.9.1999, S. 6.

75 Vgl. hierzu Albert, a.a.O., Anm. 70, S. 812.

76 BAG NJW 1996, S. 143–152.

77 Vgl. Juliane Kokott Art. 4, Rdnr. 119. In: Michael Sachs: Grundgesetz-Kommentar, München 1999, 2. Auflage.

78 Mit diesem Thema setzt sich der Beitrag von Josef Schüßlburner in diesem Band auseinander. Ausführlich dazu auch derselbe: Welche »Verfassung« schützt ein Verfassungsschutzmitarbeiter. In: Criticón 159 (1998) S. 27–35.

79 BVerfGE 40, 287 (293); BayVGH BayVBl 1996, S. 631 (632).

80 Neben den 16 Landesbehörden und dem Bundesamt. Vgl. hierzu Klaus Dau: Rechtsgrundlagen für den MAD – Das Gesetz über den Militärischen Abschirmdienst. In: DÖV 1991, S. 661–670.

81 Vgl. hierzu Konrad Porzner: Der Bundesnachrichtendienst im Gefüge der öffentlichen Verwaltung. In: Die Verwaltung, Jg. 1993, S. 235 ff.

82 Hierzu Christoph Gusy: Befugnisse des Verfassungsschutzes zur Informationserhebung, DVBl 1991, S. 1288.

83 Jürgen Salzwedel: Möglichkeiten und Grenzen einer rechtsstaatlichen Kontrolle des Verfassungsschutzes. In: GS Peters, Jg. 1967, S. 756, hier S. 794 ff.

84 In § 3 Absatz 3 Satz 2 Zusammenarbeitsgesetz, Bundesgesetzblatt 1972 I, S. 1382.

85 Vgl. hierzu Bundesratsdrucksache 65/86, S. 52.

86 »Stern«, a.a.O., Anm. 9, S. 223.

87 Hermann Borgs-Maciejewski: Parlament und Nachrichtendienst. In: Aus Politik und Zeitgeschichte, B 6/1977, S. 12 (22); zur Geheimhaltung von Akten HessVGH, DVBl 1977, S. 428 f.

88 Etwa Dieter De Lazzer / Dietwalt Rohlf: Der »Lauschangriff« – Ist nachrichtendienstliches Abhören von Privatwohnungen zulässig? In: JZ 1977, S. 207–213; Hans F. Lisken: Zum »Problem des belauschten Bürgers«, DRiZ 1977, S. 139.

89 So Roewer, a.a.O., Anm. 46, § 3 BVerfSchG, Rdnr. 184.

90 BVerfGE 65, 1 (41 ff.).

91 Gusy, a.a.O., Anm. 82, DVBl 1991, S. 1288 (1289).

92 Michael Sachs. In: Sachs, a.a.O., Anm. 77, Art. 87, Rdnr. 43 f.

93 Gerhard Dronsch: Die Entwicklung des niedersächsischen Datenschutzrechts von 1990 bis 1994. In: NdsVBl 1994, S. 30–35, hier S. 33.

94 Vgl. hierzu Hans-Ulrich Evers: Sprengung an der Celler Gefängnismauer: Darf der Verfassungsschutz andere Behörden und die Öffentlichkeit täuschen, NJW 1987, S. 153–160; Gusy, a.a.O., Anm. 82, DVBl 1991, S. 1288–1295, hier S. 1291.

95 Gusy, a.a.O., Anm. 82, DVBl 1991, S. 1288–1295, hier S. 1292 f.

96 § 9 Absatz 2 BVerfSchG.

97 So z. B. Roewer, a.a.O., Anm. 46, § 3, Rdnr. 171, Fußnote 168.

98 Gusy, a.a.O., Anm. 82, DVBl 1991, S. 1288 (1293).

99 Vgl. hierzu: Karl Miltner: Die parlamentarische Kontrolle des Verfassungsschutzes, in: Verfassungsschutz in der Demokratie, S. 53–66; ferner: Hermann Borgs-Maciejewski: Zur parlamentarischen Kontrolle der Nachrichtendienste. In: ZRP 1997, S. 361–364. Der Autor sieht erhebliche Defizite bei der PKK und schlägt die Schaffung einer Kontrollbehörde für die Nachrichtendienste vor.

100 Vgl. hierzu: Gusy: Richterliche Kontrolle des Verfassungsschutzes. In: Verfassungsschutz in der Demokratie, S. 67–103; Hirsch a.a.O., Anm. 6, S. 115–129.

101 Hirsch, a.a.O. , Anm. 6, S. 129–133.

102 Vgl. hierzu: Alfred Einwag: Verfassungsschutz und Datenschutz, in: Verfassungsschutz in der Demokratie, S. 105–124.

[103] Zum Antagonismus zwischen Geheimhaltungsinteressen und gegenläufigen rechtlich geschützten Gütern vgl. Hirsch, S. 61, 89.

[104] Der allerdings nur für das Bundesamt für Verfassungsschutz gilt. Die einzelnen Landesgesetze haben aber vergleichbare Regelungen getroffen. Nach Hirsch, a.a.O., Anm. 6, S. 89, ist es grundsätzlich die Aufgabe eines Gesetzgebers, die Prämissen der Güterabwägung zu umschreiben, die eine Geheimhaltung erfordern.

[105] Da durch die Medienmacher letztendlich entschieden wird, was von öffentlichem Interesse ist, und damit verbundene Meinungen oftmals subjektiv selektiert wiedergegeben werden, wird – in der Sache nicht ganz unberechtigt – gelegentlich auch von einer »veröffentlichten Meinung« gesprochen.

[106] Zur Kontrolle der Nachrichtendienste durch Bürger und Presse ausführlich Hirsch, a.a.O., Anm. 6, S. 103–115.

[107] Verfassungsschutzbericht NRW für 1995, S. 18.

[108] Tatsächliche Anhaltspunkte für den Verdacht rechtsextremistischer Bestrebungen in der Wochenzeitung »Junge Freiheit«, kommentierte Fundstellendokumentation, Aktenzeichen VI A 2/9.

[109] Kommentierte Fundstellendokumentation, a.a.O., Anm. 108, S. 13.

[110] FAZ vom 25.6.1998.

[111] Abgesehen davon wirft die Einschätzung der PDS durch den ehemaligen Innenminister Ziel ein bezeichnendes Bild auf das ihr zugrundeliegende demokratische Selbstverständnis: Die PDS hat unter ihrem alten Namen SED über 40 Jahre totalitär die Macht in der ehemaligen DDR ausgeübt und sich in der Folge weder von der von ihr zu verantwortenden Diktatur noch von der Ideologie des Sozialismus umfassend distanziert. Wenn den Resten der die Diktatur tragenden Partei heute das Gütesiegel einer demokratischen Kraft verliehen wird, ist dies bei Zugrundelegung eines freiheitlichen Demokratiebegriffs, wie er im Grundgesetz Ausformung erfahren hat, höchst fragwürdig. Die Frage des demokratischen Selbstverständnisses von Politikern und Parteien, die es für vertretbar halten, mit der PDS politisch zusammenzuarbeiten, bedarf der weiteren Klärung.

[112] Schriftsatz vom 4. September 1998, Az. V/2 – 035 – S- 350 004/98.

[113] Nds. LT-Drs. 12/2440, S. 31.

[114] OVG Lüneburg, NJW 1994, S. 746–748.

[115] Rolf Gössner: Die Republikaner – ein Fall für den Verfassungsschutz: In: KJ 1994, S. 58 (61 f.).

[116] Antrag vom 22. Juni 1994, Nds. LT-Drs. 13/16.

[117] In der Fassung vom 4. April 1995, Nds. GVBl 1995, S. 103.

Heinrich Lummer

Demokratie und Denunziation. V-Leute im freiheitlichen Staat

Der V-Mann ist der Mann mit Schlapphut und Ledermantel. Ein Ziel der Neugier und Objekt der Begierde. Es sind die Geheimnisvollen, die den Stoff für Filme liefern. Mancher Laie ist von ihrer Tätigkeit fasziniert, mancher Betroffene verteufelt sie, und von anderen werden sie verherrlicht. Es gibt eine Fülle von Betrachtungen, die eher der Phantasie als der Wirklichkeit entspringen. Das Geheimnisvolle regt die Phantasie an und schafft den Stoff für die Träume. Die Wirklichkeit ist eher von Normalität und zuweilen von Banalität gekennzeichnet.

Da die eine oder andere Panne zur Enttarnung von V-Leuten führte, kennt man einige Stories. Sie sind in der Regel gar nicht so aufregend. Beispiel für ein banales V-Mann-Dasein liefert der Titel »Der V-Mann« von Burkhard Schröder. Die Lektüre lohnt nicht.[1]

Schröder sieht den V-Mann aus Sicht der Linken, obwohl er ein Beispiel aus der Beobachtung der rechten Szene wählt. Die Linke sieht das Problem aus der Annahme, sie sei das besonders erwählte Ziel der staatlichen Neugier. Die rechte Szene wiederum sieht den Staat eher auf dem linken Auge blind. Auch sie ist darum bemüht, V-Männer zu enttarnen und die Problematik ihrer Tätigkeit zu schildern.

So führen die Republikaner zwei Fälle an, die sie zu der gewiß nicht unbegründeten Fragestellung nach der Aufgabe der Verfassungsschützer veranlassen: »Haben sie die Aufgabe, die Verfassung und diejenigen, die laut Verfassung an der politischen Willensbildung beteiligt sind, nämlich auch die Republikaner als Partei, durch ihre Erkenntnisse zu schützen? Zum Beispiel dadurch, daß sie Erkenntnisse über Personen, die sich als Extremisten in eine Partei einklinken, warnend der betroffenen Partei zur Kenntnis geben?«[2] Dies ist deshalb relevant, weil jede »rechte« Partei, die den Wunsch und Willen hat, sich im Bereich der Verfassung zu bewegen, der Gefahr ausgesetzt ist, von Verfassungsfeinden unterwandert zu werden, die dann das Bild der Partei bestimmen und die Beobachtung rechtfertigen. Verfassungsschutz kann in solchen Fällen besser durch Warnung geleistet werden.

Nach der Brandstiftung in Solingen hat auch die Linke diesen Bereich problematisiert. Nach einem Hearing der Grünen zum Thema »Verfassungsschutz außer Kontrolle«, kommen sie eher zu dem Ergebnis, daß der V-Mann »Initialzünder« und nicht Verhinderer war. Deshalb ziehen die Grünen die Schlußfolgerung einer schrittweisen »Reduzierung der geheimdienstlichen Organisationsstruktur und eine Überführung des VS in eine politikwissenschaftliche Beratungsstelle mit zivilem und öffentlichem Charakter«.[3]

Manche wollen die V-Leute wegen der Verwerflichkeit ihres Tuns abschaffen, manche wegen der mangelnden Effizienz. Allerdings fehlen uns die Maßstäbe für die Darstellung des Erfolgs. Es liegt in der Natur der Sache, daß die Dienste sowohl die Zahl der V-Leute geheimhalten als auch die Darstellung ausgewählter Erfolge vermeiden. Wenn der »Spiegel« von einem »Heer von rund 5.000 staatlich besoldeten Schnüfflern und einigen 100 Spitzeln« spricht, ist das gewiß übertrieben. Auch übertrieben ist es, wenn er meint, da könne man als V-Mann jährlich bis zu 100.000 DM steuerfrei bekommen. Der Verweis auf den einen oder anderen Anschlag, der trotz V-Leuten in Deutschland durchgeführt wurde, ist jedenfalls kein Beweis für den mangelnden Erfolg des Verfassungsschutzes. Über vermiedene Taten aufgrund erfolgreicher Prävention wird bekanntlich nicht berichtet. Schon gar nicht vom »Spiegel«.

Alle, die von Amts wegen mit dem Verfassungsschutz zu tun haben, halten den V-Mann für unverzichtbar. Das gilt auch, obwohl die Informationen, die der Verfassungsschutz sammelt, zu 80 % aus öffentlich zugänglichen Quellen stammen. Dort, wo die Verfassungsfeinde konspirativ und im Verborgenen arbeiten, wird man den geheimen Informanten nicht entbehren können. Daher kann der Staat weder auf die unterschiedlichen Motive der V-Leute Rücksicht nehmen, noch kann er wegen möglicher Gefahren durch diese Leute darauf verzichten, sie einzusetzen.

Hinsichtlich der Definition des V-Mannes gibt es keine nennenswerten Probleme. Kurz und knapp definiert Roewer in seinem Kommentar des Bundesverfassungsschutzgesetzes. Danach ist der V-Mann »eine Person, die, ohne Mitarbeiter des Nachrichtendienstes zu sein, auf längere Zeit gegen Honorar für den Nachrichtendienst Informationen besorgt und diese Tätigkeit gegenüber ihrer Umwelt verheimlicht. Der V-Mann ist entweder aus dem ›Zielobjekt herausgebrochen‹ oder in dieses ›eingeschleust‹.«[4]

Ein wenig umständlicher formulieren Borgs/Ebert in ihrem Kommentar: »Die ÄfV verstehen darunter einen geheimen, der jeweiligen Behörde nicht angehörenden (freien) Mitarbeiter, der aus einem Beobachtungsobjekt des Verfassungsschutzes – in der Regel auf Grund eigener Zugehörigkeit – berichtet. Charakteristisch ist die gezielte, auf Dauer angelegte geheime Informationsgewinnung aus einem nachrichtendienstlichen Zielobjekt unter Anleitung (Führung) einer VSch-Behörde. Sehr häufig gehören die VM dem Beobachtungsobjekt bereits an, bevor sie eine Verbindung mit dem VSch – sei es auf Grund eigenen Anerbietens, sei es auf Grund gezielter Werbung – eingehen. Schwieriger, jedenfalls langwieriger ist die Einschleusung eines VM in das Beoachtungsobjekt, da er sich meist erst allmählich von unten hocharbeiten und interessante Zugänge erschließen kann.«[5]

Hinsichtlich der Motive wünschte man sich den V-Mann, der seinen Namen Vertrauens-Mann zu Recht trägt und ohne Bezahlung aus Verfassungspatriotismus den Staat über gefährliche Vorgänge informiert. Solche dem Staat ganz und gar loyal gegenüberstehenden Personen werden in der Regel keinen Platz in einer verfassungsfeindlichen Organisation haben. Sie kommen eher zufällig in den Besitz von relevanten Erkenntnissen. Der Normalfall ist der im Milieu lebende

Mensch, der einen mehr oder weniger engen Bezug zu der Gruppe und ihren Zielen hat. Seine Motive für die Denunziation können neben Geld, Rache und Machtstreben auch Erpressung sein. Auch der Wandel der Auffassung kann das Mitglied einer verfassungsfeindlichen Gruppe zum V-Mann werden lassen.

Die potentiellen Gefahren lassen sich ohne viel Phantasie erkennen. Wenn Geld ein Motiv für die Tätigkeit des V-Mannes ist, dann möchte er es vielleicht gern vermehren oder verhindern, daß die Quelle versiegt. Daher kann er dazu neigen, die Bedeutung seiner Arbeit zu steigern, indem er selbst dazu beiträgt, das Beobachtungsobjekt interessanter zu machen. Er kann die Gruppe zu verstärkter (verbotener) Tätigkeit anheizen, er kann bei der Berichterstattung hochstapeln, er kann schließlich sogar eine Gruppe gründen oder am Leben erhalten, um sein Gehalt zu behalten. Dies kann zu der grotesken Situation führen, daß ohne den V-Mann die Gruppe gar nicht existierte. So die Quintessenz des Buches »Der V-Mann«. »Wenn der Verfassungsschutz sich geweigert hätte, dessen Reisen nach Füssen zu erstatten, und kein Honorar dafür gezahlt hätte, daß Wobbe die dortigen Jugendlichen aufhetzte, hätten sie höchstwahrscheinlich weder rechtsextreme Straftaten begangen, noch wären sie dafür vor Gericht gestellt worden.«[6] Obwohl die Gefahr nicht von der Hand zu weisen ist, daß die Beobachtung der Gruppe zur Beeinflussung werden kann, sind die Ergebnisse der Beobachtung dann nicht wertlos, wenn man diese Tatsache berücksichtigt.

Die Verfassungsschutzämter sind hier zu einer kritischen Beobachtung der V-Leute und ebenso der V-Mann-Führer aufgefordert. Und in der Regel wird dies auch geleistet. Wenn die Beobachtung des Objekts durch mehrere V-Leute erfolgt, dann kann es im Ausnahmefall ebenfalls zu grotesken Situationen kommen. In Berlin – so der »Spiegel« – habe das Landesamt für Verfassungsschutz so viele V-Leute im Landesvorstand der NPD gehabt, »daß der Landesverband per ordentlichem Beschluß aufgelöst werden konnte«.[7] Solche

Fälle sind sicher die Ausnahme, die keinen Maßstab für eine allgemeine Beurteilung abgeben können.
Auch wenn die V-Leute keine Beamten sind, muß sich der Staat ihre Tätigkeit zurechnen lassen, wenn Dritten dadurch Schaden erwächst. Auch deshalb hat sich der V-Mann Straftaten zu enthalten und darf die Rolle des Provokateurs nicht übernehmen. Dabei ergibt sich das Problem sogenannter milieubedingter Straftaten. Wenn er von seinen »Vorgesetzten« in der Gruppe zu bestimmten Straftaten aufgefordert wird, kann die Weigerung schnell zu einem Mißtrauen führen, das die Informationsquelle versiegen läßt, oder gar die Enttarnung bewirken. Deshalb müssen im Einzelfall oft schwierige Entscheidungen getroffen werden, die die Hinnahme bestimmter Straftaten nicht ausschließen. Evers meint, die Beteiligung an einem strafbaren Verhalten könnte dann aus dem Gedanken der Pflichtenkollision gerechtfertigt werden, wenn die »Mitwirkung des V-Mannes in einer Führungsrolle das kleinere Übel ist, das die Rechtsordnung hinzunehmen« habe.[8]
Auch hier können sich in der Praxis schwierige Abgrenzungsfragen ergeben. Es muß abgewogen werden, ob die Aufklärung verfassungsfeindlicher Bestrebungen im Einzelfall schwerer wiegt als die Gefährdung öffentlicher und privater Interessen. Hier tauchen das Bild der schmutzigen Hände und der Gedanke des kleineren Übels auf. Auch die Konstruktion der Pflichtenkollision kann hier eine »schlechthin befriedigende Lösung des Problems«[9] nicht bieten.
Der ständige Vertrauensbruch über längere Zeiträume kann durchaus zu charakterlichen Veränderungen beim V-Mann führen, die eine Quelle zum Problem werden lassen.
Der V-Mann ist ein Denunziant. Denunziation – so meint ein Lexikon – ist die »Namhaftmachung Mißliebiger aus unehrenhaften Beweggründen« (Meyer 1983). Aus »persönlichen niedrigen Beweggründen anzeigen« meint der Duden (1991), wenn es um Denunziation geht. Ein V-Mann ist ein Verräter. Von denen sagt ein Berühmter, der sich ihrer bediente: Ich liebe den Verrat und hasse den Verräter. Im Volksmund hört

man: Der größte Lump im ganzen Land, das ist und bleibt der Denunziant.

Es gibt keinen Zweifel: Aus der Sicht der beobachteten Gruppe ist der V-Mann ein Mensch, der das in ihn gesetzte Vertrauen bricht. Er ist ein Verräter. Deshalb – so meint Adolf Arndt – solle das V nicht für Vertrauen, sondern für Verräter stehen. Aber das ist die Sicht der Dinge aus der Perspektive der Verratenen. Der Empfänger der Informationen sieht dies naturgemäß anders. Für ihn ist der V-Mann eine Person in fremdem oder feindlichem Umfeld, der er vertrauen kann. Damit ist ein erstes Spannungsverhältnis angedeutet. Der demokratische Staat bedient sich des Vertrauensbruchs als Mittel. Aus der Sicht der Wertethik bestünden so seit der Aufklärung »erhebliche Bedenken, daß sich der Staat den Vertrauensbruch einzelner Bürger zunutze macht, um Informationen über Dritte zu erlangen«.[10]

Diese Einschätzung teilen viele Autoren, die sich mit dem Thema beschäftigen. Es liegt in der Natur der Sache, daß gerade Idealisten derartige Methoden für einen demokratischen Staat ablehnen. Ewers verweist auf Kant, der jene Mittel bei der Kriegsführung verwerfe, die das Vertrauen im Frieden stören müßten. Dazu gehört nicht nur die Anstellung von Giftmischern und Meuchelmördern, sondern auch die Anstiftung zum Verrat. Tatsächlich liest man bei Kant: »Es soll sich kein Staat im Kriege mit einem andern solche Feindseligkeiten erlauben, welche das wechselseitige Zutrauen im künftigen Frieden unmöglich machen müssen: als da sind, Anstellung der Meuchelmörder (Percussores), Giftmischer (Venefici), Brechung der Kapitulation, Anstiftung des Verrats (Perduellio) in dem bekriegten Staat usw.«[11] Wenn es später in der Schrift »Zum ewigen Frieden« heißt: »Alle auf das Recht anderer Menschen bezogenen Handlungen, deren Maxime sich nicht mit der Publizität verträgt, sind Unrecht«[12], wird vollends klar, daß Kant ein Idealist ist. So kommt auch Fichte zu einem ähnlichen Ergebnis. Der von allen Idealisten gewollte Staat ist der auf Offenheit und Publizität ausgerichtete Staat, der geheime Wege und Mittel nicht kennt. Gerade auch der demokratische Staat, der die Bundesrepublik sein will, ist auf die Offenheit ausgerichtet und bedient sich gleichwohl der V-Leute. Er tut dies, weil er sich selbst schützen will. Er tut dies, weil die Bedingungen, unter denen er existiert, nicht geeignet sind, auf solche Mittel zu verzichten. Das heißt: Der ideale Staat, der auf zweifelhafte Mittel verzichten kann, ist nur zu verwirklichen, wenn er keinen Bedrohungen mit konspirativen Mitteln ausgesetzt ist. Dies hat einen ganz einfachen Grund. Die Idealisten, die meinen, auf Vertrauensbruch als Mittel und insofern auf Vertrauensleute verzichten zu können, gehen von einem Menschenbild und einer Gesellschaft aus, die es in Wahrheit nicht oder noch nicht gibt. Mit Brecht gesagt: Die Verhältnisse, die sind nicht so. So wie der gute Mensch von Sezuan nicht existieren kann ohne die zweite Existenz, die sich an die Umgebung anpaßt, kann auch der demokratische Rechtsstaat nicht bestehen, wenn er ohne Arglist, Zweifel und Sorge davon ausgeht, die Menschen seien allesamt gut, aufrechte Demokraten, die auf nichts Böses sinnen, sondern als ebenso mündige wie aufrichtige Bürger ihre Pflicht tun. Dieses Bild aber entspricht nicht der Wirklichkeit, in der wir leben. Auch der demokratische Rechtsstaat ist Anfeindungen ausgesetzt. Und nicht alle Menschen sehen in ihm das Ideal eines Staates – ganz gleich, ob sie von der Diktatur des Proletariats oder vom Führerstaat träumen. So bleibt denn Wachsamkeit der Preis der Freiheit auch in unseren Tagen, auch im Inneren. Jener Staat, von dem Kant und Fichte schreiben und träumen, kann dann entstehen und bestehen, wenn die Menschen danach sind. Kant ist realistisch genug, die Voraussetzungen für den Frieden und die Gefährdungen eines Staates durch die jeweiligen Umstände zu erkennen. Das folgende Zitat belegt die Auffassung, daß die Gegner eines Staates wichtige Strukturmerkmale und Mittel des bedrohten Staates bestimmen. »Was aber das äußere Staatenverhältnis betrifft, so kann von einem Staat nicht verlangt werden, daß er seine, obgleich despotische, Verfassung (die aber doch die stärkere in Beziehung auf äußere Feinde ist) ablegen solle, solange er Gefahr läuft, von anderen Staaten sofort verschlungen zu werden; mithin muß bei jenem Vorsatz doch auch die Verzögerung der Ausführung bis zu besserer Zeitgelegenheit erlaubt sein.«[13] Die Art und Weise der Bedrohung und ihr Umfang bestimmen auch, in welchem Umfang ein Staat sich Offenheit und Publizität leisten kann. Es mag nicht der einzige Grund gewesen sein, aber die Weimarer Demokratie ist auch deshalb gescheitert, weil es zu wenig Demokraten gab. Und jene Gesinnung und Haltung, die Kants ewiger Friede und Fichtes Idealstaat voraussetzen, die gibt es längst nicht bei allen Bürgern. Deshalb kann man den Staat, der ihnen vorschwebt, (noch) nicht machen. Wir werden jenen ganz und gar offenen transparenten Staat, dessen Res publica vollständig publik sind, dann haben, wenn die Bürger danach sind. Daß sie so werden, darum muß sich auch der Staat mühen. Aber derweil sind sie noch nicht so, und deshalb bedarf es der Ämter für Verfassungsschutz und der V-Leute. Natürlich haben wir es hier mit einem Spannungsverhältnis zu tun. Adolf Arndt hat es treffend beschrieben: »Das Dilemma, vor das sich der freiheitlich demokratische Staat unserer Tage gestellt sieht, ist, daß er sich einerseits seinem Prinzip der Öffentlichkeit seines Handelns verpflichtet weiß, andererseits aber sich bewußt werden muß, weder auf öffentliche Weise noch mit dem Mittel des Zwanges Herr seiner gefährlichsten Gegner werden zu können, weil sie im Geheimen ihre Vorbereitungen zum Sturz der Rechtsverfassung vorantreiben.«[14] Wenn hier auf das Ziel, »Herr seiner gefährlichsten Gegner« zu werden, verwiesen wird, dann folgt daraus zweierlei. Einerseits ist der Staatsschutz ein legitimes Ziel, andererseits muß man sich bei der Wahl der Mittel dem Gegner anpassen.

Der Schutz des Staates kann nicht in der Bewahrung seiner konkreten Ausformung zu einem bestimmten Zeitpunkt gesehen werden. Auch der demokratische Rechtsstaat muß im Rahmen der vorgesehenen demokratischen Mechanismen veränderbar bleiben. Der Schutzgedanke bezieht sich vielmehr auf jenen Kern, den das Bundesverfassungsgericht als die freiheitlich demokratische Grundordnung definiert hat.

Hierbei handelt es sich um einen Wert, der das Zusammenleben der Menschen in optimaler Weise ermöglicht. Diese Ordnung ist nach bitteren historischen Erfahrungen entstanden und nach wie vor Gefahren und Anfechtungen ausgesetzt. Sicher waren die Bedrohungen und die damit verbundenen Herausforderungen während der Zeit des Ost-West-Konfliktes besonders groß. So haben sich im Laufe der Zeit unterschiedliche Akzentuierungen der Bedrohung ergeben. Ein Aufgeben des Verfassungsschutzes als Aufgabe kann daraus nicht abgeleitet werden. Die Feststellung der Wertbezogenheit unseres Staates ist deshalb so wichtig, weil sich daraus die Rechtfertigung der Mittel ableitet, die er zu seiner Verteidigung einsetzt. Gerade die Zwiespältigkeit oder gar Verwerflichkeit der Mittel sowie die oftmals charakterliche Fragilität der V-Leute, die eingesetzt werden, verlangt eine Rechtfertigung, die den Ansprüchen der freiheitlich demokratischen Grundordnung genügen muß.
In einer Zeit, in der wir immer wieder die Erfahrung machen, daß das Fehlen der Staatlichkeit zu Unordnung, Gewalt und großem Leid der betroffenen Bürger führt, könnte man auf den Gedanken kommen, allein die Staatsräson reiche aus, die eingesetzten Mittel zu rechtfertigen. Wenn man an Beispiele wie Somalia, den Libanon zur Zeit des Bürgerkriegs, Teile Rußlands oder auch an Teile des ehemaligen Jugoslawien denkt, möchte man formulieren: Besser eine Diktatur als gar kein Staat. Oder bezogen auf das ehemalige Jugoslawien, lieber Tito als die Nato. Jedenfalls scheint mir angesichts der Zustände, die dann entstehen, wenn die Staatlichkeit fehlt, der Verweis auf die Staatsräson als Rechtfertigungsgrund nicht ganz von der Hand zu weisen zu sein. Im Falle der Bundesrepublik ist diese Argumentation allerdings zu verwerfen. Auch der bloße Hinweis auf die »Unentbehrlichkeit« oder »Notwendigkeit« solcher Mittel kann nicht ausreichen, Vertrauensbruch und Verrat zu rechtfertigen. Vielmehr kann man auf eine Güterabwägung nicht verzichten. In deren Mittelpunkt steht das Ziel der Bewahrung der Verfassung als freiheitlich demokratische Grundordnung. Wenn man diese Verfassung

als vollständig, umfassend und unverbrüchlich anerkennt, dann wird man hinsichtlich möglicher Bedrohungen auch keinen über die Verfassung hinausgehenden Notstand als Rechtfertigung annehmen können.
Wo keine Gefahr ist, bedarf es nicht des Einsatzes problematischer Mittel. Wenn aber Gefahren da sind, dann bestimmt sich das Mittel zur Abwehr aus der Art der Gefährdung. Deshalb bestimmen die Verfassungsfeinde mit ihren Methoden auch die Mittel, die notwendig sind, um die freiheitlich demokratische Grundordnung erfolgreich zu verteidigen. Gerade bei der Bekämpfung der organisierten Kriminalität, insbesondere im Bereich der Rauschgiftkriminalität, wird deutlich, daß die Polizei nur erfolgreich sein kann, wenn sie sich den modern gewordenen Mitteln der Verbrecher anpaßt.
Wenn nun die Mittel nicht selbst »heilig« oder »wertneutral« sind, dann müssen sie im Rahmen einer Güterabwägung an Zweck und Ziel gemessen werden. Insofern die zum Einsatz kommenden Mittel wertneutral sind, werden sie durch den Zweck ohnehin geheiligt. Dies kann man von moralisch verwerflichen Mitteln nicht sagen. Hier hilft nur die Abwägung der Güter. Diese Konfliktsituation, die dadurch gekennzeichnet ist, daß der Politiker zwischen zwei Übeln zu wählen hat, ist für die Politik weder neu, noch hat sie Seltenheitswert. Sie macht oft den Alltag der Politik aus.
Dazu ein Beispiel aus dem Berlin des Jahres 1961. Nach dem Mauerbau wurden viele Familien und Freundschaften in Berlin zerrissen. Begegnungen der Menschen wurden zum erstrebenswerten Ziel. Da bot die DDR an, auf S-Bahnhöfen in Westberlin Stellen zur Ausgabe von Passierscheinen einzurichten, wo man für einen geringen Preis den Besuch in Ostberlin erkaufen konnte. Dies hätte bedeutet, daß in Westberlin staatliche Stellen der DDR tätig geworden wären und den Anspruch der DDR unterstrichen hätten, das S-Bahngelände gehöre staatsrechtlich zu Ostberlin und insofern zur DDR. Der Senat stand vor der Entscheidung: Hinnahme hoheitsrechtlicher Ansprüche der DDR in Westberlin mit nicht absehbaren Zukunftsgefahren oder Ablehnung der Besuchs-

möglichkeit für Familienangehörige. Die Güterabwägung führte damals zur Ablehnung des DDR-Angebots und damit zur Ablehnung der Familienbegegnung. Der Senat meinte – zutreffend –, das kleinere Übel gewählt zu haben. Ein Übel war es allemal. In solchen Situationen kann die Politik nicht vermeiden, sich schmutzige Hände zu holen. Und das geschieht nicht gerade selten.

Wenn der Verfassungsfeind konspirative Mittel einsetzt, dann kann unter Umständen der zur Offenheit verpflichtete demokratische Staat auf den Einsatz vergleichbarer Mittel nicht verzichten. »Ihr (der Aufsichtspolizei) Spezifisches ist, daß sie der konspirativen Arbeitsweise des Gegners angeglichen ist. Sie wirkt im Geheimen, weil es die Sphäre des Geheimen ist, wo der Gegner aufgespürt werden muß.«[15]

Gerade bei der Güterabwägung geht es stets auch darum, den Wertekonflikt möglichst gering zu halten. Mit dem Einsatz jener Mittel, die geheiligt oder gerechtfertigt sein wollen, muß man so sparsam wie möglich umgehen. Das Prinzip der Verhältnismäßigkeit verlangt seine Beachtung.

Jede Güterabwägung führt leicht zu Meinungsverschiedenheiten, wenn die Güter nicht einfach meßbar sind. Es kommt auch sehr leicht zu Grenzsituationen, wo die Entscheidungen schwerfallen und umstritten bleiben. Dies gilt um so mehr, als nicht nur die technischen Mittel und Methoden problematisch sind. Auch die als V-Leute einzusetzenden Personen entsprechen oft nicht den Merkmalen des Normalbürgers. Schatzschneider bezeichnet den V-Mann von vorneherein abwertend als Spitzel.[16] Man liest vom »bunt schillernden Volk der Agenten«[17], von »sittlich anrüchigen«[18] Menschen bis hin zu der Feststellung: »... die ganze Institution (des V-Mannes) und die Art und Weise ihrer Verwendung ist anstößig.«[19] Es ist und bleibt insofern ein Problem, daß der Staat sich der Person und der Methoden des V-Mannes bedienen muß, ohne sich damit zu identifizieren. Schatzschneider sieht darin eine »doppelte Moral«[20]. Klar ist jedoch, daß der Staat sich die Pleiten und Skandale seiner V-Leute anrechnen lassen muß. Schließlich handeln diese Personen in seinem Auftrag, und soweit der

Auftrag reicht, muß der Staat es auf seine Kappe nehmen. Man kann bei der Behandlung der V-Leute zu keinem angemessenen Ergebnis kommen, wenn nicht stets die Güterabwägung gesehen wird, die sich am Ziel der Bewahrung der freiheitlich demokratischen Grundordnung messen lassen muß. Deshalb heißt es zutreffend im Kommentar von Borgs/Ebert: »Gerade das Mittel des VM darf nicht unter Außerachtlassung des Zweckes bewertet werden, dem es dient. Unzweifelhaft ist dieses Mittel häufig mit Täuschung und Verrat verbunden – nicht zuletzt auf Seiten des Gegners.« ... »Aber nicht jeder Vertrauensbruch ist a priori verwerflich. Steht nicht der Schutz Minderjähriger vor den Gefahren des Rauschgifts, die Beendigung von Kindesmißhandlungen, die Abwehr terroristischer Gefahren, aber auch der Schutz der freiheitlichen demokratischen Grundordnung moralisch um ein Vielfaches höher im Kurs als das Vertrauen, das ein Verbrecher oder eine revolutionäre Gruppierung in den vermeintlichen Komplizen setzen? Wenn ein solcher Vertrauensbruch das einzige Mittel zum Schutz dieser Rechtsgüter ist, wäre es geradezu unmoralisch und verwerflich, es in solchen Fällen nicht anzuwenden.«[21]

Adolf Arndt sieht die zentrale Frage im »Problem des belauschten Bürgers«. Seine Sorge gilt den Res privata und der »Freiheit von Furcht«. Der belauschte Bürger sei der »geängstigte Bürger«. »Er ist der aus dem Dunklen geröntge Mensch, der von Blicken durchdrungen wird, die er nicht sieht. Sein Staat liegt nicht mehr verläßlich im Hellen.«[22] Seine grundsätzliche Unterscheidung stellt sich so dar: »Man könne die Staaten danach einteilen, inwieweit sie das, was die Allgemeinheit angeht, im Geheimen verbergen, aber die Menschen veröffentlichen, – so verfährt der totale Staat, – oder inwieweit sie von Rechts wegen als das Öffentliche erscheinen, aber den Menschen ihr Geheimnis lassen. Wo liegt die Grenze, die der Rechtsstaat, ohne sich selber preiszugeben, dabei nicht überschreiten darf?«[23] Hier wird strikt zwischen den Dingen des Staates, die öffentlich sein sollen, und den geheim bleibenden Res privata unterschieden. Diese im

Jahre 1961 geäußerte Sorge mag damals noch einigermaßen verständlich gewesen sein. Heute mutet sie zumindest teilweise anachronistisch an, weil der transparente Bürger zunehmend ein Produkt der gesellschaftlichen Wirklichkeit wird. In Fernsehsendungen outet man sich bis in die intimsten Ecken. Beinahe alle denkbaren Tabus sind gebrochen. Paparazzi und eine stets schnüffelnde Presse, die ihre – teilweise auch geheimen – Recherchen mit Ansprüchen der Öffentlichkeit auf Wahrheit und der Pressefreiheit legitimieren, verfügen oft genug über bessere und umfangreichere Informationen als der Staat. Versteckte Kameras lauern überall. Adressen aller Art kann man kaufen. Im Internet sind weltweit ungeahnte Informationsquellen offen zugänglich. Krankenkassen, Banken und Finanzämter verfügen über Daten, die jeden mehr oder weniger nackt erscheinen lassen. Das will sagen: Die vom Schleier des Geheimen und Vertraulichen umgebenen Res privata, die es vor dem staatlichen Zugriff zu schützen gilt, gibt es so gar nicht mehr. Und die größeren Gefahren gehen offenbar nicht vom Staat aus, der durch viele Datenschutzbeauftragte überwacht wird. Das für Adolf Arndt noch immer sehr hohe zu schützende Gut ist einem dramatischen Relativierungsprozeß ausgesetzt gewesen. Und dieser Prozeß ist längst nicht am Ende. Dieser Prozeß aber ist nicht vom Staat ausgegangen.

Warum soll man dem Staat Einblicke verwehren, die für die Gesellschaft und ihre Gruppen den Charakter des Selbstverständlichen bekommen haben?

Der Datenschutzbeauftragte des Bundes meint in seinem Bericht für 1997/98, noch nie sei es so leicht gewesen wie heute, »die persönlichen Daten der Bürgerinnen und Bürger zu nutzen«. Seine Frage: »Droht die Privatsphäre im Informationszeitalter gar zu verschwinden?« Immer mehr stelle sich die Frage, ob die Datenschutzkonzepte der 70er und 80er Jahre der neuen Entwicklung noch standhalten könnten. Er sieht dringenden Handlungsbedarf für mehr Datenschutz auf dem privaten Sektor. Immer mehr verknüpfbare personenbezogene Informationen seien verfügbar.[24] Demgegenüber wird der

Staat in seinem Handeln massiv kontrolliert und begrenzt. Die aktuellen Gefahren erscheinen heute in einem anderen Licht als damals. Dieser Sachverhalt sollte dazu beitragen, die Problematik der V-Leute mit mehr Gelassenheit zu sehen. Es mag im übrigen bezeichnend sein, daß die weltweite Offenheit und die Fülle von Daten gerade totalitären Staaten oder Diktaturen ein Dorn im Auge ist. Die in Paris ansässige Organisation »Reporter sans Frontiers« veröffentlichte jüngst eine Liste von 20 Staaten, die als Feinde des Internets zu verstehen sind. Zu diesen Ländern gehören die Volksrepublik China, Nordkorea, Vietnam, Kuba aber auch Belarus und die islamisch geprägten Republiken der ehemaligen Sowjetunion.

Staat und Gesellschaft, die Bürger und die Regierung, sie alle erscheinen heute transparenter denn je. Die strikte Abgrenzung zwischen den vertraulichen Res privata und den Res publica früherer Zeit hat ihre Schärfe weitgehend verloren. Erhellend erscheint eine Charakterisierung des Kanzlers und des Außenministers, die wie folgt lautet: »Als Selbstdarsteller können und wollen offenbar sowohl Schröder als auch Fischer zwischen Privat und Dienstlich nicht mehr deutlich unterscheiden. So wie ein Schauspieler immer da am besten ist, wo er in seiner Rolle aufgeht, die eigene Person also mit dem vorgegebenen Text so weit verschmelzen läßt, daß man nicht mehr weiß, ob er das Persönliche in den Dienst der Sache oder die Sache in den Dienst der Person stellt, scheint es bei Fischer und bei Schröder so etwas wie Privatheit gar nicht mehr zu geben.«[25]

Natürlich bleibt der V-Mann im demokratischen Staat ein Fremdkörper. Aber die Erfahrungen haben zu jener Figur der wehrhaften Demokratie geführt, die sich Verbotsmöglichkeiten für verfassungsfeindliche Gruppen und Parteien geschaffen hat. Keine Freiheit für die Feinde der Freiheit ist das Motto. Auch dieser Satz signalisiert ein Spannungsfeld mit schwierigen Abgrenzungsfragen. Die wehrhafte Demokratie wird auf das Prinzip des V-Mannes nicht verzichten können, solange Gruppen im Geheimen an der Beseitigung des freiheitlichen Staates arbeiten. Aber immer muß sich auch die wehrhafte Demokratie fragen, ob sie mit diesen ihr fremden Mitteln angemessen umgeht.

Die veränderte Lage wird insbesondere deutlich, wenn man die Frage aufwirft, ob denn Journalisten als V-Personen tätig sein dürfen. Tatsächlich bieten sie mit ihrem Berufsbild, das auf das Sammeln von Information gerichtet ist, die beste Tarnungsmöglichkeit. Die Pressefreiheit öffnet ihnen viele Möglichkeiten. Und die Frage liegt nahe, weshalb die Dienste auf das Wissen und die Möglichkeiten der Journalisten verzichten sollen. Gerade der sogenannte investigative Journalismus bietet sich als natürlicher Verbündeter des Verfassungsschutzes an.

Oft genug haben sich Mitglieder verfassungsfeindlicher Gruppen vor Journalisten offenbart. In einzelnen Fällen verfügten Journalisten über Informationen bezüglich Straftaten, die sie vor den Behörden geheimhielten. Dadurch wurde die Verfolgung bestimmter Straftaten verhindert. Sie haben das Recht, die Namen ihrer Quellen geheimzuhalten. Die Vergleichbarkeit der Tätigkeit und Mittel legt es nahe, Journalisten als V-Leute anzuwerben. Zutreffend formuliert Schwagerl: »Die Neigung oder Versuchung, aus der ND-ähnlichen Tätigkeit eines Journalisten, bestimmte Sachverhalte zu recherchieren und Behauptungen zu klären, entsprechende Nutzen zu ziehen, ist stets groß.«[26]

Dafür zitiert Schwagerl die ebenso salopp erscheinende wie zutreffende Auffassung des ehemaligen Generalbundesanwalts Martin: »Was ist schon dabei, wenn ... ein Geheimdienst, der effektiv sein will, notwendige Leute als Mitarbeiter anheuern muß, die ihm Erkenntnisse liefern können. Wer wäre dafür geeigneter als Journalisten, die von Berufs wegen intensive Nachrichtensammler sind und dabei häufig auch nicht den Intimbereich ihrer Gesprächspartner aussparen?«[27]

Gleichwohl sieht Schwagerl »rechtliche wie tatsächliche Bedenken, da die Zielrichtung der Sammlung und Auswertung von Nachrichten verschieden« sei. Deshalb meint er, die Anwerbung von Journalisten als V-Leute solle nur als Ausnahme möglich sein, die wiederum der Innenminister nach dem

Grundsatz der Verhältnismäßigkeit zu erteilen habe. Tatsächlich wurden Journalisten als V-Leute angeworben. Und dies führte zu einer öffentlichen Diskussion, als 1974 der »Spiegel« einen solchen Fall berichten konnte. Vertreter des deutschen Journalistenverbandes hielten eine solche gleichzeitige Tätigkeit als V-Mann für »unzulässig und unerträglich«.
Diese Auffassung ist nicht haltbar. Der Journalist hat ein Aussageverweigerungsrecht. So ist er eben nicht gehalten, sein Wissen über Straftaten den Behörden mitzuteilen. Der Beruf verpflichtet ihn jedoch nicht zur Verschwiegenheit. Vielmehr muß jeder damit rechnen, daß seine Aussagen gegenüber einem Journalisten auch publiziert werden. Auch die Pressefreiheit bietet keinen Grund für den Verzicht des Journalisten, als V-Mann tätig zu werden. Die Presse ist vor ungerechtfertigten staatlichen Eingriffen geschützt, »nicht jedoch die Presse vor Journalisten, die ihre Informationen an Nachrichtendienste verkaufen«.[28]
Die Bereitschaft zur Güterabwägung und die Hinnahme geheimer Tätigkeit wird sicher größer, wenn man sich folgende Sachverhalte vor Augen führt. Der Widerstand in einem totalitären oder diktatorischen Staat, der mit den Mitteln der Gewalt und Lüge arbeitet, kann in der Regel weder offen noch öffentlich erfolgen. Der Schutz des Lebens der Widerstandskämpfer wie die Aussicht auf Erfolg rechtfertigen die Tätigkeit im Geheimen. Wer die geheime Tätigkeit schlechthin für verwerflich hält, diskreditiert z. B. auch die Männer des 20. Juli.
Auch dann, wenn es um komplizierte Verhandlungen mit sogenannten Schurkenstaaten z. B. über Fragen der Menschenrechte geht, wird akzeptiert, wenn die Gespräche geheim erfolgen. Selbst wenn der Grund dafür möglicherweise nur ein Prestigeproblem für den Schurkenstaat darstellt.
Der Wertekonflikt, der die Güterabwägung verlangt, verlangt auch Kontrollmechanismen. Dieses ist um so mehr geboten, als die Tätigkeit der V-Leute im Geheimen erfolgt und mancherlei besonderer Gefährdung ausgesetzt ist. Die Möglichkeit der Kontrolle muß sich zunächst dadurch ergeben, daß die Ämter für Verfassungsschutz aufgrund und im Rahmen

der Gesetze tätig werden. Dazu meint Evers: »... die Rechtfertigung, V-Leute einzusetzen, kann nur in der gesetzlichen Ermächtigung des § 3 BVerfSchG gesehen werden, wofür jedenfalls spricht, daß die Verwendung von V-Leuten ein typisches, erfolgversprechendes und praktisch in der Gegenwart unentbehrliches Mittel des politischen Nachrichtendienstes ist. Aber auch die legale Grundlage darf nicht darüber hinwegtäuschen, daß ein Mittel eingesetzt wird, das jenen Prinzipien, die Wert und Würde des Staates ausmachen, geradezu widerstreitet, zu dem der Rechtsstaat – auch in der Abwehr konspirativer Gruppen – nur mit stets wachbleibenden Bedenken greifen kann.«[29] Auch darf die Tätigkeit der Ämter und der V-Leute nur der Beschaffung von Informationen dienen. Im Gegensatz zur Polizei haben die Mitarbeiter des Verfassungsschutzes keine Exekutivbefugnisse.

Konkret erfolgt die Kontrolle durch die Parlamente in Gestalt der Kontrollgremien sowie durch die Beauftragten für den Datenschutz in Bund und Ländern. Diese Kontrollmöglichkeiten sind im Laufe der Zeit ausgebaut worden. Man kann ihnen die Wirkung nicht absprechen. – Auch wenn Ströbele meint: »Geheimes ist nicht wirklich zu kontrollieren. Deshalb Abschaffung der Dienste.«[30] Natürlich darf die Kontrolle nicht bewirken, die geheime Tätigkeit der Ämter und Mitarbeiter dieses Schleiers zu berauben. Diese Gefahr besteht immer dann, wenn möglicherweise über die Parlamente Vertreter von beobachteten Organisationen in die Kontrollgremien hineinkommen. Diese Gefahr ist aber auch dann gegeben, wenn ausgesprochene Gegner des Verfassungsschutzes oder des Instituts der V-Leute Mitglieder solcher Gremien werden. Insofern hat es früher einige politische Auseinandersetzungen über die Mitgliedschaft von Vertretern der Alternativen Liste und heute über Mitglieder der PDS in solchen Gremien gegeben.

Über die Kontrolltätigkeit der Datenschutzbeauftragten wird regelmäßig berichtet. Die Beanstandungen nehmen sich m. E. recht bescheiden aus. Im letzten Bericht des Bundesdatenschutzbeauftragten sind es vier von 280 Seiten. Auch der Inhalt ist nicht schwerwiegend. Bezogen auf die Tätigkeit der V-Leute, hat der Bundesdatenschutzbeauftragte nun ein Verfahren mit dem BfV abgesprochen, das in seinem Bericht 1997/98 dargestellt wird. Dieses Verfahren beruht auf der Erkenntnis, daß »möglichst wenige Personen Detailkenntnisse von laufenden Operationen, insbesondere von personenbezogenen Daten verdeckter Mitarbeiter oder sonstiger Informanten, Quellen oder Hilfspersonen erlangen«. Dadurch sollen die Risiken der Enttarnung verringert werden. Das Verfahren beschreibt der Datenschutzbeauftragte im einzelnen wie folgt:

»1. Meinen Mitarbeitern werden die vollständigen Akten – einschließlich sämtlicher Quellenmeldungen – gezeigt, damit sie sich einen Eindruck vom Gesamtumfang der jeweiligen Akte machen können.
2. Das BfV entnimmt daraufhin den Akten diejenigen Quellenteile, gegen deren Kenntnisnahme durch meine Mitarbeiter aus Sicht des BfV erhebliche Bedenken bestehen.
3. Meine Mitarbeiter prüfen, ob sie sich auch ohne Kenntnis von Details aus dem entnommenen Quellenteil ein Urteil über die datenschutzrechtliche Zulässigkeit des Umgangs mit den personenbezogenen Daten bilden können.
4. Soweit dies nicht möglich ist, trägt die Fachabteilung des BfV den Inhalt der quellengeschützten Aktenbestandteile mündlich vor, ohne dabei die Identität der Quellen preiszugeben.
5. Sollte es meinen Mitarbeitern im Einzelfall dennoch nicht möglich sein, die Rechtmäßigkeit des Umgangs mit den personenbezogenen Daten festzustellen, oder sollten sonstige Zweifel bestehen, wird die komplette Akte einschließlich aller Quellenteile mir persönlich vorgelegt. Ich sehe dann die komplette Akte ein und stelle selbst fest, ob ein Datenschutzverstoß vorliegt.«[31]

Auch in den Berichten des Berliner Datenschutzbeauftragten finden sich in den letzten Jahren keine schwerwiegenden

Monita. Fragen der Sicherheitsüberprüfung, der Dauer der Aufbewahrung von Daten und der Weitergabe an das NADIS-System spielen eine Rolle. Die Kontrolle der Ämter ist auch dadurch vergrößert worden, daß in einigen Bundesländern die Akteneinsicht Betroffener ermöglicht wird.
Es liegt gewissermaßen in der Natur der Sache, daß die Ämter für Verfassungsschutz und insbesondere der Einsatz von V-Leuten stets ein Reizthema sein werden. Die Risiken sind erkennbar und durchaus beachtlich. Gleichwohl kann die auf Selbstschutz achtende wehrhafte Demokratie auf den Einsatz von V-Leuten nicht verzichten. Die beliebte, von Journalisten vorzugsweise gestellte Frageformulierung, ob man denn Pannen und Skandale ausschließen könne, muß man ganz einfach mit »Nein« beantworten. Man kann nichts ausschließen. Man muß immer wieder damit rechnen, daß Pannen oder gar skandalähnliche Vorfälle bekannt werden. Damit muß man wohl leben. Das Ziel heißt Minimierung von Risiken und Schäden. Und nimmt man alles nur in allem, dann ist die Geschichte der V-Leute sicherlich eine, die sich sehen lassen könnte, aber nicht sehen lassen kann, weil sie es nicht darf. Aber es ist eine Geschichte, die das Ziel der Abschaffung von V-Leuten wegen Erfolglosigkeit oder wegen der rechtlichen Probleme nicht rechtfertigt.

Anmerkungen

1 Burkhard Schröder: Der V-Mann. Hamburg 1997.
2 Alfred Dagenbach: Die Spitze des Eisbergs. URL: www.landtagbw.de/dagenbach/dsde01-vk.htm.
3 Der V-Mann als Initialzünder. http://www.free.de/antifa/www/Feb95/vs.-html.
4 Helmut Roewer: Nachrichtendienstrecht der Bundesrepublik Deutschland. München 1987, S. 117.
5 Hermann Borgs / Frank Ebert: Das Recht der Geheimdienste. Kommentar. Stuttgart [u. a.] 1986, S. 116.
6 Burkhard Schröder, a.a.O., S. 214.
7 »Der Spiegel«, Nr. 46/1993, S. 81.
8 Hans-Ulrich Evers: Privatsphäre und Ämter für Verfassungsschutz. Berlin 1960, S. 163.

[9] Evers, a.a.O., S. 81.

[10] Christoph Gusy: Rechtsstellung und Betätigung von V-Leuten der Nachrichtendienste, in: Recht im Amt, 29. Jg. (1982), Nr. 6, S. 101.

[11] Imanuel Kant: Zum ewigen Frieden. Leipzig 1954, S. 38.

[12] A.a.O., S. 95.

[13] A.a.O., S. 81 f.

[14] Adolf Arndt: Der Rechtsstaat und sein polizeilicher Verfassungsschutz. In: Neue juristische Wochenschrift, 14. Jg., Heft 20 vom 18. Mai 1961, S. 897.

[15] A.a.O., S. 898.

[16] Wolfgang Schatzschneider: Ermittlungstätigkeit der Ämter für Verfassungsschutz und Grundrechte. In: Frankfurter öffentlich-rechtliche Studien, Band 4, 1979, S. 263 ff.

[17] Walter Hagen: Die geheime Front. Linz; Wien 1950, S. 473.

[18] Robert von Mohl, System der Präventivjustiz oder Rechtspolizei. Tübingen 1866, 3. Auflage, S. 491.

[19] Joachim Rottmann: Verfassungsschutz im Rechtsstaat. In: Archiv des öffentlichen Rechts, S. 237.

[20] Schatzschneider, a.a.O., S. 264.

[21] Borgs / Ebert, a.a.O., S. 264.

[22] Arndt, a.a.O., S. 898.

[23] Arndt, a.a.O.

[24] Bericht des Datenschutzbeauftragten des Bundes für 1997/98, BT-Drucksache 14/850, S. 11.

[25] Konrad Adam: Die Staatsschauspieler. In: FAZ v. 23. August 1999.

[26] Hans Joachim Schwagerl: Verfassungsschutz in der Bundesrepublik Deutschland. Heidelberg 1985, S. 182.

[27] A.a.O.

[28] Roewer, a.a.O., S. 119.

[29] Evers, a.a.O., S. 154.

[30] Christian Ströbele. In: Die Tageszeitung v. 2. Juli 1999, S. 8.

[31] Vgl. Anm. 24, S. 121.

Schlecht gemacht: Der Missbrauch

Klaus Kunze

Verfassungsschutz ist nicht gleich Schutz der Verfassung. Die Parteipolitik färbt das Bild der zu schützenden Verfassung

Während das benachbarte Ausland Demokratie gelassen praktiziert, zelebrieren wir sie feiertags, unterwerfen sie aber alltags einem Deutschland eigentümlichen, bürokratischen Kontrollapparat namens »Verfassungsschutz« (VS). Dieser deutsche Sonderweg hatte in den 1950er Jahren den Zweck, kommunistische Subversanten aus der DDR oder fossile Altnazis zu erkennen und an einer Machtergreifung zu hindern. Die Demokratie darf sich nicht selbst abschaffen, so die Lehre von 1933. Um sie verteidigen zu können, war der Parlamentarische Rat einem Rat Carl Schmitts gefolgt und hat sie wehrhaft ausgestaltet: »Wenn eine Verfassung die Möglichkeit von Verfassungsrevisionen vorsieht, so will sie damit nicht etwa eine legale Methode zur Beseitigung ihrer eigenen Legalität, noch viel weniger das legitime Mittel zur Zerstörung ihrer Legitimität liefern«,[1] schrieb Schmitt 1932 gegen die NSdAP, die in den Reichstag schon mit der offenen Absicht drängte, das Weimarer System abzuschaffen. Mit Hinweis auf »grundlegende Prinzipien« eines »unveränderlichen Verfassungssystems« befürwortete Schmitt Auflösung und Verbot von Gruppierungen wie der SA durch den Reichspräsidenten als Hüter der Verfassung. Die damaligen Machtverhältnisse erlaubten keinen wirksamen Verfassungsschutz. Die heutigen machen ihn überflüssig: Die freiheitliche Demokratie ist in ihren Grundprinzipien allgemein anerkannt. Strukturelle Veränderungen erlebt Deutschland heute taktgleich mit seinen Nachbarländern als unvermeidliche Anpassungsprozesse an die Rahmenbedingungen einer teils schon postindustriellen Massengesellschaft in globaler Kon-

kurrenz. Wer ein grundsätzlich anderes System erfolgreich installieren wollte, müßte mit der Demokratie zugleich diese Grund- und Rahmenbedingungen verändern, auf denen sie beruht. Sie optimiert die funktionalen Erfordernisse der Massengesellschaft, kann während ihres Bestehens keine nachhaltig erfolgreiche Konkurrenz haben und bedarf darum nicht mehr des behördlichen Schutzes.
Tatsächlich drohen der Verfassung heute Gefahren ausgerechnet von ihrem parteipolitisch mißbrauchten Beschützer. Am 15.11.1993 hieß es im »Spiegel«: »Spinnennetzartig hat sich der Verfassungsschutz ausgebreitet, seit die alliierten Militärgouverneure die Bundesrepublik 1949 ermächtigten, einen Inlandsgeheimdienst aufzubauen. [...] Kaum ein Abgeordneter der Bonner Altparteien wagt es, den Dienst in Frage zu stellen.« Gleich zweifach wäre diese Presseansicht als extremistisch zu bewerten, wenn man die etwa gegen die Republikaner verwendete verfassungsschützerische Logik anwendet: Wer »Altparteien« sagt, möchte ihr zufolge ebenso »die Legitimität der Wiederbegründung der Demokratie auf deutschem Boden nach 1945 angreifen«, wie wer rückblickend auf alliierte Einflüsse verweist.[2] Weil aber der »Spiegel« nicht als »extremistisch« gilt, mag er das schreiben, wohingegen solche Formulierungen den Republikanern in VS-Berichten als Beweis angekreidet werden: Sie können dasselbe nur verfassungsfeindlich meinen, weil sie Verfassungsfeinde sind; und daß sie es sind, erweisen wieder ihre – im Licht des Vorverdachts – nur verfassungsfeindlich verstehbaren Meinungen. – Daß Republikaner heimliche verfassungsfeindliche Ziele haben, zeigt nach Meinung des VS schon ihr Programm. In ihm steht zwar nichts Verfassungsfeindliches[3], womit aber nur bewiesen sein kann, wie heimtückisch sie ihre »wahren Absichten« verbergen.
Derartige argumentative Winkelzüge unserer Verfassungsschützer bewegen sich entlang einer Grenzlinie, jenseits deren der wissenschaftliche Ernst endet und die Groteske beginnt: Man glaubt sie nur, wenn man sie selbst gelesen hat. Reizworte wie Altparteien, Umerziehung oder Vaterland lö-

sen beim VS Pawlowsche Reflexe aus: Wer solche Unwörter benutzt, macht sich verdächtig. – Jede wissenschaftliche Analyse erfordert eine empirische Tatsachenbasis, die ernsthaft analysiert werden kann – oder aber glossiert werden muß. Beides, Analyse des VS oder Glosse, müssen unglaubhaft jedem bleiben, der noch nie schwarz auf weiß las, was der VS für verfassungsfeindlich hält. In einem Augenblick spontaner Offenherzigkeit gab Prof. Michael Sachs – 1998 NRW-Vertreter in der Verhandlung vor dem BVerwG – zu: »VS-Berichte haben auf Personen, die auf so etwas ansprechbar sind, noch eine gewisse Wirkung.«[4] Dezenter kann man seine Distanz vor den Erzeugnissen des eigenen Auftraggebers kaum ausdrücken. Das VS-Sammelsurium an Scheinargumenten ist hier in Kürze nur anhand typischer Beispiele darstellbar.[5]
Der Mißbrauch des VS behindert die Willensbildung des Volkes von unten nach oben massiv und widerspricht damit dem Demokratieprinzip. Der politische Willensbildungsprozeß müßte sich vom Volk hin zu den Staatsorganen vollziehen und nicht umgekehrt.[6] Den Staatsorganen ist jede Einflußnahme auf den Volkswillen verwehrt. Demokratie wird als offener, dynamischer und pluralistischer Prozeß betrachtet. Er verträgt sich nicht mit der bürokratischen Ambition, ihn staatlich zu lenken. Amtliche Autorität wird mißbraucht, wenn etwa »Sektenbeauftragte« oder Verfassungsschützer scheinbar objektiv »warnen«. »Sekten seien, heißt es, *fundamentalistisch*, doch macht der Vorgang eine neue Tendenz zu staatlicher Weltanschauungskontrolle deutlich. – Der Eifer unserer Gesinnungs-, Weltanschauungs- und Sektenbeauftragten, unserer Groß- und Kleininquisitoren und Wächter über ›political correctness‹ ist zu einer ernsten Bedrohung unserer Freiheit geworden.«[7]
Unmittelbar politisch wird der VS benutzt, wenn er gegen Parteien eingesetzt wird. Wenn etwa in Mainzer Amtsstuben ein Heftlein des VS über »Rechtsextremistische Parteien« ausliegt[8] und doppelseitig über die Republikaner berichtet, erweckt es den Anschein amtlicher Objektivität und Neutralität. In einem allgemeinen Vorwort setzt es Extremisten mit

Verfassungsfeinden gleich und zählt angebliche Merkmale von Rechtsextremisten auf. Daß die Republikaner solche Merkmale aufweisen, wird nicht ausdrücklich behauptet, und trotzdem werden sie dazugezählt. Ähnlich ergiebig wäre ein spiegelbildliches Heftchen über »Linksextremisten« mit einer allgemeinen Schilderung des Marxismus und Unterkapiteln über die KPD, die SED, Maoisten und: die SPD. Indem letztere aber in Mainz regiert, während die Republikaner Opposition betreiben, ist der VS einem SPD- und nicht einem REP-Minister nachgeordnet – und der mißbraucht den VS für seine Parteizwecke in amtlichem Gewand, indem er die Republikaner willkürlich in dieselbe Schublade steckt wie Neonazis.

Der Mißbrauch beginnt bereits mit der ostentativen Verkündung der »nachrichtendienstlichen Beobachtung«. Auf die öffentliche Einschätzung einer Partei wirkt sie wie ein Zeitungsbericht über die Hausdurchsuchung bei einem Nachbarn auf Kinderpornos: Die später erwiesene Unschuld rettet den Ruf nicht mehr. Diese Wirkung ist beabsichtigt. Nicht auf ausgespähte Geheimnisse kommt es an, denn deren wurde seit Beobachtungsbeginn nicht eines zutage gefördert. Geheime Ziele kann eine Partei unter den Spielregeln der Massenmedien-Demokratie ohnehin nicht erfolgreich verfolgen: Ohne öffentliche Selbstdarstellung kann keine Partei zur Mehrheit werden. Dabei wird sie für das gehalten und gewählt, das sie darstellt, und nicht für das, was sie ist. Mitglieder und Wähler strömen dem in den Medien dominanten Bild einer Partei zu (oder nicht), während papierene Programme oder Hinterzimmerabsichten nichts bewegen. Darum ist die Beobachtung angeblicher geheimer Hintergedanken der Führungszirkel einer Partei sinnlos: Selbst wenn ihre Oberen Hintergedanken hätten: Indem diese heimlich bleiben, sind sie wirkungslos. Relevant ist nur, was öffentlich ist.

Darum ist eine Opposition seitens der Regierungspartei am einfachsten zu bekämpfen, indem ihr das Stigma des Extremismus aufgedrückt wird. Nachdem die Etablierten und ihre Freunde in den Medien das Zerrbild neonazistischer Republikaner vermittelten[9], blieben Anhänger aus, die dem demokratischen Selbstbild der Partei entsprachen, und mußte sie sich gegen Trittbrettfahrer abgrenzen, die ihrem Zerrbild zuströmten. Den Kampf um Selbstbestimmung ihrer Identität konnten die Republikaner bislang nicht gewinnen. Aus dem demokratischen Mitglieder- und Wählerpotential schöpfen sie nur tröpfchenweise, weil sie ihrer eigenen Klientel als extrem gelten. Das Bestimmungsrecht des eigenen politischen Standorts und des mit ihm verbundenen sozialen Geltungsanspruchs steht auch einer Partei zu[10], wird aber etwa den Republikanern »amtlich« genommen.

Den qualifizierten Funktionärsstamm und die Selbstbestimmung ihres politischen Standorts können Konkurrenzparteien einer Partei entwinden, wenn sie über den VS verfügen und ihn mißbrauchen. Beamte stellen in Parteien, etwa die Lehrer in der SPD, das personelle Rückgrat. In den vergangenen zehn Jahren verließen Hunderte Beamte die Republikaner wieder, nachdem sie von ihrem Dienstherrn Briefe mit der offenen Drohung eines Disziplinarverfahrens für den Fall erhalten hatten, daß sie nicht austreten: Der Dienstherr »stufe die Republikaner als rechtsextremistisch ein«. Weil Beamte jederzeit aktiv für die freiheitliche demokratische Grundordnung (FdGO) eintreten müssen, setze sich dem Verdacht eines Dienstvergehens aus, wer REP-Ziele fördere. Es ist aber kein Fall bekannt, in dem allein die Parteizugehörigkeit bei den Republikanern zu einer Entfernung aus dem Dienst geführt hätte. Wo Beamte in seltenen Fällen so viel Mut bewiesen, die Partei nicht zu verlassen, scheiterte ihre dienstrechtliche Verfolgung vor den Verwaltungsgerichten.[11]

Andererseits erleiden etwa Offiziere durchaus Nachteile, wenn ihnen etwa wegen ihrer REP-Mitgliedschaft die Sicherheitsstufe aberkannt wird[12], ihnen ein Charaktermangel vorgeworfen[13] oder sie als dienstlich ungeeignet angesehen und nicht befördert werden.[14] So ist die Strategie der SPD- und CDU-Innenminister aufgegangen: Der Mitgliederstamm an

Beamten brach den Republikanern weg mit der Folge eines personellen Qualitätsverlustes. Aber nicht nur Beamte werden durch die Qualifizierung als »extremistisch« im VS-Bericht »belastet, läßt sich doch im demokratischen Verfassungsstaat – abgesehen von schweren Straftaten – kaum ein Vorwurf denken, der schwerer wöge als derjenige, daß jemand darauf ausgehe, die Fundamente der freiheitlichen Verfassung zu beseitigen«.[15] Je stärker Vaterlandsliebe abgelehnt und Verfassungspatriotismus gefordert wird, desto mehr verschiebt sich das Ansehen des angeblichen Abweichlers vom noch harmlosen »Radikalen« der späten 60er über den »Extremisten« bzw. Verfassungsfeind zum Staatsfeind oder ideologischen Hochverräter.
Seinem gesetzlichen Auftrag zufolge sichert der VS die wehrhafte Demokratie als »Auge der Politik« ab: Ausgewogen beobachtet er ringsum, spürt die Verfassungsfeinde in ihren verborgenen Winkeln auf, durchschaut ihre hintergründigen, geheimen Pläne und meldet sie den demokratisch gewählten Politikern. Diese entscheiden, ob sie sich noch parteipolitisch damit auseinandersetzen oder ob die Gefahr für die Demokratie nur durch staatliches Verbot abgewendet werden kann. Dieses spricht bei Parteien das BVerfG, bei sonstigen Gruppierungen der Innenminister aus. So wurden Anfang der 50er Jahre KPD[16] und SRP[17] als Parteien und in den letzten Jahren eine Reihe neonationalsozialistischer Gruppen als sonstige Vereinigungen verboten.[18] Tatsächliche Feinde der Demokratie pflegen ihr Verbot gelassen zu nehmen. Auf wechselseitiger Feindschaft beruht schließlich ihre Ideologie, und ein Verbot bestätigt scheinbar eindrucksvoll diese Feindschaft: Man fühlt sich wenigstens ernst genommen. Ebenso sehen es von ihrer Warte die Demokraten: Auch ihr Konzept beruht auf der schon von Verfassungs wegen anerkannten Antagonie von Freund und Feind: hier die wehrhafte Demokratie – dort ihre Feinde. Niemand stellt in Frage, daß auf der einen Seite der geistigen Barrikade die Demokraten kämpfen und auf der anderen ihre verschiedenen Feinde. Dieses wohlgeordnete Schema stören nur, die keinen

unangefochtenen Platz auf der gewünschten Seite fanden. Von der Ideologiekontrolle der einen wie der anderen Seite verworfen, schwanken sie zwischen enttäuschter Zuneigung zur einen und der extremen Übersteigerung ihrer Werte auf der anderen Seite hin und her. In dieser Lage befanden sich die Grünen, bevor sie zur etablierten Parlamentspartei wurden, und in ihr befinden sich seit zehn Jahren die Republikaner.

Ihrem Selbstverständnis nach wollen sie nicht das System verändern, sondern innerhalb des Verfassungsbogens den von der CDU geräumten rechten Flügel besetzen. Doch damit verstießen sie gegen die oberste Räson der Union zu ihrer Machterhaltung: Es darf rechts von ihr keine demokratische Partei geben! Die Republikaner mußten daher zu Extremisten gestempelt werden. In einer Studie der Konrad-Adenauer-Stiftung von April 1989 taucht bereits der Satz auf: »Daher scheinen mir die nachstehenden Methoden der Stigmatisierung der Republikaner erfolgreicher zu sein.«[19] Um das Stigma quasi amtlich zu machen, wiesen die Landesinnenminister ihre VS-Ämter im Dezember 1992 an, die Partei künftig mit nachrichtendienstlichen Mitteln auf Verfassungsfeindliches zu beobachten.

Dagegen half den Republikanern keine öffentliche demokratische Kontroverse, weil die Mikrofone der ARD für sie ausgeschaltet blieben. Man sprach über sie, aber nicht mit ihnen. So blieb der Weg zu den Verwaltungsgerichten als Notbehelf, doch gibt es keine »positive Feststellungsklage«, mit der eine Partei auf Anerkennung ihrer Verfassungstreue klagen könnte. Die politische Auseinandersetzung wird seither auf Nebenschauplätzen mit justizförmigen Mitteln der Verfassungsinterpretation ausgetragen. – Im Kampf um die richtige Interpretation rechtspolitischer Begriffe siegt aber, wer die Entscheidungskompetenz über verschiedene Auslegungsmöglichkeiten besitzt. Es ist ein offenes Geheimnis, daß die letzte Interpretation so allgemeiner Begriffe wie Gerechtigkeit oder Freiheit Glaubenssache und die Entscheidungsmacht über sie zur Frage des Parteienproporzes im

BVerfG geworden ist. Vor einfachen Verwaltungsgerichten sind die Prozeßergebnisse hingegen so vorhersehbar wie Lottozahlen.

So sind die Waffen ungleich verteilt, wenn eine große Bundestagspartei um ihre Macht fürchtet: Sie regiert Länder oder gar den Bund und verfügt damit über die Schaltstellen des Staatsapparats: Innenministerien, VS und – darauf kommt es auf dem Felde der Rechtsauseinandersetzung an: die Richterstellen. »Es wird von keinem Sachkenner bezweifelt, daß in Deutschland weit mehr als in anderen westlichen Demokratien Beamtenschaft, aber auch Gerichte, mit Personen, die aufgrund ihrer Parteizugehörigkeit ernannt oder befördert wurden, durchsetzt sind.« Daß in zunehmendem Umfang in wichtige Stellen nur Parteiangehörige berufen werden, gilt nach verbreiteter Auffassung auch bei hervorgehobenen Richterpositionen.[20] Und wem die »Deutung der Orakel der Gerechtigkeit anvertraut ist«, durchschaute schon Pufendorf 1667, wird erfahrungsgemäß »diese Göttin bewegen können, nichts zu antworten, was wider den eigenen Vorteil ist«.[21] Der »eigene« Vorteil: das ist nicht immer ein direkter persönlicher Vorteil eines Richters. Teilt aber generationsbedingt ein wesentlicher Teil der Richterschaft die ideologische Grundposition seiner Regierungspartei, urteilen also etwa alt-68er Richter darüber, ob ein SPD-Verfassungsschutz ideologisch korrekt handelt oder eine kleine, rechte Partei, sind die Weichen gestellt. Hinzu kommt ein guter Instinkt der meisten Richter für karrierefördernde Urteile. Ein Mainzer Verwaltungsrichter erklärte mir telefonisch unumwunden, ich könne mir doch vorstellen, was ein Urteil gegen den VS für politische und öffentliche Folgen hätte, und glaubte wohl nicht ernsthaft daran. »Seien Sie nicht unpolitisch«, erteilte »aus eigener Erfahrung« ein Richter am BGH »einen freundlich-wohlwollenden Ratschlag«, »sondern passen Sie sich dem Zeitgeist, das heißt dem Geist der Herren unserer Zeit, an. Nehmen Sie sich ein Beispiel an Roman Herzog; er hat nicht nur ein feines Empfinden, woher der politische Wind weht, sondern weiß auch, wer ihn macht. Der Gleichheitssatz gebietet keine Gleichbehandlung aller gesellschaftlichen Gruppen. Eine geläuterte Rechtsauffassung erkennt klare Unterschiede, aus denen sachliche Differenzierungsgründe für eine Ungleichbehandlung herzuleiten sind. Ist es etwa kein relevanter Differenzierungsgrund, wenn man das Wählerpotential im Auge hat? Im übrigen: Sie rücken in die Nähe eines Verfassungsfeindes, wenn Sie Zweifel an den Differenzierungen unserer obersten Rechtsverwalter vom Schloßplatz bei der Anwendung des Gleichheitssatzes äußern. Alle Bürger sind gleich, aber einige sind gleicher als die anderen. Wissen Sie nicht, daß Not kein Gebot kennt und wo gehobelt wird, Späne fallen?«[22]

So öffnet die verwaltungsrichterliche Rechtsprechung der politischen Opportunität Tür und Tor. Obwohl sie parteipolitischen Mißbrauch des VS verhindern sollte, bewegt sie sich zuweilen hart am Rande der Rechtsbeugung. Paradigmatisch für das Zusammenspiel von VS-Behörden und Gerichten sind die zahlreichen Prozesse der Republikaner gegen ihre Beobachtung seit 1989.[23] Die VS-Gesetze der Länder erlauben den Einsatz von V-Leuten und Anwendung anderer nachrichtendienstlicher Mittel, wenn Anhaltspunkte den Verdacht einer Bestrebung begründen, die sich gegen die FdGO richtet. Während über die Verfassungsmäßigkeit einer Partei gemäß Art. 21 II GG nur das BVerfG entscheiden kann, standen Verwaltungsrichter vor der heiklen Aufgabe, zu entscheiden, ob einzelne Anhaltspunkte einen »Verdacht« solcher Bestrebungen begründeten. Richter, deren Aufgaben gewöhnlich in der Überprüfung von Asylanträgen oder Baugenehmigungen liegen, sollten etwa entscheiden: Begründet der Rat in einem Parteirundschreiben, man solle einmal Bücher des Professors Carl Schmitt lesen, den Verdacht verfassungsfeindlicher Bestrebungen?[24]

Dieser Vorwurf des VS gegen die Republikaner wurde stillschweigend fallengelassen nach dem Hinweis, daß Schmitt als geistiger Urheber der »Ewigkeitsklausel« in Art. 79 III GG gilt. Seither hat sich in den VS-Berichten und in der Begründung der Beobachtungspraxis ein fester Kanon an Vorwürfen gebildet: Republikaner verunglimpfen Institutionen des demokratischen Rechtsstaats und diffamieren demokratisch gewählte Politiker, indem sie die hinter ihnen stehenden Parteien »Altparteien« nennen. – Republikaner trachten die Demokratie zu delegitimieren, indem sie angeblich einen Zusammenhang zwischen der Umerziehung durch die Alliierten nach 1945 und der Legitimität der Demokratie herstellen. – Republikaner zweifeln Grundnormen der Verfassung an, denn sie »leugnen die deutsche Geschichte«, indem sich gegen »monokausale Deutungen der Kriegsschuld« und »Geschichtsfälschungen« wenden. – Sie sind nationalistisch-kollektivistisch, was man daran erkennt, daß sie das Volk als »Schicksals- und Sprachgemeinschaft« bezeichnen. – Vor allem aber beanstanden Verfassungsschützer und Gerichte gelegentlich drastische kritische bis geschmacklose Äußerungen über Ausländer wie etwa, es müsse sich »bis in den letzten Negerkral herumsprechen, daß wir die hier nicht haben wollen«.

Die Vorwürfe der »Geschichtsleugnung« oder etwa der des Kollektivismus gegen jemanden, bloß weil er »Vaterland« sagt, wurden in zunehmendem Maße von Verwaltungsgerichten als nicht stichhaltig verworfen. Auch als Verfassungsfeind den anzusehen, der »Altparteien« sagt, erschien 1998 den Verwaltungsgerichten Mainz[25] und Berlin[26] zu simpel. Sie erklärten die nachrichtendienstliche Beobachtung für rechtswidrig. Als »ausländerfeindlich« angesehene Äußerungen hingegen kristallisierten sich als Hauptargument gegen die Partei heraus. Wenn Republikaner Einwände gegen Minarette neben Kirchen und in Wohngebieten erheben oder wenn sie »schnelle Abschiebung von Scheinasylanten« fordern, dann knüpfen Verfassungsschützer daran inquisitorische Konstruktionen: Wer solches verlange, lautet die auch von manchen Gerichten gebilligte Folgerung, wende sich »gegen das friedliche Zusammenleben« mit Ausländern und damit gegen deren Menschenwürde. Weil aber das Gebot der Menschenwürde oberster Verfassungsgrundsatz sei, liege die Verfassungsfeindlichkeit der Partei klar vor Augen.

Im vor dem OVG Koblenz laufenden Prozeß des Landes Rheinland-Pfalz gegen die in erster Instanz siegreichen Republikaner gegen die Beobachtung verstieg das Land sich sogar zu einem seinerseits verfassungsfeindlichen Gipfel: Es stehe zwar nur im Grundgesetz, daß die Achtung der Menschenwürde eine Verpflichtung aller staatlichen Gewalt sei. Es komme aber heute darauf an, »normative Begriffe wie freiheitliche demokratische Grundordnung und Menschenwürde nicht statisch zu interpretieren«. Anders als vor 30 Jahren müsse man in diese Begriffe heute hineinlesen, »was dem friedlichen Zusammenleben von 7 Mio. Ausländern mit uns diene und was dafür erforderlich sei«.

Das Land behauptet, Art. 20 GG garantiere »die Republik als eine Verfassungsordnung der friedlichen Koexistenz von Rassen und Kulturen«.[27] Tatsächlich lautet die Vorschrift: *»Die Bundesrepublik Deutschland ist ein demokratischer und sozialer Bundesstaat. Alle Staatsgewalt geht vom Volke aus. Sie wird vom Volke in Wahlen und Abstimmungen und durch besondere Organe der Gesetzgebung, der vollziehenden Gewalt und der Rechtsprechung ausgeübt. Die Gesetzgebung ist an die verfassungsmäßige Ordnung, die vollziehende Gewalt und die Rechtsprechung sind an Recht und Gesetz gebunden.«* – So wird die Verfassung wie eine Wundertüte benutzt, aus der man jeden beliebigen ideologischen Inhalt herauslesen kann. Darin liegt ein Abschied von der unverbrüchlichen Herrschaft des Gesetzes und ein Bruch des Rechtsstaatsprinzips aus dem soeben zitierten Art. 20. Wer das Gesetz durch einen Vorbehalt wechselnder ideologischer Auslegungen relativiert, verändert die Natur des politischen Konflikts: Er wird nicht mehr mit rechtlichen, sondern mit ideologischen Waffen ausgetragen. Er geht den Weg vom Rechtsstaat zum Weltanschauungsstaat. Überdies verbietet sich diese ausdehnende Neuinterpretation durch Art. 79 I 1 GG, weil das GG nur durch ausdrückliche Wortlautänderung geändert werden darf, auch wenn sich Verhältnisse geändert haben sollten.

Eine nachhaltige Gefahr für die FdGO geht von einem Verfassungsverständnis aus, das die öffentliche Meinung zu bestimmten Sachthemen obrigkeitlich lenkt: durch auf Steuerzahlerkosten gedruckte Wahlzeitungen mit Annoncen »Mein Freund ist Ausländer« etwa, durch scheinbar behördlich-objektive VS-Berichte und eine Beobachtungspraxis, die eine konservative Partei durch den Ruch der Illegalität stigmatisiert. Die Öffentlichkeitsarbeit darf aber nicht durch Einsatz öffentlicher Mittel den Mehrheitsparteien zu Hilfe kommen und die Oppositionsparteien bekämpfen. Das ist mit den Grundsätzen eines freien und offenen Prozesses der Meinungs- und Willensbildung des Volkes und der Gleichberechtigung der politischen Parteien nicht vereinbar.[28] Es gilt das Gebot des grundsätzlich staatsfreien und offenen Meinungs- und Willensbildungsprozesses vom Volk zu den Staatsorganen[29] und nicht umgekehrt. Der VS-Bericht ist hingegen eine ideologische Kampfansage an die betreffende Partei, ein Ausgrenzen aus dem Kreis derer, die sich legitimerweise am demokratischen Willensbildungsprozeß beteiligen dürfen, und zuletzt eine massive Form der politischen Willensbildung von oben nach unten. So gesehen ist der VS in Händen der regierenden Parteien ein zum Bock gemachter Gärtner.

Mehr noch: Indem ein Land einen Verfassungsgrundsatz des friedlichen Zusammenlebens eines Plurals von Rassen und Kulturen erfindet, trachtet es den Souverän unserer Demokratie, das deutsche Volk nämlich, durch eine multikulturelle Bevölkerung zu ersetzen. Dieses Ziel verfolgen manche Rot-Grünen auch mit ihren Plänen zur Masseneinbürgerung. Christiane Hubo hat das als eine Transformation des Staates durch den VS oder auch als kalten Verfassungsputsch bezeichnet.[30] Auch der Bonner Verfassungsrechtler Isensee bezeichnete es als Staatsstreich des Parlaments:[31] *»Die Problematik besteht darin, daß geplant wird, durch einfachen Gesetzesbeschluß des Parlaments das deutsche Volk umzudefinieren und auf einen Schlag drei Millionen Personen als Deutsche zu bestimmen, obwohl diese sich nicht zur Gemeinschaft des deutschen Volkes, sondern zu der eines anderen, im wesentlichen des türkischen bekennen. Eine solche obrigkeitli-*

che Umdefinition durch das Parlament liegt außerhalb seiner verfassungsrechtlichen Befugnisse.«
Umdefinitionen jeder Art übersteigen nicht nur die Kompetenz des VS. Verfassungsschutzberichte sollten sich auf Tatsachen beschränken und nicht fragwürdige politologische Interpretationen als amtlich erhärtete Fakten ausgeben.

Anmerkungen

1 Carl Schmitt: Legalität und Legitimität. Berlin 1932, 55 f., 61, 74.
2 Exemplarisch: OVG Lüneburg U. v. 26.6.97 – 13 L 383/95: »Anhaltspunkte für verfassungsfeindliche Zielsetzungen ergeben sich jedenfalls aus der ständigen Verwendung des Begriffes der ›Umerziehung‹ für die Wiederbegründung der deutschen Demokratie unter dem Einfluß der westalliierten Besatzungsmächte nach 1945.«
3 BGH U. v. 27.9.93, NJW 94, 43: kein Indiz für Verstoß des Parteiprogramms gegen Grundsätze der FdGO.
4 Verwaltungsrechtsstreit Bundesverwaltungsgericht – BVerwG 3 C 55.96 – Republikaner ./. Innenministerium NRW wegen Genehmigung einer parteinahen Stiftung, mündliche Verhandlung vom 12.2.1998.
5 Ausführlich; Klaus Kunze: Geheimsache Politprozesse, Systemwechsel durch Uminterpretation: Verfassungsschutz und Gerichtsbarkeit nach dem linken Marsch durch die Institutionen am Beispiel der Republikanerverfolgung. Uslar 1998, ISBN 3-933334-05-5.
6 BVerfG E 20, 56 (99) = NJW 1966, 1499 (1503).
7 Martin Kriele, 1. Zitatsatz: Sekte als Kampfbegriff, FAZ, 6.4.1994, 2. Zitatsatz: Leserbrief in FAZ, 4.5.1994.
8 Dez. 1998, Hrsg. Min. d. Innern und für Sport.
9 Etwa indem anläßlich von Parteitagen die ARD nicht über die gehaltenen Reden berichtete, sondern die Stiefel vermutlich bestellter Skinheads vor der Halle abbildete und dazu die Ansicht der Journalisten über die mutmaßlichen Ansichten von glatzköpfigen Stiefelträgern verbreitete.
10 BGH NJW 1983, 1415, OLG Köln NJW 85, 273.
11 Etwa VG Münster B. v. 24.2.95 – 15 K 4889/94.0; OVG Münster Beschluß v. 12.10.95 6d A 2690/95.0, VG Münster 15 K 959/97.O, VGH Kassel, 7.5.1998, 24 DH 2498/96 DVBl 98, 1095 L.
12 BVerwG B. v. 13.10.98 1 WB 86.97, NVwZ 99, 299 im Falle eines Majors: Das BVerwG prüfte nicht die Verfassungsmäßigkeit der REP, sondern beließ den Dienstvorgesetzten einen Beurteilungsspielraum: Wenn »Fachbehörden« wie der VS und einige Verwaltungsgerichte Verdachtsmomente sähen, »Bedenken gegen die Eignung nicht ausgeräumt«.
13 Wehrdisziplinaranwalt beim Truppendienstgericht Nord Az. 25–01–24 V 174/97.

14 Fall eines Oberleutnants der SFOR mit REP-Parteibuch, der nach bestandenem Lehrgang seine Hauptmannsstelle und Beförderung nicht bekam, »weil er vom MAD als Extremist« eingestuft wurde (laufendes Verfahren BVerwG 1 WB 40., 41. und 42.99.

15 Dietrich Murswiek: Staatliche Warnungen, Wertungen, Kritik als Grundrechtseingriffe – Zur Wirtschafts- und Meinungslenkung durch staatliches Informationshandeln. In: DVBl 1997, 1021.

16 BVerfG Urteil vom 15.8.1956, BVerfGE Bd. 5, S. 85 ff., sog. KPD-Urteil.

17 BVerfG Urteil vom 23.10.1952, E Bd. 2, S. 15 f., sog. SRP-Urteil.

18 FAP, Wiking-Jugend BVerwG B. v. 21.4.95 NJW 95, S. 2505, Nationalistische Front, Nationaler Block VGH München, 26.1.1994, 4 A 93.2151 NVwZ-RR 95, 200 u. a.

19 Grundsatz- und Planungsabteilung der Konrad-Adenauer-Stiftung (Hrsg.): »Überlegungen zur Strategie der CDU gegenüber den REP«, April 1989, S. 2.

20 Jochen A. Frowein: Die Macht, die übers Geld gebietet, Parteien und Verfassungsstaat. In: FAZ, 13.9.1996.

21 Samuel von Pufendorf: De statu Imperii Germanici, 1667. Die Verfassung des Deutschen Reiches, Hrsg. Horst Denzer, Frankfurt/M. 1994, S. 165.

22 Falk Frhr. von Maltzahn, Leserbrief FAZ, 27.5.1994.

23 Übersicht bei Klaus Kunze, a.a.O., S. 13 ff.

24 Prozeß REP NRW ./. Land NRW, VG Düsseldorf 1 L5758/92.

25 VG Mainz U. v. 10.12.97 7 K 102/94.MZ.

26 VG Berlin U. v. 31.8.98, NJW 99, 806.

27 OVG Koblenz, Rechtsstreit 12 A 11774/98.OVG, Schriftsatz des Landes Rheinland-Pfalz, Autor Prof. Friedhelm Hufen, vom 26.2.1999, S. 7.

28 BVerfG E 44, 125 (150) = NJW 1977, 751.

29 BVerfG NJW 1966, S. 1499.

30 Christiane Hubo: Verfassungsschutz des Staates durch geistig-politische Auseinandersetzung, Ein Beitrag zum Handeln des Staates gegen Rechts (Dissertation). Göttingen 1998, S. 247–256.

31 Josef Isensee: Ein Staatsstreich des Parlaments. In: Die Welt, 6.1.1999.

Josef Schüsslburner

Amtliche Ideologiekontrolle durch verfassungswidrige Verfassungsschutzberichte

... aber leider haben wir dabei vergessen,
den Schlag gegen rechts zu führen.
Das ist unsere größte Unterlassungssünde.[1]

Der Bundesbürger erfährt von Existenz und Wirken der internen bundesdeutschen Geheimdienste, welche »Verfassungsschutz« genannt werden[2], vor allem durch die Herausgabe sogenannter »Verfassungsschutzberichte«. Diese Berichte werden seit Mitte der 70er Jahre (in Nordrhein-Westfalen seit 1978) jährlich von den für die internen Geheimdienste jeweils zuständigen Innenministern des Bundes und der Länder veröffentlicht, beruhen jedoch auf »Erkenntnissen« der entsprechenden Geheimdienste über »extremistische« Organisationen und »Bestrebungen«. Dabei steht »Extremismus« für »Verfassungsfeindlichkeit«. Der Begriff »verfassungsfeindlich« stellt wiederum eine bedenkliche bürokratische Zweckschöpfung, insbesondere zugunsten der internen Geheimdienste, dar: Das Grundgesetz, also die Verfassung, welche der »Verfassungsschutz« schützen soll, enthält nämlich lediglich den Begriff »verfassungswidrig« (s. Artikel 21 Abs. 2 GG). Während »verfassungswidrig« im Sinne der einem Rechtsstaat (vgl. Artikel 28 Abs. 1 GG) angemessenen Begriffsbildung gegen die Staatsordnung gerichtete illegale Handlungen meint, enthält der extrakonstitutionelle Begriff »verfassungsfeindlich« ein ideologisches Gesinnungselement, mit dessen Hilfe, den absoluten Differenzierungsverboten des Artikels 3 Abs. 3 GG zuwider[3] (»Niemand darf wegen ... seiner religiösen oder politischen Anschauungen benachteiligt oder bevorzugt werden«), politische Auffassungen amtlich diskriminiert werden können und wodurch die nach der Konzeption des Rechtsstaats vorausgesetzte Trennung von Staat und politischer oder religiöser Ideologie unterlaufen wird.[4]

Die staatliche Veröffentlichungspraxis gegen »Extremisten«

Der Prämisse entsprechend, wonach ein »Extremist« ein letztlich ideologischer »Feind der Verfassung« sei, sind derartige Verfassungsschutzberichte nach Arten des ideologischen »Extremismus« untergliedert. In CDU/CSU-regierten Ländern[5] wird nach allgemeinen Einführungen mit dem »Linksextremismus« begonnen, was sich dann mit dem Kapitel »Rechtsextremismus« fortsetzt. In SPD-regierten Ländern[6] sowie seit Übernahme der Bundesregierung durch die SPD auch auf Bundesebene wird dagegen – wie erstaunlich! – umgekehrt verfahren.[7] Nach der Darstellung des weitgehend ideologisch klassifizierten (Inländer-)»Extremismus« schließt sich in der Regel ein Kapitel über den (bei weitem weniger ideologisch bestimmten) »Ausländerextremismus« und die »Spionageabwehr« an; danach folgen noch unterschiedliche Marginalien, welche allerdings im freien Westen neben der genannten »Spionageabwehr« die ausschließliche Berechtigung inländischer Geheimdienste darstellen[8], wie »Wirtschafts- und Geheimschutz«. Bei der Abhandlung der Bereiche »Spionageabwehr« und »Wirtschafts- und Geheimschutz« fällt auf, daß lediglich östliche Spionagetätigkeit erwähnt wird, während bekanntermaßen der volkswirtschaftliche Schaden durch westliche und damit »befreundete« Geheimdienste sicherlich größer ist als der durch den Osten verursachte Schaden. Die Verfassungsschutzberichte werden dann durch generelle Ausführungen über den »Verfassungsschutz« unter Einschluß der Rechtsgrundlagen abgeschlossen, sofern diese nicht bereits im einführenden Kapitel oder in der Einleitung erfolgten.

Die Kapitel über den »Extremismus« führen einzelne Parteien und sonstige Vereinigungen auf, was sich dann vor allem, wenn nicht gar ausschließlich, beim Kapitel »Rechtsextremismus« in der Darstellung von nicht parteigebundenen Verlagen und Zeitschriften fortsetzt.[9] Dabei findet sich seit kurzem ein Absatz über die »Intellektualisierung des Rechtsextremismus« (d. h. die »Verfassung« ist gefährdet, weil die Leute gescheiter werden könnten!), welcher von einer »Erosion der Abgrenzung konservativer Auffassungen gegenüber dem Rechtsextremismus« warnt.[10] Zum »Rechtsextremismus« zählt auch, trotz der politisch linksgerichteten Einstellung von prominenten Vertretern, der sogenannte »Revisionismus«, welcher als »historischer Revisionismus« die Verfassung dadurch gefährden soll, daß er bestimmte Auffassungen über geschichtliche Vorfälle nicht akzeptieren will. Als »geographischer Revisionismus« gefährdet er die Verfassung dadurch, daß er bezüglich der (ehemaligen) deutschen Ostgebiete noch immer Auffassungen vertritt, welche die Verfassung offensichtlich nicht gefährdet haben, als die politische Klasse noch dieselben Auffassungen vertreten hat, welche aufgrund der Fortentwicklung der bundesdeutschen Demokratie »verfassungsfeindlich« geworden sind.

Zwischen den Gruppierungen der genannten Art sind subkulturelle Organisationen aufgeführt, denen berechtigterweise Gewaltbereitschaft oder Gewalttätigkeit nachgesagt werden kann, sowie religionsähnliche Gemeinschaften, d. h. sogenannte »Sekten«, wie insbesondere der Sonderfall »Scientology«. Der »Extremismus« wird, soweit an rechtswidrigen Handlungen orientiert, rechtsstaatlich nachvollziehbar durch die Aufzählung politisch motivierter Kriminalität – etwa (Links-)»Terrorismus« – dargelegt. Zu dieser politisch motivierten Kriminalität zählen allerdings auch Straftatbestände des bundesdeutschen Rechts, insbesondere sogenannte »Propagandadelikte«, welche entgegen der bundesdeutschen Rechtsprechung kaum mit der verfassungsrechtlichen Garantie der Meinungsfreiheit nach Artikel 5 GG in Einklang gebracht werden können. Derartige Straftatbestände, wie »Verwendung von Kennzeichen verfassungswidriger Organisationen« (§ 86a StGB), richten sich nämlich gegen eine bestimmte Meinung und stellen damit kein »allgemeines« (= nicht spezifisch gegen eine Meinung gerichtetes) Gesetz im Sinne von Artikel 5 Abs. 2 GG dar. Und nur ein Gesetz, das nicht gegen eine politische Gesinnung gerichtet ist, kann der Meinungsfreiheit rechtmäßig eine Schranke setzen.[11] Diese Art von Meinungsdelikten macht jedoch die überwiegende Zahl der unter »Rechtsextremismus« aufgeführten Tatbestände aus, nämlich etwa im Jahr 1996 6.555 von 7.059 Delikten.[12] Das Überwiegen der »Propagandadelikte« im Bereich »Rechtsextremismus« gegenüber dem »Linksextremismus« hat damit zu tun, daß das politische Strafrecht den sogenannten »Rechtsextremismus« diskriminiert: Während es in der Bundesrepublik etwa verboten ist, den rechten Arm mit gestreckten Fingern zu heben (die Verfassungsordnung könnte darunter leiden), stellt es keine verfassungsfeindliche Handbewegung dar, die sogenannte Sozialistenfaust zu ballen; während die Verwendung eines vom historischen Nationalsozialismus als politisches Symbol verwendeten indischen Zeichens[13] strafrechtlich mit allem Nachdruck verfolgt wird, ist die Verwendung altmodisch gewordenen Handwerkszeugs (Hammer, Sichel, Zirkel) als politisches Zeichen erlaubt. Während »Leugnen« und »Verharmlosen« des Genozids durch ein amtlich für »rechtsextrem« gehaltenes Regime gnadenlos verfolgt wird, ist etwa das »Leugnen« und »Verharmlosen« genozidaler Deutschenvertreibung durch den Linksextremismus gestattet, ja findet offizielle Anerkennung (»unfreiwillige Wanderschaft«). Neben der Aufzählung verfassungsrechtlich teilweise fragwürdiger Delikte spielen im Kapitel »Rechtsextremismus« die Ausführungen über »Straftaten gegen Ausländer« eine gewichtige Rolle, wobei allerdings häufig nicht plausibel erscheint, daß alle diese Delikte von einer sogenannten »fremdenfeindlichen« Einstellung zeugen, welche wiederum als »rechtsextrem« ausgemacht wird.[14] Es könnte sein, daß nach dem Verfassungsverständnis des bundesdeutschen »Verfassungsschutzes« lediglich »Ausländerfeindlichkeit« »verfassungsfeindlich« ist, Deutschfeindlichkeit den Geheimdienst dagegen nicht zu interessieren scheint und somit wohl als verfassungsrechtlich zulässig angesehen wird.[15]

Den besonderen Reiz dieser amtlichen Werke dürfte die Nähe darstellen, in die in diesen Berichten bestimmte Oppositionsparteien durch die aneinanderreihende Aufzählung zu politkriminellen Organisationen und Taten gerückt werden, was dann etwa zu der Insinuation führt, daß diejenigen, welche von »Umerziehung« durch die alliierte Besatzungsherrschaft sprechen, auch Gewalttaten gegen Ausländer billigen könnten.[16] Diese Aneinanderreihung der unterschiedlichen Organisationen, Parteien und Zeitschriften wird gelegentlich sogar durch die amtliche Farbgestaltung unterstrichen: So faßt etwa der NRW-Verfassungsschutzbericht im Kapitel »Rechtsextremismus« mit dunkelbrauner Farbe am Rande der jeweiligen Seite alle aufgeführten »rechtsextremistischen« Gruppierungen, Organisationen und Zeitschriften zu einer – so wohl die beabsichtigte Assoziation – »braunen Soße« , d. h. »Scheiße«[17] zusammen. Damit wird die gesamte in den Berichten erfaßte politische Opposition unter die Parteifarbe des historischen Nationalsozialismus subsumiert, welcher nach den von den deutschen Behörden immer noch als verbindlich angesehenen Feststellungen der seinerzeit zuständigen alliierten Besatzungsbehörden (den aus der psychologischen Kriegführung hervorgegangenen Stellen der Meinungssteuerung) als »Rechtsextremismus«[18] angesehen werden muß. Deutlicher als mit diesem amtlich verwendeten Farbton kann eigentlich die staatliche Diffamierungsabsicht gegenüber nicht nationalsozialistischen Richtungen nicht ausgedrückt werden.

In jüngster Zeit hat die auf geheimdienstliche »Erkenntnisse« gestützte staatliche Veröffentlichungstätigkeit, welche gegen die ungewollte Opposition von »rechts« gerichtet ist, geradezu explosionsartig zugenommen. Verfassungsschutzämter geben nunmehr sogar Jugendmagazine, wie das Heft »basta« und Computerspiele heraus, um gegen die »Ausländerfeindlichkeit« anzukämpfen[19] und damit die als »Ausländerfeinde« gekennzeichnete Opposition so nebenbei amtlich zu schmähen. Es werden Schriften über den »Revisionismus«[20] herausgegeben, in denen geheimdienstlich festgestellt wird, daß es sich um »Pseudowissenschaft« handelt, wenn jemand bei der Erforschung des Holocaust zu Schlußfolgerungen kommt, die denjenigen der bundesdeutschen Staatsideologie widersprechen, deren Wahrheiten seit 1993 mit strafrechtlichem Schutz (§ 130 Abs. 3 StGB) als »offenkundig« festgeschrieben sind.[21] Nicht zu vergessen ist eine Vielzahl von politologischen Veröffentlichungen, welche vom Innenministerium aus dem Haushaltstitel des Verfassungsschutzes subventioniert werden, wie das »Jahrbuch für Demokratie und Extremismus«, in welchem Politikwissenschaftler, sich auf Meinungsfreiheit/Wissenschaftsfreiheit[22] berufend, den Bereich der »Extremisten« weit über den Bereich ausdehnen können, welcher in Verfassungsschutzberichten geächtet wird. Neuerdings veröffentlichen Mitarbeiter des Bundesamtes für Verfassungsschutz als »Privatleute«, allerdings unter Berufung auf ihre dienstliche Stellung, auch in allgemeinen Magazinen[23], wobei sie den Bereich der »Verfassungsfeinde« erheblich ausweiten und in konsequenter Anwendung der (linksextremistischen) Salamitaktik des scheibchenweisen Aufschneidens des politischen Pluralismus »Brücken« konstruieren, bei denen »Noch-Demokraten« mit »noch nicht verbotenen« politischen Strömungen in Zusammenhang gebracht werden und damit fast – extremistisch (»brückistisch«) werden. Dabei nimmt auch die unmittelbare Tätigkeit der Verfassungsschutzbehörden immens zu. So geben Behörden, wie der NRW-Verfassungsschutz sogar Zwischenberichte heraus, welche über Internet abrufbar sind. Berlin veröffentlicht eine Sonderreihe »Durchblicke« etwa zum Thema »Rechtsextremistische Bestrebungen in Berlin« – auf dem Titelblatt mit dem Logo: »Fairständnis – Menschenwürde achten – Gegen Fremdenhaß – Die Innenminister von Bund und Ländern« –, welche sich dadurch auszeichnet, daß dabei zum Zwecke des amtlichen Anschwärzens der Rechtsopposition auf Werke zurückgegriffen wird, welche die andere Abteilung derselben Behörde als »Linksextremismus« einstuft oder einstufen müßte.[24] Diese zusätzlichen Aktivitäten müssen noch im Kontext von Veröffentlichungen der »politischen Bildung« gesehen werden, welche ganze Aufklärungskampagnen »gegen das Vergessen« (womit nicht die Deutschenvertreibung gemeint ist) mit Postern, Plakaten, Fernsehspots, Anzeigen und anderem Werbematerial, unter Einschluß von pädagogisch aufbereiteten KZ-Besichtigungen veranstalten.[25] In bester Anwendung der von der kommunistischen Seite entwickelten Salamitaktik gegen unerwünschte Opposition gibt es dabei etwa eine amtliche Handreichung »Recht gegen rechts« – und nicht etwa gegen »rechtsextrem«! –, womit Jugendliche zu verstärktem Anzeigeverhalten (Denunziation) aufgefordert werden, sollten sie bei Mitschülern etwa eine politisch unerwünschte Musikkassette entdecken – bekanntlich kann Musik die Verfassungsordnung erschüttern. Mit diesen zusätzlichen Tätigkeiten wollen sich die Geheimdienstbehörden zu »politisch analysierenden Aufklärungsbehörden« verwandeln, da informierte und aufgeklärte Bürgerinnen und Bürger den besten Schutz unserer Verfassung darstellen würden. Allerdings werden die Bürger dieser amtlichen »Aufklärung« (Propaganda) für bedürftig gehalten, was auf ein eigenartiges Demokratieverständnis der zuständigen Polizeiminister schließen läßt.

Hinsichtlich einer verfassungsrechtlichen Bewertung der amtlichen Veröffentlichungstätigkeit ist dabei vor allem die Aufzählung von Parteien und parteinahen Organisationen relevant, welche nahezu ausschließlich mit deren falscher politischen Programmatik begründet ist[26], wie »geographischer Revisionismus«, »Agitation für Meinungsfreiheit«, was natürlich eine »Diffamierung der Bundesrepublik Deutschland« darstellt, weil die Meinungsfreiheit doch gewährleistet ist, »Bestreiten der deutschen Kriegsschuld«, welches die »Legitimität der Bundesrepublik« erschüttert, etc. pp. Die in der amtlichen Veröffentlichung vorgenommene Bewertung als »extremistisch« wegen einer politisch falschen Agenda nimmt sich nämlich als Beeinträchtigung der politischen Chancengleichheit aus und damit als eine Beeinträchtigung des Verfassungsprinzips der freien Bildung politischer Opposition, welches das Bundesverfassungsgericht zu den Wesensmerkmalen der »freiheitlichen demokratischen Grundordnung« gezählt hat.[27] Es spricht nämlich alles dafür, daß derartige »Verfassungsschutzberichte« vor allem deshalb gemacht werden, weil die über die Herausgabe derartiger Berichte bestimmenden Politiker annehmen, daß das der amtlichen Aufklärung für bedürftig gehaltene deutsche Volk überwiegend keine Politiker »verfassungsfeindlicher« Parteien wählen wird. Wie schamlos hierzu der interne Geheimdienst für parteipolitische Zwecke von »Demokraten« ausgenutzt wird, geht aus der Erklärung des früheren NRW-Arbeitsministers Farthmann (SPD) hervor, welcher die geheimdienstliche »Beobachtung« und damit behördliche Unterwanderung der Partei »Die Republikaner« wie folgt begründet hat: »Ich möchte schon wissen, was bei den Republikanern wirklich los ist. Und wenn die Bürger erfahren, daß die überprüft werden, dann ist das für sie ein Warnzeichen, und sie werden sich überlegen, ob sie denen leichtfertig ihre Stimme geben, nur um anderen Parteien einen Denkzettel zu verpassen. Diesen Effekt halte ich für wünschenswert.«[28] In aller Offenheit wird damit zum Ausdruck gebracht, daß Verfassungsschutzberichte und damit die Tätigkeit der Geheimdienste – in einer für eine westliche Demokratie singulären Weise – die Wähler beeinflussen sollen. Dem Wähler soll damit amtlich die Option zur Wahl bestimmter Parteien erschwert, wenn nicht gar beschnitten werden, womit die konkrete politische Freiheit bedroht ist, welche immer eine Frage der frei zur Verfügung stehenden Optionen darstellt, auch wenn von diesen kein oder nur geringer Gebrauch gemacht wird.

Verfassungsrechtliche Grundsätze für die amtliche Öffentlichkeitstätigkeit

Da die Verfassungsschutzberichte nach offizieller, wenngleich unrichtiger, ja heuchlerischer[29] Lesart keine Sanktionen enthalten[30], sondern nur der Unterrichtung der Bevölkerung,

u. a. auch der »geistig-politischen Auseinandersetzung«[31] dienen sollen, stellen sie Teil der amtlichen Öffentlichkeitsarbeit der Regierungen dar.[32] Deshalb ist es geboten, die Rechtmäßigkeit derartiger Verfassungsschutzberichte, welche hier »pars pro toto« für das übrige einschlägige amtliche Material hervorgehoben werden sollen, anhand der grundlegenden Entscheidung des Bundesverfassungsgerichts über die Grenzen der Öffentlichkeitsarbeit der Regierung[33] zu prüfen. Das Bundesverfassungsgericht hat in seiner zu den Grundlagen der Demokratietheorie vordringenden Entscheidung über den Eingriff der Regierung in die »Meinungsbildung des Volks« (vgl. Artikel 21 Abs. 1 GG) zugunsten der sie tragenden Parteien einerseits die Legitimität der Öffentlichkeitsarbeit der Regierung betont, andererseits aber die Grenzen für amtliche Propagandatätigkeit deutlich gemacht. Durch die Grenzziehung zwischen legitimer Überzeugungsarbeit, welche insbesondere bei staatspolitisch für notwendig erachteten unpopulären Maßnahmen legitim, ja aufgrund der gesamtstaatlichen Verantwortung der Regierung geboten ist, einerseits und insbesondere gegen politische Opposition gerichtete Propaganda andererseits soll sichergestellt werden, daß sich die politische Meinungsbildung vom Volk zu den Staatsorganen hin vollzieht, so daß der Wahlvorgang, welcher die wesentliche politische Entscheidung des Volks darstellt, als »frei« bezeichnet werden kann. Diese Bedingungen sind danach nur dann gegeben, wenn die Regierung, obwohl aus der Mehrheit (des Volks/Parlaments) hervorgegangen, mehr darstellt als einen bloßen Ausschuß dieser Parlaments- und Parteienmehrheit, sondern mit der ihr unterstellten Verwaltung ein Organ bildet, welches das Volk als Ganzes repräsentiert. Damit muß eine generelle Neutralität der Verwaltung gegenüber allen parteipolitischen Strömungen einhergehen. Diese Neutralität schützt wiederum die Chancengleichheit aller politischen Strömungen, was Grundvoraussetzung dafür ist, daß sich mit der Parlamentswahl ein genuiner Volkswille verwirklicht.[34] Diese Entscheidung des Bundesverfassungsgerichts ordnet sich in die – freilich alles andere als widerspruchsfreie – Rechtsprechung zur staatlichen Parteienfinanzierung ein.[35] Der staatlichen Parteienfinanzierung sollen deshalb Grenzen gesetzt werden, damit Parteien Instrument des Volkswillens (der – vorstaatlichen – »Gesellschaft«) bleiben und nicht durch ihre Inkorporation in den Staatsapparat oder durch die mögliche Absonderung von den sie tragenden gesellschaftlichen Kräften, welche durch die (überwiegende) Staatsfinanzierung ermöglicht wird, zum »Transmissionsriemen« der Regierung oder der etablierten politischen Kräfte werden[36], wie dies für totalitäre Herrschaftsformen kennzeichnend ist, wo denn auch die freie Meinungsbildung durch Regierungspropaganda ersetzt ist. Deshalb wird es als unvereinbar mit dem demokratischen Grundsatz der freien und offenen Meinungs- und Willensbildung vom Volk zu den Staatsorganen angesehen, den Parteien Zuschüsse aus Haushaltsmitteln des Bundes für ihre gesamte Tätigkeit im Bereich der politischen Meinungs- und Willensbildung zu gewähren.

Bei der Abgrenzung zwischen legitimer Öffentlichkeitsarbeit und unzulässiger Propaganda sind in dem hier interessierenden Bereich zwei Gesichtspunkte besonders einschlägig: Danach hat sich die Öffentlichkeitsarbeit der Regierung zum einen auf ihren vom Grundgesetz zugewiesenen Aufgaben- und Zuständigkeitsbereich zu beschränken. »Daraus folgt vor allem, daß sich die Regierung aus inneren Angelegenheiten der Parteien und reinen Parteikontroversen herauszuhalten hat.«[37] Die Regierung darf zum anderen zur Förderung des Verständnisses ihrer eigenen Politik die Politik der Opposition kritisieren und Kritik aus den Reihen der Opposition zurückweisen, nicht aber die Oppositionsparteien amtlich als solche bekämpfen. Parteien zu bekämpfen ist nämlich im Rahmen der geistig-politischen Auseinandersetzung innerhalb der Gesellschaft auf der Grundlage der Meinungsfreiheit der an der politischen Auseinandersetzung Beteiligten Aufgabe der übrigen Parteien.[38] Das Bundesverfassungsgericht hat – zu Recht – diese Grundsätze der regierungsfreien Meinungsbildung des Volks als so bedeutsam erachtet, daß es – wenngleich nur abstrakt – Schlußfolgerungen im Wahlprüfungsverfahren (= Überprüfung der Gültigkeit der Wahl unter demokratischen Gesichtspunkten) für möglich gehalten hat, falls sich feststellen lassen sollte, daß die Propagandatätigkeit der Regierung die Wahlchancen der Opposition in einer die Wahl entscheidenden Weise beeinträchtigt haben könnte.

Die verfassungsgerichtliche Rechtfertigung der Verfassungsschutzberichte

Diesen zu Recht für derart bedeutsam erachteten Grundsätzen widersprechen die Verfassungsschutzberichte als amtliche Werke, welche – wie dargestellt – aus ideologischen Gründen direkt gegen bestimmte Parteien gerichtet sind, in ihrem wesentlichen, d. h. (partei-)politisch relevanten Bereich. Das Bundesverfassungsgericht hat allerdings in seiner für die Herausgabe von Verfassungsschutzberichten einschlägigen Entscheidung[39], welche aufgrund eines Organstreitverfahrens der NPD ergangen ist, die Zulässigkeit von amtlichen Wertungen in derartigen »sog. Verfassungsschutzberichten« damit begründet, daß es sich bei der Einstufung als »rechtsradikal, rechtsextrem, eine Feindin der Freiheit und eine Gefahr für die freiheitliche Grundordnung« um Werturteile handle, »die der Bundesminister des Innern in Erfüllung seiner verfassungsrechtlichen Pflicht, die freiheitliche demokratische Grundordnung zu schützen, und im Rahmen seiner daraus fließenden Zuständigkeit für die Beobachtung verfassungsfeindlicher Gruppen und Aktivitäten abgegeben hat«.[40] Eine in Verfassungsschutzberichten angesprochene Partei sei durch diese Berichte nur »faktisch« betroffen[41], wobei Artikel 21 Abs. 2 GG (Monopolisierung des Parteiverbots beim Bundesverfassungsgericht) gegen derartige »faktische Nachteile« die Partei nicht schütze. Zwar schränkt das Verfassungsgericht dann ein, daß aus dieser Feststellung nicht geschlossen werden könne, bei Kundgabe von Werturteilen über Ziele und Betätigung nicht verbotener Parteien bestünden keine verfassungsrechtlichen Schranken, da das Prinzip der politischen Chancengleichheit der Parteien nicht »willkürlich« beeinträchtigt werden dürfe. Vor der bei Anwendung des Willkürgesichtspunkts notwendigen Prüfung der Plausibilität der amtlichen Bewertungen über die Beschwerdeführerin hat sich im konkreten Fall das Bundesverfassungsgericht durch den prozessualen Kunstgriff geschützt, daß es über den Antrag nicht im ordnungsgemäßen Verfahren entschieden, sondern ihn im summarischen Verfahren nach § 24 BVerfGG (A-limine-Abweisung) verworfen hat. Den Maßstab für »Willkür« scheint das Bundesverfassungsgericht – möglicherweise – den Schranken der Meinungsfreiheit bei der sogenannten Schmähkritik entnommen zu haben, weil es von »sachlich gehaltenen Meinungsäußerungen« spricht und dann fortfährt: »Sie (die Meinungsäußerungen des Innenministers) müssen von der Antragstellerin, die auch ihrerseits in der Abgabe von Werturteilen nicht gerade zurückhaltend ist, als Teil der ständigen geistigen Auseinandersetzung, die für die freiheitliche demokratische Staatsordnung schlechthin konstituierend ist, hingenommen werden.« Damit wird die behördliche Äußerung auf die gleiche Ebene der Meinungsfreiheit, welche der Partei unstreitig zusteht (Artikel 19 Abs. 3 i. V. m. Artikel 5 GG), gestellt, womit deutlich wird, daß das BVerfG von einer Art »Meinungsfreiheit« der Regierung ausgegangen ist. Die Aussage des Bundesverfassungsgerichts, wonach die Verfassungsschutzberichte einerseits nur eine »faktische Wirkung« entfalten würden, welche die inkriminierte Partei als Teil der geistig-politischen Auseinandersetzung hinzunehmen habe, zumal die Berichte keine rechtlich bindende Wirkung entfalten würden, aber andererseits die Möglichkeit der Regierung, Werturteile über Oppositionsparteien abzugeben, durch das Willkürverbot beschränkt sei, stellt einen grundsätzlichen Widerspruch dar. Eine Beschränkung durch das »Willkürverbot« hat nämlich zur Voraussetzung, daß in der Tat durch die Berichte ein rechtlich relevanter und nicht nur »faktischer« Eingriff des Staates stattfindet, welcher allerdings

möglicherweise als zulässig gerechtfertigt werden könnte, soweit er sich nicht als »willkürlich« darstellt.
In der Tat ist seit dieser Entscheidung durch mehrere Urteile[42], wenngleich noch nicht im Bereich der Verfassungsschutzberichte, aber nicht zuletzt im vergleichbaren Bereich der Warnungen vor »Jugendsekten« anerkannt, daß sogenanntes »faktisches« Handeln des Staates, wie Warnungen, Empfehlungen und kritische Bewertungen, durchaus Grundrechtseingriffe darstellen oder beinhalten können. Damit hat die Rechtsprechung die Erkenntnis der rechtswissenschaftlichen Literatur[43] nachvollzogen, daß häufig eine sogenannte »faktische Wirkung« lediglich die Kehrseite finalen rechtlichen Handelns darstellt.[44] So kann eine wirtschaftslenkende Maßnahme etwa in Form eines gesetzlichen Kaufverbots verwirklicht werden, welches rechtlich nur an die potentiellen Konsumenten gerichtet ist, aber in rechtlich relevanter Weise, wenngleich nur »faktisch«, den entsprechenden Produzenten trifft, dem zwar kein Produktionsverbot auferlegt ist, der aber sein Produkt, wenngleich (angeblich) nur »faktisch«, aufgrund des rechtlich nicht an ihn adressierten gesetzlichen Kaufverbots nicht mehr an den Mann bringt und deshalb seinen Betrieb schließen muß.
Die Anerkennung eines Grundrechtseingriffs bei sogenannter »faktischer« Wirkung aufgrund von staatlichen Warnungen, Wertungen und staatlicher Kritik hat weitreichende Auswirkungen: In seinem sogenannten Jugendsekten-Urteil[45] hat das Bundesverwaltungsgericht staatliche Warnungen der Bundesregierung vor einer bestimmten weltanschaulichen Bewegung aufgrund ihrer freiheitsmindernden Wirkung als Grundrechtseingriff qualifiziert. Dies wurde damit begründet, daß bei diesen amtlichen Bewertungen staatliche Autorität für die damit implizierten Warnungen in Anspruch genommen würde, welche die Möglichkeit schwerwiegender Folgen für den durch Artikel 4 GG (Religionsfreiheit) geschützten Freiheitsraum beinhalte, wobei mit der amtlichen Warnung die entsprechenden Folgen, nämlich möglicher Mitgliederverlust oder Beeinträchtigung der Chancen, neue Mitglieder zu gewinnen, entweder direkt beabsichtigt oder zumindest in Kauf genommen

würden. Diese Position hat das Bundesverwaltungsgericht im sogenannten *Osho*-Urteil[46] aufrechterhalten, in welchem die durch den Staat erfolgte finanzielle Förderung eines privaten Vereins, der sich die Warnung vor Jugendsekten zum Ziel gesetzt hat, als Eingriff in die Grundrechte der Organisationen qualifiziert worden ist, vor denen mit Unterstützung des Staates gewarnt werden soll. Neben der Bejahung des Grundrechtseingriffs (Berufsfreiheit nach Artikel 12 GG) im Zusammenhang mit einem von der Landwirtschaftskammer vorgenommenen und publizierten Warentest[47] ist vor allem die Bejahung eines Grundrechtseingriffs in die Forschungsfreiheit (Artikel 5 Abs. 3 GG) durch amtliche Kritik an den wissenschaftlichen Arbeiten eines Hochschullehrers hervorzuheben.[48] Danach steht dem Eingriffscharakter nicht entgegen, daß die Beschlüsse der von einem Dekan eingesetzten Kommission unverbindlich seien, sondern lediglich »einen Appell an das wissenschaftliche Gewissen der Beteiligten« darstellen sollten. Die Erzeugung eines faktischen oder moralischen Drucks durch die Inanspruchnahme staatlicher Autorität zum Zwecke der Verhaltenslenkung sei ein Eingriff in die Forschungsfreiheit, da diese Art der amtlichen Maßregelung nicht mit einer öffentlichen Kollegenkritik gleichzusetzen sei. Damit ist wohl endgültig anerkannt, daß sogenannte »faktische« Wirkungen staatlicher Maßnahmen einen Grundrechtseingriff darstellen. Der Eingriff besteht dabei in der Verminderung grundrechtlich anzuerkennender Chancen: Während es in dem durch Artikel 12 GG geschützten wirtschaftlichen Bereich etwa um die Verminderung der Chance zum Verkauf von Produkten geht, geht es im Bereich der staatlichen Sektenbekämpfung um die Verminderung der durch Artikel 4 Abs. 1 GG geschützten Chancen der Gewinnung neuer Anhänger für die eigene Religion. Die Annahme des Grundrechtseingriffs setzt dabei voraus, daß die entsprechenden Freiheitsrechte nicht nur die Freiheit der Willensentschließung und die Betätigung dieser Freiheit garantieren, sondern auch die Chance, sozialen Kontakt im jeweils geschützten Freiheitsbereich zu verwirklichen.[49]

Es muß hier offenbleiben, ob der Bereich der Chancen in jedem Fall, etwa im wirtschaftlichen Bereich, als vom Schutz des einschlägigen Grundrechts (überwiegend: Artikel 12 GG) erfaßt angesehen werden kann.[50] Im Bereich des Parteienwettbewerbs ist der Bereich der Chancen jedoch unzweifelhaft verfassungsrechtlich geschützt, da in diesem Fall nach dem Grundgesetz nicht nur ein individual-rechtlicher Schutz durch die Artikel 5 GG (Meinungsfreiheit) und 9 GG (Vereinigungsfreiheit) besteht, sondern mit Artikel 21 Abs. 1 GG ausdrücklich die (freie) »politische Willensbildung des Volks« geschützt wird. Diese Willensbildung, an der Parteien »mitwirken« dürfen, stellt naturgemäß einen dynamischen Prozeß dar, bei dem es um die Chance geht, eine Änderung der Meinung im Volk und damit der politischen Mehrheitsbildung herbeiführen zu können. Letztlich ist damit das Verfassungsprinzip des Parteienpluralismus angesprochen, nach dem sich der Demokratie darstellende Volkswille in der Konkurrenz der unterschiedlichen Auffassungen um die (vorübergehende) Mehrheit verwirklichen soll. Damit ist der Bereich der Chancen zur Gewinnung einer Mehrheit und damit die Chance, zur Änderung der Meinung beizutragen, als grundrechtlich oder grundrechtsähnlich geschützt anzusehen. Der staatliche Eingriff in diesem Bereich, und sei er nur »faktischer« Art, ist damit unzweideutig als Eingriff, möglicherweise weniger in den Bereich eines Grundrechts, jedoch in jedem Fall in den Bereich der »Meinungsbildung des Volks« i. S. von Artikel 21 GG und in das Verfassungsprinzip der freien Bildung politischer Opposition anzusehen. Verfassungsschutzberichte der dargestellten üblichen Art, welche bestimmte Meinungen und politische Positionen als demokratisch illegitim disqualifizieren, stellen entsprechend den Grundsätzen der Gerichtsentscheidungen im Bereich der staatlichen Sektenbekämpfung, aber auch der indirekten Wirtschaftslenkung, einen staatlichen Eingriff in den Bereich der freien Willensbildung des Volkes dar. »Dies ist jedenfalls dann der Fall, wenn die betreffenden politischen Positionen oder Organisationen von Amts wegen als verfassungsfeindlich kritisiert werden. Denn der Verfassungsfeind ist nach der Konzeption des Grundgesetzes auch

der Feind der Verfassung.[51] Die Verfassungsorgane diskutieren nicht mit ihm. Sie bekämpfen ihn, wenn nicht durch Verbote, dann doch mit politischen Mitteln. Die öffentliche Kritik, jemand sei Verfassungsfeind, dient nicht lediglich der geistigen Auseinandersetzung im politischen Willensbildungsprozeß. Sie dient vor allem dazu, den Betreffenden mit seinen politischen Positionen aus dem Willensbildungsprozeß auszugrenzen. Die Funktion der Bekämpfung und Ausgrenzung bestimmter politischer Meinungen und Bestrebungen erfüllen insbesondere die Verfassungsschutzberichte des Bundes und der Länder.«[52] Ihre Funktion besteht vor allem in der Warnung an die Öffentlichkeit: »Laßt euch mit diesen Bestrebungen nicht ein! Beteiligt sie nicht am politischen Diskurs! Wer dennoch einer solchen Organisation beitritt oder sie unterstützt, muß damit rechnen, selbst als Extremist eingestuft und entsprechend behandelt zu werden.«[53]
Der Eingriffscharakter ergibt sich bei Zugrundelegen der Gesichtspunkte der neueren, aber konsequenten Rechtsprechung aus der Sanktionsfunktion der Berichte, welche im öffentlichen Brandmarken und Anprangern mit fast totalitärer Wirkung besteht, das den Zweck verfolgt, das öffentliche Ansehen der Betroffenen zu mindern und damit ihre Chancen bei der Gewinnung neuer Mitglieder und Wähler zu beschränken. Es geht bei den Berichten nicht um bloße Informationsvermittlung. »Vielmehr handelt es sich bei den Extremismus-Einstufungen im Verfassungsschutzbericht nach den sonst für staatliches Informationshandeln geltenden Kriterien eindeutig um einen (›faktischen‹) Eingriff – bei politischen Parteien nicht in ein Grundrecht, sondern in die Parteienfreiheit, die als Statusrecht in Art. 21 GG geschützt, in ihrer Struktur einem Grundrecht entspricht.«[54] Dementsprechend steht die summarische Begründung des Bundesverfassungsgerichts zur Rechtfertigung der Herausgabe derartiger Berichte völlig im Widerspruch zu der Entscheidung über die Regierungspropaganda, in der hervorgehoben worden ist, daß es im Interesse der Chancengleichheit von Parteien der Regierung gerade verwehrt ist, Parteien direkt zu bekämpfen. Die »gei-

stige Auseinandersetzung« ist danach zwischen den Parteien als den Vereinigungen politisch aktiver Bürger zu führen, die sich selbstverständlich auch vorwerfen können, ein Programm zu vertreten, welches mit den grundlegenden Verfassungsgrundsätzen nicht vereinbar sei, wobei es demokratiekonform dem jeweiligen Wähler, auch als »mündiger Bürger« angesprochen, zu überlassen wäre, welche Schlußfolgerungen er aus diesen mehr oder weniger plausiblen Vorwürfen zieht; denn schließlich folgt aus dem Prinzip der Volkssouveränität die Verfügung des Volks über seine Verfassung, wobei in Deutschland gemäß Artikel 146 GG geradezu die Verpflichtung besteht, die Verfassungsfrage zu stellen. Die Problematik des bundesdeutschen Sonderwegs besteht darin, daß die politische Klasse dem Volk, das zur Strafe für seine Wahlentscheidung von 1933 zum permanenten Objekt staatlicher Geschichts-, Denkmals- und Ideologiepolitik gemacht wird, dem immer noch ein gefährliches Buch aus einer bestimmten Epoche vorenthalten[55] und das einem (verfassungsreligiösen) Bilderverbot unterworfen wird[56], diese Einsicht nicht zugestehen will. Letztlich ist nämlich Adressat des Eingriffs in die Willensbildung des Volks durch Verfassungsschutzberichte ja das deutsche Volk, mag diesem als solchem auch kein verfassungsrechtlicher Anspruch auf Unterlassen derartiger staatlicher Maßnahmen zustehen.

Die Rechtswidrigkeit des Eingriffs durch Verfassungsschutzberichte

Die Feststellung des Eingriffscharakters von Verfassungsschutzberichten in verfassungsrechtlich geschützte Rechtsgüter bedeutet nach der etablierten Grundrechtsdogmatik noch nicht automatisch die Rechtswidrigkeit des entsprechenden Eingriffs in Grundrechte oder verwandte Verfassungsprinzipien, da sich Grundrechtseingriffe zur Verwirklichung legitimer staatlicher Ziele als zulässig darstellen können. Wesentliche Voraussetzung dafür, die Rechtmäßigkeit eines entsprechenden Grundgesetzeingriffs bejahen zu können, ist das Bestehen einer entsprechenden staatlichen Kompetenz zur Verwirklichung des Zieles, wobei im Fall staatlicher Öffentlichkeitstätigkeit vor allem an eine entsprechende »Annexkompetenz« zu einer staatlichen Tätigkeit zu denken ist. In materiell-rechtlicher Hinsicht ist Voraussetzung der Rechtmäßigkeit des staatlichen Eingriffs, daß die ergriffenen Maßnahmen die Verfassungsordnung beachten.

Die einschlägigen Vorschriften des Grundgesetzes werfen erhebliche Zweifel am Bestehen von Rechtsgrundlagen für derartige, gegen bestimmte Parteien gerichtete Verfassungsschutzberichte auf. Es fällt auf, daß es das Bundesverfassungsgericht in seiner summarischen Verfassungsschutzberichtsentscheidung vermieden hat, auf die einschlägigen Grundgesetznormen einzugehen. Es kann daher nur vermutet werden, daß das Bundesverfassungsgericht mit der »Zuständigkeit für die Beobachtung verfassungsfeindlicher Gruppierungen und Aktivitäten« wohl den einschlägigen Tatbestand des Artikels 87 Abs. 1 Satz 2 GG meint, welcher die Herausgabe der Berichte rechtfertigen soll. Da das Gericht diese oder eine andere möglicherweise einschlägige Grundgesetzbestimmung nicht genannt hat, brauchte es sich auch nicht damit auseinanderzusetzen, ob diese Bestimmung, und sei es als Annexkompetenz, die Herausgabe derartiger die politische Opposition kränkender Berichte erlaubt. Der die »Bundesverwaltung« betreffende Artikel 87 Abs. 1 Satz 2 GG ermächtigt lediglich zur Schaffung von »Zentralstellen ... zur Sammlung von Unterlagen für Zwecke des Verfassungsschutzes«, wobei sich auch bei großzügigster Auslegung keine Annexkompetenz zur Veröffentlichung derartig gesammelter Unterlagen entnehmen läßt. Es widerspricht vielmehr schon der Natur dieser Zentralstellen als Einrichtungen von Geheimdiensten, daß deren Ergebnisse veröffentlicht werden.[57] Folgerichtig gibt es Verfassungsschutzberichte etwa im Bundesland NRW erst seit 1978 (über das Jahr 1977), während entsprechende Berichte vorher, d. h. seit 1968, nur an den Landtag gerichtet waren und in der Anfangszeit der Bundesrepublik Deutschland eine Unterrichtung der Öffentlichkeit teilweise sogar – und dies zu Recht – gesetzlich verboten war.[58] Erst recht kann deshalb keine Kompetenz der Geheimdienste zur »politischen« oder »geistigen Auseinandersetzung« und damit zu dem, was die Verfassungsschutzbehörden als »Extremistenbekämpfung« bezeichnen, abgeleitet werden. Diese Schlußfolgerung wird bestätigt durch die ausschließliche Gesetzgebungskompetenz des Bundes gemäß Artikel 73 Nr. 10 b) GG n. F., wonach durch Bundesgesetz »die Zusammenarbeit des Bundes und der Länder zum Schutze der freiheitlichen demokratischen Grundordnung, des Bestandes und der Sicherheit des Bundes oder eines Landes (Verfassungsschutz)« geregelt werden kann. Bei dieser Art der Zusammenarbeit, welche hierbei gesetzlich geregelt werden kann, handelt es sich im Kern um die in Artikel 35 GG aufgeführte Amtshilfe, d. h. um die interne Behördenkooperation, wenngleich anerkanntermaßen um etwas mehr, wie »gegenseitige Information, die Erteilung von Auskünften, die Beratung, die Anregung, die gegenseitige Unterstützung und Hilfeleistung in den Grenzen der eigenen Befugnis und nach Maßgabe der für diese geltenden Vorschriften, die Abstimmung der jeweils in eigener Zuständigkeit zu treffenden Maßnahmen« bis hin »zur organisatorischen und funktionellen Verknüpfung in Einsatzgemeinschaften und gemeinschaftlichen und zentralen Einrichtungen«.[59] Mag diese Art der behördlichen Zusammenarbeit über die klassische Amtshilfe nach Artikel 35 GG hinausgehen, so steht doch fest, daß durch diese Gesetzgebung und aufgrund dieser Gesetzgebung keine Eingriffsbefugnis begründet werden kann, da es sich hier um die Regelung von Verwaltungsinterna handelt, zu deren Regelung es nur deshalb eines Bundesgesetzes bedarf, weil es um die einseitige Ausgestaltung des Bund-Länder-Verhältnisses durch den Bundesgesetzgeber geht. Aufgrund des Regelungsgegenstandes des internen Bund-Länder-Verhältnisses kann daraus keine Annexkompetenz zur Veröffentlichung derartiger Amtsinterna mit Zielrichtung gegen Dritte abgeleitet werden. Wenn die entsprechende Propagandatätigkeit der Innenminister (Polizeiminister) nunmehr mit dem Konzept der »wehrhaften Demokratie« gerechtfertigt werden soll, dann stellt sich die Frage, warum die Politikergeneration, welche man noch als Verfassungsväter einstufen kann, keine derartigen Berichte haben herausgeben lassen. Haben diese vielleicht ihr eigenes Konzept nicht richtig verstanden, oder haben sie sehr wohl noch, anders als die internen Geheimdienste der 90er Jahre, die Gefahr der totalitären Verfremdung von Meinungsfreiheit in Regierungspropaganda begriffen?

Entscheidend für die rechtliche Beurteilung ist die Erkenntnis, daß das Einräumen von so etwas wie »Meinungsfreiheit der Regierung« der ständigen Rechtsprechung des Bundesverfassungsgerichts zu Artikel 19 Abs. 3 GG widerspricht, dem sich im Umkehrschluß entnehmen läßt, daß öffentlichrechtlichen »juristischen Personen« und damit dem Staat und seinen Organen, wie Geheimdiensten oder Ministerien, als solchen keine »Meinungsfreiheit« wie auch keine anderen Grundrechte zustehen können. In dieser Rechtsprechung[60] kommt allerdings der Grund hierfür nicht deutlich zum Ausdruck, welcher darin besteht, daß Staatsorgane keine Grundrechte, sondern Kompetenzen wahrnehmen:[61] Während aufgrund der allgemeinen Freiheit des Bürgers, welche sich in Form von speziellen Grundrechten konkretisiert, der Satz gilt, daß »alles erlaubt ist, was nicht ausdrücklich verboten ist« (so letztlich Artikel 2 Abs. 1 GG), gilt für staatliche Kompetenzen der umgekehrte Satz, daß »alles verboten ist, was nicht (ausdrücklich/sinngemäß) erlaubt ist« (so letztlich Artikel 20 Abs. 2 und 3 GG). Beide Grundsätze zusammengenommen beschreiben gewissermaßen die Arbeitsteilung einer rechtsstaatlichen Herrschaftsorganisation: Dürften sich nämlich Staatsorgane auf die Freiheit der Grundrechte berufen, so könnten sie die gerade zum Schutz der »freiheitlichen demokratischen Grundordnung« errichtete staatliche Kompetenzordnung sprengen und Grundrechte, zumindest »faktisch«, außer Kraft setzen. »Meinungsfreiheit« verwandelt sich dann in Regierungspropaganda. Mangels Vorliegen einer entsprechenden Kompetenznorm zur Herausgabe von Verfassungsschutzberichten, zumindest der üblichen, der sogenannten »geistig-politischen Extremismusbekämpfung« dienenden Art, können daher die festgestellten Eingriffe in die freie »Meinungsbildung des Volks« (Artikel 21 Abs. 1 Satz 1 GG) und damit in das zugunsten konkurrierender Parteien wirkende Verfassungsprinzip der freien Bildung politischer Opposition nicht gerechtfertigt werden. Außerdem liegt in der Herausgabe derartiger unter dem Stichwort »Verfassungsschutz durch Aufklärung«[62] (Regierungspropaganda) gerechtfertigter Berichte eine Umgehung verfahrensrechtlicher Vorschriften: Würde zugestanden werden, daß in der Herausgabe von VS-Berichten ein Verwaltungshandeln und keine freie Meinungsäußerung liegt, stellt sich etwa die Frage des aus der Menschenwürdeverpflichtung ableitbaren Anhörungsrechts der Personen und Personenvereinigungen, gegen welche die Berichte gerichtet sind.[63] Bei der dann an sich gebotenen Durchführung eines förmlichen Verwaltungsverfahrens, welches der Gesetzgeber vorsehen müßte, stellt sich wiederum die Frage der verfassungswidrigen Umgehung der Monopolisierung/Konzentration des Verfahrens zur Feststellung der Verfassungswidrigkeit von Parteien beim Bundesverfassungsgericht nach Artikel 21 Abs. 2 Satz 1 GG[64], welches durchaus kein Parteiverbot bedeuten müßte, sondern nur ein Wahlteilnahmeverbot beinhalten könnte (vgl. etwa Art. 15 der Bayerischen Verfassung von 1946). Schon das Aufwerfen dieser zusätzlichen Fragen führt zur offensichtlichen Antwort: Die Verfassungsschutzberichte der derzeitigen Machart sind damit schon formell verfassungswidrig, und Politiker, welche diese Berichte gezielt als staatliches Herrschaftsinstrument gegen Opposition und damit gegen die Freiheit des gesamten Volks einsetzen, sind im Sinne des extrakonstitutionellen Geheimdienstvokabulars als »Verfassungsfeinde« zu kennzeichnen.

Die beabsichtigte Diskriminierung politischer Opposition

Die Verfassungsschutzberichte, zumindest der derzeit üblichen Art, sind jedoch nicht nur aus formellen Gründen, sondern vor allem wegen inhaltlicher Gesichtspunkte als rechtswidrig und verfassungswidrig zu kennzeichnen. Wie dargestellt, operieren die sogenannten »Verfassungsschutzberichte« mit dem Begriff des »Extremismus«. Es kann sich bei diesem gesetzlich zu Recht nirgends definierten Begriff um keinen rechtsstaatlich akzeptablen Begriff handeln, vielmehr geht es hierbei um eine ideologische, einer rechtsstaatlichen Herrschaftsordnung entgegengesetzte Begriffsbildung: Der Gegenbegriff zum »Extremismus«, d. h. zur Ideologie (»-mus«) des »Äußersten«, besteht nämlich in dem Begriff der »Mitte«. Wie dargestellt, gibt es in den sogenannten »Verfassungsschutzberichten« beim Begriff des Extremismus den sogenannten Rechts- und den sogenannten Linksextremismus, während der Begriff der »extremistischen Mitte« nicht verwendet wird, da er ja schon sprachlich verfehlt wäre. Damit stellt der »Extremismus« eine begriffliche Immunisierung der politischen Mitte dar, welcher sich die etablierten Parteien selbst als »linke«, »rechte« oder »eigentliche Mitte« (als gewissermaßen mittlere Mitte), gelegentlich auch als »neue Mitte«, »wahre Mitte« und dergleichen, ideologisch zuordnen. »Mitte« kann dann schon per definitionem keine »verfassungsfeindliche« Einstellung haben. Die Begriffe von politisch »rechts« und »links«, welche durch die Begriffe Rechts- und Linksextremismus als gegeben vorausgesetzt werden[65], und der »Mitte« als Gegenbegriff zeigen dabei an, daß der Öffentlichkeitsarbeit der Geheimdienste parteiideologische Kategorien zugrunde liegen, welche, wie die Differenzierungsverbote des Artikels 3 Abs. 3 GG zeigen, die auch in der Allgemeinheit des nach Artikel 5 Abs. 2 GG die Meinungsfreiheit rechtmäßig beschränkenden Gesetzes reflektiert werden, rechtsstaatlich völlig irrelevant sind. Um den Widerspruch zu rechtsstaatlichen Grundsätzen nicht deutlich werden zu lassen, wird eine juristische Definition des »Extremismus« oder der *differentia specifica* (d. h. der »Mitte«) peinlich vermieden, wobei aber offensichtlich ist, daß das *genus proximum* (= der bei einer Definition vorausgesetzte Oberbegriff) die politische Ideologie darstellt. Nach derartigen Kriterien gegliederte Verfassungsschutzberichte stellen demnach die Verwirklichung rechtsstaatswidriger Ideologiepolitik dar. Sie sind allein schon der Begriffsverwendung wegen als »willkürlich« einzustufen, da es in einem freien Staat[66] nicht verboten ist, ideologisch auch den Herrschenden nicht genehme Positionen, sogar extreme, zu vertreten, so wie man ja auch Katholikenfeind sein oder gegenüber der Sozialdemokratie Ressentiments pflegen kann. Es mag sich hierbei um problematische Einstellungen handeln. Jedoch: In einem freien Staat dürfen den sanktionierenden Staat nur rechtswidrige Handlungen interessieren, wobei jedoch wiederum die gesetzliche Definition der »Rechtswidrigkeit« dem Grundsatz der Trennung von Staat und Ideologie entsprechen muß – was allerdings nicht in allen Fällen des bundesdeutschen politisch relevanten Strafrechts der Fall ist.

Ohne hier wegen der rechtsstaatlichen Irrelevanz[67] der entsprechenden Begriffsbildung auf die politikwissenschaftliche Berechtigung des Extremismusbegriffs im einzelnen eingehen zu wollen, sei darauf hingewiesen, daß ein dem Bundesinnenministerium/Bundesamt für Verfassungsschutz durchaus verbundener Politikwissenschaftler den Begriff des »Rechtsextremismus«, um den es ideologiepolitisch seit dem Untergang des Kommunismus (»Linksextremismus«) vor allem geht, als »besonders umstritten« bezeichnet, da »sehr Verschiedenes darunter verstanden wird. Der definitorische Zuschnitt hängt danach wesentlich von – oft unausgesprochenen – gesellschaftlichen Positionen und methodologischen Grundannahmen ab.«[68] Welche »Grundannahmen« insoweit für den bundesdeutschen Geheimdienst maßgebend sind, läßt sich den (privaten?) Aussagen von Mitarbeitern der entsprechenden Bundesbeobachtungsbehörde entnehmen, wonach etwa folgende »Strukturelemente (rechts-)extremistischen Denkens«

festgestellt werden könnten: »Dogmatismus, Utopismus bzw. kategorischer Utopieverzicht, Freund-Feind-Stereotypie, Verschwörungstheorien, Fanatismus und Aktivismus, offensive und defensive Absolutheitsansprüche«[69]. Den Höhepunkt dieser Beschreibung stellen die Ausführungen dar, wonach der Rechtsextremismus im sogenannten »Formalismus« sichtbar würde, welcher in der Tendenz zum Ausdruck komme, »politische Probleme in Rechtsprobleme zu kleiden und unter juristischen Gesichtspunkten zu diskutieren. Hierbei werden formale Regelungen durch das vermeintlich über den Parteien stehende Recht gegenüber informellen politischen Regelungen zur Kompromißbildung bevorzugt.«[70] Mit dieser an die Formalismuskritik Josef Stalins erinnernden Darlegung dürfte die sehr justizstaatliche (und deshalb demokratietheoretisch durchaus kritikwürdige) Herrschaftsordnung der Bundesrepublik Deutschland unter den Verdacht des Rechtsextremismus fallen, ähnlich wie die besondere Form der »wehrhaften Demokratie«, welche bekanntlich gegen den »Verfassungs*feind*« gerichtet ist und der deshalb die »Freund-Feind-Stereotypie« zugrunde liegt, einem entsprechenden Verdikt kaum entgehen kann. Auch eine dogmatisch-fanatische Einstellung der Verfechter des Konzepts der »wehrhaften Demokratie« dürfte unschwer nachzuweisen sein[71], wie auch der Einsatz des Geheimdienstes gegen falsche Geschichtsauffassungen (»Bestreiten der deutschen Kriegsschuld«, »Relativierungen« etc.) an amtliche Verschwörungstheorien gemahnt; denn es ist geradezu absurd, anzunehmen, daß etwa jemand, welcher historische »Vergasung« nicht glauben will, deshalb gegen die Meinungsfreiheit oder das Mehrparteienprinzip eingestellt sein muß. Auch ein weiterer Definitionsversuch, wonach vier Ideologieelemente grundlegend für rechtsextremistisches Denken seien, nämlich Autoritarismus, Antipluralismus, Nationalismus und Ungleichheitsideologie, ist nicht besonders plausibel. Als (selektiv) »autoritär« und gegen den (vollen) politischen Pluralismus gerichtet ist sicherlich, wie nicht zuletzt die Verfassungsschutzberichte zeigen, die bundesdeutsche

Verfassungsschutzdemokratie anzusehen, welcher deshalb »Rechtsextremismus« vorgeworfen werden könnte. Der Nationalismus ist allenfalls im Deutschland der Nachkriegszeit grundsätzlich, aber nicht ausschließlich[72] als politisch »rechts« – und demnach entsprechend der Ideologie und der Salami-Taktik bundesdeutscher Geheimdienstmitarbeiter als (potentiell) »rechtsextremistisch« – einstufbar[73], wobei diese ideologische Einstufung des Nationalismus den wesentlichen, wenn nicht gar einzigen Grund darstellt, die historische NSDAP – ihrem Selbstverständnis zuwider[74] – als »rechts«, d. h. (in der Logik der bundesdeutschen Geheimdienste) als »rechtsextremistisch« einstufen zu können. Im übrigen scheint der »Internationalismus« das wahrscheinliche Gegenteil von »Nationalismus« verfassungskonform zu sein, ein typisches Beispiel für die diskriminierende Wirkung (staats-)ideologischer Begriffsbildung! Und schließlich spiegelt die »Ungleichheitsideologie« den politischen Pluralismus wider, welcher davon ausgeht, daß Menschen unterschiedliche Interessen haben, (auch) deshalb unterschiedliche Ansichten vertreten und auch im Geschmack und dergleichen Unterschiede aufweisen. Gerade deshalb ist die »Gleichheitsideologie«, was ja wohl das Gegenteil der als »verfassungsfeindlich« eingestuften »Ungleichheitsideologie« sein müßte, kennzeichnend für den Totalitarismus, d. h. für die ideologische Gleichschaltung, welche demnach vom bundesdeutschen Geheimdienst als verfassungskonform angesehen zu werden scheint. Wenn aber mit dieser politologischen Begriffsbildung je nach machtpolitischem Belieben eigentlich alles und damit willkürlich als insbesondere »rechtsextrem« beschrieben werden kann, ist damit im rechtsstaatlichen Verwaltungsvollzug nichts anzufangen, wie denn auch die Aktivisten des Verfassungsschutzes in ihren Äußerungen im Prinzip selbst zugeben. Diese propagieren daher einen von der »verfassungsrechtlich orientierten Sicht« losgelösten und damit einen gewissermaßen verfassungsfeindlichen Begriff zumindest des »Rechtsextremismus«.[75] Politischer Extremismus werde danach in der Politikwissenschaft nicht bezogen auf die Gegnerschaft zum Grundgesetz verstanden, »sondern ganz allgemein im Sinne der Gegnerschaft zu Prinzipien eines demokratischen Verfassungsstaates als einem auf den Menschenrechten gründenden Organisationsprinzip«.[76] Damit kann man sich unter Berufung auf den »Westen« und die »westliche Werteordnung«, d. h. wiederum auf ideologische/geschichtsphilosophische Kategorien (realpolitisch: auf die Interessenlage des amerikanischen Hegemon), von den konkreten Rechtsnormen des Grundgesetzes dispensieren, ja bei Bedarf das Grundgesetz selbst – etwa dessen Unterscheidung von Deutschen- und Menschenrechten (z. B. Einreisefreiheit nach Deutschland gemäß Artikel 11 GG, deutsche Arbeitsplätze gemäß Artikel 12 GG verfassungsrechtlich nur für Deutsche garantiert) oder die Gewährleistung des Abstammungsprinzips bei der deutschen Staatsangehörigkeit (Artikel 116 Abs. 2 GG spricht von »Abkömmlingen«) – und damit die Verfechter der entsprechenden Verfassungsgrundsätze als »verfassungsfeindlich« karikieren![77] Wenn auch das noch nicht hilft, kann man die Berufung von »Rechtsextremisten« auf das Grundgesetz als »bloßes Lippenbekenntnis« abtun, welches die Geheimdienstmitarbeiter aufgrund ihrer geheimdienstlichen Ausbildung sicherlich als solches erkennen können. In der hierbei zum Ausdruck gebrachten Flexibilität liegt aber gerade die Attraktivität des Extremismusbegriffs für etablierte Politiker begründet, welche mit Hilfe dieses Begriffs beliebige Konkurrenz durch ehrenrührige Berichte als »Verfassungsfeinde« ausschalten, diskriminieren und »vernichten« können.

Eine Hürde dagegen, daß nicht jede als ideologisch unpassend angesehene Ansicht unter Extremismusverdacht fällt und damit als »verfassungsfeindlich« gekennzeichnet wird, setzen dabei nicht etwa rechtsstaatliche Maßstäbe, sondern gemeinsame (Ideologie-)Interessen etablierter Parteien, welche sicherstellen müssen, daß sie sich nicht gegenseitig als Verfassungsfeinde diffamieren, was in der Tat Vorbote bürgerkriegsähnlicher Entwicklungen sein würde. Deshalb wird sorgfältig vermieden, den Extremismusbegriff dergestalt anzuwenden, daß damit eine etablierte politische Strömung getroffen werden könnte. Belegt werden kann diese Behauptung an der Tatsache, daß für die als »extremistisch« eingestufte Scientology-Organisation der Terminus »neuer Extremismus« kreiert worden ist[78], obwohl man für diese vielleicht, entsprechend den vorfindbaren ideologischen Strömungen, den Terminus »Liberalextremismus« hätte prägen können. Dieser »Sekten«-Organisation wurde nämlich zum Vorwurf gemacht[79], nur den Schein einer religiösen Organisation[80] abzugeben, in Wirklichkeit jedoch ein kommerzielles Unternehmen zu sein, welches seine Mitglieder in menschenunwürdiger Weise ausbeuten würde: »Die bekannten Arbeitsverträge machen deutlich, daß Gewinnmaximierung zentrales und beherrschendes Ziel der scientologischen Ideologie ist.«[81] Darin könnte man eine pseudoreligiöse Perversion eines zentralen Begriffs des Liberalismus sehen, dessen Kern die kapitalistische Wirtschaftsordnung mit ihrem Profitmotiv darstellt. In der Tat stellt sich ja die Frage, warum für die ideologische Richtung des Liberalismus nicht gelten sollte, was etwa für den Sozialismus amtlich festgestellt ist, daß nämlich ein politisch legitimes Anliegen, welches wohl der »Mitte«, in diesem Fall der Sozialdemokratie zugerechnet wird, durch pseudoreligiöse Perversion etwa als Hitler-Sozialismus ins Äußerste (= »Extremistische«) gesteigert werden könnte. Für diese Möglichkeit der Pervertierung auch des Liberalismus spricht etwa die Tatsache, daß sich diktatorische Systeme in Lateinamerika ausdrücklich auf den Liberalismus bezogen haben[82], so daß auch diese ideologische Richtung grundsätzlich nicht vom Extremismusverdacht ausgenommen werden könnte, wären die Ideologen des Verfassungsschutzes wenigstens um die innere Konsistenz ihres Ansatzes bemüht. Die lateinamerikanischen Liberalen haben im übrigen den kulturell (und rassisch) rückständigen Charakter der einheimischen Bevölkerung für die Notwendigkeit der Diktatur verantwortlich gemacht, so daß durch Einwanderer erst die Voraussetzungen einer demokratischen Verfassung geschaffen werden müßten, welche nach dem Tabula-rasa-

Prinzip der »Stunde Null« eine artifizielle Nation konstituiert. Man kann daher diesen Liberalismus (»Positivismus« genannt) als protototalitär, inländerfeindlich/rassistisch und verfassungspatriotisch beschreiben. In Brasilien hat er um die Jahrhundertwende, symbolisiert durch einen »Tempel der Humanität«, einen (verfassungs-)religiösen Charakter mit dem *cientifismo* angenommen. Diesen Begriff kann man ins Amerikanische ohne weiteres mit Scientology übersetzen, was belegt, daß es völlig berechtigt ist, die Vorwürfe gegen diese Organisation in der Sprache der internen Geheimdienste der Bundesrepublik Deutschland als »liberalextremistisch« zu kennzeichnen.

Diese an sich folgerichtige Ausweitung des Extremismusbegriffs, welche politikwissenschaftlich, aber vor allem in der politischen Auseinandersetzung mit etablierten politischen Kräften legitim sein mag, würde jedoch die grundlegende rechtsstaatliche Problematik verfehlen. Entscheidend ist insoweit, daß »Extremismus« als ideologische Einstellung in einem freien Staat nicht Gegenstand staatlicher Bekämpfung sein kann, weil dem neben anderem die absoluten Diskriminierungsverbote des Artikels 3 Abs. 3 GG und die Meinungsfreiheit nach Artikel 5 GG entgegenstehen. Dabei ist die Feststellung von Bedeutung, daß der verfassungsrechtlichen Garantie der Meinungsfreiheit gerade nicht die (ideologische Konzeption der) Verfassungsordnung als verfassungsrechtliche Schranke entgegensteht. Damit unterscheidet sich die Gewährleistung der Meinungsfreiheit nach dem Grundgesetz gerade von Artikel 27 der DDR-Verfassung von 1968/1974, welche die »Grundsätze dieser Verfassung« als (ideologische) Schranken der Meinungsfreiheit ausdrücklich aufgeführt hatte. Allerdings ist dadurch in der Tendenz eine konzeptionelle Angleichung des Grundgesetzes in die Wege geleitet, indem das Bundesverfassungsgericht in seinen Parteiverbotsurteilen[83] die »freiheitliche demokratische Grundordnung« ohne juristisch überzeugende Ableitung[84] nicht als die »verfassungsmäßige Ordnung« im Sinne der klassischen Hochverratsvorschrift (= Schutz der Verfassung als Legalitätsordnung), sondern als ein »Überparteiprogramm« von Verfassungswerten verstanden hat, welches dementsprechend durch die Äußerung bestimmter Auffassungen »verletzt« oder »gefährdet« werden kann – womit in der Tat das Recht der freien Meinungsäußerung auf ein Recht zu einer »freiheitlichen« Meinungsäußerung verkürzt wird.[85] Dies führt zu einer Konstellation, welche der vergleichbar ist, als würde man etwa einem Kritiker des Mietrechts unterstellen, seine Mieter übervorteilen zu wollen, so daß er, ohne eine rechtswidrige Handlung begangen zu haben, etwa vertragsbrüchig geworden zu sein, amtlich als »Feind des Mietrechts« und etwa als »Eigentumsextremist« (weil er durch das soziale Mietrecht das Eigentumsrecht beeinträchtigt sieht) eingestuft werden könnte. Es dürfte damit deutlich sein, daß durch den amtlichen Extremismusbegriff unter Berufung auf die zu einem ideologischen Konzept erhobene »Verfassung« die rechtsstaatliche Herrschaftsordnung, welche an politisch neutralen rechtlichen Tatbeständen orientiert ist, in eine Ideologiestaatlichkeit überführt wird, welche die richtige Gesinnung und politische Einstellung belohnt oder sanktioniert und damit die freie Demokratie gefährdet.

Die Sachgerechtheit des Schutzes der Verfassung durch Geheimdienste

Angesicht der zentralen Bedeutung, welche im bundesdeutschen politischen Sonderweg den als »Verfassungsschutz« firmierenden Geheimdiensten zugesprochen wird, stellt sich notwendigerweise die entscheidende Frage, ob und inwieweit ein Geheimdienst zum Schutz der »freiheitlichen demokratischen Grundordnung« überhaupt tauglich ist, wovon jedoch – abgesehen von der Behördenpraxis, welche diesen Organen sogar die Mitwirkungsbefugnis bei der Meinungsbildung des Volkes zugesteht – Artikel 87 Abs. 1 Satz 2 und 73 Nr. 10 GG auszugehen scheinen. Allerdings ergibt die geheimdienstliche Beobachtung von Parteien, welche mit deren ideologisch falscher Programmatik, etwa einer unpassenden

Geschichtsauffassung, welche ein Verfassungsprinzip verletzen soll!, begründet wird, selbst dann keinen besonderen Sinn, wenn deren Programmatik tatsächlich im Widerspruch zu den als »Überparteiprogramm« verstandenen Grundsätzen der freiheitlichen demokratischen Grundordnung stünde, etwa weil vermutet wird, daß eine historische Würdigung des antiken Sparta in einer kulturpolitischen Zeitschrift gegen Demokratie und Grundrechte gerichtet sei[86]. In den konkreten Fällen der geheimdienstlichen Überwachung oppositioneller Parteien, welche Gegenstand der verwaltungsgerichtlichen Kontrolle waren[87], ist denn auch offengeblieben, welchen Zweck die geheimdienstliche Parteienüberwachung haben soll bzw. welche zusätzlichen Erkenntnisse eigentlich gewonnen werden sollen, welche die Überwachung rechtfertigen würden, die etwa damit begründet worden ist – man sieht, wie erhellend deutscher Verfassungsschutz ist –,daß die Verwendung des völlig korrekten Begriffs »Umerziehung« gegen das »Mehrparteiensystem« gerichtet sei.[88] Dies spricht bereits dafür, daß es bei weitem mehr auf die den Ruf beeinträchtigende Wirkung der amtlichen Mitteilung über die Überwachung selbst ankommt als auf ein entsprechendes Überwachungsergebnis. Im übrigen zeigen die sogenannten »Verfassungsschutzberichte«, daß in diesen nichts enthalten ist, was sich nicht auch aufgrund der Lektüre allgemein zur Verfügung stehender Publikationen ermitteln ließe, zumal Geheimdienste unter Berufung auf ihren eigentlichen Charakter anderes gerade gar nicht mitteilen dürften. Die hierbei zum Ausdruck kommende Inadäquanz des Geheimdienstes zu dieser Art von Verfassungsschutz spricht dafür, daß »Verfassungsschutz« juristisch etwas ganz anderes meinen muß als die geheimdienstliche Ideologiekontrolle.

Für diese Schlußfolgerung spricht gerade im Zusammenhang mit Artikel 87 Abs. 1 Satz 2 GG, der verfassungsrechtlichen Grundlage des Verfassungsschutzes, die Entstehungsgeschichte, bei der insbesondere der sogenannte »Polizeibrief« der drei Militärgouverneure[89] zu nennen ist, welcher zum einen auf einer organisatorischen Trennung von Polizei und Geheimdienst bestanden und zum anderen die Aufgaben dieses als »Verfassungsschutz« gekennzeichneten Geheimdienstes wie folgt beschrieben hat: »Der Bundesregierung wird es … gestattet, eine Stelle zur Sammlung und Verbreitung von Auskünften über umstürzlerische, gegen die Bundesregierung gerichtete Tätigkeiten einzurichten. Diese Stelle soll keine Polizeibefugnisse haben.« Letztlich kann ein Geheimdienst eines Rechtsstaats nämlich nichts anderes schützen als die Polizei, weshalb es sich, wie von der Entstehungsgeschichte von Artikel 87 und 73 Nr. 10 GG bestätigt wird, bei der »freiheitlichen demokratischen Grundordnung« entgegen der Rechtsprechung des Bundesverfassungsgerichts um etwas handeln muß, was – im Unterschied zu rechtlichen Abstrakta wie Verfassungsgrundsätze – polizeirechtlich geschützt werden kann, wie staatliche Einrichtungen, von deren ungehindertem Funktionieren der demokratische Prozeß abhängt. Während die Polizei etwa für die Unterdrückung gewalttätiger Aufstandsbewegungen, Schutz von Parteiversammlungen gegen gewalttätige Gegendemonstranten etc. zuständig ist, also für den Schutz vor relevanten Störungen des demokratischen Prozesses, der sich im Kern auch in Normen des Strafrechts, insbesondere eines allerdings ideologisch neutralen Staatsschutzrechts widerspiegelt, besteht die Kompetenz des Geheimdienstes in der Ermittlung von Vorbereitungshandlungen, welche zu polizeirechtlich relevanten Störungen oder politisch motivierten Straftaten führen könnten. Letztlich ist also im Rechtsstaat ein dem Polizei- und Strafrecht akzessorisches Handeln der (internen) Geheimdienste gefordert, so daß die Auseinandersetzung mit einer falschen politischen Programmatik, deren Propagieren insbesondere aufgrund der mit Artikel 5 GG garantierten Meinungsfreiheit rechtmäßig ist, nicht Gegenstand geheimdienstlicher »Erkenntnisse« und sonstiger Maßnahmen sein kann.

Da jedoch das Bundesverfassungsgericht in den Parteiverbotsentscheidungen über die ideengeschichtliche Definition der »freiheitlichen demokratischen Grundordnung« den

»Verfassungsfeind« überwiegend ideologisch bestimmt hat, und zwar selbst dort, wo dies wie im Falle der KPD als einer Agentur des feindlichen Sowjetregimes wirklich nicht nötig gewesen wäre, ist der Weg dazu gelegt, die rechtsstaatlich gebotene Polizeirechtsakzessorität der Geheimdienste zurückzudrängen. Diese Lösung hat allerdings die Entstehungsgeschichte des BundesverfassungsschutzG, wenngleich nicht unbedingt die des Grundgesetzes, auf ihrer Seite, hat doch die Mehrheit des Bundestags bei der 2. Beratung des BVerfSchG am 28. 7.1950 den Antrag der Bayernpartei zurückgewiesen, die (verfassungsfeindlichen) »Bestrebungen« danach zu bestimmen, daß sie eine »ungesetzliche Aufhebung, Änderung oder Störung der verfassungsmäßigen Ordnung ... zum Ziele haben«.[90] Die Ablehnung dieses rechtsstaatlich konzipierten Vorschlags dürfte die Geburtsstunde der spezifischen »Extremistenbekämpfung« gewesen sein, welche als »Grauzone von materieller Verfassungswidrigkeit und formaler Legalität«[91] bestimmt wird. »Die faktische Ausweitung des Opportunitätsprinzips für die Einleitung der Verfahren hat auch jene Grauzone politisch-extremistischer Betätigung anwachsen lassen, die durch das Paradoxon gleichzeitig und nebeneinander bestehender (formaler) Legalität und materieller Verfassungsfeindlichkeit gekennzeichnet ist.«[92] Die dabei bewirkte Trennung der (Polizeirechts-)Legalität von der geheimdienstlichen Legitimität wird dabei vom Prinzip der Trennung von Polizei- und Geheimdiensten gefördert, wobei dieses Prinzip von den westlichen Besatzungsmächten nach erfolgter Föderalisierung der Polizei zur Verhinderung einer nicht ihrer Kontrolle unterliegenden deutschen »Zentralstelle« auferlegt worden war.[93] Deshalb hat sich auch nur auf Bundesebene dieses sogenannte Verfassungsprinzip durchgesetzt, während es auf der Ebene der Bundesländer[94], wie etwa in NRW, die Trennung von Polizei und Nachrichtendienst nicht gibt und nie gegeben hat, ohne daß jemand die Verfassungswidrigkeit dieser Behördenorganisation behauptet hätte. Dieses sogenannte Trennungsgebot, das in der Regel als besonderer »rechtsstaatlicher Fortschritt« ausgegeben wird, dessen verfassungsrechtlich zwingender Charakter jedoch zu Recht bestritten werden kann[95], hat dazu geführt, daß die Bundesrepublik Deutschland der einzige Staat des freien Westens sein dürfte, welcher dem internen Geheimdienst einen verfassungsrechtlichen Rang einräumt[96], was in der Tat ein besonderes Merkmal des bundesdeutschen Sonderweges darstellt. Es gibt keinen Staat des freien Westens, wenn nicht gar der ganzen Welt, welcher über einen »Verfassungsschutz« als solchen verfügt.[97] Die vergleichbaren Einrichtungen anderer Staaten bestehen in der politischen Polizei, Geheimpolizei oder (geheimen) Staatspolizei, welche letztlich auf der Erkenntnis beruhen, daß es eine politisch motivierte Kriminalität gibt, welche besondere Gefahren aufweist und der mit besonderen Mitteln möglichst präventiv begegnet werden muß. Gäbe es dementsprechend den »Verfassungsschutz« nicht, müßte auch in der Bundesrepublik die sogenannte politische Polizei (welche es ohnehin noch zusätzlich gibt) die entsprechenden Aufgaben wahrnehmen, d. h. die politisch motivierte Kriminalität ahnden und bekämpfen. Entscheidend ist, daß es bei der politischen Polizei im Rechtsstaat immer noch um die Ahndung der Tatbestände von Normen geht, welche (weitgehend) dem strafrechtlichen Bestimmtheitsgebot (Artikel 103 Abs. 2 GG) genügen müssen. Der bundesdeutsche Sonderweg besteht demgegenüber darin, daß hier, wenngleich ohne (polizeiliche) Exekutivbefugnis[98], mit dem Verfassungsschutz eine Art Überpolizei eingerichtet ist, welche sich bei tendenzieller Lösung von dem polizeirechtsakzessorischen Auftrag notwendigerweise dem Schutz weltanschaulicher »Werte« verpflichtet sieht.

Würden sich die Verfassungsschutzberichte wenigstens an die Tatbestände der Verfassungsschutzgesetze[99] halten, was sie tun müßten, würde man davon ausgehen können, daß die Veröffentlichungspraxis der Innenminister rechtsstaatliches Behördenhandeln, und sei es nur »faktischer« Art, darstellt, bestünde jedoch das Problem, daß die Innenminister und die ihnen unterstellten Geheimdienste tatsächliche Handlungen als »verfassungsfeindliche Bestrebungen« beobachten müßten (s. dazu die Gliederung eines alternativen Verfassungsschutzberichts im Anhang), ähnlich wie dies bei dem an Straftatbeständen orientierten Handeln der Staatsanwaltschaft zu geschehen hat, anstatt spezifische Parteien mit Hilfe des Extremismus-Begriffs, welcher in den gesetzlichen Grundlagen nicht enthalten ist, ideologiestaatlich zu diskriminieren. Würden umgekehrt die Grundsätze, welche sich im bundesdeutschen Sonderweg für die internen Geheimdienste eingebürgert haben, für die Staatsanwaltschaften gelten, könnten Straftatbestände nicht allgemein verfolgt werden, sondern nur bei Bürgergruppen, welche in einem Geheimverfahren mit genereller Wirkung als »gefährlich« eingestuft worden sind, was in einer, natürlich »willkürfreien«, »Meinungsäußerung« der jeweiligen Regierung kundgetan würde. Mit anderen Worten: Würden die Verfassungsschutzberichte nach den Tatbeständen der freiheitlichen demokratischen Grundordnung untergliedert sein[100] (etwa: Beeinträchtigung des Mehrparteiensystems, Beeinträchtigung des Gewaltenteilungsprinzips, Beeinträchtigung der Chancengleichheit politischer Parteien etc.), würden möglicherweise viel öfter »Demokraten« erwähnt werden müssen als »Extremisten«. Es müßten dann etwa die vorsätzlich rechtswidrigen Behördenentscheidungen über die gleichheitswidrige Nichtzulassung von bestimmten Parteien zur Benutzung öffentlicher Einrichtungen unter Zuwiderhandeln gegen die gefestigte Rechtsprechung bei der Darlegung des Tatbestandsmerkmals »Beeinträchtigung der Chancengleichheit der Parteien« aufgeführt werden. Selbstverständlich müßte auch die amtlich angezettelte »Verbotsdiskussion« gegenüber legalen Parteien unter der Rubrik »Beeinträchtigung/Gefährdung des Mehrparteiensystems« aufgeführt werden, ja man müßte dann konsequenterweise daran denken, die öffentliche weltanschaulich ausgerichtete Diskreditierung durch sogenannte Verfassungsschutzberichte in diese Rubrik einzuordnen. Dabei wäre legitim die Schlußfolgerung zu ziehen, daß erhebliche Zweifel daran bestehen, daß die für derartige ideologisch ausgerichtete Verfassungsschutzberichte verantwortlichen Politiker die Gewähr dafür bieten, jederzeit für die freiheitliche demokratische Grundordnung einzutreten; denn offensichtlich tolerieren sie konkurrierende Parteien nur so lange, bis sie ihnen wahlpolitisch nicht gefährlich werden können.

Verfassungsrechtlich gebotene Lösung: Tatbestandsmäßig gegliederte Verfassungsschutzberichte

Falls die Herausgabe von sogenannten »Verfassungsschutzberichten« als Annexkompetenz zu Artikel 87 Abs. 1 Satz 2 GG überhaupt begründet werden kann – der zitierte »Polizeibrief« der Alliierten spricht für die Möglichkeit der »Verbreitung von Auskünften über *umstürzlerische*, gegen die Bundesregierung gerichtete *Tätigkeiten*« –, würde nämlich allein die auf die Tatbestände der freiheitlichen demokratischen Grundordnung bezogene Auflistung, welche ungeachtet des Ansehens von Parteien und Personen vorgenommen werden müßte, mit der Entscheidung des Bundesverfassungsgerichts zur Regierungspropaganda in Einklang gebracht werden können. Dann wäre es endlich auch möglich, das Zensurverbot von Artikel 5 Abs. 1 GG – wie vom Parlamentarischen Rat gewollt – auch auf die behördliche Nachzensur auszudehnen[101], wobei die Beachtung dieses verfassungsrechtlichen Verbotes eigentlich ziemlich genaue Kriterien dafür ergibt, was in Verfassungsberichten stehen darf – eine ideologiepolitische Bewertung eines Parteiprogramms oder gar Unterstellungen sicherlich nicht. Vielmehr ist es allein bei Beachtung einer rechtsstaatlichen Tatbestandsbezogenheit in der amtlichen Bewertung politischer Handlungen, eventuell wenngleich eher nur ausnahmsweise auch von politischen Forderungen[102], unabhängig von der Parteizugehörigkeit berechtigt, davon zu sprechen, daß die VS-Berichte nur eine »faktische« Beeinträchtigung von Parteien darstellen würden. Dies wäre dann dem Fall eines Strafverfahrens etwa wegen Verdachts eines Diamantenraubes (etwa durch einen F.D.P.-Politiker) vergleichbar, dem sich ein Parteipolitiker nicht unter Berufung auf Artikel 21 GG mit der Begründung entziehen kann, daß dieses Ermittlungsverfahren dem Ansehen seiner Partei schaden würde, so wie umgekehrt die entsprechende Partei dann nicht behaupten kann, ihr Ansehen würde durch ein entsprechendes Strafverfahren, d. h. durch einen staatlichen Eingriff, gemindert. Diese Ansehensminderung, falls es überhaupt zu einer solchen kommen würde, wäre dann in der Tat nur eine »faktische« Folge rechtsstaatlichen, d. h. an gesetzlichen Tatbeständen orientierten Behördenhandelns. Dabei wäre die entsprechende »faktische« Wirkung unabhängig davon, ob diese Partei selbst ideologiepolitisch als »demokratisch« oder als »extremistisch« einzustufen wäre. Allein bei einer vergleichbaren rechtsstaatlich gebotenen Tatbestandsmäßigkeit der Verfassungsschutzberichte läßt sich argumentieren, daß ihre Herausgabe der Schutzwirkung des Artikels 21 Abs. 2 GG nicht entgegensteht[103] und damit kein unzulässiges *aliud* zum Verbotsverfahren und damit eine Umgehung desselben darstellt, sondern eine entsprechende Partei nur »faktisch« treffe. Dieses Ergebnis findet seine Bestätigung in der Erkenntnis, daß sich verfassungsrechtlich die grundrechtlichen Probleme staatlicher Warnungen bei näherem Hinsehen auf den Boden des Polizeirechts zurückführen lassen.[104] Das Polizeirecht geht von der Tatbestandsmäßigkeit der zu schützenden Rechtsgüter aus und definiert auf dieser Grundlage auch die Zulässigkeit entsprechender staatlicher Eingriffe, zu denen auch staatliche Warnungen und warnende Bewertungen gehören. Das grundlegende Problem des bundesdeutschen Sonderwegs besteht jedoch darin, daß sich das Verfassungsschutzrecht vom polizeirechtlichen Ansatz eines dem Rechtsstaat adäquaten Verfassungsschutzes weitgehend abgewandt hat. An die Stelle des Rechtsstaats ist insoweit im Interesse des parteipolitischen Wettbewerbsvorteils für etablierte Parteien eine Ideologiestaatlichkeit getreten, welche vor allem mit Hilfe von Verfassungsschutzberichten umgesetzt wird. Dabei wird nicht nur die Grundlage für die disziplinarrechtliche Diskriminierung von beamteten Parteimitgliedern einer ideologisch falschen Partei gelegt und damit das für eine freie

Demokratie entsprechend der Schumpeterschen Wettbewerbslehre[105] grundlegende Verfassungsprinzip der Chancengleichheit aller Parteien beeinträchtigt, sondern es wird damit der Weg zu einer totalitären Demokratiekonzeption gelegt, wonach staatliche Stellen als legitimiert angesehen werden, die Wähler vor der Wahl von Parteien mit falscher Programmatik amtlich zu warnen. Der logisch weitere Schritt wäre dann, den Wähler durch eine entsprechende Ausgestaltung des Wahlrechts[106] im Interesse der »Verfassung« zu zwingen, auch richtig zu wählen. Der Unterschied zwischen einer so verstandenen »wehrhaften«, mit ideologischen »Verfassungsschutzberichten« hantierenden Demokratie des Kartellparteiensystems einer etablierten politischen Klasse und der offen ideologiestaatlichen »antifaschistischen Neuordnung« mit ihrem Blockparteisystem wäre dann kein prinzipieller mehr, sondern nur noch ein gradueller. Das soll abschließend deutlich machen, was bei den sogenannten Verfassungsschutzberichten verfassungspolitisch wirklich auf dem Spiel steht.[107]

Erläuterung des Anhangs: Gliederung eines alternativen Verfassungsschutzberichtes

Zur Bestätigung der Ausführungen dieses Beitrags wird im Anhang die Gliederung eines alternativen Verfassungsschutzberichts vorgestellt, welcher den Tatbeständen der »freiheitlichen demokratischen Grundordnung« nach der Erkenntnis des Bundesverfassungsgerichts folgt und damit als rechtsstaatlich angesehen werden kann.[108] Mit dieser Gliederung kann aufgezeigt werden, daß es des ideologischen Begriffs »Extremismus« nicht bedarf, um verfassungswidriges Verhalten feststellen zu können. Ein die rechtsstaatliche Tatbestandsbezogenheit beachtender Verfassungsschutzbericht macht allerdings auch deutlich, daß Bürger im Prinzip nur dann als »Verfassungsfeinde« angesehen werden können, wenn sie ihre politischen Ziele gewaltsam durchsetzen und damit letztlich wenn sie entsprechende kriminelle Handlungen begehen, d. h. wenn politisch motivierte Kriminalität neben den spezifischen im Interesse der Funktionsfähigkeit der Staatsorgane normierten Delikten festgestellt werden können. Der Vorwurf der Verfassungsverletzung gegen Bürger, welche keine Strafnorm verletzen und nicht einmal eine Ordnungswidrigkeit begehen, verläßt bereits die Ebene des Rechtsstaates und führt in die Ideologiestaatlichkeit über. Dies spricht – neben anderem – dafür, die Vorschrift des Artikels 21 Abs. 2 GG über das Parteiverbot, zu dem die »Verfassungsfeindlichkeitserklärung« mittels Verfassungsschutzberichten und darauf gestützte Verwaltungsmaßnahmen ein (unzulässiges) *aliud* darstellt, so zu verstehen, wie dies ausdrücklich in Artikel 78 der Verfassung des Königreichs Dänemark über das Verbot von (politischen) Vereinen geregelt ist.[109]

Im übrigen macht eine tatbestandsbezogene Gliederung eines Verfassungsschutzberichts deutlich, daß über die politische Gewalttätigkeit hinausgehend eine Verfassung naturgemäß nur von politischen Kräften verletzt werden kann, welche über den Staatsapparat verfügen. Eine Verfassung ist nun einmal im wesentlichen Staatsorganisationsrecht und ordnet als solches die Rechtsbeziehungen zwischen den einzelnen Staatsorganen. Auch das im wesentlichen immer noch richtige, weil »freiheitliche« klassische Grundrechtsverständnis, wonach Grundrechte »Abwehrrechte« des Bürgers gegenüber Staatsorganen darstellen, geht davon aus, daß a priori nur Staatsorgane Grundrechte verletzen können. Nach dieser rechtsstaatlichen Konzeption können deshalb nur wenige Grundrechte, wie etwa das (oft vergessene) »Recht der persönlichen Ehre« nach Artikel 5 Abs. 2 GG, von Bürgern verletzt werden.[110] Bürger können Grundrechte ansonsten nur indirekt über das Medium von positiven Strafrechtsnormen verletzen, weshalb folgerichtig – von der herrschenden Meinung allerdings verkannt – bei Artikel 2 Abs. 1 GG die (vom Gesetzgeber bestimmten) »Rechte anderer« und nicht die (qua Verfassung gewährten) »Grundrechte anderer« als Schranke für die Grundrechtsausübung bestimmt werden.

Um Grundrechte abstrahiert vom positiven Recht zum staatlichen Instrument eines Verfassungsschutzes gegen politische Opposition machen zu können, muß man die Menschenrechte erheblich umfunktionieren, indem man sie zu staatlichen Bekenntnisnormen und schließlich zu staatlichen Kompetenznormen zur politischen Diskriminierung und Strafverfolgung mutieren läßt[111]. Man begibt sich damit wiederum auf den Weg in den Ideologiestaat. Die Erkenntnis, daß im Kern nur etablierte politische Kräfte die Verfassung als staatliche Legalitätsordnung verletzen können, wird in der diskriminierenden Regelung des § 43 Gesetz über das Bundesverfassungsgericht (BVerfGG) reflektiert, welcher die Antragsbefugnis zur Einleitung eines Parteiverbotsverfahrens auf die Organe Bundestag, Bundesrat und Bundesregierung beschränkt. Anders als in der nicht nur insoweit gerechteren Regelung der Türkei[112] sorgen die etablierten Kräfte der Bundesrepublik damit verfahrensrechtlich dagegen vor, daß sich Verbotsdiskussion, Verfassungsschutzberichte etc. als (angebliches) *minus* des Parteiverbots gegen sie richten können. Diese neben die Immunisierungswirkung des Extremismusbegriffs tretende verfahrensrechtliche Immunisierung ist als durchaus klug zu kennzeichnen: Begibt man sich nämlich auf die Argumentationsebene der derzeit üblichen Verfassungsschutzberichte, bereitet es keine Schwierigkeiten, der politischen Agenda der etablierten politischen Kräfte »Verfassungsfeindlichkeit« vorzuwerfen. Zu diesem Zweck müßte man insbesondere die Elemente der FdGO-Definition des Bundesverfassungsgerichts hervorheben, welche sich – welch ein Zufall! – weder in der FdGO-Definition der Verfassungsschutzgesetze noch in den Verfassungsgrundsätzen von § 92 Abs. 2 StGB finden, nämlich Rechtsstaat und Selbstbestimmungsrecht des Volkes/Volkssouveränität.[113]

Anmerkungen

1 So »Adolf Hitler«, 1945 zitiert bei Rainer Zitelmann: »Hitler – Selbstverständnis eines Revolutionärs.« Hamburg 1987, S. 457; Hitler sah demnach sein politisches Scheitern darin begründet, nicht entschieden »gegen rechts« vorgegangen zu sein: Ein Vermächtnis für den derzeitigen bundesdeutschen Verfassungsschutz?

2 Der frühere Oberlandesgerichtspräsident R. Schmidt, zitiert bei Alexander v. Brünneck: Politische Justiz gegen Kommunisten in der Bundesrepublik Deutschland 1949–1968. Frankfurt 1978, S. 217, hat diese Begriffsbezeichnung für einen »genialen Einfall im Sinne moderner Werbung und Verpackung« gehalten; im übrigen: »Das Verhältnis der Ämter zur Verfassung ist etwa so problematisch wie im Dritten Reich das Verhältnis der Kulturkammer zur Kultur.«

3 Die sogenannte herrschende Meinung übersieht dabei, daß dieser grundlegende Anspruch auf weltanschauliche Gleichbehandlung nicht nach Artikel 18 GG »verwirkt« werden kann, was dafür spricht, daß politische oder religiöse Auffassungen und deren Äußerung als solche nicht verfassungswidrig sein können; diese kann man nur mit dem rechtsstaatswidrigen Ideologiebegriff »verfassungsfeindlich« erfassen, muß dabei aber gegen Artikel 3 Abs. 3 GG verstoßen.

4 Vgl. Artikel 140 GG i. V. m. Art. 137 WRV: »Es besteht keine Staatskirche«; historisch richtet sich die Forderung nach dem Rechtsstaat nicht nur gegen die »Despotie« (Gewaltenkonzentration), sondern auch gegen das, was man verallgemeinernd, d. h. über »Theokratie« hinausgehend, als »Ideologiestaat« bezeichnen könnte, nämlich politische Herrschaft unter Berufung auf ideologische »Wahrheiten« zu legitimieren; daher ist »Rechtsstaat« ausweitend so zu lesen: »Es besteht keine Staatsideologie«, d. h. auch keine »freiheitlich-demokratische« (ebenfalls ein Terminus, der so im Grundgesetz nicht vorkommt).

5 Sowie bisher auf Bundesebene, s. Bundesverfassungsschutzbericht 1997 (über das Jahr 1996); anders dagegen der VS-Bericht des Bundes 1999 über das Jahr 1998.

6 S. im folgenden etwa den Verfassungsschutzbericht des Landes Nordrhein-Westfalen 1997 über das Jahr 1996.

7 Der von der Regierung einer großen Koalition herausgegebene Verfassungsschutzbericht des Landes Berlin von 1996 folgt der CDU-Untergliederung; als Ausgleich enthält das Titelblatt das Logo der Broschüre »Fairständnis«, welches gegen den »Fremdenhaß«, d. h. gegen den »Rechtsextremismus« gerichtet ist, womit deutlich wird, daß der »eigentliche« Extremismus seit der Wiedervereinigung »rechts« steht, während die Diktaturpartei SED als PDS demokratisch integriert ist: Ideologiepolitisch ist damit die Bundesrepublik auf die Besatzungszeit mit ihrem Bündnis von Sowjetkommunismus und Liberalismus zurückgeworfen, wovon nicht zuletzt die »Verfassungsschutzberichte« und gemeinsame Fernsehauftritte von Geißler (CDU) und Gysi (PDS) zeugen.

8 Daß »Verfassungsschutz« einen deutschen Sonderweg darstellt, s. im Ergebnis bei Hermann Borgs-Maciejewski: Verfassungsschutz im internationalen Vergleich. In: Verfassungsschutz in der Demokratie, hrsg. vom Bundesamt für Verfassungsschutz, Köln 1990, S. 165 ff.; auf die Abgrenzung zur »Geheimpolizei« oder »politischen Polizei« wird im Schlußkapitel dieses Sammelbandes eingegangen.

9 Zur unterschiedlichen Meßlatte beim Links- und Rechtsextremismus, s. insbes. die Ausführungen von Eckhard Jesse: Amtstexte als Zeichen politischen Wandels. In: FAZ vom 9.4.1997, S. 13.

10 Jesse, a.a.O., hat darauf hingewiesen, daß ein entsprechendes Kapitel beim »Linksextremismus« fehlt, was jedoch angesichts des ideologischen Bündnisses von »Liberalismus« (in den USA überwiegend ein für »Kryptokommunismus/Sozialismus« stehendes Schimpfwort, in der Bundesrepublik Deutschland geheimdienstliche Staatsdoktrin) und (Post-) Kommunismus nicht verwundern sollte.

11 Nur die hier vertretene, auf die Auslegung von Artikel 118 WRV zurückgehende Auffassung über die Schranken der Meinungsfreiheit ist mit den Differenzierungsverboten von Artikel 3 Abs. 3 GG vereinbar, die vom Bundesverfassungsgericht bei Bedarf herangezogene Wertelehre (»Schaukeltheorie«) dagegen nicht.

12 Lt. Verfassungsschutzbericht 1997 des Bundesinnenministeriums über das Jahr 1996; im übrigen werden die Delikte bei »rechts« dadurch erhöht, daß aus Gemeinschaftstaten in der Statistik so viele Einzeltaten wie Mittäter gemacht werden, während jede linke Gewalttat nur einmal gezählt wird, wenn sie aus zahlreichen Einzeltaten besteht (so der genannte Bericht ganz offen auf S. 26).

13 Trotz staatlichem Bekenntnis zum sogenannten Multikulturalismus, welches auch per Verfassungsschutzbericht umgesetzt wird – da »rechtsextrem« auch die »Agitation« gegen dieses Konzept ist –, dürfte jedoch auch die religiös motivierte Verwendung der Swastika (Hakenkreuz) durch Hindus oder Buddhisten in der Bundesrepublik Deutschland strafrechtlich verfolgt werden, was zeigt, wie schnell der »Ideologiestaat« mit der Religionsfreiheit in Konflikt gerät – was konkret an der »Sektenbekämpfung« demonstriert werden kann.

14 Diese ideologische Unterstellung dürfte sich häufig bei der Strafzumessung politisch diskriminierend auswirken; in der Tat ist es bereits üblich geworden, daß Strafgerichte von »rechtsextremistischen« Taten oder Tätern oder gar von einer »rechten Gesinnung« sprechen, obwohl es einen entsprechenden Straftatbestand gar nicht gibt und wegen Artikel 3 Abs. 3 GG auch nicht geben kann; hierbei wirkt sich aus, daß in der Bundesrepublik im Zweifel immer noch ein Täterstrafrecht anstelle des Tatstrafrechts zur Anwendung kommt, s. Gerhard Wolf: Befreiung des Strafrechts vom nationalsozialistischen Denken? In: JuS 1996, S. 189.

15 Es ist kaum anzunehmen, daß dem »Verfassungsschutz« die deutschfeindlich motivierte Rechtfertigung der DDR-Diktatur in der Internazi-Zeitschrift »konkret« (6/98, S. 9) durch den Herausgeber dieses Maga-

zins Hermann L. Gremliza auffallen wird: »... meine Zuneigung (zum Kommunismus) galt und gilt ... jenen inneren Schönheiten, die sich hinter äußerer Häßlichkeit verbergen: dem unvergessenen Beitrag der Kommunisten zur Niederwerfung und Zerkleinerung des Deutschen Reiches; dem Ausbau der Mauer und der Vertiefung des Sperrgebiets; der Etablierung eines Regiments, das dem Gesindel, welches einst die Stammtische und Leserbriefspalten zwischen Rostock und Suhl so beherrscht wie heute zwischen Flensburg und Passau, die freie Meinungsäußerung verbietet«.

16 Anders ist die Schlußfolgerung des Niedersächsischen OVG – 13 L 838/95 –, welche von einer (angeblich) falschen Geschichtsbewertung – Begriff »Umerziehung« wendet sich danach gegen das Mehrparteiensystem – zur Rechtmäßigkeit der Geheimdienstüberwachung führt, logisch nicht nachvollziehbar.

17 Tatsächlich hat der niedersächsische Innenminister und gerade unter unrühmlichen Umständen zurückgetretene Ministerpräsident Glogowski davon gesprochen, daß der Versuch, die Unterschiede zwischen den rechtsextremistischen Organisationen feststellen zu wollen, darauf hinausliefe, »Scheiße nach Geruch zu sortieren« (WamS vom 17.5.1998, S. 9); selbstverständlich findet sich diese Agitation gegen die politische Opposition und damit gegen das Mehrparteienprinzip und somit gegen die Wahlfreiheit des Volks (Demokratie) und vielleicht auch gegen die Menschenwürde (amtliches Gleichsetzen der Mitglieder gegnerischer Parteien mit übelriechenden Fäkalien) nicht in sogenannten Verfassungsschutzberichten.

18 Eine Einschätzung, die äußerst problematisch ist, da sich der historische Nationalsozialismus – wie schon sein Name andeutet – nicht als »rechts« definiert hat (auch wenn er, s. Anm. 1, nach Hitler nicht entschieden »gegen rechts« vorgegangen war); dazu, daß der NS legitimerweise als Sozialismus angesprochen werden muß, s. Josef Schüßlburner: Der Nationalsozialismus als Abart des Sozialismus. In: Deutsche Annalen 1996, S. 171 ff., womit die gesamte staatliche Extremismusanordnung zumindest problematisch ist.

19 S. etwa die Beschreibung der geheimdienstlichen Öffentlichkeitsarbeit im NRW-VS Bericht 1996, S. 288 ff.

20 S. die entsprechende Broschüre des Bayerischen Landesamtes für Verfassungsschutz, welche den Tiefpunkt der Veröffentlichungspraxis der Geheimdienste überhaupt darstellen dürfte – weshalb diese Agitationsschrift auch nicht das trotzdem politisch verantwortliche Bayerische Innenministerium veröffentlicht haben dürfte.

21 Die amtliche Unterstellungsmethode zum Zwecke der Erzeugung von »Verfassungsfeindlichkeit« geht in etwa wie folgt: Wer den Holocaust ganz oder teilweise abstreitet, »entlastet« den – heute politisch wohl völlig irrelevanten – Nationalsozialismus, womit er wohl ein ähnliches gegen die freiheitliche demokratische Grundordnung gerichtetes Regime errichten wolle; bzw. er setzt die Menschenrechte (ideologisch) aufs

Spiel, wenn er deren als staatlich geschützte »Offenkundigkeit« feststehende massive Verletzung, welche sich vor mehr als einem halben Jahrhundert abgespielt hat, »leugnet«, so daß nicht ausgeschlossen werden kann, daß er Derartiges wiederholen wolle; mit einer rechtsstaatlichen Zurechnung hat dies nichts zu tun, sondern eher etwas mit offizieller Geschichtspolitik, welche das politische Selbstverständnis bestimmter politischer Kreise als »Verfassungswert« schützt.

22 Nach den Grundsätzen der Rechtsprechung zu Artikel 19 Abs. 3 GG und dem Grundsatz entsprechend, daß sich der Staat nicht »durch Flucht in das Privatrecht« öffentlich-rechtlichen Bindungen entziehen kann (weil er eben selbst kein Grundrechtsträger ist), dürfte die Berufung auf diese Grundrechte in diesem Zusammenhang äußerst zweifelhaft sein, da die Wissenschaftler insoweit als beauftragte Unternehmer des Staates (Innenministers) anzusehen sind, welche denselben Bindungen wie der Staat selbst unterliegen.

23 S. die Veröffentlichung des VS-Beamten Armin Pfahl-Traughber: »Kulturrevolution von rechts«. In: »MUT« November 1996, S. 36 ff.; diesbezüglich dürfte eine Verletzung des sogenannten Mäßigungsgebots (§ 53 BBG), einer legitimen Schranke der Meinungsfreiheit, vorliegen; es sei denn, man muß davon ausgehen, daß dies die Billigung des damaligen Dienstherrn Schwarzkassenwart Kanther (CDU) hatte, welcher über seinen democracy agent (so hat der »Economist« vom 29.4.1995, S. 36, deutsche Verfassungsschutzbeamte bezeichnet), der sich insofern zu Unrecht auf die Meinungsfreiheit beruft, politische Strömungen als »extremistisch« einstufen läßt, welche offiziell aus wahltaktischen Gründen (noch) verschont werden sollten.

24 Hingewiesen sei etwa darauf, daß in diesem amtlichen Werk das Handbuch des Rechtsextremismus des Linksdenkers Jens Mecklenburg (Hrsg.) als Beleg genannt wird, was im übrigen die Wirkungsweise der Salamitaktik anzeigt, werden doch in der amtlichen Belegquelle weit hinein in den konservativen Bereich, ja der CDU, Personen als »rechtsextrem« eingestuft.

25 Dazu ausführlich Christiane Hubo: Verfassungsschutz des Staates durch geistig-politische Auseinandersetzung. Göttingen 1998, S. 64 ff.

26 Nachweise zu den dabei geschützten »Verfassungswerten«, s. das Schlußkapitel dieses Sammelbandes.

27 BVerfGE 2,1 12 f. = SRP-Verbotsurteil; sowie BVerfGE 5, 87 ff., 140 = KPD-Verbotsurteil.

28 Zitiert bei Jesse: Streitbare Demokratie und Vergangenheitsbewältigung, in Anm. 8, S. 263.

29 Disziplinarmaßnahmen gegen beamtete Mitglieder von Oppositionsparteien werden letztlich auf die von den Innenministern »offenkundig« gemachten »Erkenntnisse« der internen Geheimdienste gestützt, so daß diese »unverbindlichen« Berichte sehr wohl einer Transformation in sehr verbindliche Verwaltungsakte fähig sind.

30 Anders als die amtlichen Mitteilungen zur Adenauerzeit, welche sogar

zivilrechtliche Konsequenzen wie Ausschluß von öffentlichen Ausschreibungen für den Fall androhten, daß ein Unternehmer bei Parteizeitungen von durch die Bundesregierung per Ministerialblatt geächteten Parteien Anzeigen veröffentlichen sollte; dieser Aspekt hat sich in jüngster Zeit beim Kampf gegen Scientology neu gestellt; da bei einem staatlichen Ausschreibungsvolumen von 400 Mrd. DM pro Jahr viele Aufträge noch immer rechtswidrig vergeben werden, s. FAZ vom 26.4.1995, S. 17, sollte man diesen Aspekt der bundesdeutschen Ordnung durchaus nicht unterschätzen.

31 Dazu das Werk von Hubo, Anm. 25, a.a.O.

32 So zu Recht Christoph Gusy: Der Verfassungsschutzbericht. In: NVwZ 1986, S. 6.

33 BVerfG DÖV 1977, S. 282 ff. mit Anmerkung von Jürgen Seifert, S. 288 ff.

34 Dies ist gemeint, wenn das Bundesverfassungsgericht in seiner Entscheidung davon spricht, daß nur eine freie Wahl die demokratische Legitimität vermittelt.

35 Grundlegend BVerfG NJW 1966, 1499 ff.

36 S. BVerfGE 20, 56 ff., insbes. S. 97 f.

37 S. Zusammenfassung a) der Urteilsanmerkung von Seifert, Anm. 33.

38 Ders. unter f) seiner Urteilsanmerkung.

39 Dieser war schon eine entsprechende Entscheidung des OVG Lüneburg, s. DÖV 1975, S. 64 f., vorausgegangen.

40 BVerfGE 40, 293 ff.

41 Man könnte bei einer derartigen Logik auch begründen, daß bei staatlicher Ermordung von Parteipolitikern wegen ihrer politischen Aktivitäten die entsprechende Partei nur »faktisch« betroffen sei; soweit dürfte die bundesdeutsche Rechtsprechung sicherlich nicht gehen: dann kann aber für staatliche Tätigkeit, welche sogenannten »Rufmord« darstellen kann, eigentlich nichts anderes gelten; dazu auch Jürgen Seifert, Vereinigungsfreiheit und hoheitliche Verrufserklärung. In: Joachim Perels (Hrsg.), Grundrechte als Fundament der Demokratie, 1979, S. 157 ff.

42 BVerwGE 71, 183, 191ff; 82, 76, 79; 90, 112, 118 ff.;

43 S. dazu die von Dieter Murswiek: Staatliche Warnungen, Wertungen, Kritik als Grundrechtseingriff. In: DVBl. 1997, S. 1022, Fn. 2, aufgeführte Literatur.

44 Zum folgenden Beispiel, s. Murswiek, a.a.O., S. 1022 f.

45 BVerwGE 87, 37, 41 ff.; zur Kritik an der Widersprüchlichkeit des Urteils, s. Friedrich Schoch: Staatliche Informationspolitik und Berufsfreiheit. In: DVBl. 1991, S. 667, insbes. S. 673.

46 BVerwGE 90, 112, 118 ff.

47 BVerwG DVBl. 1996, 807

48 BVerwG NJW 1997, 1996 ff.

49 So Murswiek, Anm. 43, S. 1026.

50 U. U. hilft, zu denken ist etwa an das Verbot des Tabakkonsums als Beitrag zur Sanierung des Gesundheitswesens, im Interesse der Verwirklichung staatlich notwendiger Maßnahmen die Annahme der erleichter-

ten Zulässigkeit des Grundrechtseingriffs (die Annahme des Eingriffs bedeutet ja noch nicht die Unzulässigkeit desselben).

51 Hinzugefügt werden muß allerdings: Nach Auffassung des Bundesverfassungsgerichts, die schon deshalb verfehlt ist, weil es nach dem nach dem Legalitätsprinzip ausgelegten Grundgesetz gar keine verfassungsfeindlichen Parteien gibt!

52 Murswiek, Anm. 43, S. 1028.

53 Ebenda, a.a.O.

54 Ders., S. 1029.

55 Zur absurden Begründung des Verbotes – Umgehung des Zensurverbotes durch Inanspruchnahme eines verstaatlichten Urheberrechts – von Mein Kampf, s. Michael Behrens / Robert v. Rimscha: »Politische Korrektheit« in Deutschland. Bonn 1995, S. 93; die Absurdität des Verbots besteht auch darin, daß gleichzeitig den Deutschen vorgehalten wird, dieses Buch nicht gelesen zu haben, in dem angeblich der Holocaust angekündigt worden ist.

56 Davon sprechen zu Recht die vorgenannten Autoren, S. 54 f., angesichts des Drucks, die Fotoausstellung Hoffmann & Hitler abzubrechen; im übrigen wird Kunst aus der Zeit zwischen 1933 und 1945 generell nicht gezeigt: Politiker, welche es sonst nicht zu bestreiten wagen, daß der Toilettenbesuch »Kunst« sein kann, wissen dabei ganz genau, was »keine Kunst« ist – wenn dem aber so ist, warum verkaufen dann die staatlichen Museen zur Sanierung ihrer Budgets nicht ihre entsprechenden in Depots eingelagerten Sammlungen? Weil doch eine andere – verfassungsfeindliche? – Kunstauffassung beim faschistischen Volk vorliegen sollte?

57 Vor Inkrafttreten der derzeit geltenden Verfassungsschutzgesetze hat man aus der gesetzlichen (aber nicht verfassungsgesetzlichen) Zuständigkeit für die »Auswertung« der gesammelten Informationen auch die Berechtigung zur Bekanntmachung geschlossen; s. Hermann Borgs / Frank Ebert: Das Recht der Geheimdienste, Stuttgart 1986, Rdnr. 29 und 44 zu § 3 A.

58 S. die Darstellung der historischen Entwicklung im NRW-VS-Bericht über das Jahr 1998, S. 63 ff.

59 Hans-Ulrich Evers: Kommentar zum Bonner Grundgesetz, Rdnr. 15 zu Artikel 73 Nr. 10.

60 BVerfGE 61, 72, 101; 70, 138, 161 m. w. N.

61 Immerhin hat das BVerfG NJW 1982, S. 2233, diese Unterscheidung so konsequent durchgeführt, daß es zu Recht das parlamentarische Rederecht nicht in Artikel 5 GG (Meinungsfreiheit), sondern in dem insofern als Kompetenznorm verstandenen Artikel 38 GG verankert gesehen hat; inkonsequent ist das BVerfG bei der Annahme der »Meinungsfreiheit« von öffentlich-rechtlichen Rundfunkanstalten, weil hier erkennbar keine Meinungsfreiheit vorliegen kann, sondern ein parteienstaatlich sozialisiertes Meinungsprivileg gegeben ist.

62 Diesem Herrschaftsinstrument widmet der VS-Bericht des Bundes von 1999 ein ganzes Kapitel, s. S. 204 ff.

63 Dazu auch im Schlußkapitel dieses Sammelwerkes.

64 Dieser Aspekt ist verkannt bei Martin Kriele: Feststellung der Verfassungsfeindlichkeit von Parteien ohne Verbot. In: ZRP 1975, S. 201 ff.; sicherlich wäre ein förmliches Verfahren besser als eine geheimdienstliche Feindbestimmung; jedoch würde ein derartiges förmliches Verfahren den Umgehungstatbestand deutlich werden lassen, so daß erst recht Umgehungen der Umgehung verfassungswidrig sind.

65 Zur Problematik s. Erwin K. Scheuch, in Anm. 8, S. 371 ff., insbes. S. 374: »Der Nationalsozialismus gibt oft die Folie ab für Urteile, wo heute in der Bundesrepublik sich Rechtsextremismus zeigt. Aber das ist aus zwei Gründen ein Irrweg. Einmal war der Nationalsozialismus in der offiziellen Selbstdarstellung eine Melange extremistischer Denkfiguren aus linken und rechten Vorstellungen; zum anderen ist davon auszugehen, daß der Faschismus und der Nationalsozialismus, ebenso wie die berufständische Ordnung als ein weiterer ›dritter Weg‹ Epoche-Phänomen waren«; man könnte insofern auch von einer »alternativen Mitte« sprechen – zumindest entsprach die NSDAP von allen Parteien der Weimarer Republik am ehesten dem in der Bundesrepublik der »Mitte« zugeordneten Typus der »Volkspartei«.

66 Folgt man dem Verständnis der h. M. ergeben sich allerdings Zweifel, ob die Bundesrepublik Deutschland ein freier Staat sein soll; vielmehr ist sie ein »freiheitlicher« Staat, was dann entschieden weniger ist, wie man daran erkennen kann, wenn man überall dort, wo das Grundgesetz das Wort »frei« verwendet, »freiheitlich« einsetzt: etwa »freiheitliches Wahlrecht«, oder »Recht, seine Meinung freiheitlich zu äußern« etc.

67 Gelegentlich wird davon gesprochen, daß der rechtliche Begriff des Extremismus das gleiche wie »Verfassungsfeind« bedeute (s. Borgs/Ebert, Anm. 57, A § 3 Rdnr. 68); dies ist schon deshalb rechtsirrig, da das Grundgesetz nur den Begriff »verfassungswidrig« aufführt und zum anderen nur von den politischen Begriffen »rechts« und »links« in Verbindung mit dem (Inländer-)Extremismus die Rede ist, womit das Prinzip der weltanschaulichen Neutralität verletzt wäre, falls es sich beim Extremismusbegriff um einen Rechtsbegriff handeln sollte.

68 Uwe Backes, Rechtsextremismus in Deutschland. In: Aus Politik und Zeitgeschichte, B. 9–10/98, S. 27.

69 Pfahl-Traughber, zitiert bei Michael Wiesberg: Wie erkennt man einen Rechtsextremisten? In: Criticón Nr. 153 (1997), S. 21 ff.

70 Wiesberg, a.a.O. m. w. N.

71 Darauf kann man etwa die Spionage des Bundeslandes Baden-Württemberg gegen die benachbarte Schweiz zum Zwecke der Überwachung der Scientologensekte zurückführen.

72 Als unzweifelhaft politisch linker, ja sogar extremer Nationalist ist etwa Ernst Niekisch zu nennen; die österreichische Sozialdemokratie war bis 1945 »großdeutsch«, weshalb der »Anschluß« von 1938 etwa von Karl Renner begrüßt worden ist.

73 Im übrigen war unter Kurt Schumacher die SPD sicherlich »nationalistischer« eingestellt als die CDU; erst die Übernahme dieser Partei durch teilweise aus dem linksextremistischen Lager kommende Emigranten wie Brandt, Wehner, Ollenhauer, v. Knoeringen etc. hat die SPD schrittweise vom deutschen Nationalismus wieder weggeführt; im übrigen darf man in einem freien Land (vielleicht auch in der Bundesrepublik Deutschland) selbstverständlich Nationalist sein.

74 Hitler hat es bekanntlich entschieden abgelehnt, sich als Politiker der politischen Rechten einzustufen; im Unterschied zu Goebbels (»Wir sind die deutsche Linke!«) hat er sich allerdings auch nicht der politischen Linken zugeordnet; man könnte ihn auf seine Art als Politiker einer gewissermaßen alternativen »Mitte« bezeichnen: »Unsere Bewegung muß sich aus beiden Extremen, von links und rechts, zusammensetzen. Hie Spartakusmann, hie Offizier. Beide sind Idealisten«, so Hitler am 26.2.1923, zitiert bei Zitelmann, Anm. 1, S. 453.

75 Weitere Nachweise bei Hubo, Anm. 25, S. 93.

76 Pfahl-Traughber, Rechtsextremismus, Bonn 1993, S. 23–26.

77 In der Tat meint etwa der CDU-Linkspolitiker Geißler im Grundgesetz »völkische Elemente« zu finden, ein Begriff, welcher nach der Verfassungsschutzterminologie das Grundgesetz (teilweise) verfassungsfeindlich macht!

78 Lt. »Der Spiegel« 3/96, S. 17, hat der Politikwissenschaftler Hans-Gerd Jaschke in einem Gutachten für das Innenministerium von NRW, welches »unveröffentlicht« war (dem »Spiegel« aber mitgeteilt worden ist), den Begriff »neuartige Form des politischen Extremismus« geprägt, ein ideologischer Kunstgriff, welcher der Immunisierung der politischen »Mitte« dient.

79 S. die Broschüre des Bundesministeriums für Familie, Senioren, Frauen und Jugend: Die Scientologie-Organisation – Ziele, Praktiken und Gefahren von 1997.

80 Der Bayerische Verfassungsminister Beckstein (CSU) hat zugestanden, daß der Begriff »Scientology-*Kirche*« (Eigenbezeichnung) bei ihm »Beißhemmungen« verursacht habe, so daß er erst geheimdienstlich »beißen« konnte, als politologische Gutachten im Interesse der Verfassungsordnung die Hemmungen überwinden halfen.

81 S. S. 9 der Broschüre des Bundesministeriums, Anm. 79.

82 So wird etwa von Gerd Langguth: Wer regiert in Nicaragua, Bonn 1989, S. 21 und 227, festgestellt, daß die Diktatur der Somozas auf die liberale Partei und die USA gestützt war, was aber keinen Grund darzustellen scheint, über den Liberalismus und die internationale Einbindung intensiver zu reflektieren; zum südamerikanischen, die (Immigrations-) Diktatur rechtfertigenden Liberalismus s. grundlegend: Nikolaus Werz: Das neuere politische und sozialwissenschaftliche Denken in Lateinamerika, Freiburg 1991, insbes. S. 48 ff., 63 ff.

83 S. Nachweise in Anm. 27.

84 Dazu im Schlußkapitel dieses Sammelbandes.

85 Die überzeugendste Kritik an der Rechtsprechung des BVerfG zur Meinungsfreiheit, soweit sie für das hier behandelte Thema relevant ist, findet sich immer noch bei Gode Hartmann: Meinungsfreiheit – ein Grundrecht der Affirmation? In: Joachim Perels, s. Anm. 41, S. 96 ff.: Einerseits ist die Rechtsprechung sehr großzügig, andererseits steht sie unter dem Vorbehalt eines billigenden Motivs, wobei die »Schaukeltheorie« das Ergebnis unberechenbar macht.

86 Dies ist keine Ironie, zu der die ernste deutsche Verfassungsschutzdemokratie ohnehin nicht in der Lage ist, sondern dient dem bereits genannten Verfassungsschutzmitarbeiter als Argument zur Konstruktion einer verfassungsrechtlich bedenklichen »Brücke« zwischen Konservativismus und Rechtsextremismus; s. Pfahl-Traughber: Brücken zwischen Rechtsextremismus und Konservativismus, in: Kowalsky/Schroeder (Hrsg.): Rechtsextremismus. Opladen 1994, S. 160 ff., 171.

87 Dazu ausführlich das Buch des langjährigen Prozeßvertreters der Partei Die Republikaner, Klaus Kunze: Geheimsache Politprozesse, Uslar 1998.

88 Dies ist schon deshalb absurd, weil eher das Bestreiten der »Umerziehung« für eine gegen das Mehrparteienprinzip gerichtete Einstellung spricht: Man hält das alliierte Lizensierungssystem mit dem damit verbundenen Parteiverbot für nicht lizensierte Parteien schon für ein »Mehrparteiensystem«!

89 Schreiben der Militärgouverneure vom 14.4.1949 an den Parlamentarischen Rat über die Regelung der der Bundesregierung auf dem Gebiet der Polizei zustehenden Befugnisse, welches bei Hermann v. Mangoldt: Das Bonner Grundgesetz, Frankfurt; Berlin 1957, Anhang Nr. 1, S. 669, abgedruckt ist; auf der Grundlage dieses Schreibens wurden in interfraktionellen Besprechungen die Artikel 73 Nr. 10 a. F. und 87 Abs. 1 Satz 2 GG endgültig formuliert.

90 Vgl. Borgs/Ebert, Anm. 57, Rdnr. 9 zu § 3 A.

91 Ebenda.

92 Ebenda; gemeint sind dabei mit »Verfahren« die Parteiverbotsverfahren nach Artikel 21 Abs. 2 GG.

93 S. dazu Helmut Roewer: Geschichtlicher Nachtrag zur Kontroverse um die Trennung von Polizei und Verfassungsschutz. In : DVBl. 1988, S. 668.

94 Darauf weist Roewer zu Recht hin, a.a.O., S. 666.

95 Nicht bestritten werden kann jedoch die aus dem »Polizeibrief« ableitbare Interpretation der »Verfassungsfeindlichkeit«, gegen die sich die Institution des Geheimdienstes richten soll.

96 Dies ist auch Eckart Werthebach / Bernadette Droste-Lehnen: Der Verfassungsschutz – ein unverzichtbares Instrument der streitbaren Demokratie. In: DÖV 1992, S. 515, aufgefallen, wobei allerdings nicht klar ist, ob sich die Formulierung, wonach »als einzige Verfassung überhaupt das Grundgesetz Normen, die einen Nachrichtendienst betreffen« enthalte, nur auf das innerdeutsche Verfassungsrecht bezieht oder ein internationaler Verfassungsvergleich angestellt wird; im letzteren Falle hätte man gerne ein Reflektieren über den bundesdeutschen Sonderweg erwartet.

97 So auch Borgs-Maciejewski, Anm. 8, S. 170.

98 Diese übliche Aussage ist ebenfalls nicht richtig; weil das »nachrichtendienstliche Mittel«, dazu Berhard Schlink: Das nachrichtendienstliche Mittel. In: NJW 1980, S. 552, in nichts anderem als darin besteht, daß sich der Staat zum Schein so verhält, als sei er Privatbürger; z. B. nimmt er als V-Mann an Parteiversammlungen teil oder besucht – wenngleich mit scheinbarer Erlaubnis des Betroffenen – ohne richterliche Erlaubnis Privatwohnungen etc.; d. h., er tut ausnahmsweise das, was ihm Artikel 19 Abs. 3 GG eigentlich verwehrt, nämlich sich zur Umgehung staatlicher Kompetenzen als Grundrechtsträger zu gerieren.

99 Wobei die Definition der »freiheitlichen demokratischen Grundordnung« in den Verfassungsschutzgesetzen von der des Bundesverfassungsgerichts abweicht, aber auch nicht ganz mit den Verfassungsgrundsätzen von § 92 Abs. 2 StGB übereinstimmt – s. dazu die Ausführungen im Schlußkapitel dieses Sammelwerkes.

100 In diese Richtung gehend hat sich das VG Bremen ausgesprochen; s. NJW 1978, 1650 f. mit Anm. Ladeur, wonach zwar eine verfassungsfeindliche Bestrebung dokumentiert, diese aber nicht als »extremistisch« gekennzeichnet werden dürfe; der offiziöse Kommentar von Borgs/Ebert, 57, Rdnr. 46 § 3 A, kann hierin keinen rechtlichen Unterschied erkennen (!), obwohl hier die Abgrenzung zwischen einem Rechtsstaat, bei dem es um die Bekämpfung illegaler Handlungen geht, und dem Ideologiestaat, welcher illegitime Gesinnungen bekämpft, vorzunehmen ist.

101 Zu diesem Komplex s. die einschlägigen Ausführungen im Schlußkapitel dieses Sammelbandes.

102 Ein Grenzfall für eine rechtsstaatliche Veröffentlichungspraxis wäre etwa der Beschluß einer Polizeigewerkschaft, im Wege der Grundgesetzänderung rechtsextreme Parteien vom politisch relevanten Grundrechtsschutz auszunehmen, oder die öffentlich erhobene Forderung, »faschistische Parteien« entgegen der bestehenden Rechtslage zu verbieten; sicherlich wäre jedoch in einem rechtsstaatlich orientierten Verfassungsschutzbericht die Verhinderung von Veranstaltungen rechter Parteien durch gewaltsame und damit rechtswidrige Gegendemonstranten als »Kampf gegen das Mehrparteienprinzip« aufzunehmen.

103 S. Murswiek, Anm. 43, S. 1029, welcher die Herausgabe von Verfassungsschutzberichten zwar als Eingriff, aber – was bei seiner harten Kritik an diesen Berichten etwas verwundern würde – als letztlich nicht verboten anzusehen scheint.

104 So zu Recht Markus Heintzen: Staatliche Warnungen als Grundrechtsproblem. In: VerwArch 1990, S. 532 ff., S. 555.

105 S. Joseph A. Schumpeter: Kapitalismus, Sozialismus und Demokratie. München 1975, vierte Auflage, S. 397 ff.

106 In der Tat geht ja die verfassungsgerichtliche Rechtfertigung der Fünf-Prozent-Sperrklauseln in eine derartige Richtung, s. dazu Ulrich Wenner: Sperrklauseln im Wahlrecht der Bundesrepublik Deutschland,

Frankfurt [u.a] 1986; die Kombination von den bei einer historischen Grundgesetzauslegung verfassungswidrigen wahlrechtlichen Sperrklauseln mit den Interventionen der Geheimdienste in den politischen Prozeß stuft das freie Wahlrecht nach Artikel 38 GG zu einem nur freiheitlichen herab; d. h., es wird Demokratie praktiziert, dabei aber mit sonderweglichen Instrumentarien, wie durch die Herausgabe ideologiepolitischer Verfassungsschutzberichte, sichergestellt, daß diese zu keinem ideologiepolitisch falschen Ergebnis führt.

107 Dazu auch im Schlußkapitel, welches deutlich macht, daß die gewissermaßen systemimmanente Alternative zum derzeitigen Verfassungsschutz in der Tat in der antifaschistischen Gedankenpolizei bestehen würde.

108 Bei Zurückstellen der grundsätzlichen Bedenken, welche sich gegen das Verständnis der »freiheitlichen demokratischen Grundordnung« als ein Überparteiprogramm ergeben, wozu im Schlußkapitel Ausführungen gemacht sind.

109 Zitiert im Schlußkapitel dieses Sammelbandes.

110 Schon deshalb ist § 130 StGB (Volksverhetzung) verfassungswidrig, weil er unterstellt, »Menschenwürde« (Artikel 1 Abs. 1 GG), deren Grundrechtscharakter zweifelhaft ist (vgl. Absatz 3 dieses GG-Artikels), könne von Bürgern verletzt werden; außerdem enthält die Meinungsfreiheit (Artikel 5 GG) lediglich das »Recht der persönlichen Ehre« als verfassungsrechtliche Schranke, nicht jedoch die Menschenwürde.

111 Eine Entwicklung, welche in der Französischen Revolution mit einer inneren Folgerichtigkeit, die erschreckt, von der Menschenrechtserklärung zum *terreur* geführt hat.

112 Die Türkei weist in der Tat ein Verfassungssystem auf, welches von allen westlichen Staaten mit der wehrhaften/streitbaren Demokratie der Bundesrepublik am ehesten vergleichbar ist, aber in der immer noch einschlägigen Abhandlung von Gregor Boventer: Grenzen politischer Freiheit im demokratischen Verfassungsstaat – Das Konzept der streitbaren Demokratie in einem internationalen Vergleich, Berlin 1984, nicht aufgeführt ist; zur Türkei, s. umfassend: Ernst E. Hirsch: Die Verfassung der Türkischen Republik vom 9. November 1982. In: Jahrbuch des öffentlichen Rechts der Gegenwart, Bd. 32, 1983, S. 507 ff.; zum türkischen Parteiverbot s. auch den anderen Beitrag des Verfassers in diesem Band.

113 S. zu den Divergenzen die Ausführungen im Schlußkapitel.

MANFRED BRUNNER

Wer schützt Grundrechte vor dem Verfassungsschutz? Das Beispiel »Junge Freiheit«

Einerseits sind Geheimdienste stets freiheitsgefährdend. Andererseits braucht auch und gerade die freiheitliche Ordnung den Schutz vor totalitären Gefahren. In diesem Spannungsfeld wächst dem Verfassungsschutz einer Demokratie besondere Verantwortung zu. In Deutschland leisten viele Dienststellen und Mitarbeiter des Verfassungsschutzes den notwendigen Abwägungsprozeß in einer Weise, der man nur mit Respekt begegnen kann. Ein bedrückendes Gegenbeispiel ist das Vorgehen des Verfassungsschutzes Nordrhein-Westfalens gegen die Wochenzeitung »Junge Freiheit«.

Vor einiger Zeit äußerte sich der Bundesbeauftragte für die Stasi-Unterlagen, Joachim Gauck, zu der Frage, welche Systeme den Hang zur Übersicherung entwickeln. Übersicherung sei ein Zeichen mangelnder Legitimation, die wiederum zu mangelnder Legitimität führe.

Mir stand während dieser Passage mein Erlebnis mit dem nordrhein-westfälischen Verfassungsschutz vor Augen, das ich als Anwalt in dem Rechtsstreit »Junge Freiheit« gegen NRW hatte. Der Versuch, eine nonkonformistische Zeitung in das Umfeld der Verfassungswidrigkeit zu manövrieren, ist sicher ein gutes Beispiel für Übersicherung. Die dafür Verantwortlichen wollen die fehlende Berechtigung überdecken, ein sozialistisches Gesellschaftsbild mit dem Staats- und Menschenbild des Grundgesetzes gleichzusetzen. Dieser Mangel an Legitimation führt im vorliegenden Fall auch zu einem Mangel an Rechtmäßigkeit.

Am 9. August 1996 habe ich Unterlassungsklage gegen das Innenministerium des Landes Nordrhein-Westfalen erhoben und den Sachverhalt wie folgt dargestellt:

Die Klägerin verlegt die Wochenzeitung »Junge Freiheit« (JF). Die »Junge Freiheit« wurde vor etwa zehn Jahren von Studenten zunächst als zweimonatlich, dann monatlich erscheinende Zeitung gegründet. Seit 1994 erscheint sie als Wochenzeitung. Sie pflegt einen unorthodoxen, jugendlich-frechen, respektlosen journalistischen Stil. Politisch versteht sie sich als freiheitlich, konservativ und national, jedoch offen für eine Vielzahl von Positionen und Meinungen. Sitz von Verlag und Redaktion war zunächst Kirchzarten bei Freiburg, dann Potsdam und ist seit Herbst 1995 Berlin.
Der Beklagte hat erstmals in seinem Verfassungsschutzbericht 1994 und jetzt wieder in seinem Verfassungsschutzbericht 1995 die »Junge Freiheit« erwähnt. Er hat sie dort als »rechtsextremistisch« bezeichnet und in die entsprechende Rubrik eingeordnet.[1]
Hiergegen richtet sich die vorliegende Klage.

Der Verfassungsschutz und die Pressefreiheit

In dem derzeit beim Oberverwaltungsgericht Münster anhängigen Rechtsstreit geht es zum einen um die Frage der Grundrechtspositionen der »Jungen Freiheit«.
Das Vorgehen des nordrhein-westfälischen Verfassungsschutzes beruht darauf, daß er die Bedeutung der Grundrechte der Klägerin auf Presse- und Meinungsfreiheit verkennt. Dieser Fehler wirkt sich auf zwei Ebenen aus: zum einen bereits bei der Auslegung von § 15 II VSG NW (Gesetz über den Verfassungsschutz in Nordrhein-Westfalen) im Hinblick darauf, ob grundsätzlich bereits in Verdachtsfällen berichtet werden darf, also bei der generellen Auslegung dieser Vorschrift; zum anderen bei der einzelfallbezogenen Anwendung dieser Vorschrift.
Zu Unrecht meint der Verfassungsschutz offensichtlich, die Klägerin erleide durch die Erwähnung im Verfassungsschutzbericht nur faktische Nachteile, vor denen die Grundrechte nicht schützten. Falsch ist es zudem, diese Nachteile nur in wirtschaftlichen Schäden zu erblicken. Diese sind zwar gra-

vierend und haben die Klägerin bereits an den Rand der Existenzvernichtung gebracht. Der Verfassungsschutzbericht verursacht darüber hinaus auch ideelle Schäden. Dadurch, daß die Klägerin aufgrund der Diffamierung als extremistisch insbesondere von Kioskverkauf nahezu vollständig ausgeschlossen ist und in anderen Zeitungen nicht werben kann, ist auch ihre originäre Pressefreiheit – Vertrieb der Zeitung, Gewinnung von Lesern – sowie die Verbreitung ihrer Meinung schwerwiegend behindert. Außerdem ist durch eine unzutreffende sowie durch eine nicht durch eine gesetzliche Ermächtigung gedeckte Bezeichnung als »extremistisch« ein Grundrechtseingriff unter dem Aspekt des Persönlichkeitsrechts gegeben; dabei mag offenbleiben, ob dies für ein Presseunternehmen in Art. 5 I GG oder in Art. 2 I (i. V. m. 1 I) GG verankert ist. Und dies alles, sowohl die wirtschaftlichen als auch die ideellen Folgen der in den Verfassungsschutzbericht aufgenommenen Warnung vor der angeblich »extremistischen« Zeitung, sind nicht etwa zum Zeitpunkt der Information der Öffentlichkeit noch nicht absehbare Folgewirkungen, sondern es sind durchaus voraussehbare und sehr wahrscheinliche Folgen. Es ist ja geradezu Sinn und Zweck der Verfassungsschutzberichte, solche Folgen hervorzurufen. Es geht ja um die Anprangerung und Bekämpfung angeblich verfassungsfeindlicher Bestrebungen. Man verkennt die Möglichkeit des Grundrechtseingriffs durch staatliche Warnungen und Kritik, wenn man einen Eingriff mit dem Argument verneint, die Klägerin könne ja weiterhin ihre Wochenzeitung herstellen und verbreiten. Hier sind aber die grundsätzlichen Ausführungen von Bedeutung, die das Bundesverwaltungsgericht zum Eingriff in die Berufsfreiheit durch Produktwarnung herausgearbeitet hat.
Die Gegenseite beruft sich für ihre Rechtsauffassung zu Unrecht auf Entscheidungen, die die Erwähnung von politischen Parteien im Verfassungsschutzbericht betreffen. Die Problematik der Erwähnung von politischen Parteien läßt sich aber mit der Erwähnung von Presseorganen im Verfassungsschutzbericht aus zwei Gründen nicht vergleichen. Zum

einen sind Parteien nicht Grundrechtsträger, sondern Träger eines besonderen verfassungsrechtlichen Status, zum anderen ergibt sich aus dem Parteienprivileg eine besondere Problematik, die sich nur für die Parteien, nicht für andere Rechtssubjekte stellt. Diese auf eine Entscheidung des Bundesverfassungsgerichts im 40. Band zurückgehende Rechtsprechung läßt sich nämlich nur so erklären, daß das Gericht der Ansicht war, das Parteienprivileg verbiete jedes »administrative Einschreiten« gegen eine Partei, so daß eine dogmatische Konstruktion gefunden werden mußte, die die Annahme eines Eingriffs vermied. Eine solche Konstruktion war nach dem damaligen Stand der Grundrechtsdogmatik noch möglich.

Mittlerweile entspricht der damals gewählte Ansatz jedoch nicht mehr dem Stand der Grundrechtsdogmatik. Die Rechtsprechung zu Informationseingriffen und vor allem zu den staatlichen Warnungen hat gezeigt, daß eine Maßnahme wie die Anprangerung einer Organisation als »extremistisch« im Verfassungsschutzbericht eindeutig als Grundrechtseingriff qualifiziert werden muß. Das ist heute der klare Stand der Rechtsprechung des Bundesverwaltungsgerichts und völlig herrschende Meinung in der Literatur. Angesichts des heutigen Standes der Grundrechtsdogmatik würde das Bundesverfassungsgericht heute sicherlich sogar in bezug auf die politischen Parteien anders entscheiden als im 40. Band, zumal durchaus eine den heutigen Anforderungen entsprechende dogmatische Konstruktion möglich ist, die einerseits einen Eingriff bejaht, andererseits aber eine Rechtfertigung trotz des Parteienprivilegs ermöglicht. Da heute aber staatliche Warnungen als Grundrechtseingriff anzusehen sind und da die Aufnahme einer Organisation in den Verfassungsschutzbericht sogar ein wesentlich intensiverer Eingriff ist als eine gewöhnliche Warnung, nämlich mit der Brandmarkung als »extremistisch« das schlimmste Unwerturteil enthält, das sich auf der politischen Ebene – außerhalb des kriminellen Bereichs – denken läßt, liegt mit der Erwähnung einer Organisation im Verfassungsschutzbericht eindeutig ein Grundrechtseingriff vor.[2]

Im Vergleich zur allgemeinen politischen Willensbildung und zu den verschiedenen Ebenen der politischen Bildung kommt den Verfassungsschutzberichten eine besondere Funktion und eine herausragende Bedeutung zu. Verfassungsschutzberichte klären über verfassungsfeindliche Bestrebungen auf. Sie haben nicht die Funktion, sich an der allgemeinen politischen Bildung zu beteiligen, indem sie »positiv« zur freiheitlich demokratischen Grundordnung erziehen, sondern ihr Ansatz ist »negativ«: Sie sollen deutlich machen, welche politischen Kräfte verfassungsfeindliche Zielsetzungen verfolgen, mit welchen sich also niemand einlassen darf, der auf dem Boden der freiheitlich demokratischen Grundordnung bleiben will. Die politischen Bestrebungen, die in einem Verfassungsschutzbericht herausgestellt werden, sind solche, deren Ziele nicht mehr den Konsens der Demokraten verdienen; ihre politischen Ziele sollen aus dem demokratischen Kommunikationsprozeß ausgeschieden werden, weil sie die äußersten Grenzen dessen überschreiten, was die Verfassung an politischer Zielsetzung zuläßt. Mit diesen Bestrebungen soll man sich – das ist das Ziel der Aufklärung durch den Verfassungsschutzbericht – keineswegs anfreunden, sondern sich ausschließlich kritisch auseinandersetzen; sie soll man im politischen Meinungsstreit bekämpfen, wenn man sie nicht durch Totschweigen, Ignorieren, durch gesellschaftliche Ächtung wirkungsvoller zu bekämpfen meint.

Die Aufnahme einer »Bestrebung« in den Verfassungsschutzbericht ist somit eine Kampfansage an die betreffende Organisation, wenn auch dieser Kampf zunächst nur mit den Mitteln der öffentlichen Meinungsbildung geführt werden soll und noch nicht mit den Mitteln des Verbots. Und diese Kampfansage wird nicht von irgendeiner politischen Partei, einer Zeitung, einer politischen Organisation oder einer Privatperson verkündet, sondern von einer staatlichen Stelle, nämlich von der fachlich für den Verfassungsschutz zuständigen Behörde. Dies hat einen völlig anderen Charakter als eine bloße Meinungsäußerung einer gesellschaftlichen Grup-

pe, die behauptet, eine bestimmte Organisation oder Zeitung verfolge verfassungsfeindliche Ziele. Im Verfassungsschutzbericht wird amtlich die dort behandelte Organisation, Zeitung usw. für verfassungsfeindlich befunden und damit aus dem demokratischen Diskurs ausgegrenzt.
Der Zwecksetzung nach handelt es sich bei der Aufnahme einer Organisation in den Verfassungsschutzbericht um eine Sanktion für deren verfassungsfeindliche Zielsetzung. Die vielfältigen Nachteile, die für die Betroffenen aus der Aufnahme in den Verfassungsschutzbericht resultieren, sind durchaus gewollt. Dabei handelt es sich um sehr weitreichende, schwerwiegende Nachteile.
Schon bei Organisationen und einzelnen Personen sind die faktischen Folgewirkungen evident schwerwiegend: Wer einer solchen Organisation angehört oder gar namentlich im Verfassungsschutzbericht erwähnt wird, wird gesellschaftlich geschnitten, muß mit beruflichen Nachteilen rechnen (Entlassung, Verlust von Karrierechancen, gerade auch in der Privatwirtschaft) und auch mit sonstigen gesellschaftlichen Sanktionen. So ist es gang und gäbe, daß Banken die Beziehungen zu den betreffenden Kunden auf entsprechenden Druck aus der Öffentlichkeit abbrechen (Auflösung von Girokonten). Vor allem aber haben die Betreffenden in der Regel so gut wie keine Möglichkeiten öffentlichkeitswirksamer politischer Einflußnahme. Sie bleiben auf die eigenen publizistischen Möglichkeiten beschränkt. In der Presse und in den Funkmedien werden sie totgeschwiegen, sofern nicht Skandalöses zu berichten ist. Interviews, Teilnahme an Talkshows, gleichberechtigte Berichterstattung über die politische Tätigkeit finden nicht statt.
Für eine Zeitung, die in den Verfassungsschutzbericht aufgenommen wird, sind die Auswirkungen besonders gravierend. Die Stigmatisierung durch den Verfassungsschutzbericht wirkt sich in mehrfacher Hinsicht äußerst nachteilig aus: Die Zahl der Leser geht drastisch zurück bzw. eine sonst mögliche Auflagensteigerung unterbleibt. Dafür gibt es unterschiedliche Gründe:

Zum einen vertrauen viele Menschen auf die Seriosität des Verfassungsschutzberichts. Sie wollen mit extremistischen Positionen nichts zu tun haben und lehnen deshalb die Lektüre einer solchen Zeitung ab.
Zum anderen mag es viele Leser geben, denen ihr eigenes Urteil sagt, daß die Aufnahme in den Verfassungsschutzbericht unberechtigt ist. Jedoch möchte niemand in der Öffentlichkeit mit einer Zeitung gesehen werden, die im Verfassungsschutzbericht als extremistisch bezeichnet wird. Also geht der Kioskverkauf zurück.
Entsprechendes gilt für das Abonnement. Viele Abonnenten oder potentielle Abonnenten fürchten – zu Recht oder nicht –, daß sie selbst in das Blickfeld des Verfassungsschutzes gelangen, wenn sie eine Zeitung beziehen, die offiziell als extremistisch bewertet wird. Also sind die Chancen, die Zahl der Abonnenten zu erhöhen oder auch nur die vorhandene Zahl zu halten, ganz drastisch verschlechtert.
Hinzu kommt, daß jede Zeitung darauf angewiesen ist, daß ihre Leser in ihrem Bekanntenkreis für sie werben, wenn auch nur in dem einfachen Sinne, daß sie davon erzählen, was sie in dieser Zeitung gelesen haben. Niemand aber wird es wagen, gegenüber anderen Menschen, von denen er nicht weiß, ob sie mit seinem Urteil übereinstimmen, zuzugeben, daß er eine im Verfassungsschutzbericht als extremistisch bewertete Zeitung liest. Deshalb wird eine solche Zeitung kaum eine Chance haben, aus einer Randexistenz herauszukommen.
Auch die redaktionelle Arbeit wird wesentlich erschwert. Eine im Verfassungsschutzbericht erwähnte Zeitung hat es schwer, gute Mitarbeiter für die Redaktion zu gewinnen, denn diese müssen befürchten, daß sie in ihrer weiteren Karriere schwerwiegende berufliche Nachteile hinnehmen müssen.
Viele Prominente lehnen es ab, einer solchen Zeitung Interviews zu geben oder Gastkommentare zu schreiben.
Viele Politiker und öffentliche Stellen lehnen es ab, einer solchen Zeitung Informationen zur Verfügung zu stellen.

Wirtschaftlich von existentieller Bedeutung ist der Anzeigenboykott. Eine im Verfassungsschutzbericht erwähnte Zeitung hat so gut wie keine Chancen, über die großen Agenturen Anzeigenaufträge zu bekommen. Auch direkte Anzeigenakquisition ist so gut wie chancenlos, weil die privaten Wirtschaftsunternehmen fürchten, daß ihnen die Werbung in einer solchen Zeitung zum Vorwurf gemacht würde.

Darüber hinaus gibt es Schwierigkeiten mit Grossisten und Druckereibetrieben, die nicht mit einer als »extremistisch« geltenden Zeitung zusammenarbeiten wollen oder jedenfalls entsprechende öffentliche Vorwürfe fürchten.

Insgesamt betrachtet hat die Erwähnung einer Zeitung im Verfassungsschutzbericht also äußerst schwerwiegende, unter Umständen existenzgefährdende faktische Auswirkungen.

Verglichen mit manchen Sanktionen unseres Straf- und Ordnungswidrigkeitenrechts sind diese faktischen Auswirkungen außerordentlich gravierend. Sie treffen das Zeitungsunternehmen weit schwerer als beispielsweise ein Bußgeld oder eine Geldstrafe.

Schon für eine noch so geringe Geldstrafe oder ein kleines Bußgeld gilt im Rechtsstaat die Unschuldsvermutung. Der Täter darf nur dann bestraft werden, wenn nachgewiesen ist, daß er die Tat begangen hat und daß er schuldig ist. Dies darf nicht anders sein, wenn die Sanktion zwar nicht als »Strafe« bezeichnet wird, aber in ihrer faktischen Wirkung den Betroffenen mindestens ebenso hart, unter Umständen viel härter als eine Strafe trifft. Dem läßt sich nicht entgegenhalten, daß es beim Verfassungsschutzbericht ja nicht um die Sanktionierung von Straftaten geht. Im Gegenteil: Gerade weil das Verhalten, das im Verfassungsschutzbericht gerügt wird, nicht strafbar ist, muß der Rechtsstaat mit solchen Rügen mindestens ebenso sensibel umgehen wie mit strafrechtlichen Sanktionen. Die Erwähnung im Verfassungsschutzbericht wirkt als öffentliche Stigmatisierung. Der Verfassungsschutzbericht ist der Pranger, an den gestellt wird, wer öffentliche Mißachtung verdient für seine politischen Aktivitäten. Geht man davon aus, daß diese Anprangerung – eine Sanktion für ein Meinungsdelikt – im Prinzip im Rahmen der »streitbaren Demokratie« und als Mittel des »Verfassungsschutzes durch Aufklärung« auch ohne gerichtliche Verurteilung zulässig ist, dann darf sie jedenfalls nicht erfolgen, ohne daß das angeprangerte Verhalten – also das Vorliegen einer verfassungsfeindlichen Bestrebung – nachgewiesen ist. Ein bloßer Verdacht reicht nicht aus.

Auch wenn man die Analogie zur strafrechtlichen Unschuldsvermutung ablehnt, folgt aus allgemeinen rechtsstaatlichen Gesichtspunkten dasselbe. Der Rechtsstaat läßt es nicht zu, jemanden mit gravierenden Nachteilen zu belasten. Die Beobachtung von Organisationen bzw. durch den Verfassungsschutz muß einsetzen, wenn ein begründeter Verdacht gegeben ist. Aber diese Beobachtung muß immer ergebnisoffen sein. Sie muß immer auch zu dem Ergebnis führen können, daß der Verdacht sich nicht bestätigt. Wenn dies der Fall ist, zeigt sich, daß der Beobachtete sich nicht verfassungsfeindlich verhalten hat, also auch kein Grund besteht, ihn öffentlich anzuprangern und vor ihm zu warnen. Auch dieser Zusammenhang zeigt klar, daß die Aufnahme in den Verfassungsschutzbericht aufgrund eines bloßen Verdachts nicht gerechtfertigt sein kann. Der Eingriff in die Rechte des Betroffenen ist dann nicht erforderlich, um den Zweck der Ermächtigungsnorm zu erfüllen. Im Gegenteil kann dieser Eingriff, das gesetzliche Ziel, nämlich die freiheitlich demokratische Grundordnung zu schützen, konterkarieren. Denn die Brandmarkung im Verfassungsschutzbericht als »extremistisch« ist eine massive staatliche Einflußnahme auf den demokratischen Willensbildungsprozeß und verstößt selber gegen ein demokratisches Fundamentalprinzip, sofern sie sich nicht damit rechtfertigen läßt, daß sie zur Abwehr verfassungsfeindlicher Bestrebungen erforderlich ist. Jemanden von Staats wegen als »verfassungsfeindlich« aus dem demokratischen Diskurs herauszudrängen, der keineswegs verfassungsfeindlich ist – und diese Möglichkeit besteht notwendigerweise in bloßen Verdachts-

fällen –, ist mit dem Demokratieprinzip (Art. 20 II GG) unvereinbar.
Die Aufnahme einer angeblichen »Bestrebung« in den Verfassungsschutzbericht auf bloßen, wenn auch auf tatsächliche Anhaltspunkte gestützten Verdacht hin verstößt somit gleich gegen zwei der Verfassungsänderung entzogene Fundamentalprinzipien des Grundgesetzes, gegen das Rechtsstaats- und das Demokratieprinzip, also gegen Elemente der freiheitlich demokratischen Grundordnung. Da die Aufnahme in den Verfassungsschutzbericht einen Eingriff in Grundrechte der Klägerin darstellt – Art. 2 I, 5 I, 12 GG –, führt diese objektive Rechtswidrigkeit zugleich zur Verletzung dieser Grundrechte.

Welcher Verfassungsschutz darf wo was?

Zum anderen stellt sich die Frage, ob ein Landesverfassungsschutz eine über sein Territorium hinausreichende Kompetenz gegen eine in einem anderen Bundesland verlegte Zeitschrift hat. Dies ist besonders interessant, wenn ein parteipolitisierter Verfassungsschutz eines Bundeslandes durch Überdehnung seiner örtlichen Zuständigkeit objektiveren Verfassungsschutzämtern anderer Bundesländer in die Parade fährt.
Das Land Nordrhein-Westfalen nimmt unzutreffend an, es habe die Verbandskompetenz, über die Klägerin im Verfassungsschutzbericht zu berichten. Es stützt sich dabei auf § 3 I VSG NW. Dies ist schon im Ansatz unzutreffend, weil sich die Verteilung der Verbandskompetenzen zwischen Bund und Ländern und zwischen den einzelnen Ländern andererseits nicht aus Landesrecht ergeben kann, sondern nur aus dem Grundgesetz oder aus sonstigem – geschriebenem oder ungeschriebenem – Bundesrecht.
Die Verbandskompetenz des Landes Nordrhein-Westfalen für den Verfassungsschutz ergibt sich aus der bundesstaatlichen Kompetenzordnung des Grundgesetzes und aus dem Zusammenhang zwischen der Aufgabenbestimmung im Ge-

setz über die Zusammenarbeit des Bundes und der Länder in Angelegenheiten des Verfassungsschutzes und über das Bundesamt für Verfassungsschutz (Bundesverfassungsschutzgesetz – BVerfSchG) und im Gesetz über den Verfassungsschutz in Nordrhein-Westfalen (VSG NW). Es liegt im Wesen des Bundesstaates, daß die horizontale Verbandskompetenz jedes einzelnen Bundeslandes, verstanden als Abgrenzung der Kompetenzen eines Landes im Verhältnis zu den Kompetenzen der anderen Bundesländer, auf das Territorium dieses Landes beschränkt ist. Über ihr Territorium hinausreichende Kompetenzen haben die Länder nur in begrenzten Ausnahmefällen bei ausdrücklicher Ermächtigung durch Gesetze anderer Länder oder durch Bundesgesetz, beispielsweise bei der polizeilichen Nacheile, im Rahmen der Amtshilfe oder der Katastrophenhilfe. Gesamtstaatliche Kompetenzen haben die Länder nur indirekt, nämlich als Mitwirkungskompetenzen, die durch den Bundesrat ausgeübt werden, aber das ist Ausübung von Bundes-, nicht von Landesstaatsgewalt, denn der Bundesrat ist ein Bundesorgan. Die vertikale Verbandskompetenz, die sich auf das Verhältnis zwischen Bund und Ländern bezieht, ist im Grundgesetz detailliert geregelt. Soweit die Länder für eine Materie die sachliche Verbandskompetenz haben, also im Verhältnis zum Bund (vertikal) zuständig sind, haben sie die örtliche Verbandskompetenz im Verhältnis zu den anderen Ländern (horizontal) im Hinblick auf die Befassung mit dieser Materie prinzipiell nur in den Grenzen ihres eigenen Territoriums.

Die territorialen Grenzen der Landeskompetenz können nicht etwa nur überschritten werden, wenn ein Amtswalter des Landes das Territorium körperlich überschreitet wie etwa die Polizei beim Einsatz in einem anderen Land. Sie werden auch dann überschritten, wenn Landesorgane hoheitlich tätig werden in bezug auf Personen oder Gegenstände außerhalb der Landesgrenzen.

Dies gilt nicht nur für den Erlaß von Gesetzen und Verwaltungsakten, sondern für jede hoheitliche Tätigkeit, also auch für das »schlichte Verwaltungshandeln«, zumindest wenn es

in Grundrechte eingreift, wie die nachrichtendienstliche Beobachtung oder die öffentliche Darstellung von Personen oder Gruppen in Verfassungsschutzberichten.
Die Frage, ob der Verfassungsschutz von Nordrhein-Westfalen öffentliche Stellungnahmen und Bewertungen über eine Zeitung abgeben darf, die ihren Sitz in Berlin hat, ist vom Verwaltungsgericht zu Unrecht bejaht worden.
Nach den allgemeinen Kriterien der Bundesdeutschen Kompetenzordnung kann die Verfassungsschutzbehörde von Nordrhein-Westfalen prinzipiell nur zuständig sein für die Erfüllung der in § 3 VSG NW genannten Aufgaben in bezug auf Bestrebungen und Tätigkeiten innerhalb der territorialen Grenzen des Landes Nordrhein-Westfalen. Zwar spricht § 3 I VSG NW im Anschluß an Nr. 4 von Bestrebungen und Tätigkeiten »im Geltungsbereich des Grundgesetzes«. Aber diese Formulierung, die sich offenbar an § 3 BVerfSchG anlehnt, kann sinnvollerweise nur als Abgrenzung der Kompetenzbereiche zwischen nachrichtendienstlichem Verfassungsschutz einerseits und – für die Auslandsaufklärung zuständigem – Bundesnachrichtendienst andererseits verstanden werden. Sollte mit dieser Formulierung die Zuständigkeit des Verfassungsschutzes des Landes Nordrhein-Westfalen für das gesamte Bundesgebiet in Anspruch genommen werden, so wäre diese Vorschrift eindeutig verfassungswidrig.
Allerdings ist der territoriale Zuständigkeitsbereich der Landesverfassungsschutzbehörde nicht völlig eindeutig und überschneidungsfrei abgegrenzt. Das Bundesverfassungsschutzgesetz läßt – der Effektivität des Verfassungsschutzes wegen – gewisse Überschneidungen zu, indem es in § 3 I die Aufgaben der Verfassungsschutzbehörden wie folgt bestimmt:
»Aufgabe der Verfassungsschutzbehörden des Bundes und der Länder ist die Sammlung und Auswertung von Informationen, insbesondere von sach- und personenbezogenen Auskünften, Nachrichten und Unterlagen über

1. Bestrebungen, die gegen die freiheitliche demokratische Grundordnung … gerichtet sind …«

Nach § 5 I BVerfSchG sind die Landesbehörden für Verfassungsschutz zuständig für das Sammeln von Informationen, Auskünften, Nachrichten und Unterlagen zur Erfüllung ihrer Aufgaben; hierzu haben sie die Informationen usw. auszuwerten und dem Bundesamt für Verfassungsschutz und den Landesbehörden für Verfassungsschutz zu übermitteln, soweit es für deren Aufgabenerfüllung erforderlich ist. Nach § 6 BVerfSchG ist unter den dort genannten Voraussetzungen die Führung gemeinsamer Dateien vorgesehen.

Diese Bestimmungen des Bundesverfassungsschutzgesetzes stellen das Territorialprinzip für die Kompetenzabgrenzung zwischen den Ländern jedoch nicht in Frage. Was die Besonderheit der auf den Verfassungsschutz bezogenen Verbandskompetenz ausmacht, ist die Überschneidung der Kompetenzen von Bund und Ländern. Diese ist gewollt und bereits vom Grundgesetz programmiert, das dem Bund in Art. 73 Nr. 10 die Gesetzgebungskompetenz für »die Zusammenarbeit des Bundes und der Länder« auf dem Gebiet des Verfassungsschutzes (lit. b) und in Art. 87 I 2 die Kompetenz für die Einrichtung einer Zentralstelle zur Sammlung von Unterlagen für Zwecke des Verfassungsschutzes gibt. Bund und Länder haben bei einer einheitlichen Aufgabe zusammenzuarbeiten. Diese Pflicht zur Zusammenarbeit ändert jedoch nichts daran, daß die territoriale Zuständigkeit (die horizontale Verbandskompetenz) jedes einzelnen Landes auf seinen Hoheitsbereich beschränkt bleibt. Zwar haben die Verfassungsschutzbehörden der Länder auch solche Informationen zu erheben, die nicht den Schutz der Verfassung des eigenen Landes, sondern lediglich den Schutz der Bundesverfassung oder der Verfassung eines anderen Landes betreffen. Dies ist in der Zusammenarbeitspflicht impliziert. Jedoch muß es sich dann um Informationen über Bestrebungen oder Tätigkeiten handeln, die im territorialen Hoheitsbereich des eigenen Landes stattfinden oder die der Behörde bei Ermittlungen über solche Bestrebungen sozusagen zufällig bekannt werden. Es gibt keine Grundlage dafür, daß die Verfassungsschutzbehörde des Landes A Informationen über eine verfassungsfeindliche Gruppe erhebt und verarbeitet, die ausschließlich im Land B agiert und sich nicht gegen verfassungsschutzrechtliche Schutzgüter des Landes A richtet. Umgekehrt kommt ein Tätigwerden der Verfassungsschutzbehörde des Landes A in einem anderen Land (etwa durch Einsatz von V-Leuten) nur mit Einwilligung des anderen Landes und nur dann in Betracht, wenn es darum geht, Bestrebungen oder Tätigkeiten in dem anderen Land aufzuklären, die sich gerade gegen verfassungsschutzrechtliche Schutzgüter des Landes A richten. Richten sich diese Bestrebungen dagegen gegen den Bestand eines anderen Landes oder gegen die freiheitlich demokratische Grundordnung des Grundgesetzes, so ist nicht die Verfassungsschutzbehörde des Landes A, sondern lediglich die des anderen Landes sowie die des Bundes zuständig.

Noch enger als bei der Informationserhebung und -verarbeitung ist die horizontale Verbandskompetenz der Länder bei der Öffentlichkeitsarbeit zu fassen. Der Zweck der länderübergreifenden Zusammenarbeit und die damit einhergehende Befugnis zur Befassung mit Angelegenheiten, die nicht den Schutz der Verfassung des eigenen Landes, sondern den Schutz der Bundesverfassung oder der Verfassungen oder sonstiger Schutzgüter anderer Länder betreffen, resultiert ja aus dem Zweck, dem Bund und den anderen Ländern beim Schutz ihrer Verfassungen zu helfen, indem diesen Informationen zur Verfügung gestellt werden. Die Abwehrmaßnahmen zu treffen, die auf der Grundlage der gegebenen Informationen zum Schutz der jeweiligen Verfassung als notwendig erscheinen, ist dann aber ausschließlich Sache des betroffenen Verbandes, also des Bundes in bezug auf das Grundgesetz, jedes Landes für seine eigene Verfassung. Zu den Schutzmaßnahmen gegen verfassungsfeindliche Bestrebungen gehört auch – und heute in allererster Linie – der Verfassungsschutz durch »Aufklärung der Öffentlichkeit«, vor allem durch die Veröffentlichung von Verfassungsschutzberichten. Der Verfassungsschutzbericht eines Landes darf daher nur Informationen erhalten, die den Schutz der Verfas-

sung des betreffenden Landes bzw. verfassungsfeindliche Tätigkeiten und Bestrebungen, die in diesem Land stattfinden, betreffen. Zwar darf der Verfassungsschutzbericht eines Landes auch über Organisationen berichten, die nicht lediglich in diesem Land, sondern länderübergreifend bzw. bundesweit organisiert sind, und darf in diesem Zusammenhang auch über die Bundesorganisation der in diesem Land tätigen Organisation oder über Tätigkeiten dieser Organisation in anderen Bundesländern berichten, sofern das zum Verständnis und zur Bewertung der Tätigkeit dieser Organisation innerhalb des betreffenden Landes erforderlich ist. Jedoch ist die Verfassungsschutzbehörde eines Landes eindeutig nicht kompetent, in ihrem Verfassungsschutzbericht über Bestrebungen und Tätigkeiten zu berichten, die in einem anderen Bundesland stattfinden und lediglich Schutzgüter dieses anderen Bundeslandes oder des Gesamtstaates betreffen.
Dies wird durch die Systematik des Bundesverfassungsschutzgesetzes bestätigt. Zuständigkeiten werden den Landesverfassungsschutzbehörden dort nur in bezug auf das Sammeln, Auswerten und Weitergeben von Informationen eingeräumt (§§ 3, 5, 6), nicht jedoch in bezug auf die Veröffentlichung von Informationen und Wertungen in Verfassungsschutzberichten. Hierzu enthält das Gesetz lediglich eine Ermächtigung für den Bundesinnenminister (§ 16 II). Dies bedeutet, daß die Verfassungsschutzberichte der Länder sich nicht auf Kompetenzzuweisungen und Ermächtigungen im Bundesverfassungsschutzgesetz stützen können, sondern nur auf das jeweilige Landesverfassungsschutzgesetz. Dieses kann aber von vornherein Kompetenzen und Ermächtigungen nur im Rahmen der Verbandskompetenz des Landes zuweisen, also nur in dem oben dargelegten Umfang und nicht in bezug auf Bestrebungen, für welche aufgrund des Territorialprinzips die Zuständigkeit eines anderen Landes oder des Bundes begründet ist. Hierüber geht das Verwaltungsgericht hinweg, indem es einfach § 3 I VSG NW anwendet, ohne – wie es geboten wäre – diese Bestimmung im Licht der bundesstaatlichen Kompetenzordnung restriktiv auszulegen.

Insofern hat der Verfassungsschutz NRW nicht die Kompetenz, über die »Junge Freiheit« in seinem Verfassungsschutzbericht zu berichten. Die »Junge Freiheit« hat ihren Sitz in Berlin. Sie entfaltet ihre verlegerische und journalistische Tätigkeit ausschließlich in Berlin und hat dies zuvor in Potsdam, also im Land Brandenburg, getan, nie jedoch in Nordrhein-Westfalen.

Man verkennt sowohl den bundesgesetzlichen als auch den landesrechtlichen Begriff der »Bestrebung« (§ 3 I VSG NW), wenn man annimmt, allein der Umstand, daß die »Junge Freiheit« in Nordrhein-Westfalen verbreitet werde, begründe eine sich auf dieses Land erstreckende »Bestrebung«.

Die Zeitung »Junge Freiheit« wird zwar, wie im gesamten Bundesgebiet, auch in Nordrhein-Westfalen an Abonnenten sowie im Zeitungshandel vertrieben. Der Verfassungsschutz hat jedoch nur über »Bestrebungen«, die gegen die freiheitlich demokratische Grundordnung usw. gerichtet sind, Informationen zu sammeln und zu berichten (§ 3 VSG NW). Seine Aufgabe ist es hingegen nicht, bloße Meinungen und Ansichten zu kontrollieren. Wenn die »Junge Freiheit« überhaupt als »Bestrebung« i. S. von § 3 VSG NW qualifiziert werden könnte, dann wäre diese Bestrebung jedenfalls im Land Berlin lokalisiert. Es gibt zwar Korrespondenten und journalistische Betätigung – Durchführung von Reportagen, von Interviews usw. – außerhalb von Berlin, aber das, was allein die »Bestrebung« ausmachen könnte, nämlich ein zielbewußtes organisatorisches Zusammenwirken, hätte seinen Ort allein am Sitz von Verlag und Redaktion.

Der Begriff der »Bestrebung« wird in § 3 III VSG NW definiert als »politisch bestimmte, *ziel- und zweckgerichtete Verhaltensweisen in einem oder für einen Personenzusammenschluß*«.

Eine Zeitung als solche ist nach dieser Definition keine Bestrebung. Bestrebungen können nur Menschen sein, insbesondere organisierte Zusammenschlüsse von Menschen, nicht Produkte. Denkbar ist in diesem Zusammenhang also lediglich, daß Verlag und/oder Redaktion der »Jungen Frei-

heit« als »Bestrebungen« zu qualifizieren sind. Das Produkt »Junge Freiheit«, über das der Verfassungsschutzbericht Nordrhein-Westfalen berichtet, wird allein in Berlin gemacht. Es gibt keine »Bestrebung« in Nordrhein-Westfalen, die als »Junge Freiheit« bezeichnet werden könnte.
Der Umstand, daß die Zeitung »Junge Freiheit« auch in Nordrhein-Westfalen verbreitet und gelesen wird, vermag daran nichts zu ändern. Die Deutsche Post AG, die Zeitungsgrossisten und die Kioskverkäufer, die in Nordrhein-Westfalen die »Junge Freiheit« unter das Publikum bringen, sind ebensowenig Teil einer »Bestrebung Junge Freiheit« wie die Leser. Die redaktionelle Tätigkeit, die Produktion der Zeitung ist in Berlin abgeschlossen. Auch der Vertrieb wird von Berlin aus organisiert. Die »ziel- und zweckgerichteten Verhaltensweisen in einem oder für einen Personenzusammenschluß«, die nach § 3 III VSG NW allein eine »Bestrebung« ausmachen könnten, finden ausschließlich in Berlin statt.
Die fertige Zeitung dagegen, die auch in Nordrhein-Westfalen vertrieben wird, ist ein bloßes Produkt, keine Bestrebung. Ihre Verbreitung und ihre Lektüre finden im Rahmen der Presse-, Meinungs- und Informationsfreiheit statt. Daß in Nordrhein-Westfalen Meinungen zur Kenntnis genommen werden, die in einer in Berlin erscheinenden Zeitung geäußert werden, ist kein spezifisches Verfassungsschutzproblem, hat nämlich nichts mit einer in Nordrhein-Westfalen vorhandenen »Bestrebung« zu tun.
Die »Junge Freiheit« (als Bezeichnung für Verlag und Redaktion) ist also, wenn überhaupt eine »Bestrebung«, dann eine außerhalb von Nordrhein-Westfalen tätige Bestrebung. Das Verwaltungsgericht verkennt dies völlig, wenn es auf die Meinungswirkung abstellt, die sich auch auf Nordrhein-Westfalen erstrecke. Es verwechselt hier die bloße Meinungsäußerung mit der allein verfassungsrechtlich relevanten »Bestrebung«. Ist es rechtlich notwendig, zwischen Meinungsäußerungen und Bestrebungen in der Weise zu unterscheiden, daß – auch inhaltlich verfassungsfeindliche – bloße Meinungsäußerungen in jedem Fall verfassungsschutzrechtlich irrelevant sind und

daß Meinungsäußerungen nur dann zum Tätigwerden der Verfassungsschutzbehörden Anlaß geben, wenn sie Bestandteil der Betätigung einer verfassungsfeindlichen Bestrebung sind, dann muß dies nicht nur in der sachlichen, sondern auch in der örtlichen Abschichtung gelten. Ist eine »Bestrebung« – etwa eine politische Partei – nur in einem Bundesland organisiert, dann führt der Umstand, daß ihre Meinungsäußerungen, beispielsweise im Rundfunk, auch in anderen Ländern wahrgenommen werden können, nicht dazu, daß diese »Bestrebung« auch in anderen Ländern stattfindet. Das Hineinwirken der Meinungsäußerung in andere Länder kann dann nicht anders beurteilt werden als Meinungsäußerungen von Subjekten, die sich nicht als »Bestrebung« qualifizieren lassen.
Der Beklagte hat nicht den geringsten Anhaltspunkt dafür vorgetragen, daß die »Junge Freiheit« sich gerade gegen die Verfassung Nordrhein-Westfalens oder andere verfassungsschutzrelevante Schutzgüter der Beklagten richtet. Vorgeworfen wird der »Jungen Freiheit« lediglich, daß Anhaltspunkte für den Verdacht bestünden, sie richte sich gegen die freiheitlich demokratische Grundordnung des Grundgesetzes. Daß dies zugleich – schon wegen Art. 28 I GG – die Grundordnung jedes Bundeslandes ist und sein muß, kann keine landesspezifische Zuständigkeit begründen, wenn die betreffende »Bestrebung« nicht in dem jeweiligen Land agiert.
Die Verbandstätigkeit für einen Verfassungsschutzbericht über die »Junge Freiheit« hätten – wenn die materiellen Voraussetzungen dafür gegeben wären – somit nur das Land Berlin sowie, wegen der angeblichen Zielrichtung in bezug auf die freiheitlich demokratische Grundordnung des Grundgesetzes, der Bund.
Allein dieses Ergebnis, das aus der systematischen Zuordnung von Bund- und Landesverfassungsschutzbehörden folgt, entspricht auch den Bedürfnissen einer sinnvollen Verfassungsschutzpraxis. Käme es auf das Verbreitungsgebiet einer Zeitung an, dann könnten und müßten 16 Landesverfassungsschutzbehörden und zusätzlich das Bundesamt für Verfassungsschutz den Inhalt der Zeitung analysieren, be-

werten, in Dateien verwalten, gegebenenfalls im Verfassungsschutzbericht benennen, obwohl doch alle 16 Bundesländer und der Bund es mit einer inhaltlich identischen Zeitung zu tun hätten – eine evidentermaßen absolut unsinnige Vervielfältigung der notwendigen Arbeit, von der man sich angesichts der Identität des Beobachtungsobjekts nicht den geringsten Erkenntnisgewinn versprechen könnte. Die insgesamt 17 Verfassungsschutzberichte könnten auch erhebliche Verwirrung stiften, wenn sie dieses identische Beobachtungsobjekt unterschiedlich darstellten und bewerteten. Darunter müßte das Vertrauen in die Rechtmäßigkeit des Handelns der Verfassungsschutzbehörden leiden; es müßte sich der Eindruck der politischen Instrumentalisierung des Verfassungsschutzes aufdrängen, wenn dieselbe Zeitung in einem Bundesland als »extremistisch« eingestuft würde, in anderen nicht.

Kann eine Zeitung eine verfassungswidrige Bestrebung sein?

Darüber hinaus verkennt der nordrhein-westfälische Verfassungsschutz, daß eine Zeitschrift keine Bestrebung im Sinne des Verfassungsschutzes sein kann. Denn einer Zeitung fehlt die spezifische Gefährlichkeit, die »Bestrebungen« von sonstigen Tätigkeiten unterscheidet. Folgt man der Ansicht des Verwaltungsgerichts, dann verselbständigt sich die Tätigkeit der Verfassungsschutzbehörden von ihrem Zweck, die Verfassung zu schützen. Verfassungsschutz als Bekämpfung von verfassungsfeindlicher Tätigkeit darf in einem liberalen Staat nur dort stattfinden, wo es notwendig ist, um die Verfassung gegen die Gefährdung ihrer Grundlagen zu schützen. Allein von Meinungsäußerungen – auch wenn diese publiziert werden – aber kann eine solche Gefährdung nicht ausgehen. Vielmehr kann der Bestand der freiheitlich demokratischen Grundordnung nur dann gefährdet werden, wenn es Organisationen gibt, die verfassungsfeindliche Meinungen in Politik umsetzen und sich – wenn sie Erfolg haben – der Verfassungsorgane bemächtigen könnten. Bloße Meinungen dagegen gefährden nicht die Verfassungsordnung. Ihnen fehlt das organisationsspezifische Gefahrenmoment. Und dieses organisationsspezifische Moment erhalten sie auch nicht dadurch, daß sich mehrere Leute zur Äußerung von Meinungen zusammentun.

Die Auffassung des Verwaltungsgerichts würde auch zu dem absurden Ergebnis führen, daß drei Schüler, die eine Schülerzeitung gründen, eine »Bestrebung« darstellen, während ein Milliardär, der sich beispielsweise Werbezeit im Fernsehen kauft und abends zur besten Sendezeit verfassungsfeindliche Äußerungen abgibt, als Einzelperson keine »Bestrebung« wäre, obwohl er einen millionenfach größeren Einfluß hätte. Ist die »Junge Freiheit« aber keine »Bestrebung«, darf über sie auch nicht im Verfassungsschutzbericht berichtet werden.

Die freiheitlich demokratische Grundordnung wird verkannt

Der nordrhein-westfälische Verfassungsschutz wendet den Begriff der freiheitlich demokratischen Grundordnung falsch an. Insbesondere setzt er durchgehend eine einwanderungskritische Einstellung mit einer »ausländerfeindlichen Grundeinstellung« gleich. Einwanderungskritik verstößt aber weder gegen die Menschenwürde von (potentiellen) Einwanderern noch gegen sonstige Elemente der freiheitlich demokratischen Grundordnung.

Der Verfassungsschutz glaubt auch, daß Kritik an der gegenwärtigen Form von Parteienherrschaft einen Verstoß gegen Art. 20 des Grundgesetzes darstellt. Er vermengt dabei zwei Aspekte: das Mehrparteiensystem, das als Teilelement des Demokratieprinzips am Schutz durch Art. 20 GG teilnimmt, sowie die in der Bundesrepublik bestehende Form des Mehrparteiensystems. Ein Argument für einen tatsächlichen Anhaltspunkt für eine verfassungsfeindliche Bestrebung läßt sich hier aber nur gewinnen, wenn entweder die Daseinsberechtigung des Mehrparteiensystems in Zweifel gezogen worden wäre oder wenn der JF-Autor zwar nur die konkrete, heute vorhandene Ausprägung des Parteiensystems in Zweifel gezogen hätte, aber diese konkrete Ausprägung die einzige wäre, die Art. 20 GG gebietet und die also nicht durch eine andere Ausprägung ersetzt werden könnte. Beides ist ganz offenkundig falsch. Richtig ist vielmehr, daß an keiner Stelle der zitierten Artikel das Mehrparteiensystem in Frage gestellt wird. Vielmehr wendet sich der JF-Autor gegen eine bestimmte Ausprägung des Parteienstaates, was etwas völlig anderes ist. Er stellt also nicht das in Frage, was zum Kernbestand des Art. 20 GG gehört, nämlich die Notwendigkeit mehrerer, gleichberechtigt an der politischen Willensbildung mitwirkender Parteien mit dem Recht auf Bildung und Ausübung einer Opposition und der gleichberechtigten Chance, bei Wahlen die Mehrheit zu gewinnen. Vielmehr setzt er sich dafür ein, daß die Überlagerung des von der Verfassung vorgesehenen gewaltenteilenden Systems durch die Herrschaft der Parteien durch institutionelle Reformen eingeschränkt wird. Dabei setzt er sich für ein Präsidialsystem ein, wie es in Frankreich oder in den USA existiert und wie es mit Art. 79 III und Art. 20 I, II GG ohne weiteres vereinbar wäre. Das Prinzip der Verantwortlichkeit der Regierung gegenüber dem Parlament gehört nur in dem Sinne zu den jeder Verfassungsänderung entzogenen Prinzipien der freiheitlich demokratischen Grundordnung, daß die Regierung sich im klassischen Wortsinne vor dem Parlament verantworten, also für ihre Politik Rede und Antwort stehen muß. Kontrollfunktion des Parlaments und Rechtfertigungsbedürftigkeit der Regierungspolitik gegenüber dem Parlament lassen sich dem unabänderlichen Kern der Demokratie i. S. von Art. 20 GG zurechnen. Sie hängen nämlich eng mit dem rechtsstaatlichen Gewaltenteilungsprinzip und mit dem demokratischen Repräsentationsprinzip zusammen. Art. 20 GG legt die Organisation der Staatsgewalt in Deutschland dagegen nicht auf das parlamentarische Regierungssystem in dem Sinne fest, daß die Regierung vom Vertrauen des Parlaments in der Weise abhängig ist, daß sie vom Parlament gewählt wird und durch Mißtrauensvotum des Parlaments gestürzt werden kann. Es ist durchaus möglich, die durch Art. 20 GG gebotene demokratische Legitimation der Regierung in anderer Weise herzustellen als durch die indirekte Legitimation über das Parlament.

Die Gegenseite beruft sich in diesem Zusammenhang zu Unrecht auf das Bundesverfassungsgericht. In den zitierten Entscheidungen wird keineswegs das jetzt geltende System der Wahl und möglichen Abwahl der Regierung durch das Parlament zum unantastbaren Verfassungskern gerechnet. Vielmehr sagt das Bundesverfassungsgericht ausdrücklich, daß es nicht auf eine bestimmte Form der Legitimation ankomme, sondern auf ein bestimmtes Legitimationsniveau. Dieses ergebe sich aus dem Zusammenwirken unterschiedlicher Elemente der Legitimation. Das Verwaltungsgericht verkennt also in ganz eklatanter Weise die Anforderungen des Art. 20 GG.

Auch der Hinweis auf Artikel über die »Konservative Revolution« ist nicht geeignet, Anhaltspunkte für einen hinreichenden Verdacht verfassungsfeindlicher Bestrebungen aufzuzeigen. Das Grundgesetz verlangt nicht, sich in jedem Artikel über einen Denker, der auch antidemokratische Ideen vertreten hat, von diesen Ideen und diesem Denker ausdrücklich zu distanzieren. Beispielsweise findet man in den vielen Artikeln, die jetzt zum Goethe-Jahr erscheinen oder die in den letzten 50 Jahren über Goethe in der Presse erschienen sind, keine Distanzierung von dessen aus heutiger Sicht verfassungsfeindlichen politischen Ideen. Das wäre auch nur lächerlich. Aus heutiger Sicht ist entscheidend, warum man sich jetzt mit einem Denker und mit dessen Ideen befaßt, welche Ideen man als historisch, aus ihrer zeitlichen Bedingtheit heraus darstellt, welche man als Modell für die heutige Zeit oder für die Zukunft weitergibt usw. Wenn beispielsweise die Beschäftigung mit Carl Schmitt heute in der staatsrechtlichen Literatur eine Fülle von Sekundärliteratur hervorgebracht hat, wie sie wohl keinem anderen Staatsrechtler dieses Jahrhunderts zuteil geworden ist, und wenn ein großer Teil dieser Literatur nicht etwa nur kritisch-distanzierend ist, sondern um eine Fortentwicklung Schmittscher Ideen bemüht ist, dann liegt das nicht etwa, wie das Verwaltungsgericht wohl vermuten müßte, an einer demokratiefeindlichen Einstellung der betreffenden Autoren, sondern daran, daß Schmitt durchaus Anreger auch für eine demokratische Verfassungstheorie sein kann. Dies bezeugt der Umstand, daß etliche renommierte Autoren, über deren demokratische Gesinnung nicht der geringste Zweifel bestehen kann, viel von Schmitt gelernt haben.[3] Entsprechendes gilt für andere Denker, die der »Konservativen Revolution« zugerechnet werden. Wenn – um hier noch ein weiteres Beispiel zu nennen – François Mitterand und Helmut Kohl den wohl bedeutendsten Exponenten der Konservativen Revolution, den Dichter Ernst Jünger, in seinem Haus aufsuchen oder wenn die baden-württembergische Landesregierung einen großen Empfang zu Jüngers 100. Geburtstag ausrichtet, dann findet das zwar auch die übliche Kritik in der linken Presse, aber es kommt doch niemand auf den Gedanken, darin tatsächliche Anhaltspunkte für verfassungsfeindliche Bestrebungen beim Bundeskanzler oder beim Stuttgarter Ministerpräsidenten zu sehen. Ebenso muß es erlaubt sein, auch andere bedeutende Vertreter der Konservativen Revolution zu würdigen, ohne daß daraus gleich der Schluß gezogen wird, man wolle sich mit deren in der Weimarer Zeit geäußerten antidemokratischen Gedanken identifizieren.

Wollte man also aus Artikeln über die Konservative Revolution Anhaltspunkte für Verfassungswidriges ableiten, so müßte man im Hinblick auf jeden einzelnen Artikel aufzeigen, ob und inwiefern eine Identifizierung mit antidemokratischen Zielsetzungen gegeben ist. Dies hat das Verwaltungsgericht nicht getan. Es wäre auch nicht möglich, weil es eine solche Identifizierung in der »Jungen Freiheit« nicht gibt. Statt einen Beweis zu führen, behauptet das Verwaltungsgericht pauschal, daß die Beiträge »den Eindruck einer Identifikation mit dieser Denkschule« vermittelten. Eine sol-

che pauschale, nicht begründete These ist nicht geeignet, eine antidemokratische Zielsetzung der Zeitung zu begründen oder auch nur den geringsten Anhaltspunkt hierfür zu liefern. Sie erfüllt nicht die Mindestanforderungen an eine juristische Sachverhaltswürdigung und an eine juristische Subsumtion unter dem Begriff der freiheitlichen demokratischen Grundordnung. Anders als im mittelalterlichen Inquisitionsprozeß zählen im Rechtsstaat nicht Unterstellungen, sondern nur bewiesene Fakten. Darüber setzt sich das Verwaltungsgericht in einer Weise hinweg, die die Begründung als evident falsch erscheinen läßt.
Abgesehen hiervon ist die These auch deshalb absurd, weil es die »Konservative Revolution« als »Denkschule« überhaupt nicht gibt, sondern was unter diesem Begriff zusammengefaßt ist, sind in sich sehr heterogene und einander widersprechende Denkrichtungen. Es ist logisch unmöglich, sich mit allen diesen Denkrichtungen gleichzeitig zu identifizieren.
Schließlich ergibt sich eine antidemokratische Tendenz zur Beschäftigung mit Autoren der Konservativen Revolution auch nicht aus einem vom Verfassungsschutz beanstandeten Zitat, das sich auf die Rezeption Carl Schmitts bezieht. Auch dieses Zitat läßt nichts Verfassungswidriges erkennen. Es läßt sich aus dem Zitat insbesondere nicht eine antidemokratische Zielrichtung erkennen. Und es wird hier nicht etwa zur Mißachtung des Grundgesetzes aufgerufen. Vielmehr wird auf unterschiedliche Politikkonzeptionen abgestellt: Wenn Politik als bloßer Verfassungsvollzug verstanden wird, dann fehlt ihr nach Ansicht des Autors eine Komponente, die ihr nach Carl Schmitt zukommt: dann wird die Verfassung, wie er sich ausdrückt, zum Gefängnis der Politik. Dies aber ist ein selbstgewähltes Gefängnis, weil nach richtiger – auch vom Bundesverfassungsgericht immer wieder betonter – Auffassung die Verfassung nicht Programm, sondern Rahmenordnung der Politik ist, die den zuständigen Verfassungsorganen weite Gestaltungsspielräume offenläßt.
Legt man dieses Verständnis des Zitats zugrunde, das nach Wortlaut und Sinnzusammenhang naheliegt – denn der Ge-

gensatz der Politikkonzeptionen der Verfassung als Programm und der Verfassung als Rahmenordnung ist ein altes Thema Carl Schmitts und seiner Schule –, dann handelt es sich um eine zwar polemische Zuspitzung einer These, aber doch einer These, die als solche nicht verfassungswidrig ist. Im Vergleich zu dem, was seit der Abfassung dieses Zitats – es stammt aus dem Jahre 1992 – die politische Praxis der Bundesregierung unter Billigung des Bundestags und des Bundesverfassungsgerichts zum Thema dieses Zitats getan haben, handelt es sich sogar um eine ziemlich zurückhaltende und harmlose Variante. Man denke nur an das Thema des Einsatzes der Bundeswehr im Ausland außerhalb des Verteidigungs- oder Bündnisfalls. Dies war nach früher herrschender Auffassung verfassungswidrig. Die Bundesregierung hat sich über alle verfassungsrechtlichen Bedenken hinweggesetzt, um außenpolitische Handlungsfreiheit zu gewinnen. Sie hat sich in diesem Sinne aus dem »Gefängnis« eines eng verstandenen, allein am herkömmlichen Verständnis des Grundgesetzes orientierten Denken befreit. Sie hat ziemlich kühn die Auffassung vertreten, daß unter gewandelten politischen Verhältnissen sich auch das Verständnis des Grundgesetzes in einem so zentralen Punkt ändern müsse. Und das Bundesverfassungsgericht hat dies durch eine sehr problematische Auslegung des Grundgesetzes, die am Wortlaut des Art. 87a I und II GG vorbeigeht, »abgesegnet«. Dies ist sehr viel problematischer als das, was der JF-Autor mit jenem Zitat gesagt hat.

Im übrigen hat das Bundesverfassungsgericht gesagt, daß in einer freiheitlichen Demokratie zur Meinungsfreiheit gehört, daß Meinungsäußerungen im Zweifel so auszulegen seien, daß sie nicht rechtswidrig sind. Wenn mehrere Deutungsmöglichkeiten gegeben seien, dürften die Gerichte eine zur Bestrafung führende Deutungsmöglichkeit nur dann zugrunde legen, wenn sie die anderen Deutungsmöglichkeiten zuvor mit überzeugenden Gründen ausgeschlossen hätten.[4] Dies muß auch für außerstrafrechtliche Sanktionen und sonstige Nachteilszufügungen gelten. Die Erwähnung im Verfassungsschutzbericht dient der Bekämpfung von Bestrebungen. Auch hier muß daher gelten, daß im Zweifel die verfassungsmäßige Auslegungsmöglichkeit zugrunde zu legen ist. Jedenfalls darf nicht ohne nähere Begründung die verfassungswidrige Auslegungsmöglichkeit unterstellt werden.

Der bloße Verdacht genügt für Diskriminierung nicht

Schließlich ist es dem Verfassungsschutz nicht erlaubt, in bloßen Verdachtsfällen im Verfassungsschutzbericht zu berichten. Ist die »Junge Freiheit« keine »Bestrebung«, dann darf über sie auch nicht im Verfassungsschutzbericht geschrieben werden. Das Urteil ist aufgrund dieses rechtlichen Fehlers also auch im Ergebnis falsch.

Der Verfassungsschutz NRW meint, es ergebe sich bereits aus dem Wortlaut von § 15 II VSG NW, daß schon bei tatsächlichen Anhaltspunkten für den Verdacht einer gegen die freiheitliche demokratische Grundordnung gerichteten Bestrebung im Verfassungsschutzbericht darüber berichtet werden dürfe. Dies ist evident falsch. Vielmehr ergibt sich aus dem Wortlaut das genaue Gegenteil.

§ 15 II VSB NW ermächtigt zur Publikation von Verfassungsschutzberichten zum Zweck der Aufklärung der Öffentlichkeit »über Bestrebungen und Tätigkeiten nach § 3 Abs. 1«. Bestrebungen und Tätigkeiten nach § 3 Abs. 1 sind die in dieser Vorschrift unter den Nummern 1–4 genannten Bestrebungen und Tätigkeiten. Über diese darf berichtet werden, und zwar eindeutig *nur* über diese. Nach dem klaren Wortlaut darf nicht berichtet werden über Bestrebungen und Tätigkeiten, die sich zwar nicht gegen die freiheitliche demokratische Grundordnung im Sinne von § 3 I Nr. 1 VSG NW oder gegen eines der anderen in Nr. 1–4 genannten Schutzgüter richten, hinsichtlich deren aber tatsächliche Anhaltspunkte für einen entsprechenden Verdacht bestehen. Grammatikalisch ist die Konstruktion des Abs. 1 völlig eindeutig: Der Nebensatz »soweit tatsächliche Anhaltspunkte vorliegen« ist kein Attribut zu den in Nr. 1–4 genannten Bestrebungen und Tätigkeiten – das

würde sprachlich gar keinen Sinn geben –, sondern eine nähere Bestimmung der Aufgabenbeschreibung. Die Aufgabe der Verfassungsschutzbehörde, Informationen zu sammeln und auszuwerten, wird dahingehend eingegrenzt, daß über Bestrebungen und Tätigkeiten, die möglicherweise solche im Sinne von Nr. 1–4 sind, dann Informationen gesammelt und ausgewertet werden dürfen, wenn tatsächliche Anhaltspunkte für den Verdacht gegeben sind, daß es sich um solche Bestrebungen und Tätigkeiten handelt. § 15 II VSG NW nimmt aber nicht auf § 3 I im ganzen Bezug, nicht auf die Aufgabe der Informationssammlung und -auswertung, sondern nur auf die Bestrebungen und Tätigkeiten im Sinne dieser Bestimmung. Die gegenteilige Ansicht des Verwaltungsgerichts findet im Wortlaut von § 15 II nicht den geringsten Anhaltspunkt.
Unsinnig ist die Annahme, bei Zugrundelegung der Ansicht der Klägerin wäre auch die Formulierung »im Geltungsbereich des Grundgesetzes« von § 15 II nicht in Bezug genommen. Diese Formulierung ist vielmehr grammatikalisch eindeutig eine präpositionale Bestimmung des Ortes zu »Bestrebungen« und »Tätigkeiten« in Nummern 1–4, die im Anschluß an die Aufzählung plaziert worden ist, um nicht in jeder Nummer wiederholt werden zu müssen. Das Verwaltungsgericht kommt schon aus sprachlicher Inkompetenz zu einem falschen Ergebnis.
Die hier vertretene Auffassung wird durch Systematik sowie Sinn und Zwecke der Norm gestützt. Während nämlich die Aufgabe der Informationssammlung und -auswertung gemäß § 3 I VSG NW den Zweck hat, zunächst herauszufinden, ob eine bestimmte Organisation verfassungsfeindliche Ziele verfolgt oder unter einem anderen Aspekt eine Bestrebung oder Tätigkeit im Sinne von § 3 I VSG NW darstellt, dient § 15 II VSG NW der politischen Bekämpfung solcher Bestrebungen und Tätigkeiten. Beide Vorschriften stehen zueinander in einem klaren, vom Zweck des Verfassungsschutzes bestimmten systematischen Verhältnis. Zweck des Verfassungsschutzes ist es, die Verfassung (und die anderen in § 3 I genannten Schutzgüter) zu schützen. Der Schutz richtet sich

gegen verfassungsfeindliche Bestrebungen, genauer: gegen die in § 3 I Nr. 1–4 genannten Bestrebungen und Tätigkeiten. Repressive Maßnahmen können nur gegen solche Bestrebungen und Tätigkeiten ergriffen werden, die tatsächlich verfassungswidrig sind (oder z. B. gegen Strafgesetze verstoßen). Typische Maßnahmen des repressiven Verfassungsschutzes sind das Vereinsverbot nach Art. 9 II GG oder das Parteiverbot gem. Art. 21 II GG. Um solche Maßnahmen rechtzeitig ergreifen zu können, muß zunächst ermittelt werden, welche Organisationen verfassungsfeindliche Ziele verfolgen. Da dies nicht evident ist, wenn eine Organisation ihre Ziele tarnt oder wenn sie nicht mit ihren Zielen an die Öffentlichkeit tritt, wird die Verfassungsschutzbehörde in § 3 I VSG NW ermächtigt, bereits bei tatsächlichen Anhaltspunkten für einen Verdacht Informationen zu sammeln und auszuwerten. Nur so läßt sich ja feststellen, welche Organisation eine solche im Sinne des Abs. 1 Nr. 1–4 ist. Maßnahmen gegen die Organisation, die über die Informationserhebung und -auswertung hinausgehen, dürfen jedoch nur dann ergriffen werden, wenn sich herausstellt, daß der Verdacht begründet ist. Die Voraussetzungen hierfür ergeben sich übrigens auch nicht aus § 3 VSG NW, sondern aus speziellen Befugnisnormen.

Dies gilt auch für den informellen Verfassungsschutz im Sinne von § 15 II VSG NW. Diese Vorschrift ist eine spezielle Ermächtigungsnorm, die zum Verfassungsschutz mittels Aufklärung der Öffentlichkeit ermächtigt. Während die Aufgabe des § 3 I sich auf die Informationsbeschaffung bezieht, geht es in § 15 II bereits um Konsequenzen, die aus den gewonnenen Informationen zu ziehen sind, nämlich um die Bekämpfung von verfassungsfeindlichen Bestrebungen. Dies setzt notwendig voraus, daß die Objekte der – publizistischen – Bekämpfung tatsächlich Bestrebungen bzw. Tätigkeiten im Sinne von § 3 I Nr. 1–4 sind. Sind sie dies nicht, gibt es keinen Grund, sie zu bekämpfen.

Zwar ist § 15 II VSG NW Ausdruck des Prinzips der »wehrhaften Demokratie«, und damit ist die Aufgabe verbunden, die Öffentlichkeit rechtzeitig und effektiv vor Gefahren für die Verfassungsschutzgüter zu warnen. Doch wird das Schlagwort der »wehrhaften Demokratie« in sein Gegenteil verkehrt, wenn nicht vor tatsächlichen Verfassungsfeinden gewarnt wird, sondern vor solchen Gruppen und Organisationen, die von der jeweiligen Regierung oder Verfassungsschutzbehörde für verfassungswidrig gehalten werden, ohne es wirklich zu sein. Auf diese Weise wird der Verfassungsschutz zum Instrument der Stabilisierung der Herrschaft der gerade Herrschenden umfunktioniert und damit gegen die Verfassung und insbesondere gegen das Demokratieprinzip gewendet. Eine solche Perversion der »wehrhaften Demokratie« dürfte für die Verfassung viel gefährlicher sein als ein großer Teil dessen, was in Verfassungsschutzberichten als Gefahr dargestellt wird. So wichtig der Verfassungsschutz für die Wahrung der freiheitlich demokratischen Grundordnung ist, so sehr muß darauf geachtet werden, daß er nicht mißbraucht wird. Ein Mißbrauch liegt aber dann vor, wenn Bekämpfungsmaßnahmen gegen solche Organisationen ergriffen werden, die in Wirklichkeit keine verfassungswidrigen Ziele verfolgen, sondern nur unter einem – in Wirklichkeit nicht begründeten – Verdacht stehen.

Es wird hier der Unterschied zwischen Informationseingriffen und Bekämpfungsmaßnahmen verkannt. Auch der Einsatz nachrichtendienstlicher Mittel dient der Informationsbeschaffung und kann zur Klärung der Frage notwendig sein, ob überhaupt die Voraussetzung zum Ergreifen von Bekämpfungsmaßnahmen gegeben sind. Deshalb ist es abwegig, von den Voraussetzungen für den Einsatz nachrichtendienstlicher Mittel auf die Voraussetzungen für Bekämpfungsmaßnahmen zu schließen. Systematisch richtig wäre es vielmehr, § 15 II VSG NW mit anderen Normen zu vergleichen, die zu Bekämpfungsmaßnahmen ermächtigen. Dort ist immer – wie in Art. 9 II oder 21 II GG – nicht ein Verdacht, sondern das tatsächliche Vorliegen einer verfassungsfeindlichen Bestrebung Voraussetzung für ein Einschreiten. Alles andere wäre auch evident verfassungswidrig.

Daß sich der nordrhein-westfälische Gesetzgeber hierüber

keine Gedanken macht, spielt für die Auslegung keine Rolle. Der Gesetzgeber hat den zuvor verfassungswidrigen Zustand beseitigen wollen, indem er eine – nach heutigem Verfassungsverständnis erforderliche – Ermächtigungsgrundlage schuf. Wenn er nicht alle Implikationen dabei gesehen hat, wird man ihm nicht unterstellen können, eine materiell verfassungswidrige Regelung schaffen gewollt zu haben. Schon weil ein solcher Wille nicht erkennbar ist, kann die entstehungsgeschichtliche Auslegung nicht zu einem von Wortlaut und Systematik abweichenden Ergebnis führen. Selbst wenn ein der hier vertretenen Auslegung entgegenstehender Wille des Gesetzgebers klar erkennbar wäre – er ist es nicht! –, könnte es auf einen solchen Willen nicht ankommen. Denn das Gesetz müßte verfassungskonform interpretiert werden.

Das Demokratieprinzip mit seiner fundamentalen Anforderung, den demokratischen Willensbildungsprozeß offenzuhalten, schließt es aus, solche Organisationen mit Mitteln staatlicher Hoheitsgewalt zu bekämpfen, die nur unter dem lediglich auf Anhaltspunkte gestützten Verdacht stehen, sie könnten verfassungswidrige Ziele verfolgen. Ein solcher Verdacht läßt sich leicht konstruieren. Hier wäre jedem Mißbrauch Tür und Tor geöffnet. Die Demokratie wird nicht gestützt, sondern gefährdet, wenn mit hoheitlichen Mitteln vor Organisationen gewarnt wird, die in Wirklichkeit gar nicht verfassungswidrig sind. Die Beobachtung – auch mit nachrichtendienstlichen Mitteln – hat bei bloßem Verdacht Sinn, weil es darum geht, Gefahren rechtzeitig zu erkennen. Aber diese Beobachtung und die Informationssammlung müssen ergebnisoffen sein. Sobald sich der auf tatsächliche Anhaltspunkte gestützte Verdacht als unbegründet erweist, muß die Beobachtung eingestellt werden. Bekämpfungsmaßnahmen aber dürfen erst ergriffen werden, wenn sich der Verdacht als wahr erweist.

Nur so bleibt die Offenheit des demokratischen Willensbildungsprozesses gewahrt. Würde man der Ansicht des nordrhein-westfälischen Verfassungsschutzes folgen, so könnte die Demokratie am Verfassungsschutz zugrunde gehen.

Anmerkungen

1 Verfassungsschutzbericht des Landes Nordrhein-Westfalen über das Jahr 1994. Hrsg.: Innenministerium des Landes Nordrhein-Westfalen, Abt. Verfassungsschutz, 1995, S. 22, 115, 139–144.
Verfassungsschutzbericht des Landes Nordrhein-Westfalen über das Jahr 1995. Hrsg.: Innenministerium des Landes Nordrhein-Westfalen, Abt. Verfassungsschutz, 1996, S. 16 f., 105–126, 131, 132, 137, 175.

2 Dazu eingehend Murswiek, DVBl. 1997, 1021 ff.

3 So beispielsweise der ehemalige Verfassungsrichter Böckenförde, siehe ders.: Recht, Staat, Freiheit, 1991, S. 67 ff., 92 ff., 344 ff.

4 BVerfG, NJW 1994, 2943.

Stefan Winckler

Konservative[1] im Visier. Von einer ideologischen Politikwissenschaft zur amtlichen Verdächtigung

»Das Blockwart-System der westdeutschen PC-Gesellschaft und ihrer PC-Kommissare, die sich seit 1990 auf dem Staatsgelände der dritten deutschen Republik austoben können, funktioniert inzwischen so gut und so abschreckend, daß einem Analogien in den Sinn schießen, die man bis vor kurzem nicht zu alpträumen gewagt hätte: Diskurs-Apartheid etwa.«

Ulrich Schacht

Ein »Freispruch« und zwei »Schuldsprüche«

Wer denkt, die Verfassungsschutzämter beobachten nur diejenigen Vereinigungen und Publikationen, die sie anschließend in den Verfassungsschutzberichten zwecks Offenlegung amtlicher Tätigkeit aufzählen, der irrt.[2] Ihre Blicke gehen weit darüber hinaus. Zum Beispiel forderte das nordrhein-westfälische Innenministerium 1998 die Zeitschrift »Kompass« zur Auswertung an, die als Organ der Arbeitsgemeinschaft »Stimme der Mehrheit« im Bund der Selbständigen / Deutscher Gewerbeverein e. V., Landesverband NRW als Forum für Aufsätze und Rezensionen an politische Entscheidungsträger und die eigenen Mitglieder verschickt wird. Dort schreiben Historiker und politische Publizisten. Die Auflage beläuft sich auf wenige hundert Exemplare, der Umfang ist mit 30 Seiten vergleichsweise gering. Der Inhalt variiert m. E. zwischen klassischem Liberalismus und einem gemäßigten Konservatismus. Zu einer ähnlichen Auffassung kam offenbar auch der Verfassungsschutz, so daß eine Erwähnung unter »Rechtsextremismus« entfiel, ebenso eine weitere Beobachtung: »Kompass« erschien dem Innenministerium, Abt. Verfassungsschutz, »unbedenklich«.

Wie wurde die Behörde auf das Heft aufmerksam? Gegenüber dem Herausgeber[3] jener Zeitschrift hieß es, man habe einen »Hinweis« erhalten. Eine halbwegs wohlwollende Zeitschriftenkritik in der rechten, vom Verfassungsschutz NRW unter »Rechtsextremismus« ausführlich behandelten Wochenzeitung »Junge Freiheit« war es alleine sicher nicht, wohl eher schon die Rezeption der Arbeitsgemeinschaft in »Antifa«-Organen und einer auflagenstarken Zeitung[4], die sich selbst als »links von der Mitte« einstuft. Nutzen die Verfassungsschutzbeamten des Referats »Rechtsextremismus« auch Informationen aus Mitteilungsblättern derjenigen, die im Verfassungsschutzbericht als Linksextremisten bezeichnet sind? Jedenfalls war der Beobachtung durch den Verfassungsschutz ein Artikel in den »Antifaschistischen Nachrichten« (AN)[5] vorausgegangen, der die »Stimme der Mehrheit« im ganzen als »rechts« bezeichnete und einige »Rechtsextremisten« auszumachen glaubte.[6] Doch die AN definierten weder, was sie unter »rechtsextrem« verstanden, noch nannten sie »Roß und Reiter«.

Ganz so abwegig scheint die These nicht, der Verfassungsschutz (Referat Rechtsextremismus) lasse sich von Autoren, die das Referat Linksextremismus der gleichen Behörde als Verfassungsfeinde verortet, alarmieren oder »hinweisen«. Nur wenige Wochen später, Anfang Oktober 1997, kam ein Brief des VVN-BdA[7], Kreisverband Aachen, beim damaligen nordrhein-westfälischen Innenminister Kniola (SPD) an: Sich über die Verfassungsschutzberichte bitter beklagend (»Wir stellen fest, daß seit 1981 kein Verfassungsschutzbericht die VVN-BdA erwähnt hatte und erst die rot-grüne Koalition diese Denunziation des antifaschistischen Widerstandes zuwege brachte«), forderte der Briefeschreiber Kurt Heiler, der Verfassungsschutz solle doch lieber nach rechts schauen:

»Im Bericht stehen hauptsächlich die, die sich selbst als neofaschistisch oder rechtsextrem bezeichnen. All die Organisationen, die Verbindungen in Parteien des Landtags haben, werden systematisch ausgeblendet. Kein Wort zum

Bund der Vertriebenen, der in NRW zum Kristallisationspunkt neofaschistischer Aktivitäten wurde, keine Zeile über die demokratiegefährdenden Veröffentlichungen des ›Bundes der Selbständigen‹ (…)«.[8]
Im Mai/Juni 1998 legte Raimund Hethey dem Verfassungsschutz im Kampfblatt »Der rechte Rand« (Nr. 52) eine Ausforschung des »faschistoide(n) Geistkapital(s)«, wie er es nannte, nahe: »Ideologisch aufgearbeitet wird in der Köpfen der ›Stimme der Mehrheit‹-FanatikerInnen alles, was nach Vorstellungen des Verfassungsschutzes und denen seiner wissenschaftlichen Zuarbeiter als ›rechtsextrem‹ einzustufen ist.«
Hethey beschäftigt sich auf knapp zwei Seiten mit den Mitgliedern jener Arbeitsgemeinschaft im allgemeinen und deren »Kompass«-Veröffentlichungen im besonderen. Bemerkenswert, daß er den Verfassungsschutz (genauer: dessen Referat Rechtsextremismus) zur Unterstützung seiner Argumente aufführt, obwohl die radikale Linke stets die Abschaffung der Verfassungsschutzämter forderte (wir erinnern uns an die Kampagnen gegen »Berufsverbote«). Offenbar hegte Hethey die Hoffnung, der Verfassungsschutz werde Dreh- und Angelpunkt einer antifaschistisch statt freiheitlich demokratisch geprägten staatlichen Ordnung.

Anders als im Fall »Kompass« verlief die Prüfung des Sammelbandes »Die selbstbewußte Nation«[9], den die »Welt am Sonntag«-Journalisten Heimo Schwilk und Ulrich Schacht 1994 herausgaben: Er wurde im Verfassungsschutzbericht des nordrhein-westfälischen Innenministeriums ausführlich im Zusammenhang mit der »Neuen Rechten« vorgestellt. Der einleitende Satz, »die Zuständigkeit der Behörden für Verfassungsschutz ergibt sich dort, wo tatsächliche Anhaltspunkte für den Verdacht von Bestrebungen vorliegen, die gegen die Verfassung gerichtet sind«, rückte jenes Buch noch zusätzlich in die Nähe der Verfassungsfeindlichkeit. Es folgt die Aufzählung »wesentliche(r) ideologische(r) Elemente« der Neuen Rechten wie »nationale Identität und nationales

Selbstwertgefühl, Revisionismus und Neubewertung der deutschen Geschichte, Sozialdarwinismus, Biohumanismus, Ethnopluralismus (Apartheid, Separatismus), anthropologische Ungleichkeit (...), Vorstellung von einem ethnisch homogenen, hierarchischen und elitär geführten Staat, Ablehnung des Individualismus, Universalismus (z. B. der Menschenrechte), Liberalismus, Parlamentarismus, innergesellschaftlicher Pluralismus«. Insofern seien Art. 2, Art. 3 und Art. 5 des Grundgesetzes betroffen. Außerdem kenne das GG nicht das Primat der Volksgemeinschaft, es garantiere vielmehr individuelle Grundrechte. Das parlamentarische System stehe auch nicht zur Disposition.[10] Soweit eine Charakterisierung der Neuen Rechten im engsten Sinne und was die freiheitliche Demokratie von ihr trennt. Das einzige, was »Die selbstbewußte Nation« mit diesen neu-rechten Kennzeichen eint, ist das nationale Selbstwertgefühl, auch Identität genannt, das die Herausgeber zusammen mit 27 Autoren auf methodisch und inhaltlich sehr unterschiedliche Art zum Ausgangspunkt ihrer Überlegungen machen. Ein Angriff auf die Verfassung kann nicht vorliegen – denn das Grundgesetz ist es ja gerade, das nicht nur die »Menschen«, sondern gerade auch die »Deutschen« als Subjekt schon in der Präambel hervorhebt: Das deutsche Volk (in den westlichen Besatzungszonen) habe dieses Grundgesetz beschlossen, nicht nur für Westdeutschland, sondern auch stellvertretend für »jene Deutschen, denen mitzuwirken versagt war«. Ausdrücklich ist die nationale Identität als zentraler Wert aufgeführt: »Das gesamte Deutsche Volk bleibt aufgefordert, in freier Selbstbestimmung die Einheit und Freiheit Deutschlands zu vollenden.«[11] Insofern müßte weniger der deutsche Nationalstaat als vielmehr dessen Verneinung in Vergangenheit und Gegenwart ein Fall für den Verfassungsschutz sein, wenn er denn Gesinnungen unter die Lupe nehmen will:[12] Immer häufiger wurde in den 80er Jahren die volle Anerkennung der DDR gefordert, und auch ein einseitiger Verfassungspatriotismus gewann seitdem an Bedeutung.

Die Behauptung, »in dem Sammelband konnten vereinzelt

Autoren Beiträge mit eindeutig rechtsextremistischer Zielsetzung veröffentlichen«, bleibt indes ohne Beleg. Der Verfassungsschutzbericht zitierte drei Sätze aus dem Klappentext, gefolgt von neun Sätzen aus der Distanzierungsschrift des »abgesprungenen« Beitragsautors Eduard Beaucamp[13], welche jegliche extremismustheoretisch untermauerte Differenzierung zugunsten einer sehr persönlich-essayistisch gehaltenen Kritik an den Herausgebern und am gesamten Werk aussparte. Beaucamp fühlte sich von den Herausgebern getäuscht, die ein Autorenspektrum als »liberal« gekennzeichnet hätten, das ihm aber als »nationale Dampfküche« erscheine, in der er sich selbst nicht wiedererkenne: »Nationalromantiker, Vereinigungspathetiker, aber auch heftige Umdeuter des deutschen Verhängnisses, Liebhaber gefährlicher Zweideutigkeiten, Modernitätshasser, Zeitgeist-Schmäher, Schollenliebhaber und Zivilisationsverächter (...).« Ein solches Vorgehen sei kennzeichnend für die Neuen Rechten, die demokratische Autoren zwecks Vereinnahmung anwerben (nach Ansicht des Verfassungsschutzes). So wird insbesondere den Konservativen nahegelegt, den Neuen Rechten nicht »ins Netz« zu gehen, sich nicht mißbrauchen zu lassen. Die publizistische Macht, die dazu offensichtlich notwendig ist, hat die Neue Rechte freilich weder in Deutschland noch in Frankreich. Der Herausgeber Schwilk erklärte im übrigen auf Nachfrage, er fühle sich keineswegs als »neu-rechts«, vielmehr als »alt-konservativ«.[14] Bezüge auf Schriften Alain de Benoists oder seiner Anhänger gab es in keinem der Aufsätze. Eine andere Verfassungsordnung wurde ebensowenig diskutiert.

Der Verfassungsschutzbericht des Landes Nordrhein-Westfalen über das Jahr 1995 nannte wiederum Schwilk, allerdings in ein Zitat aus der »Jungen Freiheit« eingebunden. Es lautete: »Die neue deutsche Rechte denkt langfristig und handelt strategisch ... Schwilk berichtete in diesem Zusammenhang von den bekanntesten Versuchen, den Meinungsbildungsprozeß im eigenen Sinne zu beeinflussen: dem Plan, die Tageszeitung »Die Welt« zu einem rechtskonservativen Blatt zu machen, der Herausgabe des Bandes ›Die selbstbewußte Nation‹ sowie vom ›Appell wider das Vergessen‹ zum 8. Mai 1945. (...)«[15]

So zitiert der Verfassungsschutz eine Quelle (JF) quasi als Kronzeugin, die er an anderer Stelle verfassungsfeindlicher Ziele und täuschender Methoden bezichtigt, um einen Journalisten fahrlässig oder bewußt ins Zwielicht zu bringen, der als konservativ bekannt ist, ohne jemals gegen die freiheitliche Demokratie in Deutschland (eher schon für sie) tätig geworden zu sein.[16]

Dem obigen Zitat über die »Strategie« Schwilks wird eine ideologische Bezichtigung vorangestellt: »Die politische und soziologische Wissenschaft beschäftigt sich mit einer ›Grau- und Braunzone‹ (Sarkowicz) zwischen Konservativismus und Rechtsextremismus, versucht sich auch mit Definitionen wie ›Brückenspektrum‹ (Pfahl-Traughber) oder ›Scharnier‹ (Gessenharter), um eine Entwicklung zu beschreiben, in deren Verlauf eine Gruppe überwiegend junger Intellektueller (...) Schritt für Schritt versucht, verstaubte, antidemokratische Vorstellungen von der Rolle des Menschen in einer Gesellschaft zu neuem Leben zu erwecken und dabei die Grenze zwischen Konservativismus und Rechtsextremismus zu verwischen. Der Verfassungsschutz ist da gefordert, wo diese Gruppe Vorstellungen artikuliert, die den Rahmen des Grundgesetzes verlassen, Vorstellungen z. B., die sich vom Parlamentarismus lossagen und Andersdenkende verächtlich machen, die Gleichheit der Menschen vor dem Gesetz in Frage stellen.«[17] Mit großer Wahrscheinlichkeit ergibt sich daraus bei einem wenig kundigen Leser der falsche Eindruck, auch Schwilk stehe für antidemokratisches Denken, er sei eben der herausragende Protagonist dieser Denkschule. Nicht zuletzt die Wortwahl »Grau- und Braunzone« in einem Zitat des HR-Kulturjournalisten Sarkowicz (er ist Autor politischer Bücher, aber kein Wissenschaftler) ist geeignet, einen Publizisten ins Abseits zu schieben, oder anders ausgedrückt: Rufmord zu begehen. Weiter zitiert der Verfassungsschutzbericht NRW sein Beobachtungsobjekt »Junge Freiheit«, zu den Strategiegedanken Schwilks gehöre auch die »Umpolung« der FDP in nationalliberalem Sinne. Tatsächlich stand Heimo Schwilk dem Versuch, die FDP zumindest auf der Ebene des Landes Berlin für eine demokratisch-rechte Politik zu nutzen, eher skeptisch gegenüber – was er, zeitgleich mit dem Erscheinen dieses Verfassungsschutzberichts, auch in einem Interview der JF erklärte.[18] Vor allem aber kann nicht von der Gewinnung einer kulturellen Hegemonie die Rede sein, sondern nur davon, einer als linksliberal empfundenen geistigen Vorherrschaft die eigenen Ideen öffentlichkeitswirksam entgegenzusetzen.

1995 genügte dem nordrhein-westfälischen Verfassungsschutz das Lob einiger Rechtsextremisten für den »Appell zum 8. Mai – gegen das Vergessen«, um jenen Aufruf im Zwischenbericht unter »Rechtsextremismus. Neue Rechte« aufzuführen: »Aus Sicht des extremistischen Teils der ›Neuen Rechten‹ handelte es sich bei dem Aufruf um den gelungenen Versuch, ein Thema der öffentlichen Diskussion zu dominieren und dabei – wie gesehen – ein revisionistisches und die nationalsozialistischen Verbrechen relativierendes Geschichtsbild zu verbreiten.«[19]
Wohlwollende Kritik eines oder mehrerer Extremisten in auflagenschwachen Zeitschriften alleine kann m. E. kein Beleg für eine verfassungsfeindliche Tendenz sein, sonst müßten auch Sozialdemokraten und Grüne wegen punktueller Übereinstimmung mit Linksextremisten hinsichtlich gemeinsamer Unterschriftenlisten und anderer Kampagnen (»Berufsverbote«, »Nachrüstung«, »Sozialabbau«, Auslandseinsätze der Bundeswehr …) gelegentlich in den Verfassungsschutzberichten auftauchen. Das aber kann nicht Sinn einer Demokratie sein, die vom Meinungsstreit lebt. Auch die Frage, ob nicht etwa Demokraten unfreiwillig von Extremisten vereinnahmt wurden, stellte der Verfassungsschutz nicht.
Hatte der Aufruf zum 8. Mai tatsächlich den Nationalsozialismus schöngeredet und die Demokratie geschmäht oder gar

die freiheitlich demokratische Grundordnung bedroht? Sein vollständiger Text lautet:
»Im Grunde genommen bleibt dieser 8. Mai 1945 die tragischste und fragwürdigste Paradoxie für jeden von uns. Warum denn? Weil wir erlöst und vernichtet in einem sind.
Die Paradoxie des 8. Mai, die der erste Bundespräsident unserer Republik, Theodor Heuss, so treffend charakterisierte, tritt zunehmend in den Hintergrund. Einseitig wird der 8. Mai von Medien und Politikern als Befreiung charakterisiert. Dabei droht in Vergessenheit zu geraten, daß dieser Tag nicht nur das Ende der nationalsozialistischen Schreckensherrschaft bedeutete, sondern zugleich auch den Beginn von Vertreibungsterror im Osten und den Beginn der Teilung unseres Landes. Ein Geschichtsbild, das diese Wahrheiten verschweigt, verdrängt oder relativiert, kann nicht Grundlage sein für das Selbstverständnis einer selbstbewußten Nation, die wir Deutschen in der europäischen Völkerfamilie werden müssen, um vergleichbare Katastrophen künftig auszuschließen.«
Von rechtsextremistischen Bewertungen des 8. Mai 1945 unterschied sich der Text erheblich: Während die extremistische Rechte den Tag der Wehrmachtskapitulation ausschließlich einseitig als Tag der Niederlage wertet, hob der hier zitierte Aufruf das Ende von Hitlers Herrschaft als Positivum hervor, erinnerte aber an das Leid, das gleichzeitig über unschuldige Deutsche kam, und fragte nach den Folgen eines einseitigen, ideologischen Geschichtsbildes für die Zukunft.
Zum großen Teil waren die Unterzeichner mit denen des »Berliner Appells«[20] vom September 1994 identisch, der angesichts der zunehmenden Akzeptanz der PDS und der mangelnden Aufarbeitung einstiger westdeutscher SED-Verharmlosung einen wirksamen, auf Extremisten beider Seiten beschränkten »Verfassungsschutz« von Politik und Publizistik forderte:
»(...) Umgekehrt werden konservative Intellektuelle, Journalisten und Politiker zunehmend ausgegrenzt und in die Nähe von Rechtsextremisten gerückt. Unter der Parole des ›Antifa-

schismus‹ wird eine Hexenjagd auf Konservative und demokratische Rechte betrieben. Wir verteidigen den Pluralismus, der linken und rechten Demokraten gleichermaßen Raum und Entfaltung bieten muß. Wir streiten für eine Demokratie, die sich gegen Extremisten von links und rechts abwehrbereit zeigt. Wir setzen uns ein für eine Rückkehr zum antitotalitären Konsens und wenden uns entschieden gegen Bestrebungen, die freiheitlich demokratische Grundordnung durch eine ›antifaschistisch-demokratische‹ Ordnung zu ersetzen.«

Mit einem besser ausgeprägten Sinn für die publizistische Verantwortung, die ja auch die Verfassungsschutzpublikationen vor volksverhetzerischem Inhalt bewahren sollte, differenziert der Verfassungsschutzbericht des Landes Sachsen vor einem inflationären, diffamierenden oder einfach nur unwissenschaftlichen Gebrauch des Begriffs »Neue Rechte«:
»In der Öffentlichkeit wird im Zusammenhang mit der Diskussion um eine Intellektualisierung des Rechtsextremismus zunehmend der Begriff ›Neue Rechte‹ gebraucht. Dabei wird diese Bezeichnung jedoch auch wahllos für demokratische Positionen und deren Vertreter verwendet. Grund dafür ist das Fehlen einer allgemeinverbindlichen Definition für diesen Begriff. Je nach Blickwinkel und Interessenlage wird er als politisches Schlagwort inhaltlich unterschiedlich ausgefüllt. Wegen dieser Unschärfe eignet sich der Begriff ›Neue Rechte‹ grundsätzlich nicht für die Arbeit der Verfassungsschutzbehörden, denn er erlaubt keine hinreichend klare Trennung zwischen extremistisch und nichtextremistisch.«[21]
Konsequenterweise widmet sich der Verfassungsschutzbericht Sachsen im folgenden der »theoretischen Fundierung und Modernisierung antidemokratischen Gedankenguts«, nur insoweit sie sich auf die Nouvelle Droite beziehen. Anders der rheinland-pfälzische Verfassungsschutzbericht, der die Thesen der Neuen Rechten ein »schleichendes Gift«[22] nennt und sich somit einer biologistischen Sprache bedient, die einst zum »Markenzeichen« der Nationalsozialisten wurde.

Die Ausweitung des Extremismusverdachts durch Politik und Politikwissenschaft

Im Verfassungsschutzbericht des Bundesinnenministeriums über das Jahr 1997 (erschienen 1998) stand unter »VII. Intellektualisierungsbemühungen im Rechtsextremismus« zu lesen:

»Nicht alle rechtsextremistischen Intellektuellen formulieren die Ablehnung des demokratischen Verfassungsstaates eindeutig und offen. Als Protagonisten einer im öffentlichen Meinungsspektrum kaum beobachteten geistigen Strömung präsentieren einige von ihnen ihre Positionen taktisch gemäßigt und scheinbar verfassungskonform, indem sie die Grenze zwischen konservativen und extremistischen Positionen verwischen. Daraus erklärt sich, daß Rechtsextremisten oftmals Gemeinsamkeiten mit demokratischen Konservativen in verschiedenen Themen hervorheben. Dies betrifft z. B. die Kritik an der sogenannten Wehrmachtsausstellung (vgl. Kap. V, Nr. 1.1.) oder die Vorbehalte gegen eine ›multikulturelle Gesellschaft‹. Beleg für eine erfolgreiche Anwendung dieser Taktik sind verschiedene Sammelbände mit Beiträgen von konservativen und rechtsextremistischen Autoren. Beispiele dafür sind der im ›Hohenrain-Verlag‹ erschienene Band ›Europa ja – aber was wird aus Deutschland?‹ und der im ›Arndt-Verlag‹ erschienene Band ›Wagnis Wahrheit – Historiker in Handschellen‹. Hierdurch zeigt sich eine in ihrer Wirkung bedenkliche Erosion der Abgrenzung zwischen Demokraten und Extremisten. Zu ihr trägt auch die Berliner Wochenzeitung ›Junge Freiheit‹ bei. Dort erscheinen sowohl Texte von Demokraten als auch von in- und ausländischen Rechtsextremisten.«[23]

Dieser anonyme Text, der in Inhalt und Wortwahl an den wissenschaftlichen Mitarbeiter im Bundesamt für Verfassungsschutz Armin Pfahl-Traughber erinnert[24], schreibt also den Rechtsextremisten eine Camouflage zu und unterstellt gleichzeitig den Konservativen, darauf »hereinzufallen«, also dummerweise den extremistischen Charakter ihrer Mitautoren zu übersehen: So stellte es auch der NRW-Verfassungsschutz im Zusammenhang mit der »Selbstbewußten Nation« dar. Zugleich betreibt er eine Negativwerbung gegen zwei Bücher, die nicht nur die wirklichen oder angeblichen Rechtsextremisten unter den Beitragsautoren trifft, sondern eine größere Anzahl konservativer Demokraten, die sich argumentativ mit Problemen unserer Zeit auseinandergesetzt haben: Ob ihre Lösungsvorschläge wünschenswert und umsetzbar sind, ist eine Frage, die jeder Leser für sich selbst entscheiden muß. Ebenso wie in den meisten Verfassungsschutzberichten der Länder mit Ausnahme Nordrhein-Westfalens (siehe oben) fehlen aufschlußreiche Zitate oder Beispiele für Aktionen, mit anderen Worten: Offensichtlich gibt es keine Belege für »Bestrebungen« gegen die Verfassung.[25] Diese alleinige Diskriminierung der Konservativen – es gibt in der Tat nirgendwo ein Kapitel »Intellektualisierung des Linksextremismus«, ebensowenig eines über die »Neue Linke« (bis 1989 ein Thema), ein »Brückenspektrum« oder ein »Scharnier« zwischen Linken und Linksextremisten in den Verfassungsschutzberichten – liegt weniger in der Bedeutung einer rechtsgerichteten Gefahr für den Verfassungsstaat Deutschland begründet als vielmehr in einer Linksverschiebung des politischen und publizistischen Spektrums: Wenn beispielsweise der Christdemokrat Heiner Geißler den Gegner (oder ist es schon sein Feind?) in dem »Nationalisten« Rudolf Augstein, »Welt«, »Welt am Sonntag« und FAZ ausmacht. Das System »Verfassungsschutz«, dessen Output Gegenstand dieses Sammelbandes ist, ist in der Tat auf einen erheblichen Input angewiesen, ohne den es völlig willkürlich, im luftleeren Raum gewissermaßen, agieren würde. Gemeint ist das Einordnen und Verwerten der offen oder verdeckt gewonnenen Informationen, wofür Definitionen und Abgrenzungen verfassungsfeindlichen bzw. extremistischen Gedankenguts erforderlich sind. Von großer Bedeutung dafür ist neben der Medienberichterstattung die Extremismusforschung, ein Teilgebiet der Politikwissenschaft, die als eine »Demokratiewissenschaft« nach 1945 mit amerikanischer

Unterstützung in Westdeutschland etabliert wurde, nachdem es Ansatzpunkte und Vorläufer vor 1933 gegeben hatte. So gibt das Bundesamt für Verfassungsschutz bzw. das zuständige Bundesministerium des Inneren Sammelbände mit Beiträgen von Juristen, Journalisten und auch von Politikwissenschaftlern heraus, die die behördliche Arbeit begründend begleiten. Vor allem aber sind in den Landesämtern und im Bundesamt wissenschaftliche Mitarbeiter beschäftigt, von denen Armin Pfahl-Traughber wegen seiner umfangreichen wissenschaftlichen und publizistischen Arbeit[26] der bekannteste sein dürfte. Die Erforschung radikaler Gruppen mit den Mitteln der Geschichtswissenschaft und der Soziologie begann in den 50er Jahren, im wesentlichen mit Einzeluntersuchungen zu bestimmten, genau abgegrenzten Phänomenen wie den Restbeständen nationalsozialistischen Denkens in ausgewählten Medien. So veröffentlichten Otto Büsch und Peter Furth 1957 ihre Studie über die Sozialistische Reichspartei unter dem Titel »Rechtsradikalismus im Nachkriegsdeutschland«, gefolgt von Hans-Helmuth Knütters Monographie »Ideologien des Rechtsradikalismus« (1962). Darin wird zwischen konservativem und rechtsradikalem (der Begriff »Radikalismus« wurde seit den frühen 70er Jahren mehr und mehr durch »Extremismus« ersetzt) Denken strikt unterschieden. Eine umfassende Extremismustheorie[27] fehlte in jener Zeit, lediglich die Totalitarismustheorie spielte eine sehr große Rolle. Sie besagt, daß es Wesensähnlichkeiten von Kommunismus und Nationalsozialismus gebe, und zwar: die Monopolstellung einer Partei, welche die Verwaltung und die Medien vollkommen beherrscht, die durch eine Geheimpolizei Terrormaßnahmen gegen »Feinde« im Inneren unternimmt, die »Massen« mobilisiert und einen »neuen Menschen« propagiert. Insofern waren die Ränder des politischen Spektrums, der *lunatic fringe*, im wesentlichen das Untersuchungsobjekt: jene, die über eine Ideologie verfügen, die sie kämpferisch in Deutschland durchzusetzen wünschen, die mit ihrem Ausschließlichkeitsanspruch kaum Verbündete haben. Der Erfolg der NPD 1964 bis 1969, noch mehr aber der Terraingewinn der Neuen Linken in den Sozialwissenschaften führte zu einer anderen Fragestellung in der Politikwissenschaft, die der oben skizzierten entgegengesetzt war: Nicht nur Randgruppen, sondern das ganze Volk, zumindest die gesamte Kriegsgeneration war das Forschungsobjekt, dem Restbestände an Rechtsradikalismus, zumindest aber Autoritarismus nachgesagt wurden. In den letzten Jahren wurde des weiteren immer deutlicher, daß sich linke und linksliberale Autoren vorzugsweise mit dem Rechtsextremismus auseinandersetzen, während konservative Forscher eher vor dem Linksextremismus warnen. Eine Flut von Veröffentlichungen zum Thema »Rechtsextremismus« sagt insofern nicht unbedingt etwas über das Erstarken nationalistischer und autoritärer Strömungen in Deutschland aus, sondern über »Modethemen« (wie die REP und »Ausländerfeindlichkeit«) oder die größere Zahl linker Autoren verglichen mit den frühen Jahren der bundesrepublikanischen Politikwissenschaft. Geprägt von einer zunehmend linksliberalen politischen Kultur, sehen sie oft jene schon als Kollaborateure oder Unterstützer des Rechtsextremismus an, die sich selbst als konservativ oder nationalbewußt einstufen und dem freiheitlich demokratischen Staatswesen ohne Beanstandung jahre- oder gar jahrzehntelang gedient haben (siehe dazu die »Fallstudien« von Kallina, Brunner und Winckler in diesem Sammelband). Der Extremismusforscher Eckhard Jesse hat recht: »Der Nachweis wäre mühelos zu führen, daß sich in einer Fülle von Sammelbänden und Zeitschriften (nicht nur in dem Periodikum der einstmals DKP-abhängigen ›Blätter für deutsche und internationale Politik‹) Autoren aus der extremen Linken gemeinsam mit Demokraten ein Stelldichein geben – etwa in Readern zum Rechtsextremismus (bspw. Butterwegge / Isola 1991, Hellfeld 1989, Hethey / Kratz 1991, Jäger 1988, Kellershohn 1994, Lohmann 1994). Aber darüber redet kaum einer.«[28] Statt einer »Erosion der Abgrenzung« am rechten Rand gebe es »eine »Expansion der Ausgrenzung« gegen Konservative.[29] Dem ließe sich hinzufügen, daß sich gelegentlich der Verfassungsschutz mit schlimmen Fol-

gen daran beteiligt, wie es die Autoren des vorliegenden Buches beschreiben.
War es in der DDR ein traditioneller kommunistisch definierter Antifaschismus, der sich ausdrücklich gegen die »Kapitalisten« als angebliche alleinige Urheber des »Faschismus« richtete und den politischen Gegner mit Hilfe einer parteiischen Justiz mundtot machte, so sehen viele linke Politologen den Rechtsextremismus getragen von unterschwelligen Gefühlen der insgeheim als »autoritär« oder »ausländerfeindlich« betrachteten Deutschen (vor allem jene in den östlichen Bundesländern) und begünstigt von der CDU, der CSU und den Konservativen im allgemeinen; gerade in den frühen 90er Jahren wurde die »Asyldebatte« mit den Verbrechen gegen Ausländer in Verbindung gebracht. Schnell wurde eine Seelenverwandtschaft behauptet. Mit anderen Worten: Wo Knütter und Büsche / Furth bestimmte Phänomene isoliert beschrieben, bemüht sich die nächste Autorengeneration verstärkt, das publizistische Vorfeld, Verbindungen zum Konservatismus, Vernetzungen, »Grauzonen« offenzulegen, anstatt – wie Backes und Jesse – den Extremismus in seiner Gesamtheit, als Gegenpart zur Demokratie, zu beschreiben und zu erklären.
Das kommt auch bei der Lektüre des Verfassungsschutzberichts NRW über das Jahr 1997 zum Vorschein, wo unter »1.1.2. Rechtsextremistische Kampagnenthemen« fünf Aktionsfelder beschrieben wurden:

- »Schutz der Wehrmacht vor angeblicher ›Verunglimpfung‹ durch die Ausstellung ›Vernichtungskrieg – Die Verbrechen der Wehrmacht 1941–1944‹
- Schutz der Bundeswehr vor angeblicher Verunglimpfung nach rechtsextremistischen Vorfällen
- die Europäische Union und die Einführung des Euro
- Schüren von Ängsten vor dem Islam und den Moslems
- die Rechtschreibreform«

Dem ließe sich entgegnen, daß diese Themen keineswegs alleine rechtsextremistischer Natur sind, sondern konservativen und patriotischen Ursprungs, und daß sich die demokratische Rechte in den Debatten von der politischen Klasse im Stich gelassen fühlt. Nun nutzten *auch* Rechtsextremisten, etwa die NPD, diese Diskussionen zu Stellungnahmen. Doch hieße es, die Rechtsextremisten gewaltig zu überschätzen, ja ihnen in ihrer Eitelkeit zu schmeicheln, wollte man ihnen eine Urheberschaft an mehreren »Kampagnen« unterstellen: Dies klingt überdies wie eine Verschwörungstheorie, die ja eher den traditionellen Rechtsextremisten zu eigen ist. In Wirklichkeit sahen viele Bürger die Ostfrontsoldaten in ihrer Gesamtheit eines Massenverbrechens beschuldigt, die Bundeswehr durch eine Nachrichtenwelle einschließlich jahrelang zurückliegender Vorfälle »generalverdächtigt«, den Euro als ebenso »unnötig« wie die Rechtschreibreform, praktizierende Muslime eher mit Befremden als mit Wohlwollen; doch ist es schwierig, sich zu diesen Themen in der publizistisch-politischen Debatte, mehr noch im Parlament, Gehör zu verschaffen, denn auch die CDU-Führung hat sich in manchen Debatten an eine linke Mitte angepaßt. Als am 1.3.1997 in München alte und junge NPD-Aktivisten aufmarschierten (wie es der Verfassungsschutzbericht im Zusammenhang mit den Kampagnenthemen erwähnt), war das lediglich ein Sprung aufs Trittbrett, in Ermangelung eigener zugkräftiger Ideen und realistischer Problemlösungsansätze auf nahezu allen Politikfeldern. In einem Satz: Durch diese Konstruktion rechtsextremistischer Kampagnenthemen werden Politiker und Publizisten der rechten Mitte gemahnt, sich zeitgeistkonform zu halten, da sie sich ansonsten angeblich der Begünstigung des Rechtsextremismus schuldig machen. So arbeitet auch der Verfassungsschutz einer stärker multikulturellen Gesellschaft zu, die mit Geschichte oberflächlich umgeht – zuungunsten früherer Generationen, die sich nicht mehr wehren können: Er stigmatisiert Themen. Den politisch-publizistischen Debatten werden Schranken gesetzt, Konservative werden zum Schweigen aufgefordert.

Und hier kommen wir zurück zu Pfahl-Traughber, der seit 1994 als wissenschaftlicher Mitarbeiter des Bundesamtes für

Verfassungsschutz im Referat Rechtsextremismus einen ernstzunehmenden Einfluß auf die Bestimmung von Verfassungsfeinden hat. Eine seiner Thesen lautet, es gebe seit den 70er Jahren »Brücken zwischen Rechtsextremismus und [dem demokratischen] Konservatismus«[30], die es ebenso zu beschreiben gelte wie die »Erosion der Abgrenzung« zwischen der demokratischen und der kommunistischen Linken, wie sie Wolfgang Rudzio mit Blick auf linke Kampagnen gegen »Berufsverbote« und NATO-Nachrüstung beschrieb. Pfahl-Traughber untermauert seine Theorie vom rechtsextremistischen »Brückenspektrum« allein durch einige Beispiele gemeinsamer Veröffentlichungen der demokratischen und der antidemokratischen Rechten, also publizistisch-organisatorisch: GRECE (die französische Nouvelle Droite um Alain de Benoist), dessen »deutscher Ableger« namens Thule-Seminar, »Criticón«, »Handbuch der deutschen Nation«, »Wir selbst«, »Junge Freiheit« und einige konservative Verlage. Einen gemeinsamen Kampf gegen das Grundgesetz oder auch »nur« gegen einzelne Institutionen und Grundrechte kann er nicht nachweisen. Er lokalisiert das »Brückenspektrum« lediglich in einigen Zeitschriften und Verlagen, in denen Konservative gelegentlich zusammen mit »Rechtsextremisten« publizieren, verweist aber eine systematische Zusammenarbeit, wie sie die Antifa behauptet, ins Reich der Fabel. Unter »Rechtsextremismus« versteht Pfahl-Traughber »antidemokratische Auffassungen und Bestrebungen« wie »Nationalismus, Autoritarismus, Antipluralismus und die Ideologie der Ungleichheit«. Eine Definition von »rechts« und »konservativ« fehlt, so daß sich der erstaunte Leser zwar eine gewisse Vorstellung von Rechtsextremismus im Pfahl-Traughberschen Sinne macht, aber nicht weiß, welch Geistes Kind die als »Brückenspektrum« gekennzeichneten rechten, konservativen oder rechtskonservativen Autoren sind. Wie steht es mit der Relevanz, wie groß ist der durch die »Brücke« gewonnene Einfluß der Rechtsextremisten überhaupt? Warum publizieren angeblich Konservative und »Rechtsextremisten« gemeinsam? Wer ist überhaupt der Initiator jener Veröffentlichungen – Konservative oder Extremisten? Wolfgang Rudzio sah in Linksextremisten, genauer: Verbindungsleuten der DDR, die Initiatoren der Kampagnen gegen »Berufsverbote«, »NATO-Nachrüstung« und ähnliche Aktionsfelder; den Rechtsextremisten sagen auch die Verfassungsschutzberichte die Initiative nach. So fragt sich der Leser, was die Thematisierung überhaupt soll: Anscheinend macht Pfahl-Traughber viel rufschädigenden Lärm um nichts, wenn er vage Zusammenhänge andeutet, aber keine gemeinsamen Ziele und Methoden von Rechtsextremisten und Konservativen vorliegen, die Namen rar bleiben und Textbeispiele überhaupt nicht vorzufinden sind: Es wäre ja interessant zu wissen, ob sich die »Rechtsextremisten« tarnen oder offen gegen den Staat arbeiten. Statt dessen haben wir es mit einer gespaltenen Moral zu tun: Während nach »rechts« Ab- und Ausgrenzungsbeschlüsse nahegelegt werden, sind dergleichen gegenüber der Linken weit seltener oder gar nicht zu hören. Auch Pfahl-Traughber bleibt hier stumm. Ein unmißverständlicher Kritiker von dessen Argumentation (ohne ihn direkt aufzuführen) ist niemand anderes als Wolfgang Rudzio selbst, und zwar im Jahrbuch Extremismus und Demokratie, das auch Beiträge Pfahl-Traughbers enthält. In einem »Rezensionsessay« zum neuerdings wieder verstärkt diskutierten »Extremismus der Mitte« weist der Oldenburger Politikwissenschaftler den Mißbrauch dieses Begriffs zurück: Ein gleichnamiger Sammelband, der Antifa-Autoren (ergänzt um bekannte Wissenschaftler) über einen angesehenen Verlag (Fischer Taschenbuch) die Brücke zur Öffentlichkeit baute, war der Anlaß. Rudzio stellt fest, den attackierten Publizisten Zitelmann, Weißmann, Fest, dem Sammelband »Selbstbewußte Nation«, den Zeitungen JF und FAZ, den Politikern Schäuble und Heitmann könne angesichts der Verwendung von Themen wie »Nation«, »Geopolitik«, »deutsche Interessen« alleine kein Rechtsextremismus nachgesagt werden, und auch die Westbindung sei grundsätzlich diskutierbar. Auch Augsteins »Nationalliberalismus« habe im Zusammenhang mit dem Extremismusvorwurf ebensowenig verloren wie

Ernst Noltes Thesen über den Nationalsozialismus.[31] Extremismusforschung macht sich m. E. unglaubwürdig, wenn sie mit zweierlei Maß mißt, und der nachdenkliche Leser fragt sich möglicherweise, ob sie sich nicht einer bestimmten, eher linksliberalen politischen Linie anpaßt: einem deutschen Sonderweg, der Gesetzmäßigkeiten aus der Geschichte (welche nach 1989 wieder zutage traten) zugunsten eines einseitigen Verfassungspatriotismus verneint, anstatt beides in eine Balance zu bringen, wie sie in anderen westlichen Ländern selbstverständlich ist. Wer Elitedenken als »dem Verfassungsstaat fremd« denunziert, dem ist, wie es scheint, beispielsweise die politische und pädagogische Wirklichkeit des demokratischen Verfassungsstaates Frankreich mit seiner Elitenausbildung unzureichend bekannt. Auch das andere Beispiel Pfahl-Traughbers, der »Criticón«-Autor Friedrich Romig mit seinem Zitat über eine »monarchisch-aristokratisch-ständische Grundhaltung des Konservativen« sei demokratietheoretisch überaus problematisch, verweist nicht auf einen »Rechtsextremismus« Romigs, sondern auf Pfahl-Traughbers Neigung, eine anerkennende Wiedergabe politischer Ideen der Vergangenheit einer Gesinnungskontrolle aus einer auf Ausschließlichkeit bedachten verfassungspatriotischen Sicht zu unterziehen. Oder sollte politische Theorie lieber gar nicht mehr vermittelt werden, weil Plato beispielsweise das politische System der Bundesrepublik zurückweisen würde?

Im übrigen sei an dieser Stelle auf bedenkliche Oberflächlichkeiten in einer anderen Schrift Pfahl-Traughbers hingewiesen: Daß er dem Historiker Karlheinz Weißmann nachsagt, jener halte sich mit »eindeutig rechtsextremistischen Äußerungen zurück«[32] und verberge so seine wahre Gesinnung auch aus beruflichen Erwägungen (er ist Gymnasiallehrer), ist eine schwere Beschuldigung, die auf Vermutung und Verdacht anstelle von Beweisen beruht. Auch der Rechtsanwalt und Autor Klaus Kunze wird anhand seines Schrifttums der Neuen Rechten zugeordnet.[33] Pfahl-Traughber selbst veröffentlicht im Informationsdienst »Blick nach rechts«[34], der seinerseits auf den Internet-Seiten Links sowohl zu zahlreichen orthodox antifaschistischen, verfassungsfeindlichen Gruppen und Druckerzeugnissen als auch zum Verfassungsschutz und zum NETPOL der Brandenburgischen Landeszentrale für politische Bildung anbietet und sowohl von der linksradikalen Szene als auch von seriösen Medien als Quelle zum Thema »Rechte und Rechtsextremisten« genutzt wird. Weiter als Pfahl-Traughber geht Wolfgang Gessenharter: Die »Neue Rechte«, inhaltlich wesentlich auf Carl Schmitt fixiert, bilde als eigenständige, durchaus bedeutende Gruppe ein »Scharnier« zwischen Rechtsextremismus und Konservatismus in organisatorischer und ideologischer Hinsicht. Er nennt als Beispiele nicht nur die »Junge Freiheit«, sondern findet auch entsprechende Journalisten in der »Welt« und der FAZ. Die These vom Scharnier hat m. E. ihren Ursprung in der radikalen Linken, die in den 70er Jahren Franz Josef Strauß, Alfred Dregger und Hans Filbinger in einen Zusammenhang mit Rechtsradikalismus brachte, weil diese Politiker einen kompromißlosen, strikt konservativen Kurs eingeschlagen hatten. Kontakte mit in- oder auch ausländischen Rechtsradikalen sowie eine NS-nahe Gesinnung in der Vergangenheit wurden ihnen vorgeworfen, wobei die Hauptverwaltung Aufklärung der DDR-Staatssicherheit den einen oder anderen bereitwilligen Abnehmer bei großen Zeitschriften vorfand, wenn es etwas gegen diese Christdemokraten zu verleumden galt. Wir hatten und haben es in der Tat mit einer »Erosion der Abgrenzung«[35] zu tun, und zwar nach links: Gessenharter publizierte ebenso wie seine Mitarbeiter Birzer und Fröchling bei Jens Mecklenburg im Sammelband »Rechtsextremismus in Deutschland«, dessen Inhalt geeignet ist, das Ansehen der deutschen Demokratie im In- und Ausland zu beschädigen: Einem unkritischen Leser jenes 1000-Seiten-Sammelbandes wird nämlich der Eindruck nahegelegt, der Rechtsextremismus habe beste Verbindungen in Parlamente und Verwaltungen und verfüge damit über eine Machtstellung ohnegleichen. Während jene Anthologie an vielen Stellen Verfassungsschutzbehörden und Verfassungsschutzberichte als Quellen nennt, zahlreiche Antifa-Gemeinschaften als Ansprechpartner auflistet, ist es nicht vorstellbar, daß eine Publikation wie die »Junge Freiheit«, »Gegengift« oder »Criticón« die »Jungen Nationaldemokraten« bzw. eine lokale neonationalsozialistische Gruppe als Experten für Linksextremismus empfehlen. Bei Mecklenburg, unterstützt durch Textbeiträge von Beamten der Bundeswehr-Universität Hamburg, geht es also nicht, wie bei Backes und Jesse, um eine gleichermaßen nach rechts und links schauende Extremismusforschung, sondern um ein Bündnis gegen »rechts«, einen Antifaschismus im linksliberalen (also nicht im antikapitalistisch-altkommunistischen) Sinne, der sich nicht nur in Textveröffentlichungen, sondern auch in gemeinsamen Tagungen versinnbildlicht: In Hamburg traten Verfassungsschutzmitarbeiter, darunter auch Pfahl-Traughber, unter anderem auch mit Linksextremisten auf einer Tagung über »Rechtsextremismus« im Rahmen des »Arbeitskreises Demokratieforschung« von Prof. Gessenharter auf.[36] Zustimmend zitieren die »taz«-Redakteure Barbara Junge, Julia Naumann und Holger Stark die Beurteilungen der Konservativen durch den nordrhein-westfälischen Verfassungsschutz und empfehlen als weiterführende Literatur das »Antifaschistische Info-Blatt«, die Bücher der Antifa Edition, und »Der Rechte Rand. Informationen von und für AntifaschistInnen«.[37]

Dieses publizistische Scharnier wird noch übertroffen von der politischen Brücke, über die Protestgruppen und Kommunisten in den 80er und 90er Jahren in die Parteien und in die Parlamente gelangten. Jürgen Trittin (nicht der einzige, aber der bekannteste) gehörte einst dem Kommunistischen Bund an, fand den Weg zu den Grünen und machte eine Karriere als Landesminister in Niedersachsen und als Bundesminister für Umwelt. Mitglieder der Grünen, die sogenannten »Fundis«, favorisierten in den 80er Jahren eindeutig Protestaktionen mit Bürgerinitiativen »vor Ort« und eine strikte Oppositionshaltung im Parlament, wohingegen die »Realos« das gleiche politische Programm mit Hilfe einer

Regierungsbeteiligung umzusetzen hofften. Noch im Mai 1999 verzichteten die Grünen gemäß ihren Traditionen auf eine starke Polizeipräsenz, als auf ihrem Parteitag Gewalttätigkeiten von Linksextremisten erwartet wurden, die sich dann auch gegen Spitzenpolitiker richteten. Noch stärker ist das Verständnis der PDS als Scharnierpartei: Die PDS sieht sich keineswegs nur als Parlamentspartei, sondern will »im Vorfeld« verändern, widerstehen, unterschiedlichen Gruppen wie auch den Autonomen ein Ansprechpartner sein und ein Forum bieten. Und über die Parlamente, gesteigert noch durch Regierungsnähe in Sachsen-Anhalt und Regierungsverantwortung in Mecklenburg-Vorpommern, hat sie politische Macht und einen guten Zugang zu den Medien.

Hingegen ist der Kontakt von Konservativen zu Rechtsradikalen weit seltener und durchweg ohne Einfluß: Während nämlich die Bündnispolitik für Kommunisten seit Jahrzehnten eine entscheidende, theoretisch fundierte Rolle spielt (eine systematische Darstellung haben wir mit Rudzios »Erosion der Abgrenzung« vorliegen), ist die Rechte traditionell eigenbrötlerisch, gelegentlich zerstritten und eher auf kleine, sich voneinander abgrenzende Zirkel begrenzt. Wenn ein entschiedener Rechter auf einem konservativen Kongreß auftritt, wird dies in der Regel wegen spezieller Kenntnisse dieses Referenten begründet sein, vielleicht auch, weil er als Ersatz für einen Christdemokraten einspringt, und nicht etwa, um extremistische Ideen zu verbreiten. Viel stärker ist hingegen die Abgrenzung auch konservativer Autoren von denjenigen, die in den einflußreichen Medien einer intellektuellen Rechten zugerechnet werden, wie z. B. Ernst Nolte.[38] Der Berliner Historiker, dessen Vorlesungen an der Bonner Volkshochschule 1955 vom Verfassungsschutz wegen des Verdachts auf Linksextremismus »besucht« wurden[39], erlebte die Kündigung seines Verlagsvertrags, Angriffe von »Autonomen«, einen weitgehenden Ausschluß aus der wissenschaftlichen Diskussion in Deutschland (nicht aber in Italien), weil er nach Beweggründen Hitlers für die millionenfache Ermordung von Juden insbesondere in Auschwitz suchte (»kausaler

Nexus«) und später die Publikationen der »radikalen Revisionisten« in seine Untersuchung über »Streitpunkte« in der NS-Forschung – wenn auch sehr kritisch – einbezog.[40] Karlheinz Weißmanns Monographie »Der Weg in den Abgrund: Deutschland unter Hitler« wurde nach einem Wechsel in der Geschäftsführung des Ullstein-Verlages eingestampft, Rainer Zitelmann wandte sich gleichsam gezwungenermaßen unverfänglichen journalistischen Aufgaben wie Demoskopie und Immobilien zu. Ein Blick auf Kommunal- und Landesparlamente lehrt rasch: Koalitionen zwischen Christdemokraten und Republikanern existieren nirgendwo, im Gegensatz zu einigen Absprachen zwischen CDU und PDS auf lokaler Ebene in den östlichen Bundesländern, wo es auch eine SPD-PDS-Koalition sowie ein Tolerierungsabkommen gibt. Zwar kommt es vor, daß CDU-Mitglieder einen Beitrag in einem Sammelband publizieren, in dem auch weit rechts stehende Autoren, aber keine verfassungsfeindlichen Inhalte vertreten sind: Sie tun es dann, wenn sie sich von ihrer eigenen Parteiführung an den Rand gedrängt fühlen, obwohl sie an der Basis Zuspruch finden. Diese Haltung kann sich durch eine Kritik von Partei-»Freunden« oder vom Verfassungsschutz noch zu einer Trotzhaltung verhärten: »Jetzt schreibe ich erst recht da, wo es mir paßt, weil mir einige Leute Vorschriften machen wollen.« Es liegt also keine Absicht vor, rechtsextremistische Themen und Thesen auf diese Weise einem breiten Publikum vertraut zu machen. Der nachweislich angesehene Prof. Franz W. Seidler[41] erlebte eine Welle von Attacken in den Medien und an seiner Universität, nachdem er einen Vortrag vor Burschenschaftlern gehalten hatte, an dem angeblich auch Neonationalsozialisten teilnahmen: er selbst bestreitet die Anwesenheit derartiger Extremisten. Tatsächlich gibt es aber keine Haftung eines Vortragsredners für die nichtextremistische Gesinnung seines Publikums. Sonst könnte ein politischer Gegner mit Leichtigkeit jede mißliebige Veranstaltung sprengen. Jedenfalls baute Seidler keinem Rechtsextremisten eine Brücke zu einer breiten Öffentlichkeit oder zu einem Einfluß in den politischen Debatten. Eine »Brücke«, über die die Rechtsextremisten zu publizistischem oder gar politischem Einfluß »marschieren«, ist m. E. nicht erkennbar. Denn Gessenharter, Pfahl-Traughber und andere »verdächtigte« Konservative verfaßten nie ein gemeinsames Grundlagenpapier mit REP- oder gar NPD-Leuten, im Gegensatz zu jenen hochrangigen Sozialdemokraten, die 1987 trotz entscheidender ideologischer Differenzen mit der SED und ungeachtet einer hocheffizient gegen die Bundesrepublik arbeitenden »Hauptverwaltung Aufklärung« auch Gemeinsamkeiten festzustellen glaubten. Übersehen wird in Forschung und Medien, daß es auch punktuelle Übereinstimmungen von Nationalrevolutionären und internationalistischen Sozialisten gibt, wenn sie sich »antiimperialistisch« gegen die Vereinigten Staaten von Amerika ereifern oder – stärker noch – gegen »Staat und Kapital« eingestellt sind: Die »Jungen Nationaldemokraten« sind ein Beispiel, die NPD ebenfalls. Unvorstellbar ist aber eine »Nationalsozialistische Plattform« bei den REP, wohingegen die »Kommunistische Plattform« bei der PDS ein wichtiger Bestandteil der Partei ist, jedenfalls nach Aussage des Vorsitzenden Lothar Bisky.

Einen publizistischen Brückenschlag der besonderen, da einflußreichen Art vollbrachte Otto Köhler. Der freie Journalist, einst Kolumnist beim »Spiegel«, ist Stammautor der Zeitschrift »Konkret«, die weit eher als die JF einer extremistischen Gesinnung geziehen werden kann, aber in keinem Verfassungsschutzbericht erwähnt wird. Er war es, der in »Konkret« die Bücher des Historikers Rainer Zitelmann aus antifaschistischer Perspektive kritisierte und anschließend in der »Zeit« (welche als Prestigemedium eben auch von Multiplikatoren wie politischen Entscheidungsträgern und Journalisten genutzt wird) aus gleicher Sicht, im gleichen Stil Zitelmanns Tätigkeit als Ullstein-Cheflektor und Ressortleiter der »Geistigen Welt« unter der Überschrift »Achtung: Türöffner von rechts! Ein Zündelfrieder hantiert in Springers ›Geistiger Welt‹« eine Schönrederei des Neonazismus nachsagt.[42] Eine breite Brücke für den Linksextremismus, von der die Rechtsextremisten nur träumen können, zumal Maria Zens in den »Blättern für deutsche und internationale Politik« (also einer weit kleineren, politisch zwischen »Konkret« und der »Zeit« angesiedelten Publikation) Köhlers Vorlage zu einer umfangreicheren Untersuchung über das politische und historische Verlagsprogramm aus dem Hause Ullstein ausbaute (wobei sie noch einige sachliche Fehler von ihm übernahm).[43]

Lösungen

Wenn der Verfassungsschutz vor einer »Intellektualisierung des Rechtsextremismus« oder einer antidemokratischen Neuen Rechten warnen will, ist er aufgefordert, zur Eingrenzung solcher Bestrebungen genaue Definitionen konservativer und rechtsextremistischer Ideologie aufzuführen, um entschiedene, konservative Vertreter des Verfassungsstaates von der antidemokratischen Rechten zu unterscheiden.

Konservatismus bedeutet:

1. Nationaler Patriotismus (und nicht etwa Rassendenken und Nationalismus), verknüpft mit Verfassungspatriotismus: die Verfassungsordnung im Sinne des Grundgesetzes erhalten wollend, bei gleichzeitigem Wunsch nach Wahrung der eigenen Kultur und Bewußtsein für deutsche Leistungen und nicht nur Verbrechen in der Geschichte.
2. Befürwortung der Mitwirkung Deutschlands in supranationalen Organisationen wie EU, NATO und UN, aber Skepsis gegenüber weiterer Übertragung deutscher Souveränität, wie es insbesondere im Zusammenhang mit der bundesstaatlichen Einigung Europas und der Einführung des Euro der Fall ist.
3. Kritik am politischen Personal der Bundesrepublik (vgl. Scheuch, v. Arnim), soweit es sich den Staat aus Eigennutz zur »Beute« gemacht hat.
4. Eher liberale Wirtschaftsideen.

5. Bezug auf christlich-abendländische Werte, Ablehnung einer multikulturellen Gesellschaft in Deutschland und einer weiteren Zuwanderung.
6. Mit Blick auf NATO und kalten Krieg eher US-freundliche Einstellung.
7. Kritik am »Zeitgeist« der letzten 30 Jahre, Enttäuschung über die ausgebliebene »geistig-moralische Wende«.
8. Stärkung des Rechtsstaates gerade auch gegen Gewalttäter.

Rechtsextremismus bedeutet:

1. Rasse und Nation, häufig in Verbindung mit Antisemitismus und Ausländerfeindlichkeit, als wesentlicher politischer Bezugsrahmen.
2. Ablehnung der Mitgliedschaft Deutschlands in supranationalen Organisationen wie EU, NATO, UN.
3. Verachtung des repräsentativ-demokratischen »Systems«, des Pluralismus der Parteien und Verbände. Programmatische Bekenntnisse zur Demokratie können taktisch bedingt sein, um ein Verbot oder ein sonstiges staatliches Eingreifen abzuwenden. Autoritarismus oder auch Totalitarismus, verbunden beispielsweise mit einer Wertschätzung von Hitlers Herrschaft im allgemeinen und der Verteidigung nationalsozialistischer Verbrechen im besonderen.
4. Eher sozialistische als liberale Wirtschaftsideen, Antikapitalismus.
5. (Nicht notwendigerweise, aber häufig) Neuheidentum, Widerspruch zur jüdisch-christlichen Welt.
6. Antiamerikanismus: Die Vereinigten Staaten werden als Hort des Liberalismus und des Internationalismus sowie als Quelle der kulturellen Dekadenz gesehen.
7. Kritik an der Kultur Deutschlands nach 1945 wegen des Einflusses der Siegermächte.
8. Unter Umständen Gewaltanwendung und Gewaltdrohung zur Erreichung politischer Ziele.

Mit anderen Worten: Die wenigen Schnittstellen, die sich bieten, lassen sich unter »Ablehnung linker Theorie und Praxis« zusammenfassen. Übereinstimmungen im Positiven sind selten. Die Darstellung von Gegensatzpaaren ließe sich noch fortsetzen und präzisieren, doch würde dies den Rahmen des Beitrags in einem Buch zum Thema »Verfassungsschutz« sprengen.

Wir haben gesehen, daß der Verfassungsschutz dem Rechtsextremismus eine Rolle zuweist, die dieser nicht besitzt, indem er eine konservative Kritik an der politischen Klasse und dem »Zeitgeist« mit einem Angriff auf den »Wesenskern der freiheitlich demokratischen Grundordnung«[44] (deren Beeinträchtigung durch Gewalt und Gewaltpropaganda in der Tat extremistisch ist) verwechselt. Ebenso ist die Skepsis der Konservativen gegenüber einer politischen Einigung Europas und einer vermehrten Zuwanderung, verknüpft mit einer weitreichenden rechtlichen Integration ausländischer Staatsbürger, nicht notwendigerweise Ausdruck von Nationalismus und damit verfassungsfeindlichem Rechtsextremismus. Wenn dies aber der Verfassungsschutz mittels der geistig-politischen Auseinandersetzung gegen »rechts« suggeriert, wirkt er verhetzend auf die Öffentlichkeit und beleidigend auf ehrenwerte, demokratische Konservative, wie wir es am Beispiel von General Schultze-Rhonhof nachvollziehen können.[45]

Diese fahrlässige oder gezielte Ausschaltung der Konservativen und Rechten aus den politischen Debatten könnte sinnvollerweise abgelöst werden durch eine Konzentration der Verfassungsschutzberichterstattung auf

- objektiv nachweisbare politisch motivierte Gewalttaten und Gewaltdrohungen einerseits,
- Angriffe gegen den Wesenskern der freiheitlich demokratischen Grundordnung einschließlich Verstößen gegen das Grundgesetz auch durch politische Akteure in Parlament und Verwaltung andererseits.

Für die Anhänger einer streitbaren Demokratie stellt sich nicht zuletzt die Frage:

- Wo und wie werden Extremisten durch den Staat begünstigt? Gibt es irgendwo finanzielle Unterstützung für Projekte, die einer staatsfeindlichen Tätigkeit Vorschub leisten?
- Solidaritäts- oder Verständnisbekundungen, wie es sie von weit links stehenden Publizisten und Politikern gelegentlich für linksextremistische Gewalttäter gibt, sind in diesem Zusammenhang auch zu erwähnen. Desgleichen gibt es von demokratischen Rechten für Rechtsextreme nicht, eher schon die Forderung nach harter Bestrafung jeglicher Gewalt.

Anmerkungen

1 Was der Autor unter »konservativ« und unter »rechtsextremistisch« versteht, ist am Ende dieses Beitrags angegeben. Zum Thema erschien eine Dissertation unter dem Titel »Verfassungsschutz des Staates durch geistig-politische Auseinandersetzung: Ein Beitrag zum Handeln des Staates gegen Rechts« von Christiane Hubo (Göttingen 1998).
Wer genaue Kenntnisse über die derzeitigen deutschen Konservativen hat, wird sich möglicherweise fragen, ob auch die REP und die »Junge Freiheit« in diesem Kapitel thematisiert werden: Da der Verfasser des vorliegenden Beitrags weder die REP unterstützt noch JF-Autor ist, wäre eine wissenschaftstheoretisch sinnvolle Distanz sogar gegeben. Wir werden auf REP und JF nur am Rande eingehen, da es gesonderte, vertiefende Beiträge zu diesen Themenkomplexen im vorliegenden Sammelband gibt (Kunze, Brunner) und nicht etwa aus Gründen der Ab- oder Ausgrenzung. In der Tat führt der Verfassungsschutz die Republikaner unter »Rechtsextremismus« auf, ungeachtet der konservativen Demokraten, die sich dieser Partei als Mitglieder und Wähler verbunden fühlen. Zwar gehören auch Rechtsextremisten den REP an, doch wird hier von keinem Verfassungsschutzamt differenziert. Was die JF betrifft, so ist die Aussage von Chefredakteur Dieter Stein aufschlußreich: »Die CDU hat sich kurzfristig immer wieder lästige Konkurrenten vom Hals geschafft durch Diffamierung und Ausgrenzung. Doch statt eines koalitionsfähigen Partners – wie es die Republikaner oder der BfB allemal sein könnten – bekommen sie nun eine radikale und parlamentsunfähige Variante in Form der DVU ins Haus geliefert.« (In: JF 20/1998, wiedergegeben in: Verfassungsschutzbericht NRW über das Jahr 1998, Düsseldorf 1999, S. 114.) Dieses Zitat kann m. E. als »rechts«, aber nicht als »rechtsextrem« eingeordnet werden. Der Verfassungsschutz NRW druckte es unter der Zwischenüberschrift »Rechtsextremistische Parteien im Mittelpunkt der Berichterstattung«. Daß die »Antifaschistischen Nachrichten« auch über rechtsextremistische Parteien, rechte und konservative Publizisten und Politiker schrei-

ben (von neutraler Berichterstattung bis zu polemischen, auch unwahren Behauptungen), steht nicht im Verfassungsschutzbericht, obwohl diese Themenwahl der AN eher gegen Artikel des Grundgesetzes verstößt als die Beiträge der JF: 1. Die AN wollen die streitbare freiheitliche Demokratie durch eine antifaschistische Ordnung ersetzt sehen, die auch Konservative aus den politisch-publizistischen Debatten ausschließt. 2. Drohungen und Gewalt, die sich gezielt gegen Konservative wie z. B. Ernst Nolte und Rainer Zitelmann richten, könnten ihren Ursprung in Informationen aus den AN haben.

2 Siehe dazu die seit Jahren gleichlautenden »Vorbemerkungen« in den jeweiligen Verfassungsschutzberichten Nordrhein-Westfalens: »Dieser Verfassungsschutzbericht erwähnt nicht alle Beobachtungsobjekte der Verfassungsschutzbehörde Nordrhein-Westfalens, sondern nur die bedeutenderen Organisationen und Gruppierungen.« So auch im NRW-Verfassungsschutzbericht über das Jahr 1998, Düsseldorf: Innenministerium des Landes Nordrhein-Westfalen 1999, S. 9.

3 Mitteilungen des Herausgebers Joachim Schäfer an den Verfasser, 13.12.1998 und 31.8.1999.

4 Anfänglichen Streit thematisierte die »Süddeutsche Zeitung«, ein Prestigemedium, das nicht nur von einem breiten Publikum, sondern auch von Politikern, Journalisten und anderen Multiplikatoren zur Information und Entscheidungsfindung genutzt wird. Cathrin Kahlweit: Mißtöne bei der »Stimme der Mehrheit«. In: Süddeutsche Zeitung, 3.8.1997, S. 2.

5 In den Verfassungsschutzberichten NRW über 1994 (S. 204), 1995 (S. 203), 1996 (»Herausgeber der Zeitschrift sind unter anderem Personen aus dem ›Bund Westdeutscher Kommunisten – Bundeskonferenz‹ [BWK], der VSP, PDS und VVN-BdA«, S. 183), 1997 (S. 159) und 1998 (verkürzt unter »Linksextremistische Hompages« [sic!] im Internet, ohne Bezug auf Herausgeber und Inhalte, S. 42) sind die »Antifaschistischen Nachrichten« aufgeführt.

6 Vgl. Antifaschistische Nachrichten, 17/1997 (27.8.1997), S. 7 (www.infolinks.de/an).

7 Die VVN (»Vereinigung der Verfolgten des Naziregimes – Bund der Antifaschisten«) konstituierte sich 1947 zunächst im Ostsektor Berlins und kurz darauf in Frankfurt/Main. Was als pluralistische Sammlung einzelner »Vereinigungen« begann, entwickelte sich so schnell zum kommunistisch dominierten Verband, daß die SPD schon 1948 einen Unvereinbarkeitsbeschluß verkündete und einen eigenen Verband der NS-Verfolgten gründete. Dies legt schon nahe, daß die VVN-BdA keine repräsentative Organisation von NS-Gegnern sein konnte und kann.

8 K. Heiler @nadeshda.gun.de, 5.10.97. Unterschrift: »i. A. Kurt Heiler. Nähere Angaben in Ihrem NADIS-Informationssystem zur Speicherung personenbezogener Daten«.

9 Heimo Schwilk / Ulrich Schacht (Hrsg.): Die selbstbewußte Nation. »Anschwellender Bocksgesang« und weitere Beiträge zu einer deutschen Debatte. Berlin; Frankfurt 1994.

10 Verfassungsschutzbericht des Landes Nordrhein-Westfalen über das Jahr 1994, Düsseldorf 1995, S. 112 ff.

11 Vgl. Grundgesetz für die Bundesrepublik Deutschland, Präambel.

12 In diesem Sinne argumentierte der Jurist D. Murswiek 1989: die »Wiederherstellung der deutschen Einheit« sei lt. Grundgesetz das Staatsfundamentalziel der Bundesrepublik Deutschland. Der Verfassungsschutz schütze den »verfassungsrechtlichen status quo, also diejenige Ordnung, die das Grundgesetz als bloß provisorische Konstituierung der Staatsgewalt in einem Teil Deutschlands ausweist und deren Überwindung zugunsten einer gesamtdeutschen Verfassung das höchste Staatsziel der Bundesrepublik ist. Die Verpflichtung, dieses Ziel anzustreben, kann dagegen offen mißachtet oder es kann ihr sogar gezielt entgegengearbeitet werden«, ohne daß die Verfassungsschutzbehörden [durch die entsprechenden Verfassungsschutzgesetze] berechtigt wären, dies zu registrieren.« Daß dieses Staatsfundamentalziel überhaupt bedroht werden könne, konnten sich die Abgeordneten des Parlamentarischen Rates bei der Ausarbeitung des Grundgesetzes, so Murswiek, nicht vorstellen. Wohl aber zogen sie aus der Erfahrung des Totalitarismus die Konsequenz, die Demokratie müsse »streitbar« bzw. »wehrhaft« sein. (Vgl. Dietrich Murswiek: Das Staatsziel der Einheit Deutschlands nach 40 Jahren Grundgesetz. Vortrag, gehalten in der Carl-Friedrich-von-Siemens-Stiftung am 31.5.1989, S. 23–28.)

13 Verfassungsschutzbericht des Landes Nordrhein-Westfalen über das Jahr 1994, Düsseldorf 1995, S. 114 f.; der zitierte Text Beaucamps fand sich ursprünglich unter der Überschrift »Beiträgers Erbleichen« in der FAZ vom 20.10.1994, S. 35.

14 Telefonat des Verfassers mit Schwilk am 3.4.1997.

15 Verfassungsschutzbericht des Landes Nordrhein-Westfalen über das Jahr 1995, Düsseldorf 1996, S. 106.

16 Heimo Schwilk, geboren 1952, war von 1972 bis 1976 Soldat auf Zeit. Entsprechend § 9 Soldatengesetz sprach er den Diensteid über die »Grundpflicht des Soldaten«: »Ich gelobe, der Bundesrepublik Deutschland treu zu dienen und das Recht und die Freiheit des deutschen Volkes tapfer zu verteidigen.« § 8: »Der Soldat muß die freiheitliche demokratische Grundordnung im Sinne des Grundgesetzes anerkennen und durch sein gesamtes Verhalten für ihre Erhaltung eintreten.« Zum Thema Verfassungstreue von Soldaten siehe auch den anderen Beitrag des Verfassers in diesem Sammelband über den Fall Schultze-Rhonhof. Ulrich Schacht wurde 1951 im Frauengefängnis Hoheneck/Sachsen geboren, wo seine Mutter aus politischen Gründen in Haft war. Die Orientierung am Christentum und, vielleicht noch mehr, an den Werten der freiheitlichen Demokratie haben ihn nicht nur in politische Haft der DDR gebracht, sondern sind auch aus vielen Veröffentlichungen seit seinem Freikauf zu entnehmen. Bis 1992 gehörte Schacht der SPD an.

Diese sehr knappen biographischen Angaben dürften schon ausreichend belegen, daß es sich bei Schwilk und Schacht keineswegs um »Neue Rechte« im Sinne der zitierten Kategorien handelt.

17 Verfassungsschutzbericht des Landes Nordrhein-Westfalen über das Jahr 1995, Düsseldorf 1996, S. 106.

18 Jünger, moderner, offensiver (Interview mit Heimo Schwilk) JF, 10.5.1996.

19 Verfassungsschutzbericht des Landes Nordrhein-Westfalen. Zwischenbericht 1995, Düsseldorf 1995, S. 30.
Der Appell selbst wurde abgedruckt in der FAZ, 7.4.1995, und in den folgenden Wochen in zahlreichen Medien diskutiert.

20 Berliner Appell, abgedruckt in der Süddeutschen Zeitung vom 28.9.1994.

21 Verfassungsschutzbericht Sachsen über das Jahr 1998, Dresden 1999, S. 48 f. (www.sachsen.de/verfassungsschutz/ber 98pdf).

22 Verfassungsschutzbericht Rheinland-Pfalz über das Jahr 1997, Mainz 1998, S. 34 (www.ism.rlp.de/index 2 htm/010sicherleben/005 verfassungsschutz.htm).

23 Verfassungsschutzbericht des Bundes über das Jahr 1997, Bonn 1998, S. 68.

24 Vgl. dazu Armin Pfahl-Traughber: »Konservative Revolution« und »Neue Rechte«. Rechtsextremistische Intellektuelle gegen den demokratischen Verfassungsstaat. Opladen 1998.

25 Zweifellos geben extremistische Parteien Lippenbekenntnisse zur Demokratie im Sinne des Grundgesetzes ab, um einem Verbot (wie SRP 1952 und KPD 1956) zu entgehen. Doch sollte der Verfassungsschutz seine Schlußfolgerungen nicht auf vage Verdächtigungen, sondern stets auf bewiesene, objektiv erkennbare Tatbestände wie Gewalt und Gewaltdrohungen stützen.

26 Dr. phil., Dipl.-Pol., Dipl.-Soz. Armin Pfahl-Traughber, Autor der Monographien »Rechtsextremismus« (1993, 2. Auflage 1998) und »Volkes Stimme? Rechtspopulismus in Europa« (1994), »Konservative Revolution und Neue Rechte. Rechtsextremistische Intellektuelle gegen den demokratischen Verfassungsstaat« (1998) sowie zahlreicher Beiträge in Zeitschriften und Sammelbänden.

27 Zur Extremismustheorie siehe die Werke von Eckhard Jesse und Uwe Backes aus den 80er und 90er Jahren, insbesondere: Backes / Jesse: Politischer Extremismus in der Bundesrepublik Deutschland, Bonn 1996, 4. Auflage; die Jahrbücher »Extremismus und Demokratie« sowie Backes: Politischer Extremismus in demokratischen Verfassungsstaaten. Elemente einer normativen Rahmentheorie. Opladen 1989.

28 Eckhard Jesse: Fließende Grenzen zum Rechtsextremismus? Zur Debatte über Brückenspektren, Grauzonen, Vernetzungen und Scharniere am rechten Rand – Mythos und Realität. In: Jürgen W. Falter / Hans-Gerd Jaschke / Jürgen R. Winkler (Hrsg.): Rechtsextremismus. Ergebnisse und Perspektiven der Forschung, PVS-Sonderheft 27, Opladen 1996, S. 514–529, hier S. 519.

[29] Jesse, a.a.O., S. 526.

[30] Armin Pfahl-Traughber: Brücken zwischen Rechtsextremismus und Konservativismus. Zur Erosion der Abgrenzung auf publizistischer Ebene in den achtziger und neunziger Jahren. In: Wolfgang Kowalsky / Wolfgang Schroeder (Hrsg.): Rechtsextremismus. Einführung und Forschungsbilanz, Opladen 1994, S. 160–182.

[31] Wolfgang Rudzio: Rezensionsessay zu Hans-Martin Lohmann (Hrsg.): Extremismus der Mitte. In: Uwe Backes / Eckhard Jesse: Jahrbuch Extremismus und Demokratie, 7. Jg., Baden-Baden 1995, S. 248 ff.

[32] Vgl. Pfahl-Traughber, Brücken, S. 173.

[33] Angabe von Klaus Kunze in einem Telefonat mit dem Verfasser, 27.7.1999.

[34] »Blick nach rechts«, www.bnr.de, hrsg. im Auftrag des Instituts für Information und Dokumentation e.V. von Helmut Lölhöffel.

[35] Der Begriff wurde ursprünglich von Wolfgang Rudzio, einem Professor für Politikwissenschaft an der Universität Oldenburg, für sein Buch über den Zerfall des »antitotalitären Konsenses« auf der linken Seite gewählt. Mit anderen Worten: SPD und Gewerkschaften grenzten sich nicht mehr von Kommunisten ab, sondern stellten Gemeinsamkeiten bezüglich »Berufsverboten«, »Nachrüstung« und ähnlichen Aktionsfeldern mittels Unterschriftenkampagnen u. ä. fest. Im übrigen fehlt der Hinweis auf den Urheber der Formulierung, was nicht für die Wissenschaftlichkeit des Verfassungsschutztextes spricht. Wolfgang Rudzio: Erosion der Abgrenzung, Opladen 1988.

[36] Vgl. Wilfried Böhm: Rechtsextremist Schäuble? In: Ostpreußenblatt, 6.9.1997. Vgl.: Jungle World, 22.4.1998; vgl. Antifaschistische Nachrichten, 14/1997 (10.7.1997), http.//www.infolinks.de/an/1997/14/017htm.

[37] Barbara Junge/ Julia Naumann / Holger Stark: Rechtsschreiber. Berlin 1997.

[38] Zu Noltes Stellung in den Debatten über geschichtliche Zusammenhänge und Wechselwirkungen in diesem Jahrhundert siehe: Historikerstreit. Die Dokumentation der Kontroverse um die Einzigartigkeit der nationalsozialistischen Judenvernichtung. München: Piper, 1987. Michael Klonovsky: Zurück ins Glied. In: Focus, 36/1996 (2.9.1996), S. 134 ff.

[39] Vgl. Georg Jappe / Dieter Schwarz: Freiheit wovon, Freiheit wozu? Offener Brief an Ernst Nolte und seine Antwort. In: Merkur 25 (1971), Heft 1, S. 96 ff, hier S. 96. Nolte antwortete, er habe »als halber Kommunist und ganzer Staatsfeind gegolten« (ebd., S. 100).

[40] Ernst Nolte: Streitpunkte. Heutige und künftige Kontroversen um den Nationalsozialismus. Berlin 1993. Nolte wurde deswegen auch massiv von dem »Revisionisten« Germar Rudolf (alias Scheerer, alias Gauss) attackiert, da er sich mehrfach kritisch-ablehnend zu »revisionistischen« Thesen äußerte.

[41] Ordinarius für Geschichte an der Universität der Bundeswehr in München bis 1998 (emeritiert), wiederholt als Gutachter für Ausschüsse des Deutschen Bundestags tätig. Veröffentlichte zuletzt u. a.: Blitzmädchen

(Bonn 1996), Die Organisation Todt (Bonn 1997), Verbrechen an der Wehrmacht (München 1997), Frauen zu den Waffen (München 1998).

42 Vgl. Otto Köhler: Hitler ging – sie blieben. Der deutsche Nachkrieg in 16 Exempeln. Hamburg 1996, S. 109–125. Dabei handelt es sich um die leicht überarbeiteten Texte Köhlers aus Konkret 5/1991, 4/1992, aber auch noch 5/1995. Ders.: Ein deutscher Verlag. In: Konkret 10/1993, S. 57 ff. Ders.: Achtung: Türöffner von rechts! In: Die Zeit, 1/1994 (31.12.1993), S. 37.

43 Maria Zens: Vergangenheit verlegen. Über die Wiederherstellung nationaler Größe im Hause Ullstein. In: Blätter für deutsche und internationale Politik, 11/1993, S. 1364–1375. Zens übernimmt darin die Bezeichnung »Revisionisten« für die Historiker, welche bei Cheflektor Zitelmann veröffentlichten, und den sachlichen Fehler, Zitelmann sei Schüler Ernst Noltes.

44 Was dies bedeutet, formulierte das Bundesverfassungsgericht in seinem Urteil über das Verbot der KPD 1956. Vgl. Hubo, a.a.O., S. 25 f.

45 Der Rechtsextremismus wird von der Bevölkerung entschieden abgelehnt, wie es sich zuletzt bei den Bundestags- und Europawahlen, den meisten Landtags- und Kommunalwahlen ebenso wie bei zahlreichen demoskopischen Erhebungen (vgl. Schaubild im Beitrag von Kallina) gezeigt hat. Daher wirkt die Zuordnung »rechtsextremistisch« stigmatisierend. Rechtsextremisten sind wenig kompetent, weil sie kaum politische Erfahrung haben und keine realistischen Lösungsansätze bieten können.

Bernd Kallina

Der Inlandsnachrichtendienst als Akteur einer umstrittenen Geschichtspolitik – Die Fälle der Historiker Schickel und Hoffmann

»Vom Politischen her definiert meint Geschichtspolitik jede Indienstnahme von Geschichte zur Beeinflussung von Gegenwartsdebatten und ihre politischen Konsequenzen.«[1]

I. Verfassungsschutz-Fakten 1997

»Gut und böse« überschrieb der Frankfurter Soziologe Karl Otto Hondrich in einer Ausgabe der »Wochenpost« – Mitte der 90er Jahre – seine geistreichen Betrachtungen, »warum das freie Spiel der Meinungen und Wahrheiten in Deutschland so unbeliebt und die Gesinnungspolizei so verbreitet ist«.[2] In »gut und böse« sind auch jene zeitgeschichtlichen Wahrnehmungsraster eingeteilt, unter denen ein Teil der bundesdeutschen Sicherheitsbehörden sich im rechten Bereich des politischen Spektrums umsieht und »revisionistische Feinde« (= böse) ausmacht. Ach ja, lieber Karl Otto, es war und bleibt schon nützlich, daß Sie sich immer wieder mit diesen Phänomenen des sozialen Wandels, von Konflikten und schlicht »Paradoxien« beschäftigten und uns mitteilten, was dabei herauskam: Denn die Kategorien »gut und böse«, »erlaubt und verboten«, »verdächtig oder unverdächtig« – sie spielen halt in Deutschland eine nach wie vor dominante Rolle im Bereich sozial wirksamer Freund-Feind-Bilder. Schauen wir unter diesen Gesichtspunkten erst mal zurück, blicken wir ins Frühjahr 1998. Wie immer zu dieser Jahreszeit veröffentlichen die Verfassungsschutzämter des Bundes und der Länder ihre sogenannten »Verfassungsschutzberichte« über sicherheitsrelevante Vorkommnisse des Vorjahres. Sie versorgen damit die

interessierten Bürgerinnen und Bürger mit »notwendigen Informationen ..., die es jedermann ermöglichen, sich selbst ein Urteil über die Gefahren zu bilden, die unserem Rechtsstaat durch verfassungsfeindliche Kräfte drohen«.[3] Alles paletti, wenn Fakten und Einordnungen von Gruppen und Personen, gemessen am gesetzlichen Schutzauftrag, stimmig wären. Sind sie das aber immer?
Wenden wir uns zunächst dem Unstrittigen zu. Da weist der damalige Bundesinnenminister, Manfred Kanther, in seinem Vorwort zum Bundesbericht auf § 4 des Bundesverfassungsschutzgesetzes hin, in dem die Kriterien der Grenzziehung zwischen Extremisten (böse) und Demokraten (gut) gezogen würden, um dann jene »fundamentalen Prinzipien der freiheitlichen demokratischen Grundordnung«, zu benennen, »gegen die sich extremistische Bestrebungen richten«. Dazu zählen vor allem:

- »die Achtung vor den im Grundgesetz konkretisierten Menschenrechten, vor allem das Recht der Persönlichkeit auf
- Leben und freie Entfaltung,
- der Ausschluß jeder Gewalt- und Willkürherrschaft,
- die Volkssouveränität,
- die Gewaltenteilung
- die Verantwortlichkeit der Regierung gegenüber der Volksvertretung,
- die Gesetzmäßigkeit der Verwaltung,
- die Unabhängigkeit und Rechtsbindung der Gerichte,
- das Mehrparteienprinzip,
- die Chancengleichheit für alle politischen Parteien und
- das Recht auf verfassungsmäßige Bildung und Ausübung einer Opposition«.[4]

Zustimmung! Hier beschreibt der Innenminister das Kern- und Herzstück unserer bewährten Verfassung, und darüber muß tatsächlich Konsens bei allen Demokraten vorherrschen bzw. er sollte vorherrschen. Gegen diese obersten Wertprinzipien des Grundgesetzes darf nicht verstoßen, wer sich im Bogen der verfassungmäßigen Ordnung bewegen will.

Zwei renommierte Historiker im Ruch des Extremismus

»Moderner Staatsschutz darf nicht länger Ausgrenzungsinstrument gegenüber politisch Andersdenkenden und mißliebigen Personen und Gruppierungen sein.«
(Andreas Keller, Neue Zürcher Zeitung, 18. Juli 1996)

Um so erstaunter waren allerdings zwei Persönlichkeiten der Bundesrepublik Deutschland, sich in den Verfassungsschutzberichten der Bundesländer Bayern und Baden-Württemberg des Jahres 1997 unter der Rubrik »Rechtsextremismus/Revisionismus«[5] namentlich erwähnt zu finden: Die Rede ist von den Historikern Dr. Alfred Schickel und Dr. Joachim Hoffmann. Der erstere fungierte während seiner Studentenzeit u. a. als RCDS-Landesvorsitzender in Bayern, ist langjähriges CSU-Mitglied und Träger des Bundesverdienstkreuzes sowie Leiter der Zeitgeschichtlichen Forschungsstelle Ingolstadt ZFI.[6] Der andere[7] war seit 1960 beim Militärgeschichtlichen Forschungsamt in Freiburg bis zu seiner Pensionierung 1995, zuletzt als Wissenschaftlicher Direktor, tätig. Beide sind seit Jahrzehnten als kompetente Geschichtswissenschaftler ausgewiesen, die sich mit einer wahren Fülle von – nicht immer unumstrittenen – Publikationen über zeitgeschichtliche Themen des 20. Jahrhunderts im In- und Ausland einen Namen gemacht haben. Sie, Schickel und Hoffmann, laut Verfassungsschutzberichten nun im Ruch eines rechtsextremistischen Revisionismus angeprangert zu sehen, hat nicht nur die Betroffenen empört und bei vielen anderen Verwunderung und Kopfschütteln ausgelöst. Schickel und Hoffmann als Feinde unserer Verfassung? Nicht wenige dachten, als sie davon hörten bzw. lasen, so auch der Autor, zunächst an einen verspäteten Karnevals- bzw. Aprilscherz. Doch Spaß beiseite, Fakt ist: Die für den Verfassungsschutz zuständigen Innenministerien präsentierten die beiden Herren im vermeintlich extremistischen Rubrum des Revisionismus!
Frage also: Wie kommen zwei demokratisch ausgewiesene Männer mit mehrfach bewiesenem Sinn für Zivilcourage ins Visier des bundesdeutschen Inlandsgeheimdienstes?

Der äußere Erklärungsansatz lautet: Beide hatten es nicht verhindert bzw. verhindern können, daß Schriftsätze aus ihren Federn, die andernorts unbeanstandet publiziert (Schickel) bzw. vor Gericht vorgetragen (Hoffmann) wurden, in einer von den Verfassungsschutzämtern als »rechtsextrem« eingestuften ausländischen Zeitschrift per Raubdruck veröffentlicht wurden. Soweit erkennbar, war dies jedenfalls der äußere Anlaß für eine Standortzuweisung, über die Arnulf Baring treffend urteilt: »Wer in Deutschland einem anderen nachsagt, er sei rechtsradikal, will den Betreffenden aus der Diskussion ausschalten.«[8]

Aber gab es noch andere Gründe, zwei bislang als unbescholten verfassungstreu geltende – wenn auch bisweilen unbequeme – Zeitgenossen amtlich auszugrenzen? Die Frage sei hier öffentlich gestellt. Offizielle Voraussetzung für die – zumindest in Teilen – recht eigentümlichen Wahrnehmungsfilter süddeutscher Verfassungsschützer waren und sind in erster Linie jene definitorischen Besonderheiten, mit denen dort ein sogenannter »Revisionismus bzw. Revisionismus im weiteren Sinne« als Beurteilungsraster gehandhabt wird, der von den Behörden als Bestimmungsgrund für »Rechtsextremismus« gilt.

Was bedeutet »Revisionismus…im weiteren Sinne«?

> »Die Verwaltung der deutschen Schuld und die Pflege des deutschen Schuldbewußtseins sind ein Herrschaftsinstrument. Es liegt in der Hand aller, die Herrschaft über die Deutschen ausüben wollen, drinnen wie draußen …«
> *(Johannes Groß in: Phönix aus der Asche, 1989)*

Die anprangernde Vorführung der Historiker Schickel und Hoffmann als »Revisionisten« (Pauschalvorwurf VS-Bericht Baden-Württemberg) oder »Revisionisten im weiteren Sinne« (so im VS-Bericht Bayern) legt die Frage nahe, was Revisionismus im verfassungsschutzrelevanten Sinne überhaupt bedeuten soll, wie er definiert wird. Verfügen die Ämter inzwischen schon über eigene Historikerkommissionen, die

sich kompetent mit der Behandlung von komplexen und strittigen zeitgeschichtlichen Fragen befassen, oder sind dafür primär Juristen zuständig?
Jeder, der sich mit Geschichts- bzw. Zeitgeschichtsfragen[9] jemals ernsthaft auseinandergesetzt hat, weiß natürlich, daß Geschichte einem eigentlich nie endenden ständigen Revisionsprozeß unterworfen ist. Wieso sollte dies ausgerechnet für bestimmte Fragen des so konfliktträchtigen 20. Jahrhunderts, die Zeitstrecke 1918/19 bis 1945 eingeschlossen, bis hin zum sensiblen Symbolort »Auschwitz« nicht gelten? Immerhin trifft der 1926 in Berlin geborene Auschwitz- und Buchenwald-Häftling Paul Steinberg in einem kürzlich der Tageszeitung »Die Welt« gegebenen Interview die nachdenklich stimmende Aussage: »Man ist noch weit davon entfernt, alles, was mit Auschwitz zusammenhängt, erforscht zu haben.«[10] Ist unser deutsch-jüdischer Landsmann Steinberg Revisionist und somit Kandidat für den Verfassungsschutzbericht?
Nähern wir uns also dem »Revisionismus im weiteren Sinne«, so das gegen Schickel ins Feld geführte Diktum für Rechtsextremismus. Weiß-blaue Verfassungsschützer charakterisieren ihn so: Damit würden
»Bestrebungen bezeichnet, die angeblich in der Nachkriegszeit falsch dargestellte Geschichte der Weltkriege und des ›Dritten Reiches‹ zugunsten des Nationalsozialismus zu korrigieren. Das rechtsextreme Lager ist sich weitgehend darin einig, daß das deutsche Volk in wesentlichen Fragen seiner Geschichte rehabilitiert werden müsse.«[11]
Aber gibt der nachfolgend wiedergegebene Text des Historikers Dr. Alfred Schickel[12] tatsächlich Anhaltspunkte dafür her, im o.g. Sinne des bayerischen Innenministeriums interpretiert zu werden? Handelt es sich hierbei wirklich um »eine Geschichtskorrektur zugunsten des Nationalsozialismus«, oder hat man sich da in der Bewertung einer zeitgeschichtlichen Abhandlung, die weniger Bekanntes in den sudetendeutsch-tschechischen Beziehungen fachkundig ausleuchtet, schlicht vergriffen? Die Leserinnen und Leser dieser Zeilen mögen sich selbst ein Urteil bilden:

II. Dokumente

O-Ton Schickel
»Geschichtliche Korrekturen – Wie in Wissenslücken geschichtliche Unwahrheiten wuchern

Unterstellt man, daß geschichtliche Unrichtigkeiten Folgen lückenhafter Kenntnis der Vergangenheit sind, gibt es noch einige Wissenslücken zu schließen.
Das erweist sich deutlich bei der Diskussion über die angestrebte deutsch-tschechische ›Schlußstrich-Erklärung‹. Da werden Stimmen laut, die Vermutungen als Tatsachen ausgeben und diese unbedenklich als moralische Druckmittel einsetzen.
Etwa die Behauptung, daß Deutschland gegenüber den tschechischen NS-Opfern noch in materieller Entschädigungsschuld stünde und diese Verpflichtung mit der Annahme der angemahnten ›Abschluß-Erklärung‹ erfüllen müsse.
Jede weitere Verweigerung schädige den Ruf der Deutschen und sei den hochbetagten Überlebenden des ›Dritten Reiches‹ nicht zuzumuten.

Relativierung der Deutschen-Vertreibung
Mit dieser Forderung scheinen nicht nur die deutschen Wiedergutmachungsansprüche beiseite geschoben, sondern auch der ganze Vorgang der Vertreibung relativiert. Gelte es doch erst einmal, deutsche Schuld abzutragen, bevor man die Ausweisung der Deutschen aus ihrer Heimat moralisch als Unrecht qualifiziert.
Wertungen und Forderungen, gegen die es offensichtlich kein vertretbares Argument gibt, will man nicht als unmoralisch oder unbelehrbar erscheinen. Da macht es sich fast besser, gleich auf die eigenen Ansprüche zu verzichten und großzügig die vorgelegte Rechnung zu begleichen.
Es sei denn, man macht sich die Mühe, die im Zusammenhang mit der ›Abschluß-Erklärung‹ oft erwähnten ›Benesch-Dekrete‹, die den Sudetendeutschen die tschechoslowakische

Staatsbürgerschaft aberkannten und ihnen entschädigungslos das gesamte Vermögen nahmen, einmal genau zu lesen. Da wird man feststellen, daß die Entschädigung der NS-Opfer in ihnen ausdrücklich geregelt wurde. So benannte das ›Dekret des Präsidenten der Tschechoslowakischen Republik vom 21. Juni 1945 über die Konfiskation und beschleunigte Aufteilung des landwirtschaftlichen Vermögens der Deutschen, Magyaren wie auch der Verräter und Feinde des tschechischen und slowakischen Volkes‹ im Paragraph 7 Abschnitt 6: ›ehemalige politische Häftlinge und Deportierte und ihre Familienangehörigen und gesetzlichen Erben‹ als ›Personen mit Vorzugsrecht auf Zuteilung‹ des enteigneten Vermögens. Und im Paragraphen 12 desselben Dekrets wird das enteignete Vermögen als ›Ersatz der Kriegsschäden und der Schäden, die dem Vermögen von Personen, welche während der Zeit der Okkupation aus nationalen, politischen und rassischen Gründen verfolgt wurden‹, bezeichnet. Mithin sollten die NS-Opfer aus dem Erlös des entschädigungslos enteigneten sudetendeutschen Vermögens versorgt werden.

Sudetendeutsches Volksvermögen

Das auf rund 120 Milliarden Golddollar veranschlagte Volks- und Privatvermögen der vertriebenen Sudetendeutschen dürfte mehr als ausreichend gewesen sein, um die Wiedergutmachungsansprüche der NS-Opfer abzugelten.

Wenn die tschechische Regierung jedoch jetzt die Entschädigung dieser Menschen durch Deutschland anmahnt, ist die Tschechoslowakei der im angeführten ›Präsidenten-Dekret‹ eingegangenen Verpflichtung bis heute nicht nachgekommen. Sollte dies aus Nachlässigkeit oder besonderen politischen Gründen verabsäumt worden sein, stellte sich die moralische Pflicht zur umgehenden Einlösung an Prag bzw. die Empfänger des sudetendeutschen Vermögens. Im anderen Falle erhöbe sich die Frage nach der Verbindlichkeit und Gültigkeit des ›Präsidenten-Dekrets‹, da eine lediglich partielle Wirksamkeit einiger Bestimmungen jener Präsidenten-Verfügung jedem Rechtsverständnis widerspräche. Entweder gilt das ›Präsidenten-Dekret‹ in allen seinen Teilen – oder es ist vom Anfang bis zum Ende nichtig. Jede andere Auslegung wäre willkürlich und mit der überkommenen Rechtskultur unvereinbar, wie sich im übrigen das ganze ›Dekret‹ samt seinen Vorgängern und nachfolgenden Verfügungen letztlich außerhalb der gültigen Rechtsordnung stellt. Es basiert auf der Annahme einer Kollektivschuld der Sudetendeutschen und weist rassistische Tendenzen auf, Merkmale, die nicht zur westlichen Werte- und Rechtsgemeinschaft passen und der Tschechischen Republik den Eintritt in die Europäische Union erschweren, wenn nicht gar verwehren könnten. Eine förmliche Außerkraftsetzung der ›Benesch-Dekrete‹, wie sie seit Jahren von der Sudetendeutschen Landsmannschaft und den bayerischen Schirmherren der Sudetendeutschen gefordert wird, wäre daher der rechtlich sauberste Weg zu einer deutsch-tschechischen Einvernahme, in deren Gefolge dann auch die Entschädigung der NS-Opfer geregelt werden könnte.

Das Amnestiegesetz vom 8. Mai 1946

Als logische Konsequenz ergäbe sich dann auch die Annullierung des sogenannten ›Gesetzes über die Rechtmäßigkeit der mit dem Kampfe um die Wiedererlangung der Freiheit der Tschechen und Slowaken zusammenhängenden Handlungen‹ vom 8. Mai 1946, das alle von Tschechen und Slowaken an Deutschen begangenen Straftaten nachträglich für straffrei erklärte. Wörtlich hieß es im Paragraphen 1 dieses ›Gesetzes‹: ›Eine Handlung, die in der Zeit vom 30. September 1938 bis 28. Oktober 1945 vollbracht wurde und die die Beihilfe zum Kampfe um die Wiedererlangung der Freiheit der Tschechen und Slowaken zum Ziele hatte oder auf die gerechte Vergeltung der Taten der Okkupanten oder deren Helfershelfer abzielte, ist auch dann nicht widerrechtlich, wenn sie sonst laut den geltenden Vorschriften strafbar wäre.‹

Eine ›gesetzliche‹ Ausnahmeregelung, die an die posthume ›Rechtfertigung‹ der Morde beim sogenannten ›Röhm-

putsch‹ von 1934 erinnert. Wie diese entschieden zu verurteilen sind, haben auch ihre potenzierten Nachahmungen im Sommer und Herbst 1945 keinen Platz in der Menschenrechtsgemeinschaft des christlichen Abendlandes. Bemerkenswert erscheint die im ›Gesetz‹ gezogene Zeitspanne, welche sich vom Abschluß des Münchener Abkommens 1938 bis zum 3. Tag nach Erlaß des letzten ›Benesch-Dekrets‹ über die Beschlagnahmung des gesamten Vermögens der Deutschen erstreckt. Offensichtlich sollten damit alle in den insgesamt 6 ›Benesch-Dekreten‹ enthaltenen Rechtswidrigkeiten nachträglich ›rechtlich‹ abgedeckt und damit ihr Inhalt unangreifbar gemacht werden. Die Gültigkeitsbestätigung der ›Dekrete‹ durch den Obersten Tschechischen Gerichtshof im Jahre 1995 erhärtet diesen inhaltlichen Zusammenhang zwischen dem ›Gesetz‹ vom 8. Mai 1946 und den sogenannten ›Benesch-Dekreten‹.

Die sudetendeutschen Blutopfer vom 4. März 1919

Eine weitere Wissens- und Kenntnislücke, in welche sich zunehmend mehr Vorurteile einnisten, klafft über Schicksal und Rolle der Sudetendeutschen in den Jahren 1918/19 und 1938/39. Daß den Deutschen in Böhmen, Mähren und Sudetenschlesien nach Ende des Ersten Weltkrieges das versprochene Selbstbestimmungsrecht gewaltsam von den Tschechen verweigert wurde und die gegen ihren erklärten Willen in die neu gegründete ›Tschecho-Slowakei‹ gezwungenen Sudetendeutschen schon im März 1919 über 50 Blutopfer zu beklagen hatten, scheint den hiesigen Kritikern der Sudetendeutschen Landsmannschaft weitgehend unbekannt. Ebenso die Tatsache, daß die Sudetendeutschen keinerlei Verantwortung für die Geschehnisse um die Errichtung des reichsdeutschen ›Protektorats Böhmen und Mähren‹ im März 1939 trifft. Die Ernennung des in Karlsbad geborenen sudetendeutschen Abgeordneten der tschechoslowakischen Nationalversammlung Karl Hermann Frank zum ›Staatssekretär beim Reichsprotektor‹ bzw. ›Staatsminister für Böhmen und

Mähren‹ wurde von der Reichsregierung in Berlin vorgenommen und nicht von den Sudetendeutschen betrieben.
Ganz und gar unbekannt ist offensichtlich auch der Umstand, daß die von Frank im Prager Parlament führend mitvertretene ›Sudetendeutsche Partei‹ bei den Nationalwahlen am 19. Mai 1935 die meisten Stimmen auf sich vereinigte und dem amtierenden tschechoslowakischen Staatspräsidenten, Thomas G. Masaryk, eine Beteiligung an der Prager Regierung angeboten hat, wie auch die im Parlamentsprotokoll festgehaltene Erklärung Franks, daß die ›Sudetendeutsche Partei‹ die Hand zum inneren Frieden reiche in der Überzeugung, ›daß im Rahmen der Tschechoslowakei ein auf gegenseitiger Achtung des Lebensrechtes aufgebautes Verhältnis zwischen den einzelnen Nationen möglich‹ sei. Die von Karl Hermann Frank 1939 übernommene Mitbeteiligung an der Protektoratsregierung unter Konstantin von Neurath traf allein seine Person und brachte ihm bekanntlich am 22. Mai 1949 in Prag den Tod am Galgen ein – während Konstantin von Neurath vom ›Internationalen Militär-Tribunal‹ der vier Hauptsiegermächte in Nürnberg ›nur‹ zu 15 Jahren Haft verurteilt wurde, die er vorzeitig verlassen durfte.

Wenzel Jaksch gegen Vertreibungspläne von E. Benesch

Weitere Parteifreunde und Parlamentskollegen Karl Hermann Franks, wie Hans Krebs und Ernst Kundt, büßten gleichfalls ihre persönliche Verstrickung in die politischen Ereignisse der frühen vierziger Jahre mit ihrem Tode. Ein Schicksal, dem sich andere, wie Konrad Henlein, durch Selbstmord entzogen. Diesen ›Einzeltätern‹ standen Tausende von Sudetendeutschen gegenüber, die ihre Ablehnung des nationalsozialistischen Regimes mit Verfolgung, Flucht und Deportation bezahlen mußten. Die wenigsten von ihnen sind hierzulande der Öffentlichkeit bekannt. Allenfalls noch der frühere Vorsitzende der sudetendeutschen Sozialdemokraten und nachmalige SPD-Bundestagsabgeordnete, Wenzel Jaksch, der in seinem Londoner Exil von

1939 bis 1945 vergebens gegen die Vertreibungspläne des Edvard Benesch kämpfte und bis zu seinem Tode am 27.11.1966 für das Heimatrecht seiner Landsleute eintrat. Nur den Archivaren der ›National Archives‹ in Washington und den Mitarbeitern der Zeitgeschichtlichen Forschungsstelle Ingolstadt (ZFI) scheinen die über zehntausend politischen Häftlinge aus dem Sudetenland bekannt zu sein, die von der ›Geheimen Staatspolizei‹ (Gestapo) des NS-Regimes in Konzentrationslager verbracht worden sind. So weisen die im ZFI-Archiv aufbewahrten Faksimila aus dem ›Zugangsbuch des KL Dachau‹ vom Jahr 1938 bereits Hunderte von Namen sudetendeutscher Häftlinge auf, die am 27. November 1938 in das KZ Dachau eingeliefert worden sind. In den Jahren 1938 und 1939 hat man die verhafteten Sudetendeutschen beim Vermerk ihrer Staatsangehörigkeit offenkundig noch nicht als ›Deutsche‹ geführt, sondern mit der Bezeichnung ›SD‹ (›Sudeten-Deutsche‹) in die Zugangsbücher eingetragen. Eine Unterscheidung, die auffällt, da mit dem ›Gesetz über die Wiedervereinigung der sudetendeutschen Gebiete mit dem Deutschen Reich‹ vom 21. November 1939 ›die alteingesessenen Bewohner der sudetendeutschen Gebiete‹ zu ›deutschen Staatsangehörigen‹ erklärt worden waren und die sudetendeutschen Männer ab sofort ihre Wehrpflicht in der Deutschen Wehrmacht abzuleisten hatten. Eine staatsbürgerliche Pflicht, die nach Ausbruch des Zweiten Weltkrieges einen wachsenden Blutzoll forderte, der ihren tschechischen Geschlechtsgenossen im ›Protektorat‹ erspart geblieben ist, was neben der in Böhmen und Mähren vorherrschenden besseren Ernährungslage im übrigen auch zu heimlichen Neidgefühlen gegenüber den Tschechen Anlaß gab, die sich obendrein auch vor den alliierten Bombenangriffen sicher fühlen durften. Alles Vorgänge und Tatsachen, die in den verbreiteten Wissenslücken zu verschwinden scheinen oder die Sudetendeutschen nicht vor dem Fehlurteil verschonen, letztlich nur ›von Tätern zu Opfern‹ geworden zu sein. Ein geschichtlicher Irrtum, den es endlich zu korrigieren gilt.«

Was Schickel hier in seinen zeitgeschichtlichen Ausführungen darlegt, ist tatsächlich in Deutschland kaum bekannt, geschweige denn, wie zu vermuten wäre, vertieftes Basiswissen der parteipolitischen Führungsklassen. Auch steht es nicht im Mittelpunkt massenmedialer Berichterstattung, im Gegensatz zu anderen Ereignissen des fraglichen Zeitraums.
Wer jedoch die angeführten Fakten überprüft, wird vor allem zu einem Ergebnis kommen: Sie sind zutreffend, sie sind schlicht und einfach wahr! Wieso sollen sie dann nicht, ohne inkriminierenden Eintrag in den Verfassungsschutzbericht, benannt werden dürfen? Nur weil sie einigen Zeitgenossen unerwünscht erscheinen? Wirken sie sich in unverantwortlicher Weise völkerkonfrontativ in den deutsch-tschechischen Beziehungen aus? Wohl kaum! Vor allem aber: Sind Schickels zeitgeschichtliche Betrachtungen in einem Land mit grundgesetzlich garantierter Forschungs-, Wissenschafts-, Presse- und Meinungsfreiheit im verfassungsfeindlichen Sinne als »revisionistisch« und damit dem Rechtsextremismus zuzuordnen? Will Schickel »aufrechnen«, wenn er historisch nachweisbare Zusammenhänge auf den Tisch legt, oder gar die Verbrechen des Nationalsozialismus rechtfertigen, relativieren oder sie in sonst irgendeiner Weise verkleinern?
Berechtigte Fragen, nicht nur für den Autor dieser Zeilen. Eine journalistische Recherche, sowohl beim bayerischen als auch beim baden-württembergischen Innenministerium (Fall Hoffmann), die jeweils für die Belange der Verfassungsschutzämter politisch zuständig sind, hatte folgenden Wortlaut:

Anfrage beim Verfassungsschutz/Innenministerium München

»Vorgang und Fragen zu Dr. Schickel: Laut Aussage von Dr. Schickel wurde ein Beitrag aus seiner Feder über Aspekte der (sudeten)deutsch-tschechischen Zeitgeschichte (Titel: ›Wie in Wissenslücken historische Unwahrheiten wuchern‹) am 12. Dezember 1996 im ›Straubinger Tagblatt‹ veröffent-

licht. Dieser Vorgang blieb im Bayerischen VS-Bericht des Jahres 1996 genauso wie in dem des Landes Baden-Württemberg unerwähnt.
Ohne Schickels Kenntnis und auch gegen seinen Willen, so der Autor mir gegenüber, wurde diese Abhandlung dann später von der in Belgien herausgegebenen ›revisionistischen‹ Zeitschrift ›Vierteljahreshefte für freie Geschichtsforschung‹ VffG, Ausgabe 3/1997, textgleich als Raubdruck (O-Ton Schickel) übernommen.

Fragen:

1. *Ist der erwähnte Text Dr. Schickels, der in den o.g. Publikationsorganen (›Straubinger Tagblatt‹ und ›VffG‹) veröffentlicht wurde,*
   bzgl. Form, Inhalt, Tendenz, bzw. sonst in irgendeiner anderen Art und Weise, als »rechtsextrem« im Sinne der gesetzlichen Grundlagen und Aufgaben Ihrer VS-Behörde einzustufen?
2. *Falls ja, weshalb?*
3. *Falls nein, warum wurde dann Dr. Schickel namentlich in den Verfassungsschutzbericht 1997 Ihres Landes aufgenommen?«*[13]

Die Antworten des bayerischen Innenministeriums gingen auf die präzise gestellten Fragen in zwei Schreiben[14] nicht konkret ein. Von dort wurde vielmehr auf »Datenschutzgründe« verwiesen, die es im vorliegenden Fall untersagten, »die konkreten Hintergründe für die Nennung von Herrn Schickel im Verfassungsschutzbericht Bayern 1997 zu erläutern«.[15] Doch wurde dem Rechercheur anheimgestellt, bezüglich der intensiven Korrespondenz zwischen Schickel und dem Innenministerium sich unmittelbar an den Betroffenen zu wenden, was auch geschah. In maßgeblichen Auszügen folgt also der Schriftwechsel Schickel/Innenministerium/Verfassungsschutz sowie Klar- und Richtigstellungen des im Verfassungsschutzbericht 1997 Erwähnten:

Dr. Schickel am 21. Mai 1998 an Staatssekretär Hermann Regensburger MdL:

»Anrede,
wie ich zufällig von einem Rundfunkredakteur erfahre, soll ich angeblich im neuesten bayerischen Verfassungsschutzbericht stehen und als ›revisionistischer Historiker‹ dem Extremismus zugewiesen sein.
Wenn diese Meldung zutrifft, schwanke ich zwischen Empörung und menschlicher Betroffenheit.
Ich wende mich deswegen an Sie als einen Menschen, der mich schon jahrelang kennt, mit der Frage: Wie kann es passieren, daß ich in eine solche ›Einordnung‹ gerate und dermaßen verletzend apostrophiert werde?
Ich bin seit über 30 Jahren forscherlich tätig und habe, glaube ich, auch hinlänglich genug Arbeiten vorgelegt, die mich in den vom Bundesverfassungsgericht definierten Wissenschaftsschutz stellen. (vgl. Einschlägige Entscheidung vom 11. Januar 1994!) …
Die Schwerpunkte meiner geschichtswissenschaftlichen Arbeit liegen bekanntermaßen auf der Erforschung der Vertreibung und ihrer historischen Hintergründe, der archivalischen Dokumentation der deutsch-polnischen und der deutsch-tschechischen Geschichte sowie der Kirchengeschichte des 20. Jahrhunderts. Darüber habe ich auch Bücher verfaßt …
… Wenn andere mich mißdeuten oder Raubdrucke von Aufsätzen herstellen, verwahre ich mich dagegen, vermag es aber leider nicht vollständig zu verhindern …«

Staatssekretär Hermann Regensburger MdL (Bayerisches Staatsministerium des Inneren) am 3. Juli 1998 an Dr. Schickel:

»Anrede,
… darf ich darauf hinweisen, daß der Verfassungsschutz Sie nicht, wie Sie befürchten, als revisionistischen Historiker

dem Extremismus schlechthin zuordnet; er kommt vielmehr zu dem Ergebnis, daß einzelne Aussagen dem Revisionismus im weiteren Sinne unterfallen sind. Diesem Bereich rechnet der Verfassungsschutz u. a. Äußerungen zu, die zum Beispiel durch relativierende Vergleiche, geeignet sind, als Rechtfertigung oder Verharmlosung des Nationalsozialismus verstanden werden zu können.
Die Zuordnung zum Revisionismus im weiteren Sinne begründet der Verfassungsschutz mit einer Reihe von Beiträgen zur Zeitgeschichte, die unter Ihrem Namen veröffentlicht sind; so die Titel (es folgt eine Aufzählung von fünf Titeln, darunter auch ›Geschichtliche Korrekturen. Wie in Wissenslücken geschichtliche Unwahrheiten wuchern‹ – Anmerkung des Autors) …
Die von Ihnen verfaßten Artikel und Abhandlungen sind darüber hinaus auch in rechtsextremistischen Organen veröffentlicht. Dies ist für den Verfassungsschutz ein Indiz dafür, daß Ihre Beurteilung der NS-Zeit mit der Betrachtungsweise von Rechtsextremisten zumindest z. T. übereinstimmt …«

Schriftsatz von Dr. Schickel zum Schreiben Staatssekretär Hermann Regensburger »Richtig- und Klarstellungen«:

»Zu den vom Bayerischen Landesamt für Verfassungsschutz als ›Tatsachen‹ und Indizien angegebenen Veröffentlichungen ist zu bemerken:

1. Die dem ›Revisionismus im weiteren Sinne‹ zugeordneten Beiträge zur Zeitgeschichte:
…
c) ›Geschichtliche Korrekturen. Wie in Wissenslücken geschichtliche Unwahrheiten wuchern‹ erschien erstmals im ›Straubinger Tagblatt‹ und behandelte anhand von Dokumenten Abschnitte der sudetendeutschen Geschichte, die oft unrichtig oder verkürzt dargestellt

werden, und erhellte ihre tatsächlichen Abläufe und Hintergründe. Warum dies für den bayerischen Verfassungsschutz ein Grund zur Beanstandung ist, bleibt sein Geheimnis …

3. *Stellt sich in diesem Zusammenhang die Frage, ob dem Bayerischen Landesamt für Verfassungsschutz die Entscheidung des Bundesverfassungsgerichts vom 11. Januar 1994 AZ – 1 BvR 434/87 mit ihren grundsätzlichen Ausführungen über Wissenschaft und ihre Freiheit (vgl. S. 16) Richtschnur in seiner ›Behandlung‹ von Wissenschaftlern ist?*
   Des weiteren, ob es sich der Tragweite bewußt ist, welche seine – in diesem Falle erwiesenermaßen unzutreffenden – Einordnungen für Person und Arbeit des betroffenen Wissenschaftlers haben? Es beginnt bei der Schädigung des Rufes und reicht bis zur Beeinträchtigung der Gesundheit (wie in meinem Falle!).
4. *Die Hinweise auf rechtsextremistische Organe als ›Indiz‹ wirft die grundsätzliche Frage auf, ob mit ihnen nicht eine ›Umfeldhaft‹ praktiziert wird, die an eine andere ›-haft‹ unseligen Angedenkens erinnern könnte.*
   Bleibt schließlich noch zu klären, wie zu vermeiden ist, daß der Verfassungsschutz den betroffenen Autor nicht schon vorher in seinen ›Bericht‹ aufnimmt, bevor dieser vom begangenen Raubdruck erfährt – sozusagen auch hier der Grundsatz vom ›Audiatur et altera pars‹ respektiert wird?«

Schreiben Ministerialrat Dr. Weber (Bayerisches Innenministerium) vom 17. August 1998 an Dr. Schickel:

»Anrede
… angesichts des unermeßlichen Leids, das die Politik des Dritten Reiches über die Menschheit gebracht hat, ist es Aufgabe der Verfassungsschutzbehörden, nicht nur das Leugnen des Massenmordes und der deutschen Kriegsschuld zu regi-

strieren, sondern ***bereits die noch weit im Vorfeld liegenden Versuche der Relativierung****, (Hervorhebung durch Autor) die – gewollt oder ungewollt – dazu führen, daß die Leugner des Holocaust sich in ihrer Position gestärkt fühlen können. Solche Versuche und Ansätze der Relativierung sind leider auch in Ihren Schriften enthalten. Die in Ihrem Schreiben vom 17. Juli 1998 nachgereichten ›Richtig- und Klarstellungen‹ veranlassen deshalb folgende Anmerkungen:*
… auch der Artikel ›Geschichtliche Korrekturen‹ enthält eine Verharmlosung der NS-Zeit. Darin verweisen Sie auf das ›Schicksal‹ von führenden nationalsozialistischen ›Einzeltätern‹, die ihre ›Verstrickung in die politischen Ereignisse der frühen vierziger Jahre‹ längst mit dem Tod gebüßt hätten. Der in diesem Zeitraum vom NS-Regime zu verantwortende Völkermord an Juden und Slawen wird nur gestreift bzw. mit der Vertreibung der Sudetendeutschen ›aufgerechnet‹ …«

»Berichtigende Anmerkungen« zu den Ausführungen von MR Dr. Weber von Dr. Schickel (ohne Datum):

»…
3. Die Behauptung, mein Artikel ›Geschichtliche Korrekturen‹ enthalte eine ›Verharmlosung der NS-Zeit‹ und ›rechne‹ den vom NS-Regime zu verantwortenden Völkermord an Juden und Slawen ›mit der Vertreibung der Sudetendeutschen auf‹, ist falsch und entbehrt bezeichnenderweise jeder Belegstelle. Vermutlich ist dem mich ›rezensierenden‹ MR Dr. Weber nicht bekannt, was der tschechische Autor Jan Prochazka in der Mai-Ausgabe 1968 von ›Host do Domu‹ zu diesem Thema geschrieben hat.
(Anmerkung des Autors: Der von Schickel erwähnte tschechische Autor äußerte sich wenig anerkennend über den tschechischen Widerstand gegen die Deutschen. Dieser ›Widerstand‹, so Prochazka, sei erst richtig wirksam geworden, als der Krieg schon vorbei war und später des ›heldenhaften

Kampfes‹ in immerwährenden Gedenkritualen gedacht wurde. Außerdem verurteilte Prochazka die Vertreibung der Sudetendeutschen.)

… Bleibt als Fazit, daß angesichts solcher Fehlerhaftigkeiten der vorgebrachten ›Begründungen‹ für meine ›Einordnung‹ wirklich eine ›sorgfältige Prüfung‹ der vom bayerischen Verfassungsschutz bisher in meinem ›Fall‹ vertretenen ›Positionen und Formulierungen‹ erfolgen sollte, um nicht noch größeren Schaden anzurichten.«

"Ich gebe nicht auf -

auch bei den Punischen Kriegen muß ein Deutscher zu finden sein, der sie angezettelt hat."

Das Hoffmann-Gutachten

»Was ich einklage, ist die Anwendung derselben Verfahren im Hinblick auf den Nationalsozialismus, die sonst in der Wissenschaft üblich sind …«
(Ernst Nolte, Interview mit »Focus«, Ausgabe 36/1993)

»Indem er die Zurückweisung seiner absurden These mit der Zurückweisung des Völkermordes der Nazis gleichsetzt, rückt Goldhagen mich ins Lager der »Holocaust-Leugner« … Niemals habe ich die Schuld der ganz normalen Deutschen an den kolossalen Verbrechen des Dritten Reiches in Zweifel gezogen … Ich weigere mich jedoch, für die Deutschen Ausnahmekriterien gelten zu lassen …«
(Norman Finkelstein, Frankfurter Rundschau, 22. August 1997)

Ausgangspunkt der Auseinandersetzungen zwischen dem Verfassungsschutz von Baden-Württemberg und Dr. Joachim Hoffmann ist ein von letzterem verfaßtes und vom Amtsgericht Tübingen zugelassenes Gutachten[16] über eine zum damaligen Zeitpunkt justitiell umstrittene Buchveröffentlichung zu Fragen der Zeitgeschichte von Germar Rudolf-Scheerer. Nachfolgend werden das Gutachten der Verteidigung sowie Auszüge des Schriftverkehrs zwischen Hoffmann und dem Innenministerium bzw. dem Verfassungsschutz von Baden-Württemberg sowie Stellungnahmen des im Verfassungsschutzbericht Baden-Württemberg 1997 Genannten dokumentiert:

»Dr. Joachim Hoffmann,
Gutachterliche Stellungnahme — *28. September 1995*

Vorbemerkung
Herr Diplom-Chemiker Germar Rudolf-Scheerer hat mich schriftlich um eine gutachterliche Stellungnahme zu einer 1994 im Grabert-Verlag in Tübingen erschienenen Antho-

logie unter dem Titel ›Grundlagen zur Zeitgeschichte – Ein Handbuch über strittige Fragen des 20. Jahrhunderts‹, hrsg. von Ernst Gauss, gebeten. Es sollte hierbei ***vor allem die Frage nach der Wissenschaftlichkeit*** *(Hervorhebung durch den Autor), nicht so sehr die nach dem Inhalt beantwortet werden.*
Als Historiker der Neueren und Osteuropäischen Geschichte und aufgrund meiner jahrzehntelangen Berufserfahrung und Berufsausübung im wissenschaftlichen Dienst des Bundes bin ich berechtigt, mich in der gewünschten Angelegenheit sachverständig zu äußern. Zu meiner Person möchte ich bemerken, daß ich von 1960 bis 1995 dem Militärgeschichtlichen Forschungsamt der Bundeswehr in Freiburg angehört habe. Seit fast drei Jahrzehnten bin ich dienstlich ausschließlich mit Fragen des deutsch-sowjetischen Krieges befaßt gewesen. Durch Veröffentlichungen wissenschaftlicher Bücher und Zeitschriftenaufsätze über diese Thematik bin ich im Inland und Ausland fachlich bestens ausgewiesen. Herr Dipl.-Chem. Rudolf Scheerer und die Mitautoren des Sammelwerkes sind mir nicht bekannt.

Die formelle Seite

Das vorliegende Werk, wie völlig richtig bemerkt, gibt keinen Gesamtüberblick über den Verlauf der Judenverfolgungen durch die Nationalsozialisten im Zweiten Weltkrieg. Behandelt werden vielmehr herausgehobene Einzelthemen über strittige und kontroverse Fragen der Judentötungen. Die verschiedenen Beiträge sind fachgerecht und überwiegend in einem untersuchenden Stil geschrieben. Der Anmerkungsapparat läßt, was Ausführlichkeit und Vollständigkeit angeht, wenig zu wünschen übrig und ist für den Suchenden überaus hilfreich, zumal da auch die Gegenwartsliteratur ohne Einschränkung angezogen ist. Dieser Sammelband ist augenscheinlich also Teil der großangelegten wissenschaftlichen Auseinandersetzung über ein ernstes zeitgenössisches

Problem, das über den eigentlich wissenschaftlichen Bereich hinaus weit in das Politische hineinwirkt.
Die einzelnen Beiträge des Sammelwerkes sind folgerichtig und sachlich-darstellend aufgebaut, wenngleich – bei einer derart emotionsgeladenen Thematik vielleicht unvermeidlich und in politisch-historischen Kontroversen ja auch üblich – ein polemischer Ton bisweilen nicht zu überhören ist. Durchgängig ist jedenfalls ein auf neue Erkenntnisse gerichtetes Bemühen feststellbar und spürbar. Der Charakter der Wissenschaftlichkeit kann diesem Sammelwerk von daher nicht abgesprochen werden, zumal wenn man zum Vergleich manche Veröffentlichung der Gegenseite heranzieht, deren Wissenschaftlichkeit ja auch niemals in Zweifel gezogen wird. Manches in den verschiedenen Einzelbeiträgen wirkt durchaus überzeugend. Manches nimmt man mit sachlichem Interesse zur Kenntnis. An anderer Stelle freilich melden sich auch Zweifel und Kritik. Vereinfachend läßt sich vielleicht feststellen, daß wir es in dieser großen Auseinandersetzung einerseits mit einer mehr akkusatorischen, andererseits mit einer mehr apologetischen Literatur zu tun haben. Damit soll angedeutet werden, daß im Eifer der Kontroverse sowohl auf der einen als auch auf der anderen Seite allzu leicht die Neigung entsteht, über das Ziel hinauszuschießen und den Boden beweisbarer Fakten zu verlassen.
Überhaupt läßt sich vielleicht sagen, daß die Zeit für endgültige Aussagen hinsichtlich der großen Judenverfolgung noch nicht gekommen ist.

Das Problem der Offenkundigkeit

An der Tatsache des Genocides an den Angehörigen des jüdischen Volkes durch die Einsatzgruppen der Sicherheitspolizei und des SD und durch das entsprechende SS-Personal in den Konzentrationslagern des damaligen Generalgouvernements Polen ist jedenfalls nicht zu zweifeln. Hitler, Himmler und Dr. Goebbels haben diese Untaten

bei verschiedenen Gelegenheiten unmißverständlich zugegeben *(Hervorhebung durch den Autor). So hält auch der Herausgeber Gauss ihn in seinem Beitrag für gegeben. Tatsächlich steht der Genocid unausgesprochen auch im Hintergrund des besprochenen Sammelwerkes. Vielleicht aber wäre es, um jedes Mißverständnis auszuschließen, ratsam gewesen, diese Dinge eindeutig beim Namen zu nennen und klarzustellen, daß es heute bei einer wissenschaftlichen Kontroverse nicht mehr um die Massentötungen an sich, sondern nur noch um die Opferzahlen und um die Methodik des Mordens gehen kann. In dieser Hinsicht sind allerdings noch gewichtige Modifikationen zu erwarten. Insofern bedarf auch der heute so vielstrapazierte Begriff der Offenkundigkeit einer Einschränkung, zumindest aber einer genauen Definition.*

Zwei Beispiele

Es sollen hierfür zwei herausragende Beispiele angeführt werden.

1)

Von 1945 bis 1990 galt – anerkannt auch von Gerichten der Bundesrepublik – eine Opferzahl von 4 Millionen in Auschwitz als offenkundig. Doch woher stammt diese Zahl? Diese Zahl entstammte der sowjetischen Kriegspropaganda. Eine sowjet-amtliche Erklärung hatte am 1. März 1945 erstmals gemeldet, in Auschwitz seien ›mindestens fünf Millionen Menschen vernichtet worden‹. In dem sowjetamtlichen Kommuniqué vom 7. Mai 1945 wurde diese Zahl dann aber auf 4 Millionen reduziert. Diese von der sowjetischen Kriegspropaganda, d. h. vom NKVD, aufgebrachte und durch nichts bewiesene Opferzahl von 4 Millionen wurde auch von der breiten Öffentlichkeit in westlichen Ländern übernommen und galt von nun an unverändert, bis sie überraschenderweise im Jahre 1990 von heute auf morgen offiziell auf 1,5 Millionen reduziert wurde. Gegenwärtig werden nur noch 631 000–711 000 Auschwitztote genannt, und eine weitere Reduzierung wird offengelassen.

2)
*Bis heute wird allenthalben eine Gesamtopferzahl von 6 Millionen Juden genannt. Nach der gängigen Meinung der zeitgeschichtlichen Sachverständigen in Deutschland war sie von dem SS-Sturmbannführer Dr. Hoettl im Frühjahr 1945 den Amerikanern erstmals mitgeteilt und vor dem IMT in Nürnberg am 26. November 1945 wiederholt worden. Hierzu ist jedoch zu bemerken, daß sie nachweislich bereits am 4. Januar 1945, mehrere Wochen vor der am 27. Januar 1945 erfolgten Befreiung des Konzentrationslagers Auschwitz (mit doch angeblich 4 Millionen Todesopfern), von niemand anderem als dem berüchtigten Ilja Ehrenburg in der sowjetischen Auslandspresse verbreitet worden ist. Somit war es Ehrenburg, der die Sechsmillionenzahl aufgebracht hat.**
Zur Charakterisierung von Ehrenburg sei bemerkt, daß er von Stalin 1941 den Generalauftrag erhalten hatte, einen zügellosen Volks- und Rassenhaß gegen alles Deutsche zu entfachen. Seine jahrelangen, durch nichts gezügelten Haßorgien gipfelten in dem Aufruf, ›mit Deutschland ein Ende zu machen‹, ein Anliegen, das er ›bescheiden und ehrenwert‹ nannte, nämlich, ›die Bevölkerung von Deutschland zu vermindern‹, wobei es nur noch darauf ankomme zu entscheiden, ob es besser sei, ›die Deutschen mit Äxten oder Knüppeln zu erschlagen‹.
Man ersieht aus beiden Beispielen, daß eine angebliche Offenkundigkeit durch neue Beweise sofort aus den Angeln gehoben werden kann, wie es dann ja auch die Aufgabe des Zeitgeschichtsforschers ist, angeblich feststehende Ergebnisse immer wieder in Frage zu stellen. Das Prinzip der Offen-

* *Joachim Hoffmann, Stalins Vernichtungskrieg 1941–1945, München, Verlag für Wehrwissenschaften, 1995, S. 160 f.
5. erg. Aufl. bei Herbig, 1999.*

kundigkeit ist auch bei weniger gravierenden Anklagen schon hinfällig geworden. Es sei nur auf die bis vor kurzem besonders in Deutschland verbreitete, inzwischen aber selbst von Jad Vashem dementierte Behauptung verwiesen, die Deutschen hätten aus den Körpern ermordeter Juden fabrikmäßig Seife hergestellt, eine Fälschung, die ebenfalls der sowjetischen Kriegspropaganda entstammt. Das hier besprochene Sammelwerk begeht also nichts Ungesetzliches, sondern wissenschaftlich Berechtigtes und Notwendiges, wenn es versucht, landläufige Offenkundigkeiten anhand neuer Ergebnisse oder Beweismittel kritisch zu überprüfen, was ja auch zu den natürlichen Aufgaben der Geschichtswissenschaft gehört.

Das Problem von Zeugenaussagen

Völlig zu Recht wird in mehreren Beiträgen dieses Sammelwerkes die Unzuverlässigkeit der Aussagen von Zeugen und an zahlreichen, bisweilen wirklich grotesken Beispielen aufgezeigt. Solche Erfahrungen stehen durchaus im Einklang mit denen des Historikers der Geschichte des Zweiten Weltkrieges. Nicht etwa, daß Aussagen der Augenzeugen völlig überflüssig sein würden. Aber die Erfahrungen haben doch erwiesen, daß sie in jedem Fall anhand authentischer Unterlagen überprüft werden müssen. Zeugenaussagen über Einzelheiten des Kriegsgeschehens erwiesen sich nach eigener Erfahrung schon 1970 als so fragwürdig, daß es ein Verstoß gegen Berufspflichten gewesen wäre, eine historische Abhandlung allein auf ihnen zu fundieren.

Das Sammelwerk von Benz

Insgesamt geht aus den Beiträgen des besprochenen Sammelwerkes an zahlreichen Stellen eine profunde Sach- und Literaturkenntnis hervor, selbst wenn manche Ausdeutungen durchaus auch fragwürdig erscheinen. Sachliche Mängel sind aber auch in der gängigen Literatur zum Holocaust vielfach zu finden. Es sei hier nur auf das 1991 von Benz herausgegebene Sammelwerk ›Dimension des Völkermordes‹ verwiesen, das eine geradezu entwaffnende Ahnungslosigkeit den Verhältnissen auf sowjetischer Seite gegenüber an den Tag legt. Völlig zu Recht beanstanden die hier besprochenen Autoren, daß Benz sich bei seinen Untersuchungen kritiklos auf die Verlautbarungen der sowjetischen Kriegspropaganda und auf die Veröffentlichungen über sowjetische Schauprozesse stützt. In umständlichen statistischen Einzelstudien wird in dem von Benz herausgegebenen Sammelband versucht, den Beweis für die Richtigkeit der Sechsmillionenzahl zu erbringen. Jeder, der statistisch über Bevölkerungszahlen gearbeitet hat, weiß, welche Fehlerquellen sich selbst bei einem ernsthaften Bemühen in derartig komplizierte Untersuchungen einschleichen. Benz hat keine Kenntnis davon, daß Ehrenburg bereits am 4. Januar 1945 die Sechsmillionenzahl in die Kriegspropaganda eingeführt hat. Er wird sich daher den Vorwurf gefallen lassen müssen, daß er, wenn auch unwissentlich, eigentlich nur eine Propagandazahl Ehrenburgs bestätigt. Seine und seiner Mitautoren Forschungsergebnisse bieten von daher einen Ansatzpunkt zu grundlegender Kritik.

Babij jar

Auch die unter dem Begriff Babij jar bekanntgewordene Massenerschießung jüdischer Einwohner der Stadt Kiev wird in dem hier besprochenen Sammelwerk einer berechtigten und notwendigen Kritik unterzogen. Denn die Handlungen des Einsatzkommandos 4a der Sicherheitspolizei und des SD unter Blobel haben propagandistisch im Laufe der Zeit eine derartige Überhöhung erfahren, daß die Rückführung des Tatgeschehens auf die wirklichen Dimensionen ein Gebot der geschichtlichen Wahrheitspflicht ist. Die Tatsache, daß Tausende von Juden in Kiev ermordet worden sind, wird hiervon natürlich nicht berührt.

Gesamteindruck

Der Gesamteindruck des von Gauss herausgegebenen Sammelwerkes ist der, daß sein Inhalt, wenngleich natürlich mit kritischem Verstand, ebenso zur Kenntnis genommen werden muß, wie dies bei der ›offiziellen‹ Literatur zum Holocaust ja unbestritten und -behindert immer der Fall ist. Auch in diesem Fall gilt eben das Audiatur et altera pars! Eine Unterdrückung dieser sorgfältig belegten Untersuchungen aber würde einer gewaltsamen Behinderung des legitimen Strebens nach wissenschaftlicher Erkenntnis gleichkommen. Denn der Erkenntnisstand bleibt ja niemals unverändert. Übertreibungen und Fehler hingegen schleifen sich im Verlauf einer normalen wissenschaftlichen Kontroverse erfahrungsgemäß immer von selber ab. Man sollte dem souveränen, freien Forscher und Leser nicht von vornherein das Kritikvermögen absprechen wollen. Von der Unterdrückung mißliebiger Bücher bis zu ihrer Verbrennung ist es dann nur ein kleiner Schritt. Und damit wären wir, wenn auch unter anderen Vorzeichen, wieder dort angelangt, wo das ganze Unglück begonnen hat.

Ein Schlußwort

In dienstlichem Auftrag des Militärgeschichtlichen Forschungsamtes habe ich als Historiker zweieinhalb Jahrzehnte lang die sowjetische Militärliteratur zur Geschichte der Roten Armee und des Zweiten Weltkrieges im Urtext studiert – eine endlose Kette von Klitterungen, Fälschungen, Verdrehungen und Verleumdungen. Doch auch in dieser Geschichtsliteratur fanden sich immer wieder historische Wahrheiten. Ich hätte meine wissenschaftlichen Aufgaben nicht erfüllen können, wenn ich die sowjetischen Veröffentlichungen von vorneherein als unwissenschaftlich abgelehnt und sie nicht genauestens durchgearbeitet hätte. Um wieviel eher muß das für das hier besprochene Sammelwerk gelten, das auf einem respektablen Niveau angesiedelt ist und das, ungeachtet mancher Vorbehalte, die man hegen mag, unser Wissen über Fragen des furchtbaren Geschehens zweifellos bereichert.«

Stellungnahme von Dr. Joachim Hoffmann vom 8. September 1998

»Die gesetzwidrige Veröffentlichung meines Namens durch das Landesamt für Verfassungsschutz Baden-Württemberg in dem Verfassungsschutzbericht 1997

Im September 1997 wurde in den in Berchem (Belgien) von der Stiftung Vrij Historisch Onderzoek herausgegebenen ›Vierteljahresheften für freie Geschichtsforschung‹ (1. Jg., H. 3) auf den Seiten 205–207 die Gutachterliche Stellungnahme veröffentlicht, die von dem Amtsgericht Tübingen in dem im Juni 1996 dort stattfindenden Verfahren anerkannt und zur Grundlage meiner Vernehmung als sachverständiger Zeuge am 14.6.1996 gemacht worden war.

… Am 14.6.1996 von 9.30–12.30 Uhr stand ich dem Amtsgericht Tübingen auf der Grundlage meiner Gutachterlichen Stellungnahme Rede und Antwort. Durch jahrzehntelange Berufserfahrung im Wissenschaftlichen Dienst des Bundes war ich berechtigt, mich zu strittigen Fragen sachverständig zu äußern.

Die über ein Jahr später, im Septemberheft 1997, ohne meine Einwilligung und ohne mein Wissen, vorgenommene Veröffentlichung meiner Gutachterlichen Stellungnahme in der mir unbekannten, in Belgien erscheinenden Zeitschrift wurde von dem Landesamt für Verfassungsschutz Baden-Württemberg zum Anlaß genommen, um in dem Verfassungsschutzbericht 1997 unter Veröffentlichung und mehrfacher Nennung meines Namens zu verbreiten, als ›revisionistischer Historiker‹ gehöre ich zu den ›wichtigsten Autoren‹ jenes in Belgien erscheinenden Blattes, in dessen Spalten ›die Politik des Dritten Reiches gerechtfertigt und der Holocaust geleugnet werden‹. Schon die pamphlethaft-vulgäre Aufmachung deutet darauf hin, daß dieser Verfassungs(schutz)bericht zur Beeinflussung weiter Kreise der Öffentlichkeit bestimmt ist …

Die Behauptungen und Unterstellungen des Landesamtes

für Verfassungsschutz Baden-Württemberg sind in jeder Hinsicht nachweislich unwahr und in ihrer denunziatorischen Absicht in hohem Maße ehrverletzend. Die genannte Zeitschrift ›Vierteljahreshefte für freie Geschichtsforschung‹ ist mir, wie erwähnt, vollständig unbekannt. Ich habe niemals auch nur eine Zeile in ihr veröffentlicht und niemals zu ihren Autoren, geschweige denn zu ihren ›wichtigsten‹ gehört.
Die Veröffentlichung meiner von dem Amtsgericht Tübingen anerkannten Gutachterlichen Stellungnahme im Septemberheft 1997 erfolgte ohne mein Wissen und gegen meinen Willen …
Selbst aber wenn ich gewünscht hätte, was nicht der Fall gewesen ist, meine von dem Tübinger Amtsgericht anerkannte Gutachterliche Stellungnahme, für deren Wissenschaftlichkeit ich mich verbürge, in irgendeiner Form veröffentlicht zu sehen, könnte aus einer solchen Veröffentlichung m. E. mir niemals ein gravierender Nachteil erwachsen, weil meine Verantwortlichkeit als Autor sich einzig und allein auf das Gutachten selbst, nicht aber auf das betreffende Publikationsorgan erstrecken könnte …«

Fortsetzung der Stellungnahme von Dr. Hoffmann vom 8. September 1998

»Ich bin durch Urkunden, unterzeichnet von dem Bundespräsidenten, gegengezeichnet von dem Bundesminister der Verteidigung, zum Bundesbeamten auf Probe und auf Lebenszeit ernannt worden und nach 35 Jahren ehrenhaften Dienstes durch Urkunde des Bundesministers der Verteidigung in den Ruhestand versetzt worden, mit ›Dank und Anerkennung für die dem Deutschen Volk geleisteten treuen Dienste‹. Als loyaler Bundesbeamter und international angesehener Wissenschaftler brauche ich mir es nicht gefallen zu lassen, von dem Verfassungsschutz Baden-Württemberg

ohne vorherige Anhörung öffentlich als Staatsfeind diffamiert zu werden, vor dem die Verfassung geschützt werden müßte.

Schlußfolgerung

Die Nennung in dem Verfassungsschutzbericht Baden-Württemberg 1997 beruht auf unwahren Behauptungen und ist gesetzwidrig. Sie ist aber auch in hohem Maße ehrverletzend und beleidigend.«

Schreiben des Innenministeriums von Baden-Württemberg vom 28. September 1998 an Dr. Joachim Hoffmann:

»Anrede
… In der Regel werden Beiträge nicht ohne Zustimmung des Autors gedruckt …
In Ihrem Gutachten bewerten Sie das Buch ›Grundlagen der Zeitgeschichte‹ als ›nichts Ungesetzliches, sondern wissenschaftlich Berechtigtes und Notwendiges, wenn es versucht, landläufige Offenkundigkeiten anhand neuer Zeugnisse oder Beweismittel kritisch zu überprüfen …‹. Ihre Auffassung steht im offensichtlichen Gegensatz zum Urteil des Amtsgerichtes Tübingen, mit dem der Inhaber des Verlags, in dem das Buch erschienen ist, wie Ihnen sicher bekannt ist, wegen Volksverhetzung in Tateinheit mit Beleidigung und Verunglimpfung des Andenkens Verstorbener verurteilt wurde …«

Schreiben des Innenministeriums von Baden-Württemberg vom 24. November 1998 an Dr. Joachim Hoffmann:

»Anrede
Herr Innenminister Dr. Schäuble hat mich gebeten, Ihre Schreiben zu beantworten.

Ihrer Beschwerde, die sich gegen die Nennung im vom Innenministerium Baden-Württemberg herausgegebenen Verfassungsschutzbericht 1997 richtet, kann nicht stattgegeben werden.
Die unstreitig von Ihnen verfaßte gutachterliche Stellungnahme zu dem Sammelband ›Grundlagen zur Zeitgeschichte‹ rechtfertigt es, Sie als revisionistischen Historiker zu bezeichnen …
Eine Distanzierung von dem Sammelwerk ist aus Ihrer Stellungnahme nicht zu erkennen. Zwar sind an einigen Stellen Ihrer gutachterlichen Äußerung auch kritische Anmerkungen angebracht, diese beziehen sich jedoch nur auf einzelne Passagen. Insgesamt wird jedoch durch die relativierenden und positiven Formulierungen der Eindruck erweckt, die Behauptungen in den einzelnen Beiträgen des Sammelbandes, die den Holocaust in wesentlichen Teilen in Frage stellen, könnten möglicherweise zutreffen. Damit wird der eindeutigen revisionistischen Tendenz des Sammelbandes Vorschub geleistet …
Mit Ihrer Stellungnahme zu dem Sammelband, die Sie im Auftrag des Herausgebers Germar Scheer verfaßt haben, haben Sie letztendlich die darin vertretenen revisionistischen Thesen unterstützt.
Mit Ihrer Autorität als promovierter Historiker, der sich – wie Sie selbst betonen – im Militärgeschichtlichen Forschungsamt in Freiburg fast dreißig Jahre lang mit Fragen des deutsch-sowjetischen Krieges befaßt hat, sind Sie für die revisionistische Szene ein wichtiger Autor, auf dessen Urteil man sich gerne beruft.
Unstreitig ist auch, daß diese gutachterliche Stellungnahme in den ›Vierteljahresheften für freie Geschichtsforschung‹ erschienen ist. Der Beweis des ersten Augenscheins spricht ebenso dafür, daß dies nicht ohne Ihre Zustimmung als Autor geschehen ist, wie die Tatsache, daß die Redaktion Sie in einer Anmerkung zu einem Leserbrief ausdrücklich als ›unseren Autor‹ bezeichnet hat …

Zudem haben Sie sich offensichtlich nicht um eine Gegendarstellung bemüht, was naheliegend gewesen wäre, wenn Sie einer Veröffentlichung so ablehnend gegenübergestanden hätten, wie Sie dies in Ihrem Schreiben schildern …«

Stellungnahme »Einige Bemerkungen zum Schreiben … vom 25.11.1998 des Bearbeiters Maier, Innenministerium von Baden-Württemberg« von Dr. Joachim Hoffmann (22.5.1999):

»1. Meine gutachterliche Stellungnahme ist von dem Freiburger Gerichtsvizepräsidenten Birk juristisch geprüft und als einwandfrei befunden, vom Amtsgericht Tübingen anerkannt und in der Verhandlung zur Grundlage einer dreistündigen Befragung gemacht worden. Herr Bearbeiter Maier dürfte kaum berufen sein, den Autor einer sachlich und rechtlich einwandfreien gutachterlichen Stellungnahme wegen, die von dem Gericht gegen den Widerspruch einer Staatsanwältin durch Gerichtsbeschluß anerkannt worden ist, in einem Ministerschreiben mit dem politischen Schlagwort ›revisionistisch‹ zu diskriminieren.

2. Als Gutachter bin ich selbstredend nur für die von mir eingereichte gutachterliche Stellungnahme zuständig und verantwortlich, nicht für den Inhalt des zur Vorlage dienenden, inkriminierten Sammelwerkes, zumal da ich den Vorsitzenden Richter gleich eingangs darauf hingewiesen hatte, daß ich nur kleinere, von mir näher bezeichnete, mir historisch irgendwie relevant erscheinende Partien des Sammelwerkes rezensiert hatte, nicht aber das ganze Buch als solches. Die weitergehenden Unterstellungen des Herrn Bearbeiters Maier sind unzutreffend, unwahr und in ihrer Tendenz auch beleidigend.

3. Grundsätzlich begeht ein Historiker selbstredend wissenschaftlich aber nichts Unberechtigtes, sondern im Gegenteil wissenschaftlich etwas sehr Berechtigtes und Notwendiges, wenn er versucht, sogenannte ›landläufige Offenkundigkeiten‹, die es in dem gemeinten Sinn historisch gar nicht gibt, immer wieder kritisch zu überprüfen und in Frage zu stellen, so wie dies seinen Berufspflichten entspricht.

4. In der Tübinger Verhandlung befragt, wie der Sammelband als solcher kurz zu charakterisieren wäre, erwiderte ich, man könnte ihn vielleicht als ein Sachbuch mit einigem wissenschaftlichen Anspruch einstufen. Jedenfalls würde ich ihm in den von mir geprüften Passagen ein, wenn auch etwas laienhaftes, Erkenntnisbemühen nicht absprechen wollen, zumal wenn man manche Literatur der Gegenseite vergleichend heranzieht …

5. Es gehört im übrigen weder zu den Pflichten eines Historikers noch eines Gutachters, ideologische Glaubensbekenntnisse abzulegen. Auch ist es nicht seine Aufgabe, persönlich zu dem Stoff Stellung zu beziehen oder sich von ihm zu distanzieren. Eine solche Forderung des Herrn Bearbeiters Maier zeigt nur, wie unbekannt er mit wissenschaftlichen Gepflogenheiten ist.

6. Es sei daran erinnert, daß ich nicht Gutachter der Anklage, sondern, soweit mir das möglich war, Gutachter der Verteidigung gewesen bin, und dies vor dem Hintergrund einer engagierten Gegnerschaft gegen die deutsche Unsitte von Bücherverbrennungen. Meine gutachterliche Stellungnahme, wie gesagt, ist von dem Gericht durch Gerichtsbeschluß anerkannt und zu den Akten genommen worden …

Die politischen Auffassungen des Herausgebers waren für mich nicht von Interesse, ebensowenig wie vielleicht irgendwelche Tendenzen des Verlages, mit dem ich keine Verbindungen unterhalte. Da ich mich im dienstlichen Auftrage des Militärgeschichtlichen Forschungsamtes jahrzehntelang mit den Veröffentlichungen sowjetischer und stalinistischer Partei- und Militärverlage habe auseinandersetzen müssen, gab es für mich natürlich kein Hindernis, mich begutachtend auch mit einer Veröffentlichung des deutschen Grabert-Verlages zu befassen, unabhängig davon, welche Einstellung nun Herr Maier zu diesem Verlag haben mag.

7. Die von mir genannten Passagen des Sammelbandes sind von mir nach den Maßstäben geprüft worden, die in der Wissenschaft bei Buchbesprechungen üblich sind. Es wurden dabei selbstredend keine revisionistischen Thesen unterstützt, sondern ausgewählte schriftliche Aussagen des Sammelbandes wurden kritisch überprüft und vergleichend auch in den Zusammenhang eingeordnet, was überhaupt nicht zu beanstanden ist. Da meine gutachterliche Stellungnahme nach gutem Wissen und Gewissen abgegeben, von einem Gerichtsvorsitzenden juristisch geprüft und von dem zuständigen Gericht anerkannt und akzeptiert worden ist, besteht für mich heute kein Anlaß, mich nachträglich mit wissenschaftlichen Laien in eine Erörterung über fachliche Einzelheiten meiner Stellungnahme einzulassen.

8. Im Mittelpunkt des Schreibens des Herrn Bearbeiters Maier steht die Behauptung, ›der Beweis des ersten Augenscheins‹ spreche dafür, daß der Abdruck meiner gutachterlichen Stellungnahme in der fraglichen Zeitschrift nicht ohne meine Zustimmung als Autor erfolgt sein könne, eine Unterstellung, die im Widerspruch zu meiner klaren Aussage und zu den beweisbaren Tatsachen steht.
Wie kommt Herr Bearbeiter Maier dazu, die bestimmte Erklärung eines Bundesbeamten mit fünfunddreißigjähriger Dienstzeit sofort als unwahr in Zweifel zu ziehen? Jeder Jurist weiß zudem, daß die juristische Formel eines ›Beweises des ersten Augenscheins‹ in dem vorliegenden Fall überhaupt nicht anwendbar ist. Wenn Herr Maier dennoch, allein zum Zweck der Bemäntelung einer Unrechtshandlung des

Landesamtes für Verfassungsschutz, sich dieser Formel bedient, so läßt sich die Folgerung ziehen, daß es für die Handlungsweise des Landesamtes einen Rechtfertigungsgrund in der Tat nicht gibt. Meine Dienstaufsichtsbeschwerde war also begründet, und ihr hätte auch stattgegeben werden müssen …

13. Zusammenfassend sei folgendes klargestellt: In dem Schreiben des Herrn Bearbeiters Maier wird der eigentliche Streitpunkt ebenso auffällig wie geflissentlich umgangen. Denn es geht ja weder um das inkriminierte Sammelwerk, zu dem ich deutlich genug Distanz halte, und es geht auch nicht um eine ausschließlich für Gerichtszwecke angefertigte gutachterliche Stellungnahme, deren Inhalt nicht mehr zur Debatte stand, sondern es geht einzig und allein um die verleumderische Behauptung, daß ich zu den ›wichtigsten Autoren‹ einer äußerst mißliebigen Zeitschrift gehören solle. Das Verwerfliche liegt doch einfach darin, daß in dem Verfassungsschutzbericht Baden-Württemberg 1997 mit denunziatorischem Vorsatz die nachweislich unwahre Behauptung aufgestellt und verbreitet wird, ich gehörte zu den ›wichtigsten Autoren‹ eben jener Zeitschrift, von deren Existenz ich nicht einmal eine Ahnung gehabt habe.
Daher stellt sich heute die Frage, wieso Herr Bearbeiter Maier – und dies noch im Namen seines Dienstherrn, des Innenministers Dr. Schäuble – unter Mißachtung eindeutiger Gegenbeweise die unwahre Behauptung des Landesamtes für Verfassungsschutz unbeirrt aufrechterhalten und in einem ministeriellen Schreiben auch noch verteidigen kann.«

III. Anmerkungen zur Geschichtspolitik des Inlandsgeheimdienstes

»Schutzobjekt des Verfassungsschutzes ist insbesondere die freiheitlich demokratische Grundordnung sowie der Bestand und die Sicherheit des Bundes oder eines Landes.«
(Legaldefinition in Art. 73 Nr. 10 GG, aus:
Bundesamt für Verfassungsschutz; Aufgaben;Befugnisse, Grenzen, Köln 1998, Seite 14)

»Anregungen, Kritik und Auseinandersetzungen mit der Institution ›Verfassungsschutz‹ sind willkommen.«
(a.a.O., S. 92)

Aufklärung über tatsächliche Extremisten: Durch die Veröffentlichung periodisch erscheinender sogenannter »Verfassungsschutzberichte« greifen die Innenministerien des Bundes und der Länder in die politische Diskussion der Bundesrepublik Deutschland ein und tragen damit zur Meinungs- und Bewußtseinsbildung der Bevölkerung bei. Diesem »Verfassungsschutz durch Aufklärung«[17] wird seitens der Bundesregierung eine hohe Bedeutung beigemessen, denn die politische Auseinandersetzung mit den verfassungsfeindlichen Bestrebungen erfordere »eine intensive Aufklärung der Bürger über Art und Umfang der Gefahren, die durch den politischen Extremismus drohten«.[18]
Soweit als Schutzobjekt hierbei die fundamentalen Prinzipien der freiheitlich demokratischen Grundordnung – im überparteilichen Sinne und unter Berücksichtigung des Gleichheitsgrundsatzes, d. h. für alle Staatsbürger geltend (siehe Kapitel I) – als Ziel- und Wahrnehmungsgröße dienen, erscheint die Vorgehensweise als angemessen und notwendig.

Monopol-Geschichtsbild und Bewältigungssyndrom: Wie in den Fällen Schickel und Hoffmann dokumentarisch dargelegt, ergeben sich allerdings dann erhebliche Bedenken, wenn der Inlandsgeheimdienst sozusagen als geschichtspolitisierender Deutungsmonopolist umstrittener Fragen unserer Zeitgeschichte auftritt (hierunter zählt der Autor ausdrücklich nicht die strafrechtlich geregelten Komplexe um die sogenannte »Auschwitz-Lüge«) und mit der Revisionismuskeule auf Historiker und Publizisten durch stigmatisierende Benennung[19] in Verfassungsschutzberichten einschlägt. Und zwar gegebenenfalls aus einer Motivation heraus, die der Psychologe Fritz Süllwold unlängst in bemerkenswerter Weise[20] als das »Bewältigungssyndrom« diagnostizierte. Dafür spricht nämlich eine Reihe von tatsächlichen Anhaltspunkten.

Frage- und Vergleichsverbote, Relativierungsfallen: Zumindest der sogenannte »Revisionismus im weiteren Sinne« erweist sich als eine beliebig einsetzbare Mehrzweckwaffe, mit der man praktisch alle politisch unerwünschten Wissenschafts- und Forschungsansätze sowie zeitgeschichtliche Publikationen zum Großthemenbereich »Nationalsozialismus/Drittes Reich« in den Ruch des Extremismus befördern kann, wie in den Fällen Schickel und Hoffmann ganz offenkundig geschehen, aber auch in anderen Bereichen zu beobachten war und ist.

Die kriminelle Dimension des Dritten Reiches – insbesondere die des Holocaust – fällt zweifellos in jeder seriösen zeitgeschichtlichen Betrachtung unter die Rubrik monströser staatlicher Großverbrechen. Das ist unbestreitbar. Wenn diese jedoch in singulär-irrationaler Weise überhöht, ja negativ mystifiziert werden, wie in Deutschland – von einem Extrem sozusagen ins andere fallend – immer wieder geschehen, gerät tatsächlich jeder Hinweis auf andere politische Mega-Verbrechen[21] und Völkermorde (z. B. an den Ost- und Sudetendeutschen) in die »revisionistische Relativierungsfalle«. Weil ein rundum negatives Totalbild des 20. Jahrhunderts vorherrscht, in dem nur Herr Hitler und seine Mannschaft als Verkörperung des Bösen an sich auftreten[22], muß jeder Blick auf andere Übel dieser Welt im Umkehrschluß zwangsläufig den Nationalsozialismus relativieren.

Die Problematik einer derartigen absurden, affektbesessenen,

Vor allem Rechtsextremisten werden sozial geächtet

Deutsche und französische Bevölkerung in Prozent

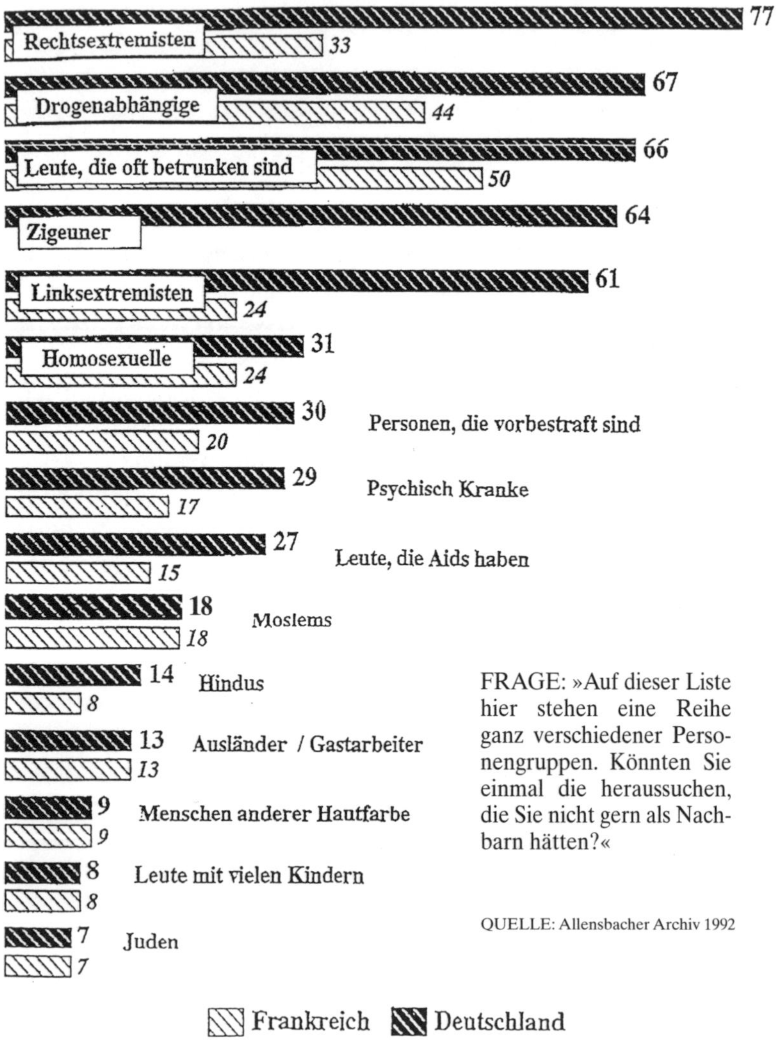

FRAGE: »Auf dieser Liste hier stehen eine Reihe ganz verschiedener Personengruppen. Könnten Sie einmal die heraussuchen, die Sie nicht gern als Nachbarn hätten?«

QUELLE: Allensbacher Archiv 1992

selektiven historischen Rückschau sprach auch Stephane Courtois, Herausgeber des »Schwarzbuches Kommunismus«, in seiner Weise an, indem er auf die Frage, warum z. B. ein Vergleich zwischen kommunistischen und nationalsozialistischen Opferzahlen zulässig (horribile dictu!) sein müsse, antwortete: »Ich glaube, es ist sehr wichtig, diese Zahlen zusammenzustellen. Denn auch in der Holocaust-Debatte war die Frage der genauen Zahl der Opfer historisch wichtig. Dies gilt für den Kommunismus ebenso ... Der Nazismus ist immer verstanden worden als das ›absolut Böse‹ im 20. Jahrhundert, mit geschätzten 25 Millionen Opfern. Wenn also der Kommunismus 85 oder 100 Millionen gefordert hat, ist das nur der Beweis, daß es historisch sehr wichtig ist, diese Frage anzugehen. Meiner Meinung nach ist es völlig absurd, vergleichen zu wollen, ob es schlimmer ist, in einer Gaskammer zu sterben oder im Gulag. Es ist genau anders herum: Diese Zahlen kann man nicht voneinander abziehen, sondern man muß sie addieren, damit jeder wirklich versteht, daß das 20. Jahrhundert ein Jahrhundert war, in dem wir ein Maximum an Horror erlebt haben.«[23]
Völlig zu Recht stellte Professor Konrad Löw (Lehrstuhl für Politische Wissenschaft der Universität Bayreuth) in einem Vortrag »50 Jahre Grundgesetz – 50 Jahre Bekenntnis zu den Menschenrechten«, auf den Fall Schickel/Verfassungsschutz eingehend, unlängst die Frage: »Werden demnächst auch die Autoren des ›Schwarzbuchs des Kommunismus‹ in Verfassungsschutzberichte aufgenommen, weil die kommunistischen Massenmorde die Massenmorde Hitlers relativieren könnten?«, um sogleich dann die klare Antwort darauf zu geben, nämlich: »Nicht nur der Wissenschaftler, jeder hat das Recht, danach zu fragen, was wirklich war, ganz gleich, wem die gewonnenen Erkenntnisse zugute kommen.«[24]

Flucht und Deutschenvertreibung als Tabu: Schickel bewegt sich mit seinem zeitgeschichtlichen Erkenntnisinteresse, möglichst dort zu forschen und zu publizieren, wo andere u. a. aus opportunistischen Gründen nicht hinsehen, also das ganze Bild der Geschichte zu erfassen, genau auf den Pfaden, die zur Beurteilung historischer Vorgänge einer Epoche notwendig sind. Seine um Objektivität bemühten Beiträge zum Kapitel der Deutschenvertreibung weisen inzwischen in eine Richtung, die zunehmend sogar im linksliberalen Lager anerkannt wird. Wenn Jan Ross z. B. im Flaggschiff der deutschen Wochenpublizistik, der von Gräfin Marion Dönhoff und Alt-Kanzler Helmut Schmidt herausgegebenen liberalen »Zeit«, schreibt: »Der ›großdeutsche Nationalismus‹ (Joschka Fischer) und Hitlers Menschheitsverbrechen sind als Vergleichs- und Vergewisserungspunkte in der Debatte allgegenwärtig, nicht aber der erzwungene Exodus aus den Ostgebieten ... Die Erinnerung an Flucht und Vertreibung unterliegt hierzulande einer Art Tabu, ähnlich den Bombennächten der vierziger Jahre ... Die Rede von den Vertreibungsverbrechen stand unter Aufrechnungsverdacht. Daher das gute Gewissen, das jeder haben konnte, der von dieser Vergangenheit nichts wissen wollte; zuletzt ist das noch einmal in der selbstverständlichen Schnoddrigkeit zu merken gewesen, mit der sich Gerhard Schröder bei seinem letzten Besuch in Prag für alle sudetendeutschen Geschichtsschmerzen unempfindlich zeigte ...«[25]

Nationalmasochistische Faktenausblendung: Anderes Beispiel: Klaus W. Wippermann, Redakteur der Beilagenzeitschrift »Aus Politik und Zeitgeschehen« (herausgegeben von der Bundeszentrale für politische Bildung) in der Wochen-Zeitung »Das Parlament«, verwies in der FAZ unlängst auf die Sichtweise des amerikanischen Publizisten Patrick Buchanan, der vor einigen Jahren in der »Washington Times« auf weiße Flecken nicht nur in der deutschen Zeitgeschichte aufmerksam machte, und zitierte ihn: »›Die Welt weiß alles, was die Deutschen getan haben; die Welt weiß nichts von dem, was den Deutschen angetan wurde.‹ (Ende Zitat Buchanan) Während die nationalsozialistischen Akten bis zur letzten Sekretärsnotiz auch heute noch akribisch kommentiert werden, kommt die Jahrtausendtragödie der Vertreibung von 15 Millionen Deutschen, die zweieinhalb Millionen Tote forderte –

das Völkerrecht nennt dies ohne zeitgeistbedingtes Wenn und Aber Völkermord –, in der deutschen Geschichtsschreibung kaum vor, erst recht nicht in der Arbeit des Münchener Instituts für Zeitgeschichte. Dieser Ausblendung entspricht exakt ein Fehlen von Darstellungen der interessen- und machtpolitischen Verhaltensweisen unserer westlichen wie östlichen Nachbarstaaten in diesem Jahrhundert …«[26]

Politische Rücksichten und Erkenntnisverbote: Günter Gillessen machte in der FAZ auf ein in diesem Zusammenhang ebenfalls relevantes Problem aufmerksam, das nur beispielhaft für viele andere steht: »Die Scheu deutscher Zeithistoriker, den Zweiten Weltkrieg als einen von zwei Diktatoren gemeinsam entfesselten Krieg darzustellen und sich auf die janusköpfige Vorgeschichte des deutsch-sowjetischen Krieges einzulassen, hängt deutlich mit politischen Rücksichten zusammen und läuft auf ein selbstgewähltes Erkenntnisverbot der Forschung hinaus.«[27]
Ist es das, was maßgebliche Akteure von Geschichtspolitik in einem freiheitlichen Rechtsstaat wirklich durch manipulierende Ausgrenzungsaktionen erzwingen wollen? Statt Zivilcourage zeigen Erkenntnisverbote in der Zeitgeschichte hinnehmen, wie der zitierte FAZ-Autor Gillessen (schon Revisionist?) meint?

Fragwürdige »Umfeldhaftung«: Die Schriftsätze der Historiker Schickel und Hoffmann wurden erst zum nach außen dokumentierten Fall für den Verfassungsschutz, als sie – per Raubdruck – in einer als »rechtsextrem« eingestuften ausländischen Zeitschrift erschienen. Vorher galten sie offenbar als nicht »revisionistisch« bzw. wurden von den Behörden übersehen.
Verständlicherweise stellt Schickel hier die Frage, ob nicht durch eine derartige Sicht der Dinge in höchst problematischer Weise eine Art »Umfeldhaftung« unseligen Andenkens vorgenommen wird. Schließlich blieb die frühere wortgleiche Veröffentlichung (z. B. im »Straubinger Tagblatt«) ja unbean-

standet. Aber wie kann ein inhaltlich gleichbleibender Text, vom bayerischen Straubing aus kommmend und ins benachbarte Belgien wandernd, plötzlich eine »extremistische« Tendenz bekommen? Neben der unterstellten »revisionistischen« Prägung – im weiß-blauen Freistaat 1996 noch ohne inkriminierende Beachtung – offenbar 1997 dann wegen seines extremistischen Umfelds, so die Logik der Verfassungsschützer. Billigt der Inlandsgeheimdienst den »Rechtsextremen« die Deutungshoheit zu, wer als »rechtsextrem« zu gelten hat? Eine ebenso seltsame Entwicklung wie fragwürdige Logik.

Altkanzler Schmidt im Verfassungsschutzbericht? Wenn man sie in zugespitzter Form weiterentwickelt, hätte man auch den Altkanzler Helmut Schmidt in die Verfassungsschutzberichte von 1992 aufnehmen können. Die »Frankfurter Rundschau« veröffentlichte nämlich am 19. September 1992 ein Interview mit Schmidt, das auszugsweise in der seit Jahrzehnten von den Verfassungsschutzämtern als »rechtsextrem« eingestuften Monatszeitschrift »Nation und Europa / Deutsche Monatshefte«, Ausgabe November/Dezember 1992, übernommen wurde. Wortlaut:

»Die Vorstellung, daß eine moderne Gesellschaft in der Lage sein müßte, sich als multikulturelle Gesellschaft zu etablieren, mit möglichst vielen gesellschaftlichen Gruppen, halte ich für abwegig. Man kann aus Deutschland mit immerhin einer tausendjährigen Geschichte seit Otto I. nicht nachträglich einen Schmelztiegel machen …

Weder aus Frankreich noch aus England, noch aus Deutschland dürfen Sie Einwanderungsländer machen. Das ertragen diese Gesellschaften nicht. Dann entartet die Gesellschaft …

Die Vorstellung, wie sie etwa Heiner Geißler jahrelang verbreitet hat, daß wir mehrere Kulturen nebeneinander haben könnten, habe ich immer für absurd gehalten …

Da wir in einer Demokratie leben, müssen wir uns auch ein bißchen, bitte sehr, nach dem richten, was die Gesellschaft will, und nicht nur nach dem, was sich Professoren ausgedacht haben.

Es kann dazu kommen, daß wir überschwemmt werden.«

Preisfrage an die umfeldfixierten Verfassungsschützer bei der Platzzuweisung in Richtung Extremismus: Könnten sich nicht durch diese Äußerungen des Altkanzlers auch rechtsextreme Ausländerfeinde in ihrer grundsätzlichen Ablehnung einer multikulturellen Gesellschaft ermutigt fühlen? Zweifellos ja, also … Wie war das doch bei Alfred Schickel? Und wie bei Joachim Hoffmann?

Anmerkungen

1 In: Edgar Wolfrum: Geschichtspolitik in der Bundesrepublik Deutschland – Der Weg der bundesrepublikanischen Erinnerung 1948–1990. Darmstadt 1999, S. 30; vergleiche dazu auch Professor Peter Steinbach, Leiter der Forschungsstelle Widerstand an der FU Berlin, zur Bedeutung von Geschichtspolitik in: MUT, August 1996: »Die Deutung der Vergangenheit wird … nicht nur zum Streitfall, sondern sie wird zum Ziel politischer Einflußnahme – sei es, um politische Gegner mit historischen Argumenten zu bekämpfen, sei es, um in internationalen Interessenkonflikten Ansprüche historisch zu begründen.«

2 Wochenpost Nr. 51, Ausgabe vom 15. Dezember 1995, S 46 ff.

3 Verfassungsschutzbericht 1997, Bundesministerium des Inneren, Bonn 1998, S. 3 und 4.

4 a.a.O.

5 Verfassungsschutzbericht Bayern 1997, München 1998, S. 66 und 67, Kapitel 7.3. Träger der Revisionismus-Kampagne: »… Die 1985 in Antwerpen gegründete V.H.O. verfügt über weltweite Kontakte zu führenden Revisionisten und bietet nahezu alle wichtigen revisionistischen Schriften u. a. auch in deutscher Sprache an. Während in den ersten beiden Ausgaben der VffG lediglich Holocaust-Leugner im klassischen Sinn zu Wort kamen, enthielt die Ausgabe Nummer 3/97 auch Beiträge von Historikern wie Dr. Alfred Schickel und Dr. Joachim Hoffmann, die als Revisionisten im weiteren Sinne anzusehen sind …«; Verfassungsschutzbericht Baden-Württemberg 1997, Stuttgart 1998, S 92 und 93, Kapitel 8.2. Aktivitäten deutscher Revisionisten im Ausland: »Seit März 1997 wird von VERBEKE zweimonatlich eine neue Ausgabe der Zeitschrift »Vierteljahreshefte für freie Geschichtsforschung« herausgegeben. Die Publikation mit internationaler Ausrichtung und umfangreichem Literaturangebot gibt vor, eine wissenschaftliche Fachzeitschrift zu sein. Sie enthält zahlreiche Artikel, in denen die Politik des Dritten Reiches gerechtfertigt und der Holocaust geleugnet werden. Zu den wichtigsten Autoren gehören neben SCHEERER die bekannten Revisionisten David IRVING und Robert FAURISSON sowie die revisionistischen Historiker Dr. Alfred Schickel und Dr. Joachim Hoffmann.«

[6] Dr. Alfred Schickel, Jahrgang 1933, geboren in Aussig (Sudetenland), Neffe des deutschen Kurienkardinals Joseph Schöffer, Studium der Philosophie und Geschichte in München, Landesvorsitzender des RCDS-Bayern von 1958 bis 1960, Promotion mit einer Arbeit über römische Rechtsgeschichte, seit 1981 Leiter der »Zeitgeschichtlichen Forschungsstelle Ingolstadt ZFI«, Publizist und freier Mitarbeiter von Rundfunk (u. a. Bayerischer Rundfunk, Deutschlandfunk, Südwestfunk), Zeitungen (u. a. FAZ, Bayernkurier, Das Parlament, Deutsche Tagespost) und Zeitschriften (u. a. MUT und Criticón), intensive Forschungs- und Vortragstätigkeit (u. a. auch in den USA, dort z. B. vor dem American Jewish Archive in Cincinnati).

[7] Dr. Joachim Hoffmann, Jahrgang 1930, geboren in Königsberg, ab 1951 Studium der Neueren Geschichte, Osteuropäischen Geschichte und Vergleichenden Völkerkunde, Historiker am Militärgeschichtlichen Forschungsamt der Bundeswehr 1960 bis 1995, dienstliches Forschungsgebiet: »Streitkräfte der Sowjetunion«. Buch- und Zeitschriftenveröffentlichungen zur politischen, diplomatischen und militärischen Geschichte des 19. Jahrhunderts und zur Geschichte des deutsch-sowjetischen Krieges. Zuerkennung der »Dr.-Walter-Eckardt-Ehrengabe für Zeitgeschichtsforschung« 1991 und des Kulturpreises »General Andrej Andrejewitsch Wlassow« 1992.

[8] Focus Nr. 18/1994, S. 116.

[9] Man beachte auch eine Zwischenbilanz der Leistung bundesdeutscher zeitgeschichtlicher Forschung aus dem Jahre 1982 von Dietrich Aigner über »Zeitgeschichtsschreibung als nationale Sterbehilfe« in: Deutsche Identität, Krefeld 1982, S. 86 ff.

[10] Die Welt, Ausgabe vom 23. August 1999.

[11] »Revisionismus – Blaue Schriftenreihe des Verfassungsschutzes«, herausgegeben vom Bayerischen Staatsministerium des Innern, München 1996, S. 8. In der Reihe sind außerdem erschienen die Broschüren: »Scientology – eine verfassungsfeindliche Bestrebung«, München 1997, und »Kurdischer Extremismus«, München 1996. Man beachte das Gefährdungsumfeld, in dem sich »Revisionismus« befindet.

[12] Zuerst erschienen in: Straubinger Tagblatt, Ausgabe vom 12. Dezember 1996; später dann textgleich per Raubdruck in den in Belgien verlegten »Vierteljahresheften für freie Geschichtsforschung VffG«, 3/1997.

[13] Gleichlautende Schreiben des Autors an das bayerische sowie an das Innenministerium Baden-Württembergs vom 2. August 1999.

[14] Zwischenbescheid des bayerischen Innenministeriums an den Autor vom 20. August 1999 und Antwort vom 8. September 1999.

[15] Antwortschreiben des bayerischen Innenministeriums an den Autor vom 8. September 1999.

[16] Die Anfrage des Autors bei den Verfassungsschutzämtern hatte, bezogen auf den Fall Hoffmann, folgenden Wortlaut: »Vorgang und Fragen zu Dr. Hoffmann. Laut Aussagen des Betroffenen ergibt sich im hier fraglichen Zusammenhang folgende Vorgeschichte: Im Rahmen einer

gerichtlichen Auseinandersetzung zu einer 1994 im Tübinger Grabert-Verlag erschienenen Anthologie unter dem Titel ›Grundlagen der Zeitgeschichte. Ein Handbuch über strittige Fragen des 20. Jahrhunderts‹, herausgegeben von Ernst Gauss, gab Dr. Hoffmann eine gutachterliche Stellungnahme des justitiell umstrittenen Buches ab, verfaßt am 28. September 1995, vorgetragen vor dem Amtsgericht Tübingen am 14. Juni 1996. Dieses Gutachten, welches sich primär mit dem formalen Aspekt einer geschichtswissenschaftlichen Darstellung befaßte, wurde, so Dr. Hoffmann, **gerichtlich zugelassen und während der Verhandlung auch unbeanstandet in das Verfahren einbezogen.** Erst ein Jahr später wurde per ›Raubdruck‹, so der Betroffene (d. h. wie im Fall Dr. Schickel gegen den Willen des Verfassers), das Gutachten ebenfalls in den ›Vierteljahresheften für freie Geschichtswissenschaft‹ VffG, Ausgabe 3/97, **textgleich** abgedruckt. Fragen: 1. Ist **die gutachterliche Tätigkeit** von Dr. Hoffmann im vorliegenden Fall **als solche** in irgendeiner Form als ›rechtsextrem‹ im Sinne der gesetzlichen Grundlagen und Aufgaben Ihrer behördlichen Tätigkeit einzustufen? 2. Falls ja, weshalb? 3. Falls nein, warum taucht dann Dr. Hoffmann namentlich im VS-Bericht 1997 Ihres Landes auf? 4. Ist die Textaussage des Hoffmann-Gutachtens **bzgl. Form, Inhalt, Tendenz bzw. in sonst irgendeiner anderen Weise als ›rechtsextrem‹ im Sinne der gesetzlichen Grundlagen und Aufgaben Ihrer behördlichen Tätigkeit einzustufen?** 5. Falls ja, weshalb? 6. Falls nein, warum geriet dann Dr. Hoffmann namentlich in den VS-Bericht Ihres Landes?«

17 Verfassungsschutzbericht 1997, Bundesministerium des Innern, Bonn 1998, S. 14 ff.

18 a.a.O.

19 Vergleiche auch Schaubild »Vor allem Rechtsextremisten werden sozial geächtet – Deutsche und französische Bevölkerung in Prozent«, Allensbacher Berichte 1993/1.

20 Fritz Süllwold: Das Bewältigungssyndrom – Psychologische Betrachtungen zu einem deutschen Phänomen. In: Die Politische Meinung, Januar 1998, S. 25 ff.: »Das zentrale Merkmal des Bewältigungssyndroms ist die ethnonegative Einstellung. Das ist eine sehr distanzierte und grundsätzlich nicht positive Einstellung gegenüber der eigenen Nation …« Vom selben Autor auch der Beitrag: »Deutscher Selbsthaß«. In: Die Politische Meinung, Juni 1997, S. 14 ff.: »Das Phänomen der generalisierenden ethnonegativen Einstellung ist in seiner hochgradigen und unverhüllten Form praktisch auf Deutschland beschränk …«

21 Vergleiche Gunnar Heinsohn: Lexikon der Völkermorde. Hamburg 1998, Stichwort: Marxistisch-Leninistische Regime (T): »Unter keiner Weltanschauung wurden in der Menschheitsgeschichte größere Megatötungen vollzogen als unter Regierungen, die sich dem Marxismus bzw. dem wissenschaftlichen Sozialismus verpflichtet fühlten. Auch noch nach dem weltweiten Entsetzen über Hitlerdeutschlands Verbrechen im Jahre 1945 haben kommunistische Einparteienregierungen 4,5mal so oft

Völkermord verübt wie andere autoritäre Regime.« Auch: Konrad Löw: Rotbuch der kommunistischen Ideologie. München 1999, S. 16, Bilanz d. Kommunismus.

22 Vergleiche Titelgeschichte »Das Monster des 20. Jahrhunderts«, in: Der Spiegel, Ausgabe vom 25. Oktober 1999.

23 In: Die Woche, Hamburg, Ausgabe vom 29. Mai 1998.

24 Konrad Löw, Vortragsmanuskript 1999: 50 Jahre Grundgesetz – 50 Jahre Bekenntnis zu den Menschenrechten, S. 15.

25 Jan Ross in: Die Zeit, Ausgabe vom 22. April 1999, Seite 1.

26 Klaus W. Wippermann, Leserbrief in der »Frankfurter Allgemeinen Zeitung« vom 29. Mai 1999.

27 Günter Gillessen in der »Frankfurter Allgemeinen Zeitung« vom 10. Oktober 1995.

Stefan Winckler

Der Fall Schultze-Rhonhof. Oder: Eine Lawine, vom Verfassungsschutz leichtfertig losgetreten

»Ich schwöre, der Bundesrepublik Deutschland treu zu dienen und das Recht und die Freiheit des deutschen Volkes tapfer zu verteidigen, so wahr mir Gott helfe.«

Diensteid der Berufs- und Zeitsoldaten lt. Soldatengesetz

1. Zur Person

Nach ihrer Pensionierung treten Berufssoldaten nicht selten als Publizisten in Erscheinung. So stellten die Generale Dr. Franz Uhle-Wettler, Reinhard Uhle-Wettler und Dr. Günther Kießling in den letzten Jahren ihre fachspezifischen Kenntnisse der Öffentlichkeit zur Verfügung, und seit längerer Zeit ist uns Gerd Schmückle in den Medien geläufig. Zu diesen Autoren mit militärischer Kompetenz und politischem Interesse gehört auch Gerd Schultze-Rhonhof. Geboren 1939 in Weimar, aufgewachsen in Bonn, entschied er sich 1959 für die Laufbahn des Berufssoldaten. Dabei lernte er die Armee aus unterschiedlichen Blickwinkeln kennen: zunächst in der Panzertruppe, dann im Generalstabsdienst, in einem NATO-Hauptquartier, im Bundesverteidigungsministerium, als Dozent an der Führungsakademie sowie als Kommandeur einer Panzergrenadierbrigade, der Panzertruppenschule und zweier Panzerdivisionen. Zuletzt war Schultze-Rhonhof Befehlshaber im Wehrbereich Niedersachsen/Bremen im Range eines Generalmajors am Standort Hannover.
Als die Bundesregierung 1995 beschloß, die Grundwehrdienstzeit zu verkürzen, suchte Schultze-Rhonhof um seinen vorzeitigen Abschied aus dem aktiven Dienst nach: Wie zahl-

reiche andere Offiziere auch, sah er nicht nur eine weitere Rückentwicklung der Wehrpflichtigen zu Amateursoldaten: Die Reduzierung bewirke auch einen noch schnelleren Wechsel der sogenannten Funktionssoldaten in ihren Aufgabenbereichen. Die Nutzzeit dieser Soldaten beträgt bei einem Grundwehrdienst von zehn Monaten (W-10) nach Abzug der Ausbildungszeit und des Urlaubs in der Regel nur noch vier bis fünf Monate. Auf jedem Arbeitsplatz in den Werkstätten, in den Transporteinheiten und in allen anderen Funktionen werden sich in Zukunft zwei bis drei Wehrpflichtige pro Jahr ablösen. Ein betriebswirtschaftlicher Aufwand, den sich kein ziviles Unternehmen leisten würde, das so sparen muß wie die Bundeswehr. Die Investition der Ausbildung und der »Gewinn« der Dienstleistung in den Funktionen stünden nach der Verkürzung des Wehrdienstes in keinem wirtschaftlich vertretbaren Verhältnis mehr, meinte Schultze-Rhonhof damals. Des weiteren sagte er auch ein langsames Abschmelzen des beruflichen Know-hows der Offiziere und Unteroffiziere vorher, die mit ihrem Lehr- und Ausbildungsstoff im Turnus der Kurzzeit-Einberufungen nie mehr über die Anfangslektionen der ersten zehn Monate hinauskamen. 1995 hatte Schultze-Rhonhof außerdem für Aufsehen gesorgt, als er den Ehrenschutz von Soldaten durch das Bundesverfassungsgericht beschädigt sah: »Der Vergleich von Soldaten und Mördern ist so absurd und zutiefst ehrabschneidend, wie es ein Vergleich des Bundesverfassungsgerichts mit dem Volksgerichtshof der NS-Zeit sein würde.«[1] Hier hätte er sich einen stärkeren Einsatz der Politik zugunsten der Soldaten gewünscht. 1996 erhielt Schultze-Rhonhof den Freiheitspreis der Stiftung Demokratie und Marktwirtschaft (München) und den Couragepreis des Niedersächsischen Verbandes der Wohnungswirtschaft.

1997 veröffentlichte Schultze-Rhonhof das Buch »Wozu noch tapfer sein?«.[2] Dabei handelte es sich um eine umfassende Erörterung der Existenzberechtigung der Bundeswehr im besonderen sowie der soldatischen Tugenden und Werte im allgemeinen; auch die Frage der NATO-Osterweiterung wurde aus unterschiedlicher Sicht gewertet, wobei amerikanische, russische und deutsche Interessen gegeneinander abgewogen wurden. Der Band erschien mittlerweile in der vierten Auflage und zog zahlreiche Einladungen zu Vorträgen nach sich. Neben anderen druckte auch die Wochenzeitung »Junge Freiheit« (JF), die sehr unterschiedliche Persönlichkeiten des öffentlichen Lebens als Interviewpartner präsentiert, am 2.1.1998 ein ausführliches Gespräch[3] mit Schultze-Rhonhof, das auch eine harte, aber sachliche Auseinandersetzung mit Minister Rühe enthielt.

2. Das »Delikt«: Was sagte Schultze-Rhonhof im JF-Interview?

Minister Rühe, der sich nicht mit den Soldaten an sich und dem Soldatentum identifiziere, habe das »Soldaten – Mörder«-Urteil des Bundesverfassungsgerichts und die fast zeitgleich anlaufende »Wehrmachtsausstellung« nie als Angriffe gegen seine Bundeswehr empfunden. Dann begann eine »gezielte Aktion«, neue und vor allem alte »Vorfälle« von Rechtsextremismus, der bedauerlicherweise in den Köpfen einiger Soldaten herumgeistere, in den Medien zu veröffentlichen. Der Rechtsextremismus habe seine Ursache in gesellschaftlichen Problemen, nicht in der Bundeswehr selbst. Ordensverleihungen für einen »erfolgreichen Kampf gegen Rechtsextremismus« könnten nichts bewirken, und für einen verstärkten politischen Unterricht sei die Zeit zu knapp. Was die »Tradition der Wehrmacht« angeht, habe die Bundeswehr viel übernommen, z. B. die Auftragstaktik. Die Wehrmacht müsse für die Bundeswehr mit ihren Licht- und nicht nur mit ihren Schattenseiten, die als »ungültiges Erbe« ja bewußt nicht verwendet wurden, dargestellt werden. Es sei natürlich, Kasernen nach vorbildlichen Wehrmachtsoffizieren zu benennen sowie die »Technik des Kriegshandwerks und die Taktik« als Lehrbeispiele für die Bundeswehr zu nutzen. Mit anderen Worten: Das Gute der Wehrmacht sei als Vorbild zu nutzen, das Schlechte zur Abschreckung zu brandmarken. Die Wehrmachtsausstel-

lung Reemtsmas hingegen stehe auch durch Unvollständigkeit im Dienst einer Tendenz. Der Minister habe sich nicht ausreichend der Auseinandersetzung gestellt. Denn das schlechte Bild, das die Ausstellung von der Wehrmacht zeichne, bleibe zum Teil an der Bundeswehr hängen: Der Soldatenberuf könne als anrüchig erscheinen. Die Annahme des Fragestellers Dieter Stein, »das eigentliche Problem der Bundeswehr sei ein antinationaler, antimilitärischer modischer Linkstrend, der schon seit den siebziger Jahren das Militärgeschichtliche Forschungsamt und Ausbildungseinrichtungen der Bundeswehr erfaßt« habe, stimme »so generell nicht«, jedoch unterliege die Darstellung der Kriegsgeschichte aus deutscher Sicht zugunsten der Perspektive der »Sieger von 1919 und 1945«. Im Gegensatz zu den europäischen Partnern seien die Deutschen dabei, ihre nationale Identität zu verlieren – ein unnatürlicher Vorgang, denn die Nation könne man nicht aus dem Bewußtsein herausschneiden.
Wenn die Presse einen Anteil von 20 Prozent Nationalkonservativen an den Offiziersanwärtern beklage, dann belege das einen »Mangel an Bewußtsein für geistige und politische Freiheit«. Nationalkonservativ sei das Offizierskorps auch im Dritten Reich gewesen, im Gegensatz zum »aus damaliger Sicht linksprogressiven Regime«. Er sei der konservativen Auffassung, daß der Offizier, der Beamte und der Richter zuerst dem Land bzw. dem Staat gegenüber verpflichtet sind und nicht zuerst einer Partei. »Wir stellen aber immer öfter fest, daß die Regierung mehr den Machterhalt als das Wohl des Landes im Sinn hat.«
Soweit Schultze-Rhonhofs Darlegungen auf die Fragen des JF-Chefredakteurs Dieter Stein.

3. Die Debatte um Rechtsextremismus in der Bundeswehr

Das Gespräch mit Schultze-Rhonhof wurde auf dem Höhepunkt einer breiten Debatte über »Rechtsextremismus in der Bundeswehr« veröffentlicht. In den Köpfen der Zeitungsleser und der Fernsehzuschauer blieben damals wohl hauptsächlich Wehrpflichtige hängen, die den Arm zum Hitlergruß hoben, wobei es sich hier wohl eher um unreife Späße Angetrunkener handelte als um den Beweis wirklicher neonationalsozialistischer Gesinnung. Aus journalistischer Sicht war es naheliegend, einen Offizier, der sich politisch-publizistisch betätigt und einen gewissen Bekanntheitsgrad erlangt hat, zu diesem Thema als Experten zu befragen. Nachdem nicht etwa die Anzahl der Vorkommnisse, sondern deren Nachrichtenwert sprunghaft angestiegen war, wurden Delikte an das Licht der Öffentlichkeit gezerrt, die zum Teil schon jahrelang zurücklagen und nur zum kleineren Teil auf Gewalt beruhten, statt dessen meist eine verfassungsfeindliche Symbolik wie das Hakenkreuz beinhalteten. Eine Schlägerei von Bundeswehrangehörigen und Ausländern in Detmold im März 1997 war das Schlüsselereignis, das die Selektionskriterien der Journalisten veränderte, das heißt sie nach Belegen für rechtsextremistische Taten von Soldaten sogar in den Archiven suchen ließ, nachdem die Öffentlichkeit erst einmal für das Thema sensibilisiert schien. Diese Nachrichtenwelle beschränkte sich zunächst auf Mannschaftsdienstgrade als Akteure. Als die Medien verbreiteten, daß der bislang weitgehend unbekannte (allerdings wegen Bildung einer rechtsextremistischen terroristischen Vereinigung vorbestrafte) Manfred Roeder in seiner Eigenschaft als Leiter des »Deutsch-Russischen Gemeinschaftswerks – Förderverein für Nord-Ostpreußen« an der Führungsakademie der Bundeswehr in Hamburg im Januar 1995 (!) eine Rede gehalten hatte, gerieten auch Offiziere in den Verdacht rechtsextremistischer Gesinnung. Durch diese Thematisierung erhielten Rechtsextremisten, die sonst nur in winzigen Zirkeln als politische Persönlichkeiten ernst genommen wurden, ein Forum in den Medien (also Kurzbiographien mit eingeflochtenen Zitaten und Fotos) und damit einen Bekanntheitsgrad, der im völligen Gegensatz zu ihrem wahren Einfluß und auch zu ihrer politischen Kompetenz stand. So kamen zwei Funktionäre der NPD-Jugend »Junge Nationaldemokraten«, Holger Apfel und Alexander von Webenau, in einem Filmbeitrag der ARD-»Tagesthemen« vom 14.1.1998 zum Thema »NPD-Anhänger in der Bundeswehr« zu Wort: »... daß wir ganz gezielt jetzt versuchen werden, uns in die Bundeswehr einzuklagen, daß wir ganz bewußt versuchen werden, unsere jungen Aktivisten in der Bundeswehr zu halten«, zumal es auch nicht schaden könne, »wenn man eine Ausbildung an der Waffe genossen hat«. Anlaß für diesen Beitrag von Isabell Pfaff (Süddeutscher Rundfunk) war die Absichtserklärung der NPD und vor allem der »Jungen Nationaldemokraten« (JN), ihre Kader auf dem Rechtsweg in die Bundeswehr hineinzubringen bzw. dort zu halten, nachdem das Verteidigungsministerium zuvor den Ausschluß von Rechtsextremisten aus der Truppe in bestimmten Fällen angekündigt hatte. Als Experte dazu befragt, wies Jörg Krauss vom polizeilichen Staatsschutz Baden-Württemberg auf die Möglichkeit hin, »daß mit diesen militärischen Kenntnissen die Gefahr rechtsterroristischer Anschläge enorm ansteigen wird«. Darüber läßt sich diskutieren, doch sind m. E. die »Jungen Nationaldemokraten« weder quantitativ (300 Mitglieder) noch qualitativ ernst zu nehmen; ihr völkischer Nationalismus nennt sich zugleich »antiimperialistisch«, ihre Wirtschaftsideen sind »antikapitalistisch«; in einem Wort: realitätsfern und damit schon im Ansatz verfehlt. Sie sind gewiß extremistisch und verfassungsfeindlich, aber eine Gefahr geht von ihnen nicht aus.

4. Am Pranger[4]

Im gleichen Beitrag schlug die Reporterin einen Bogen zu älteren Offizieren, um die Gefahr einer rechtsgerichteten Bundeswehr weiter heraufzubeschwören: »Hochrangige Offiziere, erst seit kurzem außer Dienst, zeigen sich offen bei Rechtsradikalen.« Hans-Jürgen Doll, stellvertretender Präsident des Landesamtes für Verfassungsschutz Baden-Württemberg, nannte daraufhin als »Experte« diejenigen, die er für Roß und Reiter hielt: »So zum Beispiel General Dr. Franz Uhle-Wettler (...). Oder General Gerd Schultze-Rhonhof,

Autor der ›Jungen Freiheit‹.« Weiter Isabell Pfaff: »Schultze-Rhonhof hat jahrelang Geist und Ausrichtung der Truppe geprägt, und er blieb unbehelligt.« Ulrich Wickert mahnte in seiner Abmoderation: »Es ist nicht irgendwer, der da zwei Generäle der Bundeswehr namentlich mit Beziehungen zur rechtsradikalen Szene nennt, sondern es ist der Verfassungsschutz von Baden-Württemberg. Wenn sich aber Generäle so offen rechtsextrem zeigen, dürfte sich ihr Verhalten auch auf die Truppe auswirken. Daran ändert die Tatsache wenig, daß beide Generäle seit kurzem pensioniert sind.«

Mit »Jungen Nationaldemokraten« in Verbindung gebracht zu werden, die sich in eine Institution des ansonsten von ihnen verachteten freiheitlich demokratischen Gemeinwesens einschleichen wollen, sei es aus lauterem Patriotismus oder zwecks Ausbildung an der Waffe, ist ehrabschneidend. Es war Schultze-Rhonhofs Glück im Unglück, daß er schon pensioniert war, denn nach eigenem Bekunden war er drei Wochen lang täglich von früh bis spät mit dem Kampf um seine Rehabilitation beschäftigt.

Ein sofortiger Anruf Schultze-Rhonhofs bei »Tagesthemen«-Moderator Wickert wurde nicht entgegengenommen. Am nächsten Tag, dem 15.2.1998, faxte er an Wickert, daß er »persönlich niemand kenne, der einer rechtsradikalen Partei angehört«, daß er »folglich nicht in dieser ›Szene offen verkehren könne‹«, daß er »noch nie für die JUNGE FREIHEIT geschrieben hätte«, daß allerdings in der Ausgabe der JF vom 2.1.1998, für die er, Schultze-Rhonhof, ein Interview gegeben habe, ebenfalls ein Gespräch von ihm, Wickert selbst, abgedruckt sei. Wenn er, Schultze-Rhonhof, deshalb rechtsradikal sei, dann sei Wickert dies ebenfalls. Noch am gleichen Tag, einem Sonntag, rief Wickert zurück, nannte Doll als seinen Informanten und als eine »zuverlässige Quelle«. »Wenn die Nachricht dennoch nicht stimme, täte es ihm leid, würde er sich entschuldigen und den Sachverhalt in einer späteren Sendung richtigstellen. Vorher erwarte er allerdings eine Richtigstellung des Landesamtes für Verfassungsschutz Baden-Württemberg.«

Am 17.2.1998 gelang es Schultze-Rhonhof, Doll telefonisch zu erreichen. Auf die Frage, warum er seinen, Schultze-Rhonhofs, Namen in diesem Zusammenhang öffentlich gemacht und damit Rufmord begangen habe, antwortete Hans-Jürgen Doll: »Sie haben sich durch das Interview in der JF selbst in die Öffentlichkeit gebracht, nicht ich.«
Dazu ist m. E. festzustellen, daß es sich um zwei sehr verschiedene Arten von »Öffentlichkeit« handelt, nämlich zunächst einmal um einen überschaubaren Zirkel von mehreren zehntausend JF-Lesern. Da die JF nur von sehr wenigen anderen Journalisten als Quelle der Information und der Meinungsbildung genutzt wird, ist sie als Medium von untergeordneter Bedeutung. Anders die »Tagesthemen« als Prestigemedium: Erstens hat diese Sendung ein Millionenpublikum, zweitens nutzen sie sehr vielen Journalisten als vertrauenswürdiges Medium zur Informationsgewinnung und Meinungsbildung, drittens wird sie von Multiplikatoren und Entscheidungsträgern in der Politik ernst genommen. Es war anzunehmen, daß ein Mann, der von Wickert unter Berufung auf den stellvertretenden Präsidenten eines Landesverfassungsschutzamtes mit Rechtsradikalen in Verbindung gebracht wird, weitgehend von Veranstaltern politischer Bildung und Information, Verlegern, Journalisten, kurz: fast allen Multiplikatoren geschnitten wird, was natürlich auch für künftige Veröffentlichungen schwerwiegende Folgen haben dürfte. In der Tat verbreiteten schon am 16.2.1998 mehrere Tageszeitungen wie die »Süddeutsche Zeitung«, die »Welt« und der Bonner »General-Anzeiger« die unzutreffende »Tagesthemen«-Nachricht über Schultze-Rhonhofs Verbindungen zur rechtsradikalen Szene: Dabei handelte es sich um einflußreiche Blätter, mit denen die JF nicht konkurrieren kann. Im Gegensatz zu den deutschlandweit vertriebenen Zeitungen stellten einige norddeutsche Regionalzeitungen die Person Schultze-Rhonhof in den Mittelpunkt der Berichterstattung: »Ein Ex-General in der rechten Ecke. Tagesthemen stellten Schultze-Rhonhof bloß – doch auch Wickert gab Rechtspostille ein Interview« lautete die Überschrift des

»Weser-Kurier« (17.2.1998), während die Hannoversche »Neue Presse« titelte: »Schwere Vorwürfe in ARD-Tagesthemen gegen Schultze-Rhonhof. Hat Hannovers Ex-General Kontakt zur rechten Szene?« Die Ungenauigkeit, mit der zahlreiche Politiker und Journalisten mit Begriffen umgehen, führt dazu, daß zwischen »rechts« und »rechtsextrem« kaum mehr unterschieden wird, daß vielmehr »rechts« mit jugendlichen Hitler-Verehrern und gewalttätigen Skinheads gleichgesetzt wird. Insofern könnten Leser aus diesen Zeilen geschlossen haben, Schultze-Rhonhof habe Kontakt zu einem derartigen Milieu.

In einem dpa-Gespräch konnte sich Schultze-Rhonhof am 16.2.1998 zur Wehr setzen: Die Vorwürfe seien eine üble Unterstellung, vielmehr stehe er dem Bund Freier Bürger nahe, einer Partei, die sich m. E. auf der rechten Seite des Liberalismus[5], nicht aber am rechten Rand des gesamten politischen Spektrums einordnen läßt. dpa ließ es sich hingegen nicht nehmen, jene Partei »rechtsgerichtet« zu nennen.

Schultze-Rhonhof schrieb am gleichen Tag eine Dienstaufsichtsbeschwerde an den baden-württembergischen Innenminister Thomas Schäuble, den Dienstherren des offensichtlichen Urhebers der in den »Tagesthemen« erhobenen Behauptungen, Doll. Weder zeige er sich offen mit Rechtsradikalen, noch habe er überhaupt Verbindungen zur rechtsradikalen Szene, noch sei er Autor der »Jungen Freiheit«. Zwar bestritt Doll ihm gegenüber, derartige Aussagen gemacht zu haben – mit anderen Worten: er habe ihn nicht als Autor, sondern als Interviewpartner bezeichnet –, doch wiederholte Doll in einem Interview auf dem Kanal Phönix laut Schultze-Rhonhof diese Sätze wörtlich, und auch der stellvertretende Chef vom Dienst der »Tagesthemen« erinnere sich an eine entsprechende Aussage Dolls. Letztendlich habe Doll dem Ansehen der Bundeswehr in der Öffentlichkeit in unnötiger Weise geschadet, auch wenn er es jetzt von sich weise.

Am 20.2.1998 erklärte der Verfassungsschutzpräsident Baden-Württembergs, Rannacher, in Abstimmung mit seinem Stellvertreter Doll in einem Schreiben an das ARD-Studio

Bonn sowie an dpa, Schultze-Rhonhof sei weder Autor der JF gewesen noch habe er Verbindungen zur rechtsextremistischen Szene. Er bitte um Richtigstellung in einem »Tagesthemen/Bericht aus Bonn«-Beitrag, der unter dem Titel »Grauzone: Pensionierte Generäle und ihre rechten Aktivitäten« angekündigt sei. Eine weitere Aufklärung des Sachverhalts sagte das Innenministerium zu; mit der Richtigstellung sei Schultze-Rhonhofs Anliegen wohl größtenteils Rechnung getragen. Indes hatte Schultze-Rhonhof das Sendungsprotokoll der betreffenden »Tagesthemen«-Sendung erhalten, wonach ihn Doll als »hochrangigen Offizier« bezeichnet habe, der »sich offen bei Rechtsradikalen zeigt«. Zwei weitere Fernsehsender hätten dieses Zitat übernommen. In einem abschließenden Schreiben Rannachers vom 17.3. 1998 betonte der Präsident, es seien keine Maßnahmen der Dienstaufsicht erforderlich, da die Journalisten einen falschen Schluß aus Dolls Aussagen gezogen hätten.

Am 25. und 26.2. erfolgte eine Richtigstellung in mehreren großen Tageszeitungen.

Dies war aber erst ein Teilerfolg. Schultze-Rhonhof erinnert sich an diese Tage zurück: »Ich saß täglich von 7.30 bis etwa 21.00 Uhr am Schreibtisch, Telefon und Fax und verhandelte und spreche mit MAD, Verfassungsschutz, Abgeordneten, ehemaligen Ministern, Rechtsanwalt, Zeitungen und Fernsehanstalten, um die Richtigstellungen durchzusetzen und die weitere Ausbreitung der falschen Nachricht zu verhindern (zwei weitere TV-Anstalten z. B. ›kupferten die Ente ungeprüft ab‹).« Wickert war im Urlaub und daher zunächst nicht zu erreichen. Schwierigkeiten ergaben sich aus den Umständen, daß der Leiter von ARD aktuell, Deppendorf, ein schriftliches Gegendarstellungsbegehren verlangte und bis zur Klärung des Sachverhalts nicht widerrufen werde. Die Verantwortlichen, so der Fernsehjournalist, seien nicht ohne weiteres zu bestimmen, da der Norddeutsche Rundfunk für die ARD zwar ausstrahle, der Filmbeitrag aber vom Süddeutschen Rundfunk stamme. Schultze-Rhonhof machte Deppendorf allerdings klar, daß er keine eigene Gegendarstellung abzugeben wünsche, sondern daß die »Tagesthemen« zu einer Richtigstellung verpflichtet seien, wenn sie, wie hier, zu der Erkenntnis gekommen seien, daß sie vorher falsch berichtet hätten. Am 3.3.1998 widerrief Wickert die falsche Nachricht »eindeutig und in angemessener Länge« (Schultze-Rhonhof).

Wenn Schultze-Rhonhof annahm, damit sei der »Fall« ausgestanden, so hatte er sich getäuscht. Zwar hatte er zum 11.3.1998 eine Einladung als Vortragsredner zum Thema »Braucht das Vaterland noch Tapferkeit?« in der Offiziersschule des Heeres (OSH) vorliegen. Organisatoren waren die Gesellschaft für Wehr- und Sicherheitspolitik (GfW), die Deutsch-Atlantische Gesellschaft, die Mittel- und Ostdeutsche Vereinigung der CDU und der Reservistenverband Hannover. Am 6.3.1998 verbot der Inspekteur des Heeres, General Willmann, dem Organisator der Veranstaltung, Oberst a. D. Wehrisch, den vorgesehenen Saal der OSH benutzen zu dürfen, was eine schriftliche Ausladung von 1700 Gästen zur Folge hatte.[6] Wegen dieses Befehls mußten sich auch mehrere Ortssektionen der GfW in Niedersachsen sowie die Arbeitsgemeinschaft der Reserve-Offiziere Lüneburg kurzfristig nach zivilen Vortragssälen umsehen. Willmann stand, wie er am 13.3.1998 Schultze-Rhonhof am Telefon versicherte, unter dem Druck der sozialdemokratischen Bundestagsabgeordneten Brigitte Schulte und Walter Kolbow, die seinerzeit dem Verteidigungsausschuß angehörten und heute Staatssekretäre »auf der Hardthöhe« sind: Sie hätten ihm im Untersuchungsausschuß des Bundestags über »Rechtsradikalismus in der Bundeswehr« gedroht, öffentlich eine Verbindung von Roeders Auftritt in der Führungsakademie zum Referat Schultze-Rhonhofs in der Offiziersschule des Heeres herzustellen, wenn er, Willmann, den Vortrag Schultze-Rhonhofs nicht verhindere. Willmann sagte Schultze-Rhonhof in dem oben erwähnten Telefongespräch zwar, er habe mittlerweile alle Generalmajore und Generalleutnante über die Aufhebung des Redeverbots in Kasernen mündlich informiert, lehnte aber die Zusage eines diesbezüglichen

schriftlichen Befehls ab, um nicht weiter in »Schwierigkeiten« zu geraten.
Es sagt viel aus, wenn Frau Schulte vor den laufenden Kameras einer Fernsehdiskussion des NDR am 11.3.1998, also nach ihrem »Votum«, Schultze-Rhonhof zugesteht: »Sie sind gar nicht rechtsradikal. Ich habe Ihr Buch inzwischen gelesen.«
Widerstände gegen Schultze-Rhonhof gab es auch in der GfW selbst: So verbot der damalige Präsident Dr. Uelhoff MdB (CDU) Rednerauftritte Schultze-Rhonhofs und entzog sich anschließend der Diskussion und damit der Verantwortung. Daß es ein Vortragsverbot von seiten der GfW gegeben habe, bestritt er eine Woche später, am 13.3.1998, und schob die Verantwortung der Bundeswehr zu. Jedenfalls lud die GfW Osterode Schultze-Rhonhof am 7.3.1998 mit der Begründung aus, der GfW-Präsident habe Vorträge Schultze-Rhonhofs untersagt. Ein Meinungswandel vollzog sich auch auf Landesebene: Der niedersächsische GfW-Vorsitzende, der am 6.3.1998 die Anweisung ausgab, Schultze-Rhonhof vorläufig nicht als Vortragenden heranzuziehen, empfahl neun Tage später, ihn »jetzt erst recht einzuladen«. Auf der Jahreshauptversammlung der GfW Mitte April 1998 in Mannheim verkündete Generalinspekteur Bagger[7], zugleich designierter Präsident der Gesellschaft für Wehr- und Sicherheitspolitik, eine grundsätzliche Ausgrenzung Schultze-Rhonhofs, die mit dem Interview in der JF nichts zu tun hatte: »Schultze-Rhonhof war nach der W-10-Entscheidung des Kabinettes durch seine Kritik an dieser Entscheidung illoyal und hätte damals sofort entlassen werden müssen. Solange ich (Bagger) Generalinspekteur bin, hält Schultze-Rhonhof keine Vorträge mehr in Kasernen. Das Vortragsverbot verdanken Sie mir.«
Auffallend war das Verhalten des Bundesverteidigungsministeriums. Der Parlamentarische Staatsseketär Rose (CSU) erklärte im Gespräch mit Jürgen Liminski (Deutschlandradio), ein »angebliches Vortragsverbot« habe wohl auf Dauer keinen Bestand. Schultze-Rhonhof stehe auf dem Boden des Grundgesetzes. Am 19.3.1998 erfuhr Schultze-Rhonhof, daß

das Vortragsverbot noch fortbestand. Bei Minister Rühe beantragte er die Aufhebung, da es weniger für ihn selbst als für das Ansehen der Bundeswehr schädlich sei. In der Folgezeit wurde es tatsächlich noch ausgeweitet, indem Staatssekretär Wichert etwa am 22.4.1998 die Konrad-Adenauer-Stiftung aufforderte, Schultze-Rhonhof als Referenten zum Thema »Die Kardinaltugend der Tapferkeit in der liberalen Demokratie« in der Akademie der Bundeswehr in Strausberg auszuladen oder sich einen zivilen Tagungsort zu mieten. Am 7.5.1998 schrieb Heeresinspekteur Willmann im Auftrag von Minister Rühe, er habe niemals versichert, das Verbot gelte nicht mehr. Dementsprechend habe er auch keine solche Information an die Zwei- und Drei-Sterne-Generale im Heer gegeben. Richtig sei, daß ein Vortragsverbot selbstverständlich nicht bestehe. Richtig sei aber auch, daß ein Hausherr und Gastgeber sich die Veranstaltungen und Vorträge aussuchen könne, die er für sachlich geboten hält.

Gleichzeitig bestand auch in der Zeitschrift »Die Bundeswehr« ein Werbeverbot für Schultze-Rhonhofs Buch »Wozu noch tapfer sein?«.[8]

Die Hanns-Seidel-Stiftung (HSS) hatte zusammen mit dem Wehrpolitischen Arbeitskreis der CSU General Schultze-Rhonhof zu einem Vortrag nach Landshut geladen, der am 7.5.1998 auch stattfand. Die HSS zog sich jedoch aus der Veranstaltung mit der Begründung zurück, er sei »zu umstritten«. Fünf Tage später wiederholte sich das gleiche in Regensburg: Die HSS sprang von einer gemeinsamen Veranstaltung mit dem RCDS in Regensburg ab.

Im Mai 1999 interpretierte die Wehrbeauftragte des Deutschen Bundestags, Frau Claire Marienfeld, das Vortragsverbot noch einmal, losgelöst von Baggers Illoyalitätsvorwurf, im Zusammenhang mit der W-10-Frage. Sie schloß sich der damaligen Auffassung des Ministers Scharping an, daß die von Schultze-Rhonhof öffentlich vertretene Meinung zum Eid- und Treuebruch der Bundesrepublik Deutschland gegenüber ihren Soldaten, der sich aus den unglückseligen »Soldaten sind Mörder«-Urteilen des Bundesverfassungsgerichts ergibt, geeignet sei, der Legitimation der Bundeswehr und ihrem Ansehen in der Öffentlichkeit zu schaden. Auch beeinträchtigten, so Frau Marienfeld, seine Aussagen über den Traditionsbezug zur Wehrmacht das Ansehen der Bundeswehr. Wie Schultze-Rhonhof auf Nachfrage bestätigte, ist das Auftrittsverbot weiterhin in Kraft.[9]

5. Schlußfolgerungen

5.1. Unzureichend bedachte Äußerungen eines Beamten

Hans-Jürgen Doll, der in amtlicher Eigenschaft offenbar ohne Folgenabschätzung über Schultze-Rhonhof redete, hatte das JF-Interview anscheinend nicht gelesen. Sonst hätte er gewußt, daß der General a. D. den Rechtsradikalismus eindeutig verurteilte und am wenigsten in den Streitkräften zu sehen wünschte: »In der Bundeswehr gibt es bedauerlicherweise immer wieder einmal rechtsradikale Hornochsen, die bis heute nicht eingesehen haben, was Adolf Hitler dem deutschen und vielen anderen Völkern angetan hat.«[10] Es war also Schultze-Rhonhof, der sich gerade im Interview mit der JF für eine Institution der Bundesrepublik Deutschland stark gemacht hatte: die Bundeswehr. Wenn sich ein Verfassungsschutzbeamter überhaupt zu einer Bewertung des Schultze-Rhonhof-Interviews aufgefordert fühlt, hätte er ihn daher loben müssen. Zumindest in diesem Fall hat sich allerdings der Verfassungsschutz dem Trend von einigen Rechtsextremismusforschern angeschlossen, nicht zu prüfen, **was** jemand aussagt, sondern **wo** er dies tut. Auf diese Weise konstruieren linksgerichtete Forscher ein Brückenspektrum oder Scharnier zwischen Konservatismus und Rechtsextremismus, das sich bei genauer Prüfung der jeweiligen Inhalte schnell als wenig wissenschaftlicher Begriff, statt dessen als Schlagwort in den politischen Auseinandersetzungen entpuppt. Falls Doll das bloße Veröffentlichen bei angeblichen Rechtsextremisten als Beleg für Rechtsextremismus wertet, nähert er sich allerdings dem Standpunkt der Antifa, die all jene als Verbündete des Rechtsextremismus einschätzt, die sich nicht entschieden von »rechts« distanzieren und sich einer Zusammenarbeit mit den Linksextremisten verweigern. So behindert er einen Staatsbürger, der geschworen hatte, »Recht und Freiheit tapfer zu verteidigen« daran, seine Meinung, die in der Verfassung geschützt ist, zu äußern, **wo** er will. Dem Präsidenten des Verfassungsschutzes Baden-Württemberg Rannacher ist in diesem Sinne zuzustimmen, wenn er sagt, das bloße Interview mit der JF sei »kein Beleg für Rechtsradikalismus«.

Der Verfassungsschutz selbst ist zu äußerster Sorgfalt in seinen Einschätzungen aufgefordert – am besten sollte diese Behörde derartige Stellungnahmen unterlassen, soweit es nicht um die Abwendung von Hoch- oder Landesverrat und politisch motivierter Gewalt geht. Mit anderen Worten: Wo es um objektiv erkennbare Straftatsbestände geht und nicht um Gesinnungskontrolle. Sonst läuft der Verfassungsschutz Gefahr, ungewollt zum Stichwortgeber derjenigen Linksextremisten (autonome Antifa) zu werden, die Konservativen mit körperlicher Gewalt drohen oder Brandanschläge auf ihr Eigentum verüben (1999 richtete sich politisch motivierte Gewalt gegen CDU-Stände und CDU-Geschäftsstellen wegen der Unterschriftenaktion zur Frage des Staatsbürgerschaftsrechts). Jedenfalls hatte Dolls Aussage schwerwiegende Folgen für Schultze-Rhonhof, darunter Ausladungen und Auftrittsverbote.

Aus gutem Grund hat der Gesetzgeber der Verfassungsschutzbehörde enge Grenzen auferlegt, was die »Übermittlung von personenbezogenen Daten« betrifft. Das gilt auch für den Verfassungsschutz in Stuttgart. So heißt es im »Gesetz über den Verfassungsschutz in Baden-Württemberg« (LVSG) vom 22.10.1991 unter § 10, Abs. 4:

»Personenbezogene Daten dürfen an andere als öffentliche Stellen nicht übermittelt werden, es sei denn, daß dies zum Schutz der freiheitlichen demokratischen Grundordnung, des Bestandes oder der Sicherheit des Bundes oder eines Landes oder zur Abwehr sicherheitsgefährdender oder geheimdienstlicher Tätigkeiten für eine fremde Macht erforderlich ist und der Innenminister oder sein ständiger Vertreter die Zustimmung erteilt hat (...).«

»Die Übermittlung von Informationen (...) unterbleibt, wenn

1. für die übermittelnde Stelle erkennbar ist, daß unter Berücksichtigung der Art der Information und ihrer Erhebung die schutzwürdigen Interessen des Betroffenen das Allgemeininteresse an der Übermittlung überwiegen.« (§ 11 Abs. 1)

»Das Innenministerium und das Landesamt für Verfassungsschutz unterrichten die Öffentlichkeit periodisch oder aus gegebenem Anlaß im Einzelfall über Bestrebungen und Tätigkeiten nach § 3 Abs. 2. Dabei dürfen auch personenbezogene Daten bekanntgegeben werden, wenn die Bekanntgabe für das Verständnis des Zusammenhangs oder der Darstellung von Organisationen oder unorganisierten Gruppierungen erforderlich ist und die Informationsinteressen der Allgemeinheit das schutzwürdige Interesse der Betroffenen überwiegen.« (§ 12)

Da das Gespräch Schultze-Rhonhofs keineswegs gegen die »freiheitliche demokratische Grundordnung, den Bestand oder die Sicherheit des Bundes und ihrer Länder« gerichtet war, geschweige denn fremde Mächte begünstigte noch mit Gewaltanwendung zu tun hatte (dies alles ist in § 3 Abs. 2 näher ausgeführt), die Aussagen Dolls vor laufender Kamera aber Schultze-Rhonhofs publizistische Tätigkeit und seinen Ruf beeinträchtigten (es gibt ein »schutzwürdige[s] Interesse der Betroffenen« laut Gesetz), lassen sich die Aussagen des Verfassungsschutzbeamten in dem »Tagesthemen«-Beitrag mit Hilfe des Gesetzes nicht rechtfertigen.

5.2. Kritischer Journalismus

Mit dem erfolgreichen Marsch der Neuen Linken änderte sich das Selbstverständnis vieler Journalisten in Deutschland. Sahen sie sich bis in die 60er Jahre hinein mehrheitlich als neutrale Beobachter, die sich auf ihre berufsspezifischen Fähigkeiten Recherchieren (»Ist die Quelle glaubwürdig?«) und Informieren konzentrierten, entwickelten seitdem gerade auch Fernsehjournalisten darüber hinaus einen Drang, das Publikum auch zu belehren. Im vorliegenden Fall wollten Pfaff und Wickert in gesellschaftskritischer Manier vor der Macht der Rechten warnen, haben reichlich belanglose und daher vernachlässigbare »Junge Nationaldemokraten« zu Wort kommen lassen und in einen Zusammenhang mit zwei Generalen gebracht, die mit dieser Sache, dem vorgeblichen Unterwandern der Bundeswehr, nichts zu tun hatten, mit Apfel und Webenau auch nicht in Verbindung standen. Die wiedergegebenen Aussagen wurden für bare Münze genommen, vielleicht auch deshalb, weil sie in ein gewisses Schema paßten: Es drohe erhebliche Gefahr von jungen und alten Rechten, vielleicht sei von Generalen im allgemeinen nichts Gutes zu erwarten. Ein quellenkritischer anspruchsvoller Journalist hätte dafür gesorgt, daß die Aussagen der »Jungen Nationaldemokraten« zurechtgerückt werden: Denn »der Soldat muß die freiheitliche demokratische Grundordnung im Sinne des Grundgesetzes anerkennen und durch sein gesamtes Verhalten für ihre Erhaltung eintreten« (Soldatengesetz § 8). Mit der Einstellung der »Jungen Nationaldemokraten« zum politischen System der Bundesrepublik ist dies kaum zu vereinbaren. Wer als Berufssoldat zu seinem Eid steht, »der Bundesrepublik Deutschland treu zu dienen und das Recht und die Freiheit des deutschen Volkes tapfer zu verteidigen« (Soldatengesetz § 9), der dürfte zu einer Unterstützung der »rechtsradikalen Szene« ohnehin nicht fähig sein.

Wurde die Quellenkritik im Zusammenhang mit Rechtsextremismus zugunsten der Gesellschaftskritik vernachlässigt, weil die Journalisten eher links von der »Mitte« stehen, im Gegensatz zur Bevölkerungsmehrheit? Merkwürdig auch, daß in den politischen Fernsehmagazinen gerade die Behörden einer erheblichen Kritik ausgesetzt werden, während Pfaff und Wickert den Verfassungsschutzbeamten Doll von vornherein als glaubwürdige Quelle betrachteten. Wäre es

auch so gewesen, wenn Doll eine Persönlichkeit mit Linksradikalen in Verbindung gebracht hätte?
Immerhin stand Wickert zu seinem Fehler und berichtigte ihn.

5.3. Wo ist die Kameradschaft geblieben?

Mit Blick auf soldatische Tugenden ist es befremdend, wie schnell einige Generale ohne präzise Kenntnisse, wenn nicht gar wider besseres Wissen einen Kameraden fallenließen, um Gerüchten zu entgehen. Wäre es nicht besser gewesen, wenn sich der Generalinspekteur oder der Heeresinspekteur, sozusagen von Offizier zu Offizier, an General Schultze-Rhonhof gewandt hätten, um sich zu vergewissern, woran sie mit ihm sind? Und wäre es nicht einfach gewesen, einmal sein Interview oder auch sein Buch durchzulesen und erst anschließend zu urteilen?

Anmerkungen

1 N. N.: Keine Disziplinarmaßnahmen gegen General Schultze-Rhonhof. In: German News (www.mathematik.uni-ulm.de/germnews/1995/01/172200.html), 17.1.1995.
2 Gerd Schultze-Rhonhof: Wozu noch tapfer sein? Gräfelfing 1997.
3 Die Bundeswehr im Kreuzfeuer der Medien: Generalmajor a. D. Gerd Schultze-Rhonhof über die Notwendigkeit einer militärischen Traditionspflege. In: Junge Freiheit 1/1998 (2.1.1998), S. 4–6.
4 Soweit nicht anders angegeben, stammen die Daten aus den Aufzeichnungen Schultze-Rhonhofs, die er Joachim Schäfer (Bund der Selbständigen NRW – Arbeitsgemeinschaft der Freien Publizisten, Journalisten und Historiker »Stimme der Mehrheit«) und mir freundlicherweise zur Verfügung stellte.
5 Ein Blick in die Programmatik der entschiedenen Rechten und der Rechtsextremisten lehrt, daß sie sich gerade den Liberalismus zum Hauptfeind erklärt haben. Schon aus diesem Grund kann Schultze-Rhonhof nicht mit derartigen Gruppen kooperieren.
6 Wehrisch holte die Veranstaltung nach Angaben Schultze-Rhonhofs gegenüber dem Verfasser am 28.4.1998 nach, bezeichnenderweise aber in einem zivilen Saal.
7 Baggers Worte passen in den Zusammenhang seines Kampfes gegen vermeintlichen Rechtsextremismus: »Einige Soldaten klagen spätestens

seit dem Bekanntwerden der Roeder-Affäre und der Anweisung von Generalinspekteur Hartmut Bagger, alle rechtsextremen Vorfälle zu melden, über ein ›Klima der Denunziation‹. Ein Soldat der Elitekampftruppe Kommando Spezialkräfte (KSK) berichtete mir von durchgeführten Razzien, bei denen auch vor dem privaten Bereich der Soldaten nicht haltgemacht wurde. In einer der Militärzeitschriften, die vom Verteidigungsministerium herausgegeben werden, wird genau beschrieben, welche Vorgänge wie disziplinarisch und juristisch zu handhaben sind. Mit autoritär-repressiven Mitteln wird von der Bundeswehrführung versucht, offensichtlich rechtsextremes Verhalten von Soldaten zu unterbinden« (Tobias Pflüger: Militärische Braunzone, die neue Bundeswehr unter Generalverdacht! In: FriedensForum 7/98, http://Friedenskooperative.de/ff/ff98/7–14.htm).

8 Vgl. Wilfried Böhm: Absurdes Theater. In: Das Ostpreußenblatt, Jg. 49 (1998), Nr. 12, S. 1 f.

9 Schultze-Rhonhof am 8.8.1999 gegenüber dem Verfasser.

10 Schultze-Rhonhof-Interview in der JF, a.a.O., hier S. 4.

Verfassungsschutz in der Zukunft: Erweiterung der Aufgaben dank neuer Feinde?

Martin Hohmann / Gunnar Digutsch

Was kann und was darf der Verfassungsschutz bei der Bekämpfung der organisierten Kriminalität leisten?

Einleitung

In den letzten zehn Jahren sind erhebliche Veränderungen eingetreten. Globalisierung ist nicht mehr nur ein Schlagwort, sondern auf vielen Gebieten Realität geworden. Weltwirtschaft, Tourismus, Kultur, Telekommunikation und weltweites Datennetz haben internationale Kriminalitätsverflechtung als Nebeneffekt hervorgebracht. Das Ende der kommunistischen Herrschaft bietet nach wie vor erhebliche wirtschaftliche Möglichkeiten für kriminelle Organisationen von beiden Seiten des ehemaligen Eisernen Vorhangs.[1] Hinzu tritt die europäische Integration West- und Mitteleuropas, die Reisen und Transporte von Kiel oder Frankfurt an der Oder über die Beneluxstaaten, Frankreich und Spanien bis an die portugiesische Algarve oder bis in die Ägäis möglich macht. Die jeweilige Gegenküste ist dann oft nur noch einen Katzensprung entfernt, und Immigration aus aller Welt trägt ausländische Verbrechensstrukturen in den EU-Rechtsraum hinein.[2] Hier beobachten die nationalen Polizeibehörden ihren nationalen Bereich und leisten in der Regel ordentliche Arbeit. Andererseits werden gerade in bestimmten Deliktsbereichen keine optimalen Ergebnisse erreicht: »Kriminelle Strukturen haben sich dauerhaft etabliert. Sie bilden zunehmend Brückenköpfe in den legalen Abschnitten von Wirtschaft und Gesellschaft. Kriminelle Gruppierungen verfügen über große Kapitalmengen. Es ist ein beunruhigendes Bedrohungspotential entstanden. Seine besondere Brisanz wird durch wachsende Korrumpierbarkeit verursacht. Allein mit deliktsbezogener klassischer Strafverfolgung wird man die Lage nicht bewältigen können.«[3]

In der Diskussion um die nationale Bekämpfung der organisierten Kriminalität ist die Idee des Einsatzes von bereits vorhandenen nachrichtendienstlichen Strukturen der Länder und des Bundes immer wieder aufgekeimt. Streit gab es in diesem Zusammenhang meist um die Definition der organisierten Kriminalität und die verfassungsrechtliche Zuständigkeitsabgrenzung von Polizei und Geheimdiensten.

Das Problem der präzisen Definition der organisierten Kriminalität

Grundlage jeder Diskussion eines Sachverhalts muß die begriffliche Klarheit sein. Bei der organisierten Kriminalität (OK) wird immer wieder kritisiert, daß die inflationäre Verwendung des Begriffes »OK« den Terminus zur Begriffshülse verkommen lasse. Selbst Stimmen aus der Polizei gingen so weit zu sagen, daß das von der OK gezeichnete Lagebild eine Imagination sei, erzeugt, um neue Eingriffsbefugnisse zu rechtfertigen.[4] Besonders das Fehlen einer präzisen Abgrenzung zu herkömmlichen kollektiven Deliktsformen erschwert die Verständigung[5] von Befürwortern und Gegnern des Einsatzes von Nachrichtendiensten gegen organisierte Kriminalität. Zumindest ergeben die Lagebilder OK nur ein recht ungenaues Bild aus erkannter und unerkannter, angezeigter und verfolgter oder lediglich registrierter Kriminalität in unterschiedlicher Form und Schwere. Die Lagebilder sind dabei vor allem bestimmt von den personellen und materiellen Möglichkeiten der Kriminalitätsbekämpfung und dem Bild, das in der Öffentlichkeit vermittelt wird. Dieses Gemisch aus Fakten, Hypothesen, Nichtwissen und Nichtwissenwollen einerseits und dem subjektiven Empfinden andererseits kann nur unzureichend durch Tabellen, Prozente, zahlenmäßige Auf- und Abschwünge beschrieben werden.[6]
Organisiert handelnde Straftäter operieren – im Gegensatz zu ihren Gegenspielern – ohne jede Bindung an Recht über nationale Hoheitsgrenzen hinweg, verfeinern beständig ihre Methoden, kaufen oder eignen sich fortwährend technisches,

kaufmännisches und juristisches Know-how an und halten so in der Regel kontrolliert und systematisch den Vorsprung vor den jeweiligen Ermittlungsbehörden. OK entzieht sich selbst der einfachen Beschreibung, da in Deutschland nicht nur eine tragfähige Legaldefinition für organisierte Kriminalität fehlt, sondern auch der diffuse Charakter des Deliktbereichs offensichtlich ist. Die OK hat zum einen den »klassischen« Deliktsbereich der ihr zugeschriebenen Verbrechensbereiche längst verlassen[7], zum anderen bietet die Mediengesellschaft der inflationären Verwendung des Begriffs ein weites Feld, weil sich alles besser vermarkten läßt, sobald Enthüllungen im Bereich der OK thematisiert werden. Es war wohl auch der legislative Schneckenritt der 80er Jahre, der selbst Angehörige der Polizeibehörden dazu veranlaßte, in Einzelfällen auch unter Verletzung von Amts- und Dienstpflichten, das Thema OK verstärkt in die Öffentlichkeit zu befördern.[8] Eine problematische Folge davon ist, daß in der Öffentlichkeit oft nur noch als gefährlich gilt, was unter der Bezeichnung OK läuft. Wenn alles Lästige mit dem Zusatz Mafia belegt wird (Zigarettenmafia, Russenmafia, Kunst-, Musiker- oder Literaturmafia), so wird der Klagegesang über eine Mafia zum Lied der Erfolglosen.[9] Die Behauptung, es handle sich lediglich um ein Phantom, das polizeiliche Aufrüstungsbedürfnisse befriedigen soll[10], ist jedoch ebenso dumm wie gefährlich. Es ist die Pflicht der Polizei, darauf hinzuweisen und die Gesellschaft – die sie schützen soll – vor den Gefahren zu warnen, die durch Mobilität und Migration der Kulturen über Grenzen hinweg ineinandergreifen. Schon jetzt sind die Einflüsse der osteuropäischen oder italienischen OK auf die Kriminalitätslage in Deutschland nicht zu übersehen. Im Zeitalter des freien Reisens und der Globalisierung der Waren- und Dienstleistungsströme bleibt die OK ebenfalls nicht geographisch, deliktisch, ethnisch oder soziokulturell begrenzt. Sie wächst wie ihr Wegbereiter Korruption progressiv in lebenswichtige Bereiche der Gesellschaft hinein. Nicht ein bestimmtes Delikt oder eine Reihe von Straftaten, sondern die Existenz von Netzwerken, dauerhaften personalen Beziehungen sowie besondere Umstände der Tatplanung, -ausführung und Beuteverwertung, Vorgehensmuster wie – insbesondere merkantile – Professionalität, Konspiration, Einschüchterung, Korruption und Arbeitsteiligkeit kennzeichnen das Vorgehen von OK. Das kann nur in den seltensten Fällen durch zumeist langwierige Ermittlungen aufgedeckt werden. Der größere, unbestimmbare Anteil von OK-Straftätern verbleibt im Dunkel.[11] Damit ergibt sich fast automatisch ein Zielproblem. Staatsanwaltschaften und Gerichte haben ihre Erkenntnisperspektiven nicht konsequent auf die fallübergreifende Zerschlagung krimineller Netzwerke ausgerichtet. Ihnen geht es vielmehr um justitiable Einzelfälle[12], weil es dem Strafrecht auch um Gerechtigkeit und nicht um Beeinflussung der Kriminalitätsentwicklung gehen muß.[13] Um aber kriminelle Gesamtstrukturen erkennen zu können, ist eine verbesserte Zusammenarbeit zwischen Staatsanwaltschaft, Polizei, Justiz, Zollfahndung und mit entsprechenden Aufgabenzuweisungen versehenen Nachrichtendiensten notwendig. Hier liefert das Fehlen einer Legaldefinition für OK gelegentlich die Begründung für zögerliches gesetzgeberisches und kriminalstrategisches Handeln. Die von Polizei und Justiz 1990 vereinbarte Arbeitsdefinition[14] leidet an ihrem erheblichen Umfang. Zwar erfüllt sie vorläufig die Aufgabe der Konsensbildung in den beteiligten Strafverfolgungsbehörden, sie weist aber Schwachstellen auf, weil sie ebenso unscharf wie variationsreich formuliert ist:[15] bei den Merkmalen der »Nutzung gewerblicher oder geschäftsähnlicher Strukturen« etwa oder konturlosen Begriffen wie »Einflußnahme«.[16] Eine Abgrenzung zu anderen kollektiven Deliktsformen erscheint notwendig. Was sollte nun aber in eine Definition einfließen, wie sollen Strukturen fremder Kulturen in unsere Denkmuster übersetzt werden? Bernhard Falk, Vizepräsident des BKA, faßte die Literaturmeinungen dazu wie folgt hilfreich zusammen:

- Der dauerhafte Zusammenschluß einer Personenmehrheit; ob sie hierarchisch gegliedert sein muß, wird unterschiedlich bewertet.

- Die Begehung schwerer Straftaten.
- Die Befriedigung einer (massenhaften) Nachfrage nach (illegalen) Gütern und Dienstleistungen.
- Die systematische Abschirmung vor Strafverfolgung.
- Der methodische Einsatz von Gewalt bzw. Einschüchterung.
- Der Versuch der Einflußnahme auf Staat und/oder Wirtschaft.

Diese Merkmale finden sich auch in der Arbeitsdefinition. Falk regt darüber hinaus an, die OK stärker als ungesetzliche Ausformung der Wirtschaft zu sehen. So seien die Kernvorschriften des US-Strafrechts zur OK-Bekämpfung[17] vor allem gegen drei Verhaltensweisen gerichtet: die Investition illegal erzielter Gewinne in ein Unternehmen, die Übernahme oder Kontrolle eines Unternehmens durch Begehen von Straftaten und das Betreiben eines Unternehmens durch die Begehung von Straftaten. Die Mafia-Definition im italienischen Strafrecht stellt darauf ab, daß eine Personenvereinigung darauf gerichtet ist, die unmittelbare oder mittelbare Führung oder Kontrolle über wirtschaftliche Betätigungen, Konzessionen, Genehmigungen, Ausschreibungen oder öffentliche Dienstleistungsunternehmen zu erwerben oder Gewinne oder rechtswidrige Vorteile für sich und andere zu erlangen.

Hier erscheint weitere Arbeit angeraten, denn zu glauben, daß gerade die deutsche Gesellschaft moralisch gegen die Gefahr der individuellen und sozialen Zersetzung durch die OK gefeit ist, verkennt jede Realität. Auch die Beschwörung preußischer Tugenden hilft nicht, wenn preußische Entschlossenheit zum Handeln fehlt.[18] Verhinderungsrezepte, die erst dann zur Anwendung kommen, wenn Schattenwirtschaft und Parallelgesellschaften ihren Einfluß auf Staatslenkung und Verwaltung etabliert haben, kommen in der Regel zu spät.[19]

Eine griffige Legaldefinition könnte die Arbeit erheblich erleichtern, ersetzt aber nicht die erforderliche Entschlossenheit. Es stellt sich nun die Frage, ob der Verfassungsschutz an der Seite der Polizei eingreifen darf oder nicht.

Zulässigkeit des Einsatzes von Verfassungsschutz gegen organisierte Kriminalität

Trennungsgebot

Wenige Tage vor der Verkündung des Grundgesetzes erlaubten die alliierten Militärgouverneure durch ihren »Polizeibrief«[20] vom 14. April 1949 die Schaffung eines Nachrichtendienstes zum Schutz der Verfassung. Dieser sollte keine Polizeibefugnisse haben. Vorbild war der britische MI 5, wobei Amerikaner und Franzosen zu dieser Zeit ganz selbstverständlich über staatspolizeiliche Inlandsdienste verfügten. So ist das Trennungsgebot dann wohl auch weniger aus Demokratiegesichtspunkten, sondern mehr aus einem Mißtrauen gegen starke deutsche Zentralbehörden heraus zu sehen. Im deutschen Grundgesetz taucht das Trennungsgebot dann auch nicht auf, wohl aber im Bundesverfassungsschutzgesetz von 1950.[21] Es schließt für das Bundesamt für Verfassungsschutz polizeiliche Befugnisse und den Anschluß an eine polizeiliche Dienststelle aus. Dies nimmt auch das Bundesverfassungsschutzgesetz von 1990 wieder auf.[22]

Gerade diese Nichtaufnahme in das Grundgesetz aber wirft die Frage auf, ob dem Trennungsgebot verfassungsrechtliche Qualität zukommt. Als Beleg für das Trennungsgebot werden das Genehmigungsschreiben der Militärgouverneure zum GG vom 12. Mai 1949 und Kontrollratsgesetz Nr. 31 vom 1. Juli 1946 genannt.[23] Postulat ist hier ein überkonstitutionelles, fortgeltendes Besatzungsrecht.

Dem Verfassungsrang des Trennungsgebots aus vor- und überkonstitutionellem Besatzungsrecht steht aber entgegen:

1. Fehlen von Verfassungsrecht außerhalb des GG. Es gibt keine Verfassungsrechtsquelle »Polizeibrief«.
2. Selbst wenn, so ist ein das GG verdrängendes Besatzungsrecht mit Erlangung der vollen Souveränität Deutschlands erloschen.[24]

Weiter könnte Art. 87 Absatz 1 Satz 2 GG ein verfassungsrechtliches Trennungsgebot begründen. Zwar gibt die plurale

Formulierung »Zentralstellen für ...« den Auftrag zur Schaffung organisatorisch getrennter Stellen für die verschiedenen Aufgaben, hier jedoch ein Trennungsgebot herauszulesen, überdehnt die Funktion des Art. 87 GG, der in der Systematik einen Rahmen für Bundestätigkeit auf originär den Ländern zukommenden Feldern schaffen soll.[25] So bleibt letztlich nur die einschränkende Formulierung der »Sammlung von Unterlagen«, die die von den Besatzungsmächten befohlene Trennung zumindest aufgreift[26] und eine verfassungsrechtliche Rechtfertigung zur Geheimhaltung der Unterlagen bieten soll.[27] Die Formulierung selbst gibt nicht sehr viel her, und auch »der abschließende Charakter des Art. 87 Absatz 1 Satz 2 GG leuchtet aus dem Text des GG nicht deutlich hervor«.[28] Wenn dem Trennungsgebot in der Bundesrepublik dennoch ein Verfassungsrang zugesprochen würde, könnte der Gesetzgeber dies nicht einfachrechtlich ändern.[29] Eine von den Besatzungsmächten vorgeschriebene Trennung, die zu »verwirklichen«[30] ist, geht aber falsch vom Fortbestehen eines gültigen Besatzungsbefehls aus. Somit kann ein unzweideutiges Trennungsgebot nicht aus dem Grundgesetz herausgelesen werden. Auch die Praxis in anderen westlichen rechtsstaatlichen Demokratien zeigt, daß ein Trennungsgebot nicht zum grundlegenden demokratischen Rechtsstandard gehört.
Selbst wenn man ein Trennungsgebot unterstellt, erhebt sich die Frage, ob dies den Einsatz des Verfassungsschutzes gegen die organisierte Kriminalität als solchen verbietet, wie es die Gewerkschaft der Polizei noch im August 1999 behauptet.[31] Bedeutet der Einsatz des Verfassungsschutzes auch gegen die OK unweigerlich seine Mutation zur Geheimpolizei wie jüngst der hessische Landtagsabgeordnete Tarek Al-Wazir (Bü 90/Grü) behauptete?[32]

Verfassungsschutz und Polizei

Im Sinne des Trennungsgebots und aufgrund der Ermächtigungsgrundlage durch das Verfassungsschutzgesetz darf der Verfassungsschutz keine polizeilichen Befugnisse wahrnehmen. Polizei und Verfassungsschutz müssen zudem beim Austausch von Informationen die Datenschutzvorschriften beachten.[33] Um verbesserte Aufklärungsergebnisse zu erzielen, müßte es also zu einer systematischen, konzeptionell entwickelten Kooperation von Verfassungsschutz und Polizei kommen. Dabei kann es nicht Ziel sein, die polizeilichen Ermittlungen durch die Aufklärungsarbeit des Verfassungsschutzes zurückzudrängen. Gerade weil die nachrichtendienstlichen und polizeilichen Befugnisse nicht verschmolzen werden, kann es nur zu einer Ergänzung einer Funktion durch die andere kommen, genauer zur Ergänzung der polizeilichen und justitiellen Ermittlungen durch die strukturanalytischen und Frühwarnelemente, die ein Nachrichtendienst bereitstellen kann.

Der Nachrichtendienst kann dort, wo erste Anhaltspunkte für Strukturen organisierter Kriminalität sprechen, die sich aber noch nicht zu einem strafrechtlich relevanten Verdacht verdichtet haben, mit langem Atem Verdachtgewinnungsstrategien verfolgen. Sobald der Verdichtungsprozeß so weit fortgeschritten ist, daß ein justitielles Ermittlungsverfahren begonnen werden kann oder wenn die Voraussetzungen eines speziell strafprozessualen Instruments wie der Kontrolle nach § 100a StPO vorliegen oder kein wesentlich tieferes Eindringen in die Organisation mit nachrichtendienstlichen Mitteln mehr möglich erscheint, müßte der Verfassungsschutz das Aufklärungsprojekt an Staatsanwaltschaft und Polizei abgeben. Dies wäre verbunden mit der Option der umgekehrten Abgabe oder Rückgabe eines Falles von der Polizei an den Geheimdienst, wenn die ersten Ermittlungsmaßnahmen der Polizei nicht den erhofften Erfolg zeitigen und für eine weitere langfristige Beobachtung der Polizei die rechtlichen, materiellen und personellen[34] Möglichkeiten fehlen.[35] Ziel muß die Erzeugung von Synergieeffekten sein. Die Zusammenarbeit gegen einen gefährlichen Gegner und nicht die Streitigkeit um Kompetenzen sollte im Vordergrund stehen.

Diese Zusammenarbeit ist natürlich auch nicht der einzige Vorteil übergreifender Zusammenarbeit, der im Bereich des

Möglichen ist. Der europäische Rat von Tampere am 15./16. Oktober 1999 hat die Entwicklung von Europol weiter vorangebracht. Die Aufgaben, die in der Europol-Konvention 1995 festgelegt wurden, umfassen eine Reihe von Betätigungsfeldern der OK.[36] Europol hat im Juli seine Arbeit teilweise aufgenommen und soll 2003 seine Personalstärke von 350 Mitarbeitern erreichen. Europol wird die polizeiliche Komponente im internationalen Bereich, im Bereich der strategischen Kriminalitätsanalyse und des Informations- und Datenaustausches stärken. Unter Fachleuten ist die Zusammenarbeit und die Weitergabe von Daten nicht unumstritten, wo – wie in Rußland – Verflechtungen zwischen der OK und dem staatlichen Machtapparat nicht auszuschließen sind.[37]
So bleibt festzuhalten, daß das Trennungsgebot die Hilfestellung der nachrichtendienstlichen Komponente des Verfassungsschutzes für die Polizei nicht verbietet. Gerade unter Einbeziehung der europäischen Polizeistrukturen und Erfahrungen in anderen europäischen Ländern[38] ist ein Abdriften zu einer »Geheimpolizei« nicht zu befürchten.

Verfassungsschutz und seine Begrenzung auf das Politische

Hier wurde vor allem aus der SPD die Auffassung vertreten, daß die organisierte Kriminalität kriminelle Bereicherungsabsichten und nicht die Beeinträchtigung des politischen Systems zum Hauptzweck habe.[39] Selbst wenn es gelänge, Beamte oder Richter zu bestechen, und selbst wenn dies geeignet sei, die Funktionsfähigkeit von Einrichtungen des Bundes oder Landes erheblich zu beeinträchtigen, sei damit noch keine politische Zielsetzung gegeben.[40] Es ist aber doch wohl sehr fragwürdig, die Beeinträchtigung des politischen Systems als Nebenprodukt hinzunehmen, wenn nach der kaum behinderten verbrecherischen Tätigkeit unter den Augen der Exekutive und der Justiz nun der Übergriff auf alle Teile des demokratisch legitimierten Staates erfolgt. Organisierte Kriminalität zielt in letzter Konsequenz auf die Lähmung oder gar

Instrumentalisierung der staatlichen Ordnung dort, wo sie ihr im eigenen Operationsgebiet in die Quere kommt. Das Gewinnstreben dieser Kriminalitätsform ist auf den Einsatz aller Mittel von der Gewalt bis zur Bestechung oder Erpressung der Träger staatlicher Verantwortung in Justiz, Politik und Verwaltung ausgerichtet. Organisierte Kriminalität ist damit zwangsläufig auch auf Machtausübung ausgerichtet. In den eigenen Strukturen zum Erfolg verurteilt, muß sie in immer stärkerem Ausmaß die gesellschaftlichen und politisch relevanten Positionen untergraben und/oder besetzen.[41]

Ist die Phase der Bereicherungsabsicht mit dem staatlichen Gewaltmonopol schon nicht vereinbar, so verkommt der Rechtsstaat zur hohlen Phrase überall dort, wo der Staat nicht mehr als solcher handelt, sondern passiv oder aktiv zum Handlanger verbrecherischen Handelns wird. Von anderer Seite wird argumentiert, daß die OK zwar die im Grundgesetz konkretisierten Menschenrechte (z. B. Leib und Leben, Freiheit und Eigentum) gezielt verletze oder bedrohe, dies aber keine Gefährdung der freiheitlichen demokratischen Grundordnung bedeute.[42] Sobald jedoch die Verbrechersyndikate wie in Italien oder der Russischen Föderation den Glauben in der Bevölkerung verfestigen können, sie seien in der Lage, jeden Beliebigen zu töten, ist die Gewinnausrichtung im Bezug auf die freiheitlich demokratische Grundordnung zweitrangig. Hier nur einen quantitativen Unterschied, aber keinen qualitativen Sprung gegenüber sonstigen Kriminalitätsformen sehen zu wollen[43], ist extrem unsensibel.

Die Entwicklung in Nachbarländern zeigt deutlich, daß organisierte Kriminalität in der Regel versucht, Einfluß auf die Politik zu gewinnen. Belgien, Großbritannien, Holland und Italien sehen die Bekämpfung der organisierten Kriminalität deshalb schon heute als Aufgabe der Nachrichtendienste.[44]

Die Nachrichtendienste unserer Nachbarländer haben insofern in Deutschland z. Zt. keinen Ansprechpartner. Mit der deutschen Polizei können sie nur schwer zusammenarbeiten, denn wenn Polizei und Justiz dabei von Straftaten erführen, müßten sie diese – anders als der Verfassungsschutz – verfol-

gen[45], bis hin zur Aufdeckung der durch die befreundeten Dienste mühsam geschaffenen Verbindungen.[46] Eine Prüfung im Auftrag der Innenministerkonferenz vom Herbst 1998 konkretisierte dies dahingehend, daß den Sicherheitsbehörden Erkenntnisse über die Täter und die Strukturen organisierter Kriminalität regelmäßig verlorengehen. So geben Nachrichtendienste aus anderen Ländern Tips an die Verfassungsschützer weiter, die diese nicht an die Polizei weiterreichen dürfen. Verfassungsschutzbehörden erhalten bei der Beobachtung von politischen Tätern Informationen über andere Straftaten, dürfen ihnen aber nicht nachgehen. Oder sie geben die Hinweise an die Polizei weiter und gefährden dadurch möglicherweise ihre Quellen.[47]
Diese Grundüberlegungen sind auch der Ansatz, mit dem Bund und Länder den Einsatz des Verfassungsschutzes gegen die organisierte Kriminalität ins Auge gefaßt haben, allerdings ohne bisher zu einer in sich schlüssigen Konzeption gelangt zu sein.

Uneinheitliche Rechtslage in der Bundesrepublik und in den Ländern

Mit dem Regierungswechsel in Hessen haben sich nicht nur personelle Veränderungen an der Spitze des dortigen Verfassungsschutzes[48] ergeben, sondern ist ein Tendenzwechsel in der Frage des Einsatzes des Verfassungsschutzes gegen die organisierte Kriminalität eingetreten. Bis dahin hatte allein Bayern entgegen der allenthalben geäußerten Bedenken knapp 40 seiner über 400 Verfassungsschützer[49] gegen die organisierte Kriminalität eingesetzt[50] und damit gute Erfahrungen gemacht.[51] Nun drängte der neue hessische Innenminister, Volker Bouffier (CDU)[52], auf der Innenministerkonferenz am 10. und 11. Juni 1999 auf ein bundeseinheitliches Vorgehen der Länder. Hessen hat bereits im Vorfeld den Einsatz seines in den letzten Jahren personell stark ausgedünnten Verfassungsschutzes auf dem Operationsgebiet OK für das Jahr 2000 angekündigt.[53] Hingegen hatte Rupert von Plottnitz (Bü 90/Grü),

der frühere hessische Justizminister, bereits seine Auflösung gefordert. Auf der Konferenz kamen nach den Worten des sächsischen Innenministers, Klaus Hardraht (CDU), alle Innenminister dahingehend überein, daß »wir insbesondere die international angelegte organisierte Kriminalität mit allen Mitteln bekämpfen müssen, die wir legal einsetzen können«.[54] Dennoch könnten die Innenminister hier zu keiner bundeseinheitlichen Lösung kommen, da jedes Bundesland die jeweilige Landesverfassung und Rechtsprechung der einzelnen Verfassungsgerichte berücksichtigen müsse, so Hardraht.[55]
Wenig später machte der nordrhein-westfälische Innenminister und Sprecher für die SPD-regierten Bundesländer, Fritz Behrens (SPD), deutlich, wo die tatsächlich ideologische Bruchlinie verläuft: Die Siegermächte des Zweiten Weltkrieges hätten aus gutem Grund den Deutschen die Trennung von Polizei und Verfassungsschutz auferlegt. Daß Franzosen dies nicht so eng sähen oder die Amerikaner mit dem erfolgreich operierenden Federal Bureau of Investigations (FBI) die Trennung zwischen Polizei und Geheimdienst gar nicht kennen, sei kein taugliches Argument, weil andere Länder andere Rechtssysteme hätten.[56] Rückendeckung erfährt er in dieser Frage von Staatssekretär Claus-Henning Schaper (SPD) beim Bundesminister des Inneren.
Andererseits wird es wohl die besondere Gefährdungslage gegenüber russischer und asiatischer OK sein, die Brandenburg und Berlin dazu bewogen hat, ihre Geheimdienste in den Kampf gegen die organisierte Kriminalität einzuschalten[57] und so die Phalanx der Länder nach Parteiausrichtung zu durchbrechen.

Politische Frontstellungen

Die Diskussion ist jahrelang ideologisch geführt worden.[58] Es war Bundesinnenminister Manfred Kanther (CDU), der den aufwachsenden Strukturen der organisierten Kriminalität auch mit dem Verfassungsschutz zu Leibe rücken wollte. Einer der erbittertsten Gegner war der liberale Abgeordnete

Burkhard Hirsch (FDP), der Kriminalitätsbekämpfung nicht in die Hände von »unausgelasteten Verfassungsschützern« gegeben wissen wollte und das Argument der »Fachleute« bemühte, die die Kriminalität bekämpfen sollten. Während der frühere Verfassungsschutzpräsident Eckart Werthebach für eine Beobachtung von Straftätern bereits im Vorfeld[59] strafbarer Handlungen und die Weitergabe dieser Informationen an die Polizei plädierte[60], spottete der liberale Hirsch, man könne die Grenze dort nicht mehr ziehen, das Vorfeld beginne mit der Geburt.[61] Das ist natürlich falsch, denn auch ein Anfangsverdacht bedarf konkreter Hinweise auf eine beabsichtigte Straftat. So traf dann auch die Aussage der Abgeordneten Leutheusser-Schnarrenberger (FDP) in der Debatte zur Änderung von Art. 13 GG auf offenen Widerspruch in Fachkreisen.[62] Sie meinte zur Bekämpfung der organisierten Kriminalität und zur Geldwäschebekämpfung werde jetzt deutlich, daß es überhaupt nicht die Gangster, sondern »allenfalls unter der Unschuldsvermutung stehende Beschuldigte sind, die Zielpersonen des Lauschangriffs werden können – Beschuldigte, die zudem nicht unter dringendem Tatverdacht, sondern lediglich unter Anfangsverdacht stehen müssen, eine Straftat begangen zu haben«.[63]

Es gab aber auch Beispiele von guter politischer Zusammenarbeit, als es etwa Manfred Kanther 1997 gelang, über eine Arbeitsgruppe aus Mitgliedern der Bundesregierung, Bundestagsabgeordneten von CDU, FDP und SPD sowie den Vertretern SPD-geführter Länder zu einer Durchsetzung des Entwurfs eines Gesetzes zur Verhütung sowie Verfolgung organisierter Kriminalität und zur steuerlichen Erfassung der Gewinne aus schweren Straftaten (OKVStG) zu gelangen.[64] Auch wenn dieser Kompromiß – wie der zur akustischen Wohnraumüberwachung – mancherorts als unausgegoren[65] oder gar als Rückschritt gewertet wurde, zeigt er doch folgendes: Es »entstand eine gemeinsame Überzeugung darüber, daß die OK eine beunruhigend große Bedrohungsqualität gewonnen hat und daß endlich wirksame Maßnahmen ergriffen werden müssen«.[66]

Dies bedeutete allerdings keine Hinwendung zu einem Einsatz auch der Nachrichtendienste gegen diese Bedrohung. So forderten die Sozialdemokraten schon seit längerem die grundsätzliche Reform der Verfassungsschutzbehörden. Willfried Penner (SPD) vertrat etwa die Auffassung, daß mit dem Stichwort Bedrohung nicht mehr viel anzufangen sei und es nicht lohne, etwa die letzten Reste der Deutschen Kommunistischen Partei noch länger vom Verfassungsschutz beobachten zu lassen.[67] Diese Einschätzung zeigt deutlich, wie schnell sich auch der fachkundige Beobachter in der Bewertung etwa dessen irren kann, was die letzten Reste der kommunistischen Partei in Deutschland betrifft.

Fritz Behrens, Sprecher der SPD-regierten Bundesländer, bedauerte das Ausscheiden Bayerns aus dem rechtlichen Grundkonsens und forderte, daß die Sonderauflagen für Deutschland wie zur Besatzungszeit weiter Anwendung finden müßten: »Für jeden Fall in Bayern, in dem der Verfassungsschutz angeblich hilfreich war, liefern meine Polizei-Experten ein Gegenbeispiel, bei dem sie das Problem allein lösen konnten.«[68] Die so behauptete »Null-Lücke« ist bestes Beispiel für eine Verweigerung der Möglichkeit von Synergieeffekten. Es ist natürlich keine Schwierigkeit, zu beweisen, daß etwa Erfolge des FBI auch von »einfachen« Streifenpolizisten zuwege gebracht worden sind – und sei es durch die Mithilfe von Kommissar Zufall.

Es ist politisch grundsätzlich nicht verwunderlich, daß die bisherigen alleinigen Träger einer Kompetenz diese nicht kampflos aufgeben.[69] Durch die Prüfung der Länder herausgefordert, erklärte der Bundesvorsitzende der Gewerkschaft der Polizei, Norberth Spinrath, daß die Bekämpfung der Kriminalität Sache der Polizei und nicht der Geheimdienste sei. Eine Vermischung der Aufgaben schade dem Rechtsstaat.[70] Hauptargument ist auch hier die Erfahrung des Dritten Reiches, die eine im Grundgesetz vorgeschriebene Trennung zwischen Polizei und Nachrichtendiensten zur Folge habe.[71] Hier kommen einzelne Autoren zu dem Schluß, daß nicht die Schaffung neuer Eingriffsbefugnisse, sondern der sinnvolle

Einsatz und die Evaluierung der vorhandenen Möglichkeiten erforderlich seien.[72] Das scheint jedoch gerade in bezug auf international verbrecherisch operierende Machtstrukturen eine blauäugige Sichtweise zu sein.[73]
Ein anderes Argument führt an, daß die Aktivitäten krimineller Organisationen bei fehlender Zuständigkeit des Bundesamtes für Verfassungsschutz nicht unaufgeklärt blieben: Diese Aufgabe werde nur von einer anderen Behörde, der Polizei der Länder, wahrgenommen.[74] Das überzeugt insofern nicht mehr, als daß die Ergebnisse bei der Bekämpfung der OK immer noch als mangelhaft bewertet werden und die Länder selbst beginnen, ihren jeweiligen Verfassungsschutz einzusetzen. Zumindest eine parallele Kompetenz wäre damit eröffnet.

Praktischer Nutzen von Verfassungsschutz gegenüber OK?

Wie oben dargestellt, ist die organisierte Kriminalität weitgehend arbeitsteilig in wirtschaftlichen Strukturen organisiert. Dabei sind die Personen in der Regel beliebig austauschbar.[75]
In diesem Umfeld können gutplazierte V-Leute oder verdeckte Ermittler den Strafverfolgungsbehörden Erkenntnisse liefern, mit deren Hilfe die oberen Führungsetagen der organisierten Kriminalität und ihre Strukturen enttarnt und zerschlagen werden können.[76]
Mit Erfolg wird dieser Ansatz in den Vereinigten Staaten seit Anfang der 80er Jahre vom FBI mit seiner starken nachrichtendienstlichen Komponente verfolgt.[77]
Wie sieht jedoch die deutsche Wirklichkeit aus im Einsatz des Verfassungsschutzes gegen die organisierte Kriminalität? Manche Polizisten äußern sich abfällig mit Spott, daß sehr selten Hinweise vom Verfassungsschutz eingingen, die sie selbst nicht hatten und mit denen sie etwas anfangen könnten.[78] Immer wieder mit dem Hinweis versehen, daß das Gegenüber der DDR ja viel effektiver gewesen sei. Gerade 0,2 bis 2,7 Prozent aller Ermittlungsverfahren seien in Deutsch-

land bis 1993 aufgrund der Hinweise der Geheimdienste eingeleitet worden.[79] Hier zeigt sich deutlich ein Konkurrenzdenken, bei dem jedoch Äpfel mit Birnen verglichen werden. Es soll ja zu einer Zusammenarbeit von Verfassungsschutz und Polizei kommen, bei der Tausende von Polizisten auf der einen Seite weit weniger Verfassungsschützern auf der anderen Seite gegenüberstehen. Wenn über 95 Prozent der Ermittlungsverfahren auf dic Polizei zurückgehen, ist das ein gesundes Verhältnis, da die Polizei einen Zugewinn auch erst dort erwarten kann, wo ihre Mittel und Möglichkeiten nicht hinreichen. Der Verfassungsschutz ist auch immer gehalten, seine eigentlichen Aufgaben nicht zu vernachlässigen, nämlich gegen tatsächliche Verfassungsfeinde zu ermitteln.
Die bisher niedrige Erfolgsrate bundesdeutscher Nachrichtendienste wirft immer wieder die Frage auf, ob man sich nicht der »unprofessionellen Dienste« entledigen sollte, um die Kosten für sie zu sparen. Hier liegt es an den Diensten, an sich zu arbeiten, auch auf der politischen Führungsetage, damit vorzeigbare Ergebnisse auch bei der Bekämpfung der OK erzielt werden. Ob Geheimdienste oder die für sie verantwortlichen Politiker mit den Ergebnissen ihrer Arbeit öffentlich hausieren gehen sollten, ist dann noch eine andere Frage.

Schlußbetrachtung

Selbst unter Beibehaltung eines Trennungsgebots bleibt der Einsatz des Verfassungsschutzes ein effizientes Mittel zur strategischen Abwehr von organisierter Kriminalität. Fraglich erscheint bei dieser Aufgabenerweiterung der Sinn oder Unsinn eines detaillierten, veröffentlichten Verfassungsschutzberichts. Die Arbeitseffektivität eines Geheimdienstes hängt nicht zuletzt von der erfolgreichen verdeckten Arbeit ab. Die Profilierungssucht von Politikern und politischen Beamten, die öffentliche Auftritte und Erfolgsmeldungen lieben, kann und darf hier kein Maßstab sein. Die eingerissene Übung, in diesem Bericht auch jene zu benennen, die aus politischen Gründen beobachtet werden – auch ohne daß man ihnen etwas nachweisen könnte –, kann in bezug auf die organisierte Kriminalität nur fatale Folgen haben. Die Selbstdarsteller müßten sich hier von Liebgewonnenem verabschieden.

Kann unter Beibehaltung der Trennung zwischen Polizei und Nachrichtendienst die Aufgabe Bekämpfung der OK bewältigt werden? Sicherlich bis zu einem gewissen Grad. Kommt der Gesetzgeber zu dem Schluß, daß das verfassungsrechtliche Trennungsgebot Phantom sei und im Grunde seine Basis im besatzungsrechtlichen Altbestand habe, kann er über die notwendigen Mehrheiten im Parlament klare gesetzliche Regelungen treffen.

Ein erster Vorstoß mit einem Referentenentwurf[80] des Bundesinnenministers Manfred Kanther ist 1994 wieder zurückgezogen worden, weil sich die Bundesländer insgesamt gegen die darin vorgesehene Stärkung des BKA stellten. Das BKA wäre damit nicht nur »Hilfsbehörde« für den Generalbundesanwalt und die Länderpolizeien, sondern stärker als bisher eine eigene Bundessicherheitsbehörde, eine Bundespolizei mit speziellen Kompetenzen und neuen geheimdienstlichen Befugnissen zur Verbrechensbekämpfung geworden.[81]

Fraglich ist weiterhin, ob die Rechtsstaatlichkeit besser eingehalten werden kann, wenn die Aufgabe der Bekämpfung der organisierten Kriminalität allein Angelegenheit der Polizei bleibt. Es muß eine Abwägung von rechtsstaatlichen Vorteilen durch die weitere Befolgung des Trennungsgebots und der Gefahren und Schäden durch organisierte Kriminalität geben. Das Risiko darf dabei nicht zugunsten in Unschuld gewaschener Hände auf das zukünftige Menschenopfer an die OK verlagert werden. Vorsorgliche Denkverbote durch verstaubte Trennungsgebote werden bei eingetretenem Schaden im nachhinein nicht mehr zu rechtfertigen sein. Wer nur halbwegs politisch realistisch denkt, unterstellt dem deutschen Volk und seiner Regierung wahrhaftig nicht, daß sie eine »Gestapo« zu schaffen bereit wären.[82]

Anmerkungen

1 Vgl. beispielsweise Sebastian Laudan: Organisierte Kriminalität, Die Bekämpfung ethnisch geprägter OK am Beispiel von Vietnamesen. In: Kriminalistik 1999, S. 183–191, S. 183.

2 Vgl. Rainer Pitschas / Ulrich Koch: Zur Notwendigkeit eines »neuen« Polizeimanagements, Kriminalitätsbekämpfung als interkulturelles Problem. In: Kriminalistik 1997, S. 45–51.

3 Vgl. Wolfgang Hetzer: Strafrechtspflege durch Geheimdienste? In: Strafverteidiger 1999, S. 165–171, S. 171.

4 Vgl. Karl-Friedrich Koch / Peter Poerting / Hans Udo Störzer: Sicherheitsschleier gegen das »Krebsübel OK«. In: Kriminalistik 1997, S. 2–14, S. 8.

5 Vgl. Bernhard Falk: Erfassung, Beschreibung und Analyse von OK, Defizite und Fortentwicklungsmöglichkeiten bei der OK-Deskription. In: Kriminalistik 1997, S. 15–22, S. 15.

6 Vgl. ebd.

7 Vgl. Manfred Kanther: In: Deutscher Bundestag, 13. WP, PlProt. 214. Sitzung, S. 19549.

8 Vgl. Bernhard Falk: Erfassung, Beschreibung und Analyse von OK, S. 16.

9 Vgl. Peter Dittmar, in: Die Welt v. 13.11.1996.

10 Vgl. Frankfurter Arbeitskreis Strafrecht: »Organisierte Kriminalität«, in: StV 1994, S. 693 f., S. 693.

11 Vgl. Bernhard Falk: Erfassung, Beschreibung und Analyse von OK, S. 16.

12 Vgl. ebd.

13 Vgl. Hans Lisken: Vorfeldeingriffe im Bereich der »Organisierten Kriminalität«- Gemeinsame Aufgabe von Verfassungsschutz und Polizei? In: ZRP 1994, S. 264–270, S. 265.

14 Vgl. Gemeinsame Richtlinien der Justizminister/-senatoren und der Innenminister/-senatoren der Länder über die Zusammenarbeit von Staatsanwaltschaft und Polizei bei der Verfolgung der Organisierten Kriminalität (Anlage E der Richtlinien für das Strafverfahren und das Bußgeldverfahren – RiStBV), in: Kleinknecht / Meyer-Goßner: StPO, 43. A., 1997, A 15, S. 1831 ff.; vgl. Organisierte Kriminalität – wie groß ist die Gefahr? BKA-Forschungsreihe 1990, S. 6.

15 Vgl. Reinhard Rupprecht: Die Kunst, Aufgaben sinnvoll zu teilen. In: Kriminalistik 1993, S. 131–136, S. 131.

16 Vgl. Bernhard Falk: Erfassung, Beschreibung und Analyse von OK, S. 17.

17 RICO – Racketeer Influenced and Corrupt Organisations Act.

18 Vgl. Hans Christoph Schaefer: Organisierte Kriminalität aus Sicht der Justiz. In: Kriminalistik 1997, S. 23–30, S. 24.

19 Vgl. Siegfried Lammich: Organisierte Kriminalität in Rußland, in: Kriminalistik 1997, S. 783–788.

20 Vgl. Ernst Rudolf Huber (Hrsg.): Quellen zum Staatsrecht der Neuzeit, Bd. II, Tübingen 1951, S. 216.

21 Gesetz über die Zusammenarbeit des Bundes und der Länder in Angelegenheiten des Verfassungsschutzes (BVerfSchG) v. 27.9.1950 (BGBl. I S. 682), geändert durch VerfSchÄndG v. 7.8.1972 (BGBl. I. S. 1382).

22 Vgl. Gesetz über die Zusammenarbeit des Bundes und der Länder in Angelegenheiten des Verfassungsschutzes (BVerfSchG) v. 27.12.1990 (BGBl. I S. 2970).

23 Vgl. Wolfgang Hetzer: Strafrechtspflege durch Geheimdienste? S. 165 ff.

24 Durch Inkrafttreten des Deutschlandvertrages am 5.5.1955, der Drei-Mächte-Erklärung vom 27.5.1968 und des Gesetzes zu Art. 10 GG und des Einigungsvertrages.

25 Vgl. Bernadette Droste: Organisierte Kriminalität – Gefahr einer kriminellen Nebengesellschaft? In: VR 1998, S. 15–22, S. 17.

26 Vgl. Lerche MD 142 f., Bull AltK 77.

27 BVerwGE 84, 375/380.

28 Lerche MD 136.

29 Anders: vgl. Bernadette Droste: Organisierte Kriminalität, S. 15 ff.

30 Vgl. Bodo Pieroth: Grundgesetz für die Bundesrepublik Deutschland, 4. Auflage, München 1997, Art. 87 Rz 7.

31 Vgl. dpa, in: Sächsische Zeitung v. 31.8.1999.

32 Vgl. Hessen, Verfassungsschützer sollen auch Kriminelle beobachten: In: Frankfurter Rundschau v. 4.6.1999, S. 4.

33 Vgl. dazu kritisch: Tobias Kunzmann: Hier wächst zusammen, was nicht zusammen gehört: Über das Trennungsgebot von Polizei und Geheimdiensten. In: FoR, S. 17 f., S. 18.

34 Als einer der Hauptgründe für geringe Erfolge der Polizei gegen OK genannt: Personalmangel. Vgl. Hans Christoph Schaefer: Organisierte Kriminalität aus Sicht der Justiz, S. 30.

35 Vgl. Reinhard Rupprecht: Die Kunst, Aufgaben sinnvoll zu teilen, S. 134 f.

36 Vgl. Karl-Friedrich Koch, Peter Poerting, Hans Udo Störzer: Sicherheitsschleier gegen das »Krebsübel OK«. In: Kriminalistik 1997, S. 2–14, S. 6; vgl. Schmidt-Bleibtreu / Klein: Kommentar zum Grundgesetz, Art. 87, Rz. 4a; vgl. auch Hans-Peter Bull: Das europäische Polizeiamt – undemokratisch und rechtsstaatswidrig? Zur Kontroverse um Auftrag und Ausgestaltung von Europol. In: DRiZ 1998, S. 32–42.

37 So etwa die umstrittene Zusammenarbeit des Bundesinnenministers Schily mit dem russischen FSB; vgl.: Daten für die Mafia? In: Der Spiegel 28/1999, S. 30 ff., S. 31; vgl. auch: Siegfried Lammich: Organisierte Kriminalität in Rußland. In: Kriminalistik 1997, S. 783–788, S. 783.

38 Vgl. Ingmar Weitemeier / Elmar Ruhlich: Verfassungsschutz und organisierte Kriminalität. In: Kriminalistik 1998, S. 91–95, S. 91 f.

39 Vgl. Wolfgang Hetzer: Polizei und Geheimdienste zwischen Strafverfolgung und Staatsschutz. In: ZRP 1999, S. 19–24; vgl. Hartmut Ferse: OK – (K)eine Aufgabe für den Verfassungsschutz. In: KritV 1994, S. 256–261, S. 261; vgl. Erhard Denninger: Verfassungsschutz, Polizei und die Bekämpfung der Organisierten Kriminalität. In: KritV 1994, S. 232–241.

40 Vgl. Wolfgang Hetzer: Strafrechtspflege durch Geheimdienste? S. 165 ff.
41 Vgl. Eckard Werthebach / Bernadette Droste-Lehnen: Organisierte Kriminalität. In: ZRP 1994, S. 57–65, S. 63.
42 Vgl. Wolfgang Hetzer: Strafrechtspflege durch Geheimdienste? S. 171; vgl. Erhard Denninger: Verfassungsschutz, Polizei und die Bekämpfung der Organisierten Kriminalität. In: KritV 1994, S. 232–241, S. 235.
43 Vgl. Wolfgang Hetzer: Polizei und Geheimdienste zwischen Strafverfolgung und Staatsschutz, S. 19 ff.
44 Vgl. Frankfurter Rundschau v. 27.9.1999, S. 21.
45 Vgl. Jens Meyer: Verdeckte Ermittlungen, Zulässigkeit oder rechtliche Grenzen des Einsatzes nicht offen operierender Polizeibeamter. In: Kriminalistik 1999, S. 49–53, S. 51.
46 Vgl. Frankfurter Rundschau v. 27.9.1999, S. 21.
47 Vgl.: Stille Helfer für die Polizei. In: Süddeutsche Zeitung v. 12.8.1999, S. 2.
48 Vgl. Frankfurter Rundschau v. 20.7.99, S. 25
49 Vgl.: Stille Helfer für die Polizei, Sicherheitsexperten loben Beitrag des Verfassungsschutzes zur Verbrechensbekämpfung. In: Süddeutsche Zeitung v. 12.8.1999, S. 2.
50 Vgl. Martin Koch: Überwachung der Organisierten Kriminalität durch den bayerischen Verfassungsschutz, in: ZRP 1995, S. 27 f.
51 Vgl. Frankfurter Allgemeine Zeitung v. 8.3.1999, S. 5.
52 Vgl. Frankfurter Neue Presse v. 4.6.1999, S. 1.
53 Vgl.: Stille Helfer für die Polizei. In: Süddeutsche Zeitung v. 12.8.1999, S. 2.
54 Klaus Hardraht, in: Der Tagesspiegel v. 30.8.1999, S. 4; vgl.: VS-Wanzen gegen Banden der Mafia? Länder prüfen Einsatz des Verfassungsschutzes, in: Berliner Zeitung v. 30.8.1999, S. 5.
55 Vgl. Verfassungsschutz gegen Mafia? Bundesländer prüfen den Einsatz an der Seite der Polizei. In: Der Tagesspiegel v. 30.8.1999, S. 4.
56 Vgl. Interview mit Fritz Behrens, in: Süddeutsche Zeitung v. 12.8.1999, S. 2.
57 Vgl. Bekämpfung der organisierten Kriminalität, Einsatz des Verfassungsschutzes umstritten, Mehrheit der Innenminister beharrt auf Abgrenzung von Polizei und Geheimdienst. In: Süddeutsche Zeitung v. 12.6.1999, S. 5.
58 Vgl. Waldemar Burghard: Sind wir noch zu retten? In: Kriminalistik 1998, S. 83.
59 Vgl. Hans Lisken: Vorfeldeingriffe im Bereich der »Organisierten Kriminalität«, S. 265.
60 Vgl. Eckart Werthebach / Bernadette Droste-Lehnen: Organisierte Kriminalität. In: ZRP 1994, S. 57–65, S. 65.
61 Wo steht der Feind? In: Der Spiegel 46/1993, S. 76–94, S. 94.
62 Vgl. Waldemar Burghard: Sind wir noch zu retten? Kriminalistik 1998, S. 83.
63 Deutscher Bundestag, 13. WP, PlProt. 214. Sitzung, S. 19542 (B).

64 Vgl. Jürgen Meyer / Wolfgang Hetzer: Schulterschluß gegen Organisierte Kriminalität, Oder: Ein Beispiel politischer Vernunft. In: Kriminalistik 1997, S. 694–698, S. 694.

65 Vgl. Waldemar Burghard: Sind wir noch zu retten? Kriminalistik 1998, S. 83; vgl. Carsten Momsen: Der »große Lauschangriff«. In: ZRP 1998, S. 459–463; vgl. Otto Schily: Nachbesserungsbedarf bei der Wohnraumüberwachung? In: Zeitschrift für Rechtspolitik 1999, S. 129–132.

66 Jürgen Meyer / Wolfgang Hetzer: Schulterschluß gegen Organisierte Kriminalität, S. 698.

67 Vgl.: Sozial verträglich. In: Der Spiegel 3/1990, S. 40 f., S. 40.

68 Interview mit Fritz Behrens. In: Süddeutsche Zeitung v. 12.8.1999, S. 2.

69 Vgl. Wolfgang Hetzer: Polizei und Geheimdienste zwischen Strafverfolgung und Staatsschutz, S. 20.

70 Vgl. Kriminalität ist Polizei-Sache. In: Rhein-Zeitung v. 31.8.1999.

71 Vgl. dpa. In: Sächsische Zeitung v. 31.8.1999.

72 Vgl. Jörg Zierke: Welche Eingriffsbefugnisse benötigt die Polizei? In: DuD 1998, S. 319–323.

73 Vgl. Ingmar Weitemeier / Anja Hamann: Zusammenarbeit – Ein wunder Punkt der Verbrechensbekämpfung? Zur Kompetenzvielfalt im Bereich der Kriminalitätsbekämpfung, in: Kriminalistik 1997, S. 717–731, S. 723.

74 Vgl. Christoph Gusy: Beobachtung Organisierter Kriminalität durch den Verfassungsschutz? In: StV 1995, S. 320–326, S. 325.

75 Vgl. Reinhard Riegel: Die Tätigkeit der Nachrichtendienste und ihre Zusammenarbeit mit der Polizei. In: NJW 1979, S. 952–957, S. 952.

76 Vgl. Helmut Albert: Das »Trennungsgebot« – ein für Polizei und Verfassungsschutz überholtes Entwicklungskonzept? In: ZRP 1995, S. 105–109, S. 107.

77 Vgl. Helmut Albert: Das »Trennungsgebot«, S. 107.

78 Vgl.: Wo steht der Feind? Der Spiegel 46/1993, S. 76–94, S. 87.

79 Vgl. ebd., S. 94.

80 Entwurf eines Gesetzes über das Bundeskriminalamt und die Zusammenarbeit des Bundes und der Länder (Bundeskriminalamtgesetz – BKAG n. F.); vgl. dazu auch Wolfgang Hetzer: Polizei und Geheimdienste zwischen Strafverfolgung und Staatsschutz, S. 24.

81 Hans Lisken: Vorfeldeingriffe im Bereich der »Organisierten Kriminalität«, S. 265.

82 Zur Geschichte der Geheimen Staatspolizei und dem Gestapo-Argument vgl. Helmut Roewer: Geschichtlicher Nachtrag zur Kontroverse um die Trennung von Polizei und Verfassungsschutzbehörden, in: DVBl. 1988, S. 666–671, 669 f.

Hans-Helmuth Knütter

Die neuen Inquisitoren. Rezensionsessay über die »Sektenkeule«

Von gar vielfältigen Gefahren bedroht ist die deutsche Demokratie, die freiheitlichste, die es auf deutschem Boden je gab. Nicht nur Extremisten dräuen, und noch dazu aus beiden Richtungen, von rechts und links. Nicht nur aus dem Untergrund kommen Terroristen hervor, deutsche und ausländische, und erschüttern die Demokratie. Unsichtbar und nicht lokalisierbar spionieren die Feindagenten. Allerdings seltsam: die kamen und kommen nur aus dem Osten. Gibt es keine westlichen Spione, oder liegt es an der Definition? Eine von vielen bundesrepublikanischen Seltsamkeiten. Lassen wir dies unerörtert, denn auch aus der letztmöglichen Richtung, von oben, wo die Sphäre der Religionen ist, wabern die Gefahren für die »freiheitlich demokratische Grundordnung« heran, nämlich die bedrohliche Tätigkeit der Sekten.
40 Jahre hat die Bundesrepublik den Anfechtungen der Verfassungsfeinde widerstanden. Zwar waren die Erfolge bei der Abwehr der östlichen Unterwanderung und auch der Spionage durch unsere westlichen »Freunde und Verbündeten« alles andere als erfolgreich, sie waren sogar ausgesprochen blamabel, aber schließlich hatte die östliche Zersetzung zwar Wirkung, aber keinerlei Erfolg. Erstaunlich – als dem Verfassungsschutz und den professionellen Verdachtsschöpfern des Establishment die östlichen Feinde durch die Pleite des Realsozialismus abhanden kamen, tauchte eine neue Gefahr auf: die Sekten, von denen vorher der (Parteien-)Staat kaum Notiz genommen hatte. Nur die Sektenbeauftragten der Großkirchen hatten, eine erfolgreiche Konkurrenz witternd, aufmerksam und mißgünstig hingesehen. Jetzt aber fanden sie bei Politikern und Verfassungsschützern offene Ohren. Drohten doch Stellenabbau und Etatkürzungen, weil man sich um 1990 dem Irrglauben hingab, der Linksextremismus

sei am Ende, und mit dem Rechtsextremismus allein konnte man den Apparat nicht rechtfertigen. Da kamen die Sekten wie gerufen.

Deutschland gilt als eine Brutstätte weltanschaulicher Kämpfe. Die Reformation, sozialistische, nationalistische und Rassentheorien entstanden hier als weltliche Erlösungslehren, oder sie wurden inbrünstig aufgenommen. Blutige Religionskriege haben auf deutschem Boden stattgefunden. Halten wir inne und fragen uns, ob diese Sicht typisch deutscher Nabelschau entspringt. Alles wird übertrieben, auch der Nationalmasochismus. Hat es doch düsteren Glaubensfanatismus in den katholischen Ländern der Inquisition gegeben. Heute existiert er in der Erscheinungsform des Fundamentalismus im islamischen Kulturkreis. Der frühere »real existierende Sozialismus« hat sich als grausames Mordsystem präsentiert, das sich ideologisch als Erlösungslehre rechtfertigte.

Es stimmt aber: In Deutschland gibt es eine Tradition, Politik nicht als Methode zur pragmatischen Lösung von Problemen zu verstehen, sondern als Weltanschauungskampf, als Ringen zwischen Gut und Böse. Daraus folgt zwangsläufig die Neigung, zu denunzieren und zu spitzeln. Gilt es doch, das Böse zu bekämpfen. Wer das tut, ist selber gut. Staatliche, kirchliche und sonstige Institutionen pflegen das Denunzieren zu fördern und moralisch zu kaschieren. Deshalb konnten sich Gestapo und Staatssicherheit auf zahlreiche freiwillige Angeber stützen. Sie wähnten, ein dem Staat, der Volksgemeinschaft, der Klasse, der Völkerverständigung, dem Antifaschismus, der Demokratie wohlgefälliges Werk zu tun, und hatten deswegen bei ihrer schmutzigen Tätigkeit meist ein gutes Gewissen, soweit sie überhaupt eines hatten. Teils aus Überzeugung, teils aus Eigensucht und Niedertracht handelten sie so (»Ich weiß was über wen«) und fühlten sich im Einklang mit der »Obrigkeit«. Auch früher, bei den Hexenprozessen, waren meist übelwollende Nachbarn die »Hexenmacher«. Die öffentlichen Institutionen machten sich insoweit mitschuldig, als sie den denunziantischen Eifer der Bürger anleiteten und ausnutzten.[1]

Der Blick in die Geschichte zeigt, daß diese üble Mentalität öffentlichen Denunziantentums keine deutsche Spezialität ist. Aber in Deutschland hat es eine besondere Unsicherheit der Maßstäbe gegeben, hervorgerufen durch zahlreiche politische, soziale und vor allem weltanschauliche Umbrüche. Allein im 20. Jahrhundert brachten die »Wenden« von 1918, 1933, 1945 und 1989 die Delegitimierung des jeweils überwundenen Systems mit manchmal weitreichenden Folgen für die Anhänger des jeweiligen Ancien Régime. Hier liegt die deutsche Besonderheit, hier ist die Ursache jener Unsicherheit, die auf Veränderungen von Strukturen und Werten besonders empfindliche Reaktionen hervorruft und überall Gefahren wittern läßt, denen zu begegnen sei. (»Nie wieder ...!«; »Die finsterste Zeit ...«; »Wehret den Anfängen!«)

Ein Konglomerat von echten Besorgnissen, Konkurrenzangst der etablierten Kirchen und übler politischer Geschäftemacherei erklärt die Antisektenhysterie. Sie verdient schärfstes Mißtrauen und Bekämpfung, weil sie der desorientierten Linken als ein Mittel dient, bei Kirchen und politischem Establishment Anerkennung und Verbündete zu finden. Gewiß, der Verfall traditioneller konfessioneller Bindungen und weltanschaulicher Visionen hat die Zuwendung zu Sekten begünstigt. Der weltanschauliche Pluralismus tendiert zur Zersplitterung. Orientierungslosigkeit und Orientierungsbedürftigkeit begünstigen neue Glaubensgemeinschaften, die in diffamierender Absicht als »Sekten« bezeichnet werden. Dies ist in früherer Zeit ein Problem der Kirchen gewesen. Eines des Staates wurde es erst im letzten Jahrzehnt des 20. Jahrhunderts, und zwar vor allem in Deutschland. Nirgendwo sonst wurde die Hysterie bis zur Befürchtung einer Machtübernahme durch eine Sekte, hier Scientology, und bis zur Einsetzung einer Enquetekommission des Bundestages getrieben.[2]

Im Dezember 1997 haben sich bei einer Umfrage 80 % dafür ausgesprochen, die »Sekten« zu verbieten. Wenn das stimmt, wäre es ein übles Zeugnis obrigkeitshöriger, denunziantischer Mentalität einer verhetzten Bevölkerung. »Religiöse und sonstige Überzeugungen erhalten durch Meinungsführer von Interessengruppen stark negativ besetzte Etikettierungen ... Diese beseitigen Hemmschwellen, rechtfertigen Kontrollmaßnahmen und befördern die Konsolidierung von Mehrheiten gegen Minderheiten.«[3]

Im Dezember 1996 setzte der Deutsche Bundestag eine Enquetekommission »sogenannte Sekten und Psychogruppen« ein, die im Juni 1998 einen Abschlußbericht vorlegte, in dem sie unter Zustimmung aller sich demokratisch nennenden Parteien des Bundestages mit Ausnahme der Grünen zahlreiche Gesetzesänderungen und soziale Einrichtungen vorschlug, die unter dem Vorwand der Sektenbekämpfung Freiheitsrechte, insbesondere die Meinungs- und Religionsfreiheit, gefährden.[4]

Die Motivation der Sektengegner war nur zum Teil aufrichtig und ehrenhaft. Insbesondere Jugendsekten, die »schwarze Messen« veranstalten, sich Grabschändungen, Körperverletzungen und psychische Deformierung zuschulden kommen lassen, verdienen scharfe Bekämpfung bis zum Verbot. Mißbraucht wird die Ablehnung der »Sekten« aber, wenn es sich um Religionsgemeinschaften oder Lebenshilfegruppen (als »Psychosekten« diffamiert) handelt, die in erfolgreicher Konkurrenz zu den etablierten Kirchen stehen.

Allerdings hat die Sektenkommission Widerspruch und Kritik gefunden. Die gründlichste und umfassendste Arbeit ist das streitbare Sammelwerk von Gerhard Besier und Erwin K. Scheuch[5], das in zwei Bänden 33 Beiträge von 34 Autoren und drei Vereinserklärungen enthält. Das Thema wird religionssoziologisch und sozialpsychologisch fundiert. Die Behandlung der Religionsfreiheit und der Minderheitenreligionen leitet über zur Kritik am Endbericht der Sektenkommission und der kirchlichen Sektenbeauftragten. Die Rolle des Verfassungsschutzes findet keine besondere Aufmerksamkeit, obwohl bereits im Mai 1997, also noch vor dem Endbericht der Kommission, eine Bund-Länder-Kommission unter maßgeblichem Einfluß des Chefs des NRW-Verfassungsschutzes, Fritz-Achim Baumann, den Innenministern die »Überwachung« der Scientology empfohlen hat, was dann auch geschah. Jedenfalls wird an dem Werk von Besier/Scheuch das Grundproblem der Freiheitsgefährdungen in Deutschland klar: Der Verfassungsschutz ist nur das Instrument. Die Bereitschaft zu spitzeln und zur weltanschaulichen Reglementierung und Bevormundung liegt bei den Politikern und den etablierten Konfessionen.

Immerhin ist die Kritik nicht wirkungslos geblieben. Der genannte Fritz-Achim Baumann revidierte seine Ansichten. Weder sei Scientology in Deutschland so stark wie vermutet, noch haben die Scientologen eine beherrschende wirtschaftliche Bedeutung. Sogar die liebsten Zeugen der Sektengegner, die »Aussteiger«, Abtrünnige, die in typischem Apostatenhaß heute haßerfüllt herabsetzen, was sie gestern anbeteten, charakterisiert er: »Viele (Aussteiger) waren wohl tatsächlich sehr betroffen … Einige (haben) aus dieser Betroffenheit heraus ihre Erfahrungen dramatisiert.«[6] Ganz offen bekennt Baumann, die Sektenbeobachtung sei nach dem Ausländerextremismus das größte und nicht ganz billige Projekt des Verfassungsschutzes gewesen. Damit wird die Vermutung, es habe sich um die Erschließung eines neuen Tätigkeitsfelds gehandelt[7], bestätigt. Unter wirklich rechtsstaatlichen Bedingungen wäre zu erwarten, daß bei einem Verdacht durch den Verfassungsschutz ermittelt wird, aber stillschweigend und ohne Verdächtigungen öffentlich zu verbreiten. Die autoritätshörige Öffentlichkeit, verstärkt durch parteihörige Medien, versteht die Verdächtigungen als Tatsachen. Wenn dann der Verdacht (»tatsächliche Anhaltspunkte für den Verdacht verfassungsfeindlicher Bestrebungen«) sich nicht bestätigt, wären die Ermittlungen ebenfalls stillschweigend und ohne öffentliches Aufsehen einzustellen.

Was tatsächlich geschieht, ist, rufschädigende Verdächtigungen zu streuen, aber keine weiteren Exekutivmaßnahmen zu ergreifen. Dieses Vorgehen hieß bei der Staatssicherheit »zersetzen«. Wo liegt der Unterschied? Wenn es einen gibt, ist er nur graduell. Die legitime Aufgabe des Verfassungsschutzes soll die Bekämpfung der politischen Gewaltkriminalität und

-propaganda sein. Was tatsächlich geschieht, ist ein Verhetzen der Bevölkerung durch »Öffentlichkeitsarbeit«.
Ein weiterer Grund zum Mißtrauen gegen die Antisekten-Propaganda ist die Auswahl der bekämpften »Sekten«: Nur rechte, prokapitalistische und traditionell gläubige wie Evangelikale, Opus Dei, Scientology, antikommunistische wie der »Verein für psychologische Menschenkenntnis« und die Vereinigungskirche (»Mun-Sekte«) sind im Visier der Sektenfahnder. Nicht berücksichtigt werden hingegen die linksextreme »Marxistische Gruppe«, linke Lebensreformer, »Aussteiger« und Ökologen. Mit Verlegenheit werden die »Zeugen Jehovas« betrachtet, die wegen ihrer Verfolgung durch das NS-Regime antifaschistisch geadelt sind, aber als erfolgreiche Konkurrenz zu den etablierten Religionsgemeinschaften mit Feindschaft beobachtet werden.
Der Sektenkampf lehrt, die Gefahr der Intoleranz, die von Sekten ausgeht, ist erheblich geringer als die vom Establishment (Parteienstaat und traditionellen Kirchen) ausgehende Intoleranz. Sie ist machtvoller und deshalb besonders freiheitsgefährdend. Der Verfassungsschutz aber ist nicht die Ursache des Übels, wohl aber der Giftzahn des Establishments.
Was Fritz über Franz sagt, charakterisiert mehr Fritz als Franz. Was die Meinungsführer der BRD über Sekten sagen, kennzeichnet mehr die Meinungsführer als die Sekten.

Mißtrauen ist die erste Bürgerpflicht.

Anmerkungen

1 Robin Briggs: Die Hexenmacher. Geschichte der Hexenverfolgung in Europa und der Neuen Welt. Berlin 1998.

2 Einen guten Überblick bietet der gegen die Sektenhysterie gerichtete Sammelband von Gerhard Besier und Erwin K. Scheuch (Hrsg.): Die neuen Inquisitoren. Religionsfreiheit und Glaubensneid. Osnabrück 1999, Bd. 1, S. 9–25.

3 Ebenda, S. 25.

4 Sie sind aufgezählt a.a.O., S. 11 f.

5 Siehe Anmerkung 2. Bei aller Anerkennung für die Leistung von Besier / Scheuch ist doch eine kritische Anmerkung nötig: Der Aufsatz von Derek H. Davis: Fortschritt des Wahnsinns: Die erneuerte Verfolgung unpopulärer Religionen durch Deutschland in historischer Perspektive, Bd. 1, S. 453–485, enthält eine derartige Fülle von Unsinn, daß man sich fragt, weshalb die Herausgeber diesen blamablen Text aufgenommen haben. Der Wert des ganzen Werks wird dadurch beeinträchtigt.

6 Kein Fall für die Schlapphüte. (Interview mit Fritz-Achim Baumann) In: Stern, 2.9.1999, S. 176.

7 So Angelika Köster-Loßack (MdB B 90 / Die Grünen) in einer Diskussion unter Beteiligung von Hans Gerd Jaschke, Helmut Rannacher (Verfassungsschutz Baden-Württemberg) und Sabine Weber (Scientology). In: Jahrbuch Extremismus und Demokratie, 10. Jahrgang 1998, Baden-Baden 1999.

Schlussbetrachtung

Josef Schüsslburner

Verfassungsschutz, Gedankenpolizei, Staatsschutz, Grundgesetzpolizei – was ist die Lösung?

Angesichts der zahlreichen kritischen Bemerkungen dieses Buches über die Institution *Verfassungsschutz* stellt sich die Frage nach der Alternative. Die offensichtlichen Optionen sind entweder ein »besserer Verfassungsschutz«, welcher als »Verfassungspolizei« oder *Grundgesetzpolizei* gekennzeichnet werden soll, oder die Abschaffung desselben, also »kein Verfassungsschutz«, was auf den klassischen *Staatsschutz* mittels einer (geheimen) Staatspolizei neben dem gewöhnlichen »polizeilichen Verfassungsschutz« hinausliefe. Zur Diskussion dieser Optionen erscheint es angezeigt, nochmals aufzuzeigen, weshalb die Option Aufrechterhaltung des Status quo, den man mit dem Schlagwort »ideologisch ausgerichteter Verfassungsschutz« kennzeichnen könnte, als politische Forderung ausscheidet. Dabei ist noch darauf einzugehen, daß auch der Status quo eine gewissermaßen systemimmanente Alternative hat, nämlich den Übergang zum offenen Ideologiestaat, wie er etwa aus naheliegenden Gründen in einer die antifaschistisch-demokratische Neuordnung sichernden *Gedankenpolizei* bestehen würde.

1. Status quo: Sonderwegliche Demokratieform

Auch wenn dies manchen, durchaus kundigen und verdienstvollen Kritikern[1] bundesdeutscher Verhältnisse entweder nicht auffällt oder sie die entsprechende Erkenntnis nicht auszudrücken wagen:[2] Grundlegende Defekte des bundesdeutschen Herrschaftssystems, welche man als »deutschen Sonderweg Bundesrepublik« bezeichnen kann, sind in der einen oder anderen Weise mit der Institution Verfassungsschutz wesentlich verbunden. Dieser bundesdeutsche Sonderweg ist von einer angesehenen Wirtschaftszeitschrift des freien Westens als *German way of democracy*[3] beschrieben worden, welcher darin besteht, daß der Schutz der Verfassung nicht (nur) den Wählern überlassen ist, sondern es dazu in *Germany* Behörden mit *democracy agents* gibt. Die damit im Kontext des Westens als sonderweglich gekennzeichnete politische Ordnung der Bundesrepublik Deutschland zeichnet sich dabei durch einen besonderen Schutz einmal etablierter Kräfte aus, die sich mit Hilfe eines ideologisierten »Verfassungsschutzes« dadurch einen besonderen Wettbewerbsvorteil verschaffen und damit Demokratie im Sinne der Schumpeterschen Wettbewerbskonzeption[4] verkürzen, daß sie gegnerische Parteien mit Hilfe der internen Geheimdienste wegen einer (angeblich) falschen Programmatik zu »Verfassungsfeinden« erklären lassen können. Neben der generellen Rufschädigung durch amtliche Erklärungen hat dies vor allem zur Folge, daß gegnerische Parteien um Personal gebracht werden, das sie bei Wählern attraktiv macht: Bekanntlich werden nämlich gegen im öffentlichen Dienst beschäftigte Mitglieder derartiger Parteien aufgrund falscher politischer Gesinnung – welche die Verfassung gefährdet – mit abschreckender Wirkung Disziplinarmaßnahmen durchgeführt[5], eine Vorgehensweise, welche der Europäische Menschenrechtsgerichtshof[6] als »auffallend« für die Herrschaftsordnung der Bundesrepublik gekennzeichnet hat. Mit der Kombination von ideologisch ausgerichteten Verfassungsschutzberichten, welche sich gezielt gegen Konkurrenzparteien richten, und von staatlichen Maßnahmen, insbesondere mittels des öffentlichen Dienstrechts, die auf von den Innenministern offenkundig gemachte geheimdienstliche »Erkenntnisse« gestützt werden, ist ein Parteiverbotssurrogat entwickelt worden, das die Legalitätswirkung, welche in der Monopolisierung des Parteiverbotsverfahrens[7] nach Artikel 21 Abs. 2 GG beim Bundesverfassungsgericht liegt, erheblich beeinträchtigt. Diese Beeinträchtigung läuft auf ein staatsideologisches Bestreiten der Legitimität politischer Opposition hinaus. »Die faktische Ausweitung des Opportunitätsprinzips für die Einleitung der (Parteiverbots-)Verfahren hat auch jene Grauzone politisch-extremistischer Betätigung anwachsen lassen, die durch das Paradoxon gleichzeitig und nebeneinander bestehender (formaler) Legalität und materieller Verfassungsfeindlichkeit gekennzeichnet ist.«[8] Jedoch: »Wo die Legalität politischer Opposition nicht nach rechtsstaatlich bestimmten, eindeutigen Kriterien garantiert ist, sondern unter Berufung auf die Legitimität einer Grundordnung jederzeit widerrufen werden kann, steht die Freiheit potentiell aller zur Disposition.«[9] Grundrechte, und zwar notwendigerweise die Grundrechte aller Bürger, werden durch dieses Verbotssurrogat, welches durch ein Auseinanderfallen materieller Verfassungswidrigkeit und formaler Legalität gekennzeichnet ist, ihres unverbrüchlichen Rechtscharakters entkleidet und mutieren zu einer bloßen Toleranz. »Toleranz« ist ja in der Tat das, was sich »Demokraten« bescheinigen, wenn sie bei dem Wahlerfolg einer neuen Partei die »Verbotsdiskussion« einleiten, aber dann davon absehen, Verbotsanträge zu stellen. Dabei ist durch die in § 43 Abs. 1 des Gesetzes über das Bundesverfassungsgericht (BVerfGG) enthaltene Beschränkung der Antragsbefugnis auf Bundesregierung, Bundestag(smehrheit) und Bundesrat(smehrheit) sichergestellt, daß die »Verbotsdiskussion« ernsthaft nur von etablierten Parteien gegen neue Oppositionsparteien eingeleitet werden kann, während eine Verbotsdiskussion etwa wegen verfassungsfeindlichen Verhaltens dieser Parteien – rechtswidrige Versammlungsverbote durch Behörden, deren Leitung von den entsprechenden Parteien gestellt wird, Organisation gewaltsamer Gegendemonstrationen nach gerichtlicher Aufhebung des rechtswidrigen Versammlungsverbots etc.[10] – durch die diskriminierte Opposition nicht möglich ist. Ihre »Toleranz« hält die »Demokraten« nicht davon ab, ideologiepolitisch gegen Mitglieder von Parteien vorzugehen, gegen die sie mit dem Instrument der internen Geheimdienste die »Verbotsdiskussion« angestachelt haben. Das Verbotssurrogat läuft daraus hinaus, daß sich etablierte

Parteien des öffentlichen Dienstes als Rekrutierungsbasis bedienen können, während neuen Oppositionsparteien mit Hilfe der Geheimdienste dieser Zugriff verwehrt wird. Der von Herbert Marcuse geprägte Ausdruck »repressive Toleranz« stellt hierbei eine treffende Charakterisierung des Sachverhalts dar. Ungeachtet der speziellen Problematik, die damit verbunden ist[11], ist die deutsche politische Tradition, zurückgehend zumindest auf die Paulskirche, nun einmal dadurch gekennzeichnet, daß vor allem Mitarbeiter des öffentlichen Dienstes (partei-)politisch aktiv sind, so daß das mit dem Instrument des »Verfassungsschutzes« praktizierte Verbotssurrogat auf eine Beeinträchtigung des für eine freie Demokratie grundlegenden Verfassungsprinzips der freien Bildung politischer Opposition hinausläuft.

Neben zahlreichen anderen Mechanismen, wie etwa die etablierten Parteien im Ergebnis progressiv begünstigende staatliche Parteienfinanzierung und die Verfügungsmacht der etablierten Parteien über das Leitmedium (»öffentlich-rechtlicher Rundfunk«), mit dessen Hilfe bei Verstoß gegen die staatlichen Neutralitätspflichten[12] diesen Parteien fast permanente Wahlpropaganda[13] gegen neue Parteien und Ideen gestattet wird[14], während den vom Geheimdienst als »extremistisch« eingestuften (rechten) Oppositionsparteien sogar das Recht zur Ausstrahlung von kurzzeitigen Wahlkampf-Werbespots zensurierend bestritten wird, besteht das entscheidende den parteipolitischen Wettbewerb verfälschende Konnexinstitut des Parteiverbotssurrogats in der wahlrechtlichen Sperrklausel, welche rein quantitativ im Staatenvergleich mit anderen Verhältniswahlsystemen schon recht außergewöhnlich ist[15], aber insbesondere durch qualitative Elemente seinen repressiven Charakter erhält. Neben der Tatsache, daß es in der Bundesrepublik Deutschland auf Bundesebene im Unterschied zu den wenigen anderen Staaten mit fast ähnlich hohen Sperrklauseln kein plebiszitäres Ventil gibt[16], kommt hier dem Verbotssurrogat, welches entsprechende ausländische Staaten, wie Schweden (Sperrklausel: 4 %) und Spanien (3 %), nicht kennen, seine besondere Bedeutung zu. Verbotssurrogat und Konnexinstitut wirken insofern zusammen, als neue Parteien durch geheimdienstliche Verrufserklärungen – »Verfassungsschutzberichte« – und andere Maßnahmen der Geheimdienste, wie Unterwanderung, Provokationsstrategien wie Streuen von Verdacht und dergleichen, in eine Abgrenzungsmanie getrieben und damit dividiert werden können, so daß jede Teilgruppierung für sich um die Überwindung der Fünfprozentklausel kämpfen muß und sich somit der prohibitive Charakter der Sperrklausel schon fast ins Unüberwindliche steigert.[17] Gelegentlich fallen bei bundesdeutschen Wahlen ja bereits um die 20 % der Wählerstimmen unter den Tisch[18], womit sich die tatsächliche Aussperrwirkung der Klauseln dann auf fast 30 % der Wähler potenzieren[19], im Regelfall sich aber auf eine Sperrwirkung von ca. 13 % belaufen dürfte. Dies stellt bemerkenswerterweise per saldo in etwa den Anteil des deutschen Volkes dar, den Demokratieexperten als potentiell »rechtsextrem« (oder – überlappend oder gleichgesetzt? – als »antisemitisch«) einstufen, der aber trotz Verhältniswahl und der diesem Wahlsystem zugrundeliegenden Philosophie, wonach die unterschiedlichen Richtungen des Volks sich proportional in der Volksvertretung widerspiegeln sollen, parlamentarisch so gut wie nicht vertreten ist. Dieser vor allem durch Verbotssurrogat und wahlrechtliches Konnexinstitut herbeigeführte Schutz der etablierten vor konkurrierenden Parteien, für den die Institution des öffentlich in Erscheinung tretenden Geheimdienstes von entscheidender Bedeutung ist, verwandelt das etablierte Parteiensystem notwendigerweise in ein Kartellparteiensystem[20], welches daran hindert, daß sich das, was man als Volkswille bezeichnen kann, letztlich durchsetzt. Dementsprechend stellt das, was in sogenannten Verfassungsschutzberichten als »Verfassung« geschützt wird, in großen Teilen nichts anderes dar als gemeinsame Anliegen des etablierten Parteiensystems, die aber im Widerspruch zu den Auffassungen von wesentlichen Teilen des deutschen Volks, wenn nicht gar der Mehrheit liegen.

Analysiert man die sogenannten Verfassungsschutzberichte, soweit sie sich ideologisch unter dem Vorwand der Bekämpfung des »Rechtsextremismus« »gegen rechts« richten, dann muß man feststellen, daß etwa folgende Elemente als »Verfassung« geschützt werden:

- Multikulturalismus: Legalisierung des *fait accompli* der illegalen Masseneinwanderung[21] – »Ausländerfreundlichkeit«[22] wird Verfassungswert, Deutschfeindlichkeit[23] scheint erlaubt/geboten zu sein
- Überwindung des (demokratischen) Nationalstaates: Kampf gegen den deutschen »Nationalismus«[24], Ersetzung der Deutschen durch Grundgesetzmenschen[25]
- Irreversibilität der Europaentwicklung:[26] Festschreibung der außenpolitischen »Einbindung« – Einbindungskollektivismus
- Endgültige rechtsnihilistische Festschreibung der auf den großen Humanisten Josef Stalin zurückgehenden Grenzregelungen: »über Leichen gehende« Abschreibung der Ostgebiete – Verbot des »geographischen Revisionismus«[27]
- Idolisierung des »Westens«:[28] Kritik am Westen ist gegen Menschenrechte gerichtet[29], Verkennen des für »Westen« stehenden machtpolitischen Wettbewerbsprinzips – Wertegemeinschaftskollektivismus[30]
- »Liberalismus« als Staatsdoktrin:[31] die Deutschen dürfen nicht als »Gemeinschaft«[32] angesehen werden, sondern bilden, allerdings mit der Verpflichtung, eine Bewältigungsgemeinschaft zu bleiben[33], nur die Wirtschaftsgesellschaft[34] »Bundesrepublik«
- Ersetzung des Prinzips der Volkssouveränität durch eine »Verfassungssouveränität«:[35] »Verfassung« und was dafür ausgegeben wird (der »ungeschriebene Teil des Grundgesetzes«), ist Staatsideologie[36]
- Integrität einer staatlichen Bewältigungsdoktrin mit zahlreichen Glaubensinhalten, wie amtliche Festlegung der Kriegsursachen, des friedliebenden Charakters der dama-

ligen Sowjetunion[37] und der polnischen (faschistischen?) Diktatur[38], der moralischen Bußbedürftigkeit der Deutschen etc. pp. – insbesondere Verbot des »geschichtlichen Revisionismus«.[39]

Es sollte dabei klargeworden sein, daß es bei dieser Kritik am gegenwärtigen Verfassungsschutz nicht um die Erhöhung der Wahlchancen für eine »rechtsextremistische« Partei geht, sondern vielmehr um die Verwirklichung des demokratischen Mehrheitsprinzips, was aber voraussetzt, daß dem deutschen Volk die effektive Möglichkeit zugestanden wird, eben eine solche Wahloption ausüben zu können. Das Bestehen dieser Optionen bedeutet Freiheit, welche natürlich auch das Recht beinhaltet, von derartigen Optionen, zumindest im Normalfall, nicht Gebrauch machen zu wollen. Nur bei dieser Freiheit ist gewährleistet, daß sich etablierte Parteien nicht zu einem ideologischen Kartell vereinigen, welches mittels offener oder versteckter Wahlabsprachen Themen tabuisiert und diese Tabuisierung mit Hilfe des öffentlich-rechtlichen Rundfunksystems, welches die Meinungsfreiheit »treuhänderisch« für »die Gesellschaft« ausübt, und von Geheimdiensten exekutiert. So wurde ja bereits 1990 Kritik am »Multikulturalismus« dem (verfassungsfeindlichen) »Rechtsextremismus« zugerechnet[40], d. h. für »verfassungsfeindlich« erklärt, was deshalb bemerkenswert ist, weil zur selben Zeit amtlich festgestellt worden ist, daß 81 % der Bundesbürger ein damals ideologisch propagiertes Ausländerwahlrecht ablehnten und zwei Drittel der Bundesbürger gleichzeitig dagegen waren, Ausländern den Erwerb der deutschen Staatsangehörigkeit zu erleichtern.[41] Damit wird deutlich, daß von einer Bundesregierung, welche sich offiziell noch gar nicht zum entsprechenden Gesellschaftsprojekt bekannt hatte (sich ihm aber wohl doch schon verpflichtet fühlte), die von ihr selbst eruierte überwiegende Mehrheitsmeinung des deutschen Volks als »verfassungsfeindlich« karikiert worden ist. Der danach einsetzenden Verfassungsfeindlichkeitserklärung entsprechender Rechtsparteien kann eine Stellvertreterfunktion für das eigentlich als »verfassungsfeindlich« angesehene deutsche Volk zugeschrieben werden, welches permanent versucht ist, derartigen Parteien über die Fünfprozenthürde zu verhelfen. Dies erklärt, weshalb die Repräsentanten der politischen Klasse keine Diskussion über den angestrebten Gesellschaftstypus haben wollen, dem sie sich ideologisch verpflichtet sehen[42], während die politische Klasse in einer freien Demokratie zur Vermeidung des Wahlverlustes alles daransetzen müßte, der Mehrheitsmeinung zum Durchbruch zu verhelfen, d. h. alles verfassungsrechtlich Mögliche tun würde, die zu diesem Gesellschaftstypus führenden Tendenzen, welche auf die Schaffung eines neuen Volkes – der »Bevölkerung« – abzielen, zu verhindern.

2. Status-quo-immanente Alternative: Ideologiestaatliche Gedankenpolizei

Mit der Errichtung eines geheimdienstlich geschützten Kartellparteiensystems ist zwar noch nicht das Stadium eines offenen Blockparteisystems nach Art der antifaschistischen DDR erreicht, jedoch ist eine zumindest ideologisch in diese Richtung gehende Tendenz des bundesdeutschen Herrschaftssystems unverkennbar. Dieses operiert mit einem Vokabular und einer Konzeption, die man im Grundgesetz nicht findet. So kennt das Grundgesetz keinen »Verfassungsfeind«, die Hauptkategorie des Verfassungsschutzes, vielmehr hatte davon Art. 4 Abs. 2 der antifaschistischen DDR-Verfassung von 1949 gesprochen.[43] Das Grundgesetz grenzt die politischen Parteien und Politiker nicht nach »demokratischen« und anderen ab, vielmehr findet sich diese Kategorie in Artikel 6 Abs. 2 der genannten DDR-Verfassung, wonach »Demokraten« solche Politiker und Parteien sein müssen, gegen die man »mordend« »hetzt«, wenn man sie als (staatlich erkannter) »Nichtdemokrat« »boykottiert«.[44] Der Verfassungsschutztopos, wonach man gegen Demokratie sei, wenn man »Demokraten« kritisiert – d. h. gegen sie »agitiert«[45] – und verfassungsfeindliche Bestrebungen pflege, wenn man zur

Wahl von Nichtdemokraten aufruft (und somit Demokraten gewissermaßen »boykottiert«), stellt nur einen graduellen, aber keinen prinzipiellen Unterschied zur DDR-Argumentation dar. Bezeichnend ist auch, welche grundlegende Bedeutung ein Straftatbestand wie »Volksverhetzung« (§ 130 StGB) in der bundesdeutschen Demokratieform einnimmt, mit dem schon im Vokabular (»Hetze«) etwas von der berüchtigten »Boykotthetze« des antifaschistischen Herrschaftssystems widerhallt.[46] Die prinzipielle Gemeinsamkeit dieser beiden Vorschriften besteht in der Um-*Wert*ung von Grundrechten (Menschenwürde, Gleichheitssatz) in gegen politische Opposition gerichtete Wertnormen. Da dem Wert kein Sein, sondern nur Geltung zukommt[47], muß er sich durch (staatliche) Aktion beweisen: »Wer sich seiner legitimatorischen Kraft bedienen will, gerät in die ständige *Pflicht*, ihn zu verteidigen, zu propagieren und offensiv zu aktualisieren.«[48] Meinungsfreiheit etwa »gilt« dann deshalb, weil die Geheimdienste amtlich den Bürgern, welche diese einfordern, »Diffamierung der Bundesrepublik Deutschland« vorwerfen, unterstellt doch das Einfordern dieses Grundrechts etwa durch »Meinungsfreiheitskampagnen«[49], daß es keine (volle) Meinungsfreiheit in der Bundesrepublik Deutschland gäbe. Durch die staatliche Bekämpfung dieser irrigen Auffassung oder »Lüge« ist dann nachgewiesen, daß »Meinungsfreiheit« zumindest als »Wert« verwirklicht ist. Der Wert, d. h. seine Geltung, ist in Erfüllung eines staatlichen Auftrags gegen Feinde »verteidigt« worden und »gilt« daher! Im Extremfall können dann methodisch die Grundrechte als Rechte völlig entwertet sein, als (Glaubens-)Werte aber »gelten«, weshalb insoweit nachvollziehbar ist, daß kommunistische Regime ernsthaft davon überzeugt waren, daß die in ihren Verfassungen enthaltenen Grundrechte verwirklicht wären.[50] In ähnlicher Weise muß es verstanden werden, wenn der Verfassungsschutzbericht des Bundes von 1999[51] der Partei Die Republikaner deshalb »Demokratiefeindlichkeit« vorwirft, weil in deren Wahlprogramm die »schleichende Außerkraftsetzung der festgeschriebenen Rechte unseres Grundgesetzes« beklagt worden ist. Das Geltendmachen von (Grund-)Rechten mutiert dann zum Beleg für den Kampf gegen den entsprechenden Wertbegriff, womit sich die »Wertordnung« gegen politische und juristische Kritik methodisch immunisiert.[52] Umgekehrt fühlt sich der seit Anfang der 90er Jahre »gegen rechts« sich als »politisch analysierende Aufklärungsbehörde« verstehende »Verfassungsschutz« berechtigt, Bürger »aufzuklären«, ja mit der amtlich so bezeichneten »Fairständniskampagne« Propaganda gegen Teile des eigenen Volks durchzuführen, wobei bereits in den Ausländerfreundlichkeitskampagnen im öffentlich-rechtlichen Rundfunk, einem System der sozialisierten Meinungsfreiheit, etwas von der totalitären Umfunktionierung der Meinungsfreiheit in Regierungspropaganda zum Ausdruck kommt.

In dieser Umwertung von Grundrechten trifft sich dann in der Tat wieder kommunistischer Antifaschismus und bundesdeutscher ideologiepolitischer Verfassungsschutz. Will man insbesondere ermessen, in welcher Weise das für Demokratie grundlegend anzusehende Recht der freien Meinungsäußerung in der bundesdeutschen Demokratieform methodisch abgewertet wird, dann kann man dies kaum bei der Lektüre von Artikel 5 GG erahnen, sondern muß schon Art. 27 der DDR-Verfassung von 1968 heranziehen, welcher das Recht der Meinungsfreiheit unter den Vorbehalt von Verfassungsprinzipien gestellt hat.[53] Die in Verfassungsschutzberichten ausgedrückten Bewertungen von politischen oder weltanschaulichen Ideen durch den ideologiepolitisch ausgerichteten Verfassungsschutz der Bundesrepublik Deutschland beruhen auf der parallelen Vorstellung, daß politische Aussagen, ja religiöse Vorstellungen als »Handlungen« selbst dann die Verfassung verletzen können, wenn gar keine Rechtsverletzung vorliegt.[54] Eine »Verletzung der Verfassung« soll sogar möglich sein, wenn mit einer Aussage nicht einmal rechtspolitische Forderungen erhoben werden, die im Falle ihrer Verwirklichung eine Grundgesetzvorschrift verletzen könnten, falls das Grundgesetz – was aufgrund des Prinzips der Volkssouveränität möglich ist – nicht entsprechend geändert würde, sondern es geht etwa um eine Auffassung über geschichtliche Ereignisse und die ideologiepolitische Bedeutung, welche diesen Geschehnissen zugesprochen werden soll. So wird etwa durch das bloße »Leugnen« oder »Verharmlosen« des Holocaust, dem größten Ideologievergehen der Bundesrepublik, was immer man sonst dazu sagen kann, kein einziges Verfassungsprinzip nach der FdGO-Definition des Bundesverfassungsgerichts verletzt, sondern etwa »die Legitimität der Bundesrepublik« bestritten.[55] Nach dieser Auffassung ist die Bundesrepublik Deutschland nämlich nicht dadurch legitimiert, daß sie den staatsrechtlichen Rahmen für die Verwirklichung des demokratischen Selbstbestimmungsrechts der Deutschen abgibt, sondern dadurch, daß bestimmte Aussagen über geschichtliche Vorgänge, auf welche die Bundesrepublik genetisch zurückgeführt wird, »wahr« sind.[56] Wäre jedoch diese Legitimationsbestimmung richtig, könnte die Bundesrepublik Deutschland nicht als Demokratie bezeichnet, sondern müßte als Ideologiestaat (Säkulartheokratie) klassifiziert werden, bei der es keinen für die freie Demokratie erforderlichen unbeschränkten politischen Pluralismus geben kann, sondern eine Beschränkung desselben nach verbindlichen staatlich geschützten Erkenntnissen vorgenommen wird. Politische Freiheit würde auf diese Weise durch den Glauben an historische und quasitheologische staatliche Legitimationswahrheiten abgelöst werden, welche man den staatlichen Berichten entnehmen kann, die auf Mitteilungen von Geheimdiensten beruhen, welche man wiederum nur noch als Gedankenpolizei klassifizieren kann.

Ein wesentliches Anzeichen, wie weit der mit dem Instrument der internen Geheimdienste vorangetriebene Weg in den Ideologiestaat bereits fortgeschritten ist, stellt die Tatsache dar, daß – wie in einem Glaubensstaat nicht anders zu erwarten – die Religionsfreiheit problematisch zu werden beginnt. An vorderster Stelle ist dabei die Sektenhysterie zu nennen[57], wovon die einsetzende geheimdienstliche Überwachung von religiösen Minderheiten ein wichtiger Bestandteil ist. Diese Sektenhysterie ist dabei von einem Verfassungsverständnis getragen, welches auch geeignet wäre, etwa die katholische Kirche wegen Unvereinbarkeit mit dem zum Glaubensdokument aufgewerteten »Grundgesetz« und den dabei gefundenen antifaschistischen Glaubenswerten – dem »Menschenbild des Grundgesetzes«[58] – als verfassungsfeindlich einzustufen (undemokratische Organisationsform, die persönliche Freiheit beschränkendes Zölibatsgebot, gleichheitswidrige Frauendiskriminierung etc.).[59] Den Weg zur Bedrohung der Religionsfreiheit und zur Anwendung des Verbotssurrogats (amtliche Warnungen etc.) auf Glaubensgemeinschaften hat allerdings das Bundesverwaltungsgericht geebnet, indem es ohne überzeugende Rechtsgrundlage[60] eine Weltanschauungsgemeinschaft, den Bund für Gotteserkenntnis, wegen seiner antisemitischen Ansichten als verfassungsfeindlich verboten hat.[61] Die entsprechenden Meinungsäußerungen seien gegen den Gleichheitssatz gerichtet, was ein eigenartiges Verkennen des vor staatlicher Macht schützenden Grundrechtsschutzes darstellt, eine Um-Wertung, die im Extremfall darauf hinausläuft, daß man Verfassungsfeind ist, wenn man die eine Partei und nicht die andere wählt (Wahl der SPD »diskriminiert« CDU), so daß »Demokratie« eigentlich und ideologisch folgerichtig die Einheitsliste der Demokraten gebietet, welche derartige »Diskriminierungen« des Bürgers ausschließt. Die relativ unproblematische Aufnahme ins »demokratische Lager« der Bundesrepublik Deutschland, welche die ehemalige Diktaturpartei SED/PDS gefunden hat, sowie umgekehrt das diffamierende Gleichsetzen rechter Oppositionsparteien mit der Ex-Diktaturpartei PDS, ja ihre Herabwürdigung auf eine (moralische) Ebene unterhalb dieser Partei[62] zeigen an, daß der (antifaschistische) »Ideologiestaat« nicht nur eine theoretische Entwicklungsmöglichkeit beschreibt, sondern daß es hierbei um die Analyse konkreter politischer Entwicklungen der Bundesrepublik Deutschland geht. Dabei ist allerdings weniger zu befürchten, daß ein neuer totalitärer Antifaschismus droht, vielmehr ist zu erwarten, daß Elemente dieses Antifaschismus in eine amtliche Ideologiekonzeption integriert werden, welche als »totalitärer Liberalismus« beschrieben werden kann und dessen Credo in den Rechtfertigungsversuchen aus der Besatzungszeit für das ideologische Bündnis zwischen Sowjetkommunismus und *liberalism* eruiert werden kann.[63] Dieser totalitäre Liberalismus fühlt sich der Kollektivschuld der Deutschen, also einem postrassistischen Konzept, und den außenpolitischen Interessen der Demokratisierungsmächte, zu denen ursprünglich auch die Sowjetunion gezählt wurde, verpflichtet, denen das Recht eingeräumt wird, in den demokratisierten Gebieten Wahlausgänge sicherzustellen, die »demokratischen Werten« entsprechen, welche seltsamerweise mit den Interessen der demokratisierenden Hegemonialmächte identisch sind. Die im amtlichen Engleutsch mit Hilfe der internen Geheimdienste durchgeführte »Fairständniskampagne« (amtliche Bezeichnung) sollte die Zusammenhänge eigentlich deutlich machen.

3. Staatsschutz – kein Verfassungsschutz

Spätestens diese ideo*logisch* zu erwartende Weiterentwicklung des Status quo des derzeitigen Verfassungsschutzes dürfte seinen für einen Anhänger eines freien Staates und einer freien Demokratie unhaltbaren Charakter deutlich gemacht haben. Der Ursprung des gegenwärtigen, sehr ideologisch ausgerichteten Verfassungsschutzes und damit die Geburtsstunde der spezifischen »Extremistenbekämpfung«, welche als »Grauzone von materieller Verfassungswidrigkeit und formaler Legalität«[64] beschrieben wird, dürfte in der Zurückweisung des Antrags liegen, den die Bayernpartei bei der 2. Lesung des Bundesverfassungsschutzgesetzes am 28.7.1950 gemacht hat. Nach diesem Antrag würden die (verfassungsfeindlichen) »Bestrebungen«, zu deren Bekämpfung das

Bundesamt für Verfassungsschutz eingerichtet werden sollte, danach zu bestimmen sein, daß sie eine »ungesetzliche Aufhebung, Änderung oder Störung der verfassungsmäßigen Ordnung … zum Ziele haben«.[65] Es bietet sich an, diesen Vorschlag aufzugreifen und eine entsprechende Neufassung des Gesetzes über das Bundesamt für Verfassungsschutz vorzuschlagen. Bei Verwirklichung dieses Vorschlags würde es sich allerdings nicht mehr um einen Verfassungsschutz im bundesdeutschen Sinne, sondern um den klassischen Staatsschutz handeln, wie ihn jeder Staat kennt und wie er selbstverständlich auch zum Zwecke des Erhalts der mit dem Grundgesetz errichteten Staatsordnung vor rechtswidriger Beeinträchtigung legitim und nachdrücklich geboten ist. Dabei stellt sich die Frage, ob es zum Zwecke eines derartigen Staatsschutzes überhaupt des Bundesamtes für Verfassungsschutz und entsprechender Einrichtungen auf Landesebene bedarf. Ungesetzliche Angriffe auf die Verfassungsordnung erfüllen ganz ausnahmslos Straftatbestände, sei es, daß es dabei um spezifische, auf den Schutz des Staates bezogene Delikte wie »Nötigung von Verfassungsorganen« oder um gewöhnliche Kriminalität wie »Körperverletzung« geht, sofern diese politisch motiviert ist. Die Verhinderung entsprechender Straftaten, soweit möglich, obliegt den Dienststellen der Polizei und die Bekämpfung und Ahndung entsprechender Straftaten den Dienststellen von Polizei, Staatsanwaltschaft und Strafjustiz. Diese Art von »polizeilichem Verfassungsschutz« findet mit oder ohne Existenz von Verfassungsschutzämtern statt, ohne daß dieser amtlich unbedingt als »polizeilicher Verfassungsschutz« bezeichnet werden muß, wenngleich dies sinngemäß in den »politischen« Dezernaten von Polizeidienststellen doch zum Ausdruck kommt.

Es spricht einiges dafür, daß für bestimmte Delikte aufgrund ihres spezifischen Charakters spezielle Dienststellen geschaffen werden müssen, wie etwa für die Spionageabwehr gegenüber dem freundlichen und weniger freundlichen Ausland (die Bundesrepublik hat bekanntlich nur noch ausländische Freunde, es sei denn die USA schreiben einen – auch inländischen – Feind vor). Allerdings obliegt diese Aufgabe bereits dem Bundesnachrichtendienst (BND) und dem Militärischen Abschirmdienst (MAD). Soweit die Ämter des Verfassungsschutzes auch in diesem Bereich tätig sind, könnten bei einem als klassischem Staatsschutz verstandenen »polizeilichen Verfassungsschutz« die entsprechenden Bereiche der Dienststellen des derzeitigen Verfassungsschutzes auf die eigentlichen Geheimdienste übertragen werden. Diese Stellen könnten dann auch die Mitwirkung bei Sicherheitsüberprüfungen übernehmen, was einen weniger ideologischen Charakter dieser legitimen staatlichen Funktion zur Folge hätte, zumal das Bundesamt für Verfassungsschutz nach dem einschlägigen Gesetz auch nichts anderes tut, als bei den anderen Nachrichtendiensten und den Polizeibehörden abzufragen, und sich im übrigen darauf beschränkt, den ideologischen Senf dazu zu tun. Was dann noch für einen speziellen »Verfassungsschutz« übrigbleiben würde, wäre die Beobachtung denkbarer Vorbereitungshandlungen, welche strafrechtlich (noch) nicht erfaßt sind. Sicherlich ist es legitim, daß sich staatliche Stellen bei gewissen Anhaltspunkten Gedanken machen, ob in akademischen Seminaren, in denen die Notwendigkeit revolutionärer Umstürze gelehrt wird, nicht Vorbereitungen für einen tatsächlichen Umsturz getroffen werden. Da allerdings das Vertreten von Revolutionstheorien von der Meinungsfreiheit erfaßt ist und deshalb auch kein geeigneter Straftatbestand geschaffen werden kann, es außerdem von einer Theorie zur Praxis ein weiter Weg ist, an dem vor allem eine freie Auseinandersetzung hindern sollte, müßten sich die Organe des Staatsschutzes auf bloße Kontrolle und Beobachtung beschränken und, im Falle, daß Theorien tatsächlich in Vorbereitungen zu strafbaren Handlungen übergehen sollten (wie dies bei der Umsetzung der auf Re-education-Elemente zurückgehenden 68er-Ideologie durch die Rote Armee Fraktion der Fall war?), die »normale« Polizei tätig werden lassen. Dieser

»normalen« Polizei stehen dann natürlich die Erkenntnisse der »hohen Polizei« – so die Bezeichnung im obrigkeitlichen Rechtsstaat Preußen – voll zur Verfügung. Die »hohe« Polizeidienststelle, welche diese möglichen Vorbereitungshandlungen beobachtet, würde sinnvollerweise nicht in offener Weise durch Festnahme und Beschlagnahme etc. in Aktion treten, sondern würde »geheime« (»Staats-« im Unterschied zur »Verwaltungs«-)Polizei bleiben. Deshalb würde auch nicht bekanntgegeben werden, daß diese oder jene Gruppierung beobachtet wird, weil es im Rechtsstaat auch keine »staatsanwaltschaftlich überwachte Partei« als solche geben kann, sondern eine entsprechende Überwachung ungeachtet der ideologischen Ausrichtung einer Partei stattfindet, wenn der begründete Verdacht auf strafbare Handlungen besteht oder – im Falle der Überwachung durch eine »geheime« Polizei – auf entsprechende (mögliche) Vorbereitungshandlungen. Es wäre geradezu widersinnig, da den legitimen staatlichen Zweck beeinträchtigend, wenn die Staatsanwaltschaft bekanntgeben würde, daß eine Überwachung etwa eines Bezirksverbands der CDU angeordnet ist, weil man vermutet, daß hier eine Unterwanderung (etwa zum Zwecke der Geldwäsche) durch die Mafia stattfindet. Dieser Gesichtspunkt gilt erst recht bei einer Beobachtung durch eine »geheime« Polizei.

Die »geheime« Polizei würde auch keine Berichte veröffentlichen, vielmehr ist die Herausgabe einer Polizeistatistik wieder Aufgabe einer »normalen« Polizei, welche dann selbstverständlich auch politisch motivierte Kriminalität ausweisen könnte. Es wäre legitim, gelegentlich polizeiliche Berichte zu veröffentlichen, welche sich auf eine bestimmte Form politisch motivierter Kriminalität beziehen, wie etwa Terrorismus, wobei in diesem Zusammenhang auch auf die ideologische Motivation dieser Straftäter eingegangen werden könnte. Es versteht sich von selbst, daß entsprechende Polizeiberichte in einem Rechtsstaat so abgefaßt sein müssen, daß damit keine diffamierende Wirkung auf Gruppierungen mit ähnlicher Ideologie ausgeht, welche aber ihre Ziele mit legalen Mitteln verfolgen. Die politische Auseinandersetzung, ob etwa eine geistige oder moralische Verantwortung von legal agierenden Gruppierungen für die Taten illegaler Gruppierungen besteht (etwa der K-Gruppen der späteren Grünen für den RAF-Terror?) und ob eine ideologische Zurechnung – etwa aufgrund der gemeinsamen marxistischen Ideologie – möglich ist, stellt ersichtlich keine Aufgabe der Polizei dar, sondern ist dann Teil der politischen Auseinandersetzung zwischen Bürgern und politischen Gruppierungen. Erst recht ist es nicht Aufgabe einer »geheimen« Polizei, sich amtlich durch Bekanntgabe bestimmter »Erkenntnisse« in die politische Theoriediskussion oder in die geistige Auseinandersetzung einzuschalten. Auch nach Artikel 21 Abs. 1 GG wirken zwar Parteien an der politischen Meinungsbildung des Volkes mit, nicht jedoch »geheime«, aber öffentlich agierende Polizeibehörden.

Bei der Darstellung der Tätigkeit eines klassischen Staatsschutzes durch eine »geheime« (Staats-)Polizei wird deutlich, daß auch die Tätigkeit des bestehenden Verfassungsschutzes, welcher die beschriebene Tätigkeit natürlich auch wahrnimmt, polizeilicher Art ist, wobei deren polizeilicher Charakter nicht deshalb bestritten werden kann, weil jenen Behörden infolge Selbstbeschränkung bestimmte Zwangsbefugnisse nicht zustehen.[66] Entscheidend ist, daß es bei der »politischen Polizei« im Rechtsstaat um die Ahndung der Tatbestände von Normen geht, welche (weitgehend) dem strafrechtlichen Bestimmtheitsgebot genügen müssen. Der bundesdeutsche Sonderweg des derzeitigen Verfassungsschutzes besteht demgegenüber darin, daß hier, wenngleich nicht mit vollen polizeilichen Exekutivbefugnissen[67], mit dem »Verfassungsschutz« eine Art Oberpolizei – mehr zum Schutz einer ideologischen, strafrechtlich aber nicht geschützten Oberverfassung – eingerichtet ist, welche sich bei tendenzieller Lösung von dem polizeirechtsakzessorischen Auftrag notwendigerweise dem Schutz staatlich gepflegter weltanschaulicher Werte verpflichtet sieht und eigentlich nur noch mit der ausdrücklich so bezeichneten »Gedankenpolizei« im Japan der Vorkriegszeit gleichgesetzt werden kann.[68] Genau in diesem Element besteht der dem Homogenitätsgebot[69] der geheimdienstlich geschützten Wertordnung nicht entsprechende bundesdeutsche Sonderweg, welcher in einem offiziösen Kommentar insofern zugegeben wird, als danach im internationalen Vergleich festzustellen wäre, daß die »Aufgabe ›Extremistenbekämpfung‹ sich in Rückzug befinden« würde, d. h. in der bundesdeutschen Art eigentlich kaum existiert hat, da es auch keinen (westlichen) Staat gibt, welcher über einen »Verfassungsschutz« als solchen verfügt.[70]

Die Frage ist allerdings, ob einer an sich gebotenen Rückkehr zum klassischen Staatsschutz und der Abkehr von der als »Verfassungsschutz« agierenden Gedankenpolizei nicht insofern das Grundgesetz entgegensteht, als dieses als »wehrhafte Demokratie« beschrieben wird. Immerhin ist das Grundgesetz die einzige Verfassung, zumindest des Westens, welche dem internen Geheimdienst einen verfassungsrechtlichen Rang einräumt[71], was sich in der Tat wieder als bundesdeutscher Sonderweg kennzeichnen ließe. Wie ausgeführt, handelt es sich bei dem ideologisch ausgerichteten Staatsschutz der Bundesrepublik Deutschland um den wesentlichen Bestandteil eines Verbotssurrogats, welches sich aus einem bestimmten Verständnis der Parteiverbotsvorschrift des Artikels 21 Abs. 2 GG zwar nicht zwingend ergibt, aber doch irgendwie naheliegend ist. Die Rückkehr zu einem klassischen Staatsschutz wäre wohl nur möglich, wenn Artikel 21 Abs. 2 GG und die Verbotsvorschrift des Artikels 9 Abs. 2 GG für (politische) Vereine so lauten würden, wie dies in § 78 der Verfassung des Königreichs Dänemark ausgedrückt ist:

»(2) Vereine, die sich unter Anwendung von Gewalt betätigen oder ihre Ziele durch Gewaltanwendung, Anstiftung zur Gewaltanwendung oder ähnliche strafbare Beeinflussung Andersdenkender zu erreichen suchen, werden durch Gerichtsbeschluß aufgelöst.

…

(4) Klagen auf Auflösung politischer Vereine können ohne besondere Erlaubnis bei dem höchsten Gerichtshof des Königreiches anhängig gemacht werden.«

Wahrscheinlich wäre es möglich gewesen, die recht mehrdeutig zu verstehenden Verbotsvorschriften des freiheitlichen Grundgesetzes[72] in ähnlicher Weise auszulegen, wie dies in der zitierten Vorschrift der Verfassung des freien Königreichs Dänemark formuliert ist. Wie Artikel 91 Abs. 1 GG (Notstand für den Bestand und die freiheitliche demokratische Grundordnung von Bund und Ländern) zeigt, welchen das Bundesverfassungsgericht bezeichnenderweise bei der Auslegung von Artikel 21 Abs. 2 GG nicht herangezogen hat, handelt es sich beim Parteiverbot um eine Maßnahme des staatlichen Notstandes. Insofern ist Artikel 21 Abs. 2 GG (und Artikel 9 Abs. 2 GG) ein Ersatz für den sogenannten Diktatur-Artikel 48 der Weimarer Reichsverfassung, welcher im Notstandsfall und damit zeitlich befristet Parteiverbote als »außer Kraft setzen« von Art. 124 WRV (Vereinigungsfreiheit) ermöglicht hat (daneben sind noch der historischen Vollständigkeit halber die mit verfassungsändernder Mehrheit erlassenen Republikschutzgesetze und die daraufhin ergangenen Parteiverbote zu nennen). Von programmatischen Aussagen einer Partei droht aber ersichtlich kein Notstandsfall (Ausnahmezustand), so daß in einem demokratischen Rechtsstaat in der Tat ein Parteiverbot oder die Anwendung eines Verbotssurrogats nur möglich sein sollte, wenn die in der dänischen Verfassung beschriebenen oder vergleichbare Voraussetzungen im Sinne von Art. 48 WRV erfüllt sind. Andernfalls bekommt man anstelle eines vorübergehenden tatsächlichen und mit geeigneten polizeilichen Mitteln zu behebenden Notstands einen ideologischen Notstand in Permanenz, für den sich dann die Gedankenpolizei zuständig fühlt.

4. Die (wohl) grundgesetzkonforme Lösung: Grundgesetzpolizei

Das Problem des Bundesverfassungsgerichts bei der Entscheidung über die Parteiverbotsanträge der Bundesregierung war es, daß auf der Grundlage eines dem klassischen Notstandskonzept entsprechenden Grundgesetzverständnisses zumindest die SRP nicht hätte verboten werden können. Ein Verbot dieser Partei war jedoch von den nach Besatzungsstatut herrschenden Alliierten gewollt – wie die Nichtlizensierung dieser Partei in West-Berlin zeigte, wo die Parteienlizensierung erst 1955 aufgehoben worden ist[73] –, so daß das BVerfG nach Wegen suchen mußte, die Partei zu verbieten, wollte es vermeiden, daß seine Autorität dadurch vermindert würde, daß entweder die Alliierten aufgrund des Besatzungsstatuts oder eine deutsche Behörde auf der Grundlage des damals noch anwendbaren antifaschistischen Ausnahmerechts nach Artikel 139 GG ein Verbot aussprechen.[74] Das ersichtliche Anliegen war, das Parteiverbot – wobei schon unklar ist, ob Artikel 21 Abs. 2 GG dies überhaupt vorsieht – so auszugestalten, daß es in Verbindung mit der von den Alliierten gegen den Parlamentarischen Rat durchgesetzten wahlrechtlichen Sperrklausel einen adäquaten Ersatz für das alliierte, ideologiepolitisch motivierte Lizensierungssystem (Verbot von – »rechtsextremen« – deutschen Parteien mit alliiertem Erlaubnisvorbehalt), welches erst nach der ersten Bundestagswahl im Januar 1950 aufgehoben worden ist[75], darstellt. Die Methode des Bundesverfassungsgerichts, dieses Ziel zu erreichen, bestand darin, daß es aus dem Begriff der »freiheitlichen demokratischen Grundordnung«, wahrscheinlich eine vornehme Beschreibung für »verfassungsmäßige Ordnung« und Schutzgut des klassischen Staatsschutzes, ein Uberparteiprogramm gemacht hat, dessen Inhalt es in Anlehnung an die »Verfassungsgrundsätze« nach § 88 Abs. 2 des Strafgesetzbuches (nunmehr: § 92 Abs. 2 StGB), also nach Vorgaben[76], die der Bundesgesetzgeber in Zusammenarbeit mit den Alliierten geschaffen hatte, entwickelte. Anhand dieses Überparteiprogramms, dessen Verkündung auf einen Verstoß gegen Artikel 79 Abs. 1 Satz 1 GG (Verbot der Änderung des Grundgesetzes ohne ausdrückliches Änderungsgesetz) hinausläuft, konnte es mit etwas Unterstellung (»geheimes Parteiprogramm«: vermeidet Bekenntnis zur Demokratie – wenn sie es getan hätte, hätte sicherlich nur ein »Lippenbekenntnis« vorgelegen) die SRP, aber dann aufgrund einer umfassenden Marxismusanalyse – und nicht etwa deshalb, weil sie eine Agentur des SBZ-Regimes und der totalitären Sowjetunion war – auch die KPD verbieten.[77] Das Parteiverbot wurde dabei mit weitreichenden Rechtsfolgen versehen, welche stärker als das Parteiverbot zur Zeit der Bismarckschen Reichsverfassung[78] und nach der WRV die politische Freiheit verkürzen.[79]

Einzuräumen ist, daß man die in Artikel 21 Abs. 2 GG genannten »Ziele(n)« als offenes oder (bei Bedarf) auch geheimes Parteiprogramm verstehen kann (aber nicht muß), so daß insoweit der Ansatz des Bundesverfassungsgerichts eine Grundlage im Grundgesetz zu haben scheint. Ein entsprechendes Vorverständnis kann sich durch Artikel 9 Abs. 2 GG bestätigt sehen, wonach ein »Gedanke« (Völkerverständigung) nicht beeinträchtigt werden darf, so daß vermutet werden kann, Artikel 21 Abs. 2 GG würde weitere Gedanken oder Ideen verbieten. Auch läßt Artikel 5 Abs. 3 Satz 2 GG vermuten, daß es (akademische) Lehren geben kann, die gegen die Verfassung verstoßen, welche derzeit amtlich als »Pseudowissenschaft« gekennzeichnet werden, so wie es ja auch »Pseudoreligionen«, vielleicht auch bald »Pseudomeinungen« gibt, welche keinen verfassungsrechtlichen Schutz verdienen. In der Tat hat das Bundesverfassungsgericht den Sinn des Parteiverbots auch darin gesehen, die von der verbotenen Partei vertretenen »Ideen selbst aus dem Prozeß der politischen Willensbildung auszuscheiden«.[80] Diese im SRP-Verbotsurteil geäußerte Auffassung ist im KPD-Verbotsurteil nicht widerrufen worden, aber anders als »gegen rechts« – ein

Unterschied, der noch heute in »Verfassungsschutzberichten« zu erkennen ist – zugunsten des Kommunismus mit dem Vorbehalt einer »aggressiv-kämpferischen Haltung« relativiert worden. Diese Relativierung des bloßen Ideenverbots ist aber im Zweifel wiederum dadurch eingeschränkt, daß die »aggressiv-kämpferische Haltung« letztlich im zu lauten Verbalradikalismus gesehen wird und dabei der gesamten an sich legalen Tätigkeit einer zu verbietenden Partei das Verdikt verfassungswidrige »Handlung« trifft. Das Bundesverfassungsgericht hat damit den ideologischen Hochverrat an Verfassungsprinzipien verboten, welcher durch die zu deutliche Äußerung von Auffassungen nachgewiesen wird, die den Prinzipien widersprechen oder zu widersprechen scheinen.

Die wesentliche politische Forderung, welche in diesem durch das Bundesverfassungsgericht geprägten und damit vorgegebenen Kontext im Interesse einer freien Demokratie erhoben werden muß, kann man dann in Abgrenzung zum derzeitigen »Verfassungsschutz« und im Unterschied zum klassischen »Staatsschutz« auf den Begriff »Verfassungspolizei« bringen, welche aber der begrifflichen Klarheit wegen als »Grundgesetzpolizei« zu kennzeichnen wäre. Zur Verwirklichung einer derartigen Grundgesetzpolizei müssen mehrere Forderungen erhoben werden, welche den Rückfall in den derzeitigen Verfassungsschutz und seine weitere Entfaltung zu einer (reinen) Gedankenpolizei verhindern:

1. Forderung: Grundgesetzkonforme Verfassungsschutzgesetze

Die für den Verfassungsschutz entwickelten Verfassungsschutzgesetze haben bisher nicht alle Grundsätze der FdGO-Definition des Bundesverfassungsgerichts übernommen, sondern folgen weiterhin den Grundsätzen des politischen Strafrechts.[81] Daraus ergeben sich weitreichende Abweichungen bei der Definition der »freiheitlichen demokratischen Grundordnung« und damit auch bei der Bestimmung des »Verfassungsfeindes«, wie folgende Übersicht ergibt:

Freiheitliche demokratische Grundordnung nach der Definition des Bundesverfassungsgerichts (BVerfGE 2, 1, 12 f.)	**Freiheitliche demokratische Grundordnung nach der Definition in Verfassungsschutzgesetzen (Beispiel Niedersachsen)**
eine rechtsstaatliche Herrschaftsordnung	
unter Ausschluß jeglicher Gewalt- und Willkürherrschaft	**Nr. 6** der Ausschluß jeder Gewalt und Willkürherrschaft
auf der Grundlage der Selbstbestimmung des Volkes nach dem Willen der jeweiligen Mehrheit und der Freiheit und Gleichheit	**Nr. 1** das Recht des Volkes, die Staatsgewalt in Wahlen und Abstimmungen und durch besondere Organe der Gesetzgebung, der vollziehenden Gewalt und der Rechtsprechung auszuüben und die Volksvertretung in allgemeiner, unmittelbarer, freier, gleicher und geheimer Wahl zu wählen
die Achtung vor den im Grundgesetz konkretisierten Menschenrechten, vor allem vor dem Recht der Persönlichkeit auf Leben und freie Entfaltung	**Nr. 7** die im Grundgesetz konkretisierten Menschenrechte
die Volkssouveränität	
die Gewaltenteilung	
die Verantwortlichkeit der Regierung	**Nr. 4** die Ablösbarkeit der Regierung und ihre Verantwortung gegenüber der Volksvertretung
die Gesetzmäßigkeit der Verwaltung	**Nr. 2** die Bindung der Gesetzgebung an die verfassungsmäßige Ordnung und die Bindung der vollziehenden Gewalt und der Rechtsprechung an Gesetz und Recht
die Unabhängigkeit der Gerichte	**Nr. 5** die Unabhängigkeit der Gerichte
das Mehrparteienprinzip	
die Chancengleichheit für alle politischen Parteien mit dem Recht auf verfassungsmäßige Bildung und Ausübung politischer Opposition	**Nr. 3** das Recht auf Bildung und Ausübung einer parlamentarischen Opposition

In einer politischen Ordnung, in der im Zweifel – wie dargelegt – doch Gedanken und Ideen diskriminiert, wenn nicht gar verboten werden können, müssen die Abweichungen[82] bei der FdGO-Definition, sofern man rechtsstaatskonform dem Recht die wesentliche Bedeutung zugesteht, als gewichtig angesehen werden. So ist bei »Verzicht« auf das »Mehrparteienprinzip«[83] mit der Verkürzung der »Chancengleichheit für alle politischen Parteien« auf »Recht auf Bildung parlamentarischer Opposition« sicherlich ein Schutz etablierter Parteien und damit eine Diskriminierung der durch die Fünfprozentklausel zur außerparlamentarischen Tätigkeit verurteilten Oppositionsparteien beabsichtigt. Das »Vergessen« des Merkmals »rechtsstaatliche Herrschaftsordnung« ist besonders bedeutsam, wenn man sich vergegenwärtigt, was historisch der Gegensatz zum Rechtsstaat war, nämlich nicht nur die mit der Forderung nach »Gewaltenteilung« – auch dieses Merkmal fehlt, wenngleich ein gewisser Ausgleich über die »Gesetzmäßigkeit der Verwaltung« erfolgt – bekämpfte »Despotie«, sondern vor allem die »Theokratie«, d. h. die Herrschaftsbegründung nach den Lehren einer überlieferten Religion[84], oder neutraler: der Ideologiestaat. Das Abstufen der »Selbstbestimmung des Volkes nach dem Willen der jeweiligen Mehrheit und der Freiheit und Gleichheit« auf »... die Volksvertretung in allgemeiner, unmittelbarer, freier, gleicher und geheimer Wahl zu wählen« nimmt dem Volk das Recht auf die Verfassungsgebung, d. h., es wird Volkssouveränität durch eine »Verfassungssouveränität« ersetzt, welche als subjektlose »Demokratie« die Auswechslung des Volks, aber auch die Übertragung der Herrschaftsbefugnis auf internationale Behörden erleichtert. Natürlich kommt »Volkssouveränität« denn als FdGO-Merkmal in den Verfassungsschutzgesetzen nicht vor, was den ideologischen Kampf mit Hilfe des Geheimdienstes gegen den »Rechtsextremismus«, welcher das Recht auf nationale Selbstbestimmung »überbetont« und die »internationale Einbindung« verhindern will, sehr erleichtert. Mit der »Konkretisierung« des Prinzips »Verantwortlichkeit der Regierung« durch »Ablösbarkeit der Regierung und ihre Verantwortung gegenüber der Volksvertretung« soll die Forderung nach einer Präsidialdemokratie, eventuell auch die Forderung nach einem Plebiszit (sofern die Forderung von »rechts« kommt) als verfassungsfeindlich eingestuft werden können, womit die politischen Optionen, für Verfassungsänderungen eintreten zu können, erheblich reduziert werden und somit politische Freiheit verkürzt wird. Auch die Konkretisierung des Prinzips »Achtung vor den im Grundgesetz konkretisierten Menschenrechten, vor allem vor dem Recht der Persönlichkeit auf Leben und freie Entfaltung« auf »die im Grundgesetz konkretisierten Menschenrechte« soll die politische Forderung auf Grundgesetzänderungen einschränken, weil dann jemand, welcher nicht »parlamentarische Opposition« ist, sondern allgemein vom »Recht auf verfassungsmäßige Bildung und Ausübung politischer Opposition« Gebrauch macht und vorschlägt, den Asylrechtsmißbrauch durch eine Verminderung der grundgesetzlichen Gewährleistung einzuschränken, zum Verfassungsfeind erklärt werden kann, welcher »gegen die Menschenrechte« »agitiert«: und dies, obwohl das »Asylrecht« nach Artikel 16 a GG gar kein Menschenrecht, sondern ein Ausländerrecht darstellt oder nur dann als Menschenrecht gekennzeichnet werden kann, wenn man Menschen auf Ausländer reduziert. Die Verkürzung der Grundrechte auf »Menschenrechte« hat eine gewisse Grundlage in Artikel 1 Abs. 2 GG (»Bekenntnis« des deutschen Volkes zu den unveräußerlichen Menschenrechten), jedoch werden damit die politisch entscheidenden Bürgerrechte, welche als Deutschenrechte Demokratie in Deutschland konstituieren, konzeptionell erheblich entwertet. Der Umgang der politischen Klasse mit dem Staatsbürgerschaftsrecht sollte dann nicht mehr verwundern. Auch der pseudomoralische Hinweis in Ausländerfreundlichkeitskampagnen des Parteienfernsehens und in Fairständnis-Aktionen der internen Geheimdienste, daß »wir alle« Ausländer seien, ergibt sich aus dieser Konzeption, welche darauf hinausläuft, daß Deutsche wie Ausländer behandelt werden sollten, womit der

Aufenthaltsstatus von Deutschen in Deutschland (es steht ihnen ja die europäische Niederlassungsfreiheit zu) oder das Auslieferungsverbot an das Ausland (welches in der Tat stillschweigend in dem Abkommen über die Auslieferung von Kriegsverbrechern im Jugoslawienkonflikt beseitigt worden ist) nicht nur ideologisch in Frage gestellt wird.

Dabei sind schon gegen den Ansatz des Bundesverfassungsgerichts, die FdGO als Ansammlung von Verfassungsprinzipien zu verstehen, zwei grundlegende Bedenken anzumelden: nämlich zum einen, daß sich die erkannten FdGO-Grundsätze nur schwer mit Artikel 79 Abs. 3 GG (Grenzen der Grundgesetzänderung) in Einklang bringen lassen, womit man »Verfassungsfeind« wird, wenn man etwas fordert, dem Artikel 79 Abs. 3 GG gar nicht entgegensteht[85], und zum anderen, daß (ungeschriebene) Verfassungsgrundsätze zu einem Bruch in der die Integrität des Rechtsstaates sichernden Normenhierarchie führen. Dieser Bruch bedeutet, daß man »Verfassungsfeind« wird, obwohl man kein positives Gesetz verletzt[86], sondern nur nicht richtig »bekennt«. »Geschriebene Verfassungsgrundsätze außerhalb der Verfassungsurkunde sind überall dort zu erwarten, wo ein Staat sich mit einer Religion oder Weltanschauung identifiziert.«[87] Stellt man diese prinzipiellen und gewichtigen Bedenken zurück, dann kann man den Grundsätzen des Bundesverfassungsgerichts trotz eines gewissen Eklektizismus die Plausibilität nicht absprechen (und sie sind zumindest für den Verfasser durchaus akzeptabel). Die Forderung, welche sich aufdrängt, richtet sich auf eine Änderung der Verfassungsschutzgesetze, welche dann wenigstens den vom Bundesverfassungsgericht erkannten FdGO-Grundsätzen folgen müssen, wenn schon nicht dem angeführten, auf einen klassischen Staatsschutz zielenden Vorschlag, den seinerzeit die Bayernpartei gemacht hat, gefolgt werden kann und statt dessen eine Grundgesetzpolizei als das dem Grundgesetz angemessene Instrument erscheint. Eine gesetzliche Anpassung an die verfassungsgerichtlichen FdGO-Grundsätze würde dem ideologischen Kampf der internen Geheimdienste »gegen rechts« bereits weitgehend den Boden entziehen.

2. Forderung: Verwirklichung des Zensurverbots

Die sich daran anschließende auf das Rechtsstaatsprinzip gestützte Forderung für die Grundgesetzpolizei ergibt sich dann wie von selbst. Abgesehen davon, daß sich bei Zugrundelegen der vom Bundesverfassungsgericht erkannten FdGO-Prinzipien anstelle der Prinzipien des politischen Strafrechts der politische Pluralismus automatisch erhöhen würde (es wäre dann etwa denkbar, für ein Präsidialregime mit einer vom Parlament unabhängigen, aber natürlich – mehr als derzeit EG-Kommission und EG-Rat – »verantwortlichen« Regierung einzutreten), so hätte insbesondere die Beachtung des Rechtsstaatsprinzips und die Anwendung desselben auf die Tätigkeit der Geheimdienste erhebliche Konsequenzen: Wie ausgeführt[88], könnten »Verfassungsschutzberichte« – soweit sie überhaupt zulässig sind – bei Beachtung des Rechtsstaatsprinzips als Gegenbegriff zum Gesinnungs- und Ideologiestaat nicht mehr nach Formen des ideologischen Extremismus gegliedert werden, sondern müßten den Prinzipien der »freiheitlichen demokratischen Grundordnung« folgen, ähnlich wie eine Strafrechtsstatistik nach den Tatbeständen des Strafrechts und nicht nach strafrechtsanfälligen und weniger strafrechtsanfälligen Bevölkerungsgruppen aufgebaut ist. Dabei müßten den Geheimdiensten vor allem Handlungen und nicht politische Forderungen und Programme interessieren.

Letztlich sollte Kriterium für die Rechtmäßigkeit der Verfassungsschutzberichte darstellen, ob diese Berichte das Verbot der Nachzensur beachten. Nur dann ist auch im Sinne der Konkordanz der Verfassung gewährleistet, daß durch derartige Berichte keine Beeinträchtigung des Verfassungsprinzips der freien Bildung politischer Opposition eintritt – weshalb nicht verwundern sollte, daß in den Verfassungsschutzgesetzen dieses Prinzip nicht wirklich anerkannt ist. Die Praxis der

Polizeiminister, politische Meinungsäußerungen der politischen Opposition allein wegen ihrer politischen und ideologischen Zielsetzung mit Hilfe von »Erkenntnissen« der internen Geheimdienste als »extremistisch« zu ächten, stellt nämlich als Maßnahme der staatlichen Meinungslenkung Nachzensur dar, wie der im VS-Bericht des Bundes von 1999 (über 1998) verwendete Ausdruck »politisch verdächtig erscheinende Bücher«[89] in aller Deutlichkeit offenbart. Die sogenannte herrschende Meinung geht allerdings davon aus[90], daß sich das Zensurverbot des Grundgesetzes nach Artikel 5 Abs. 1 Satz 3 GG (»Eine Zensur findet nicht statt«) nur auf die sogenannte Vorzensur bezieht, während die sogenannte Nachzensur grundsätzlich, zumindest in den Schranken der »allgemeinen Gesetze« nach Artikel 5 Abs. 2 GG, möglich wäre.[91] »Das Wesen des deutschen Rechts- und Gerichtssystems« bringt es danach – angeblich – mit sich, »... daß beispielsweise auch disziplinarrechtliche Strafen, die noch von der Dienstbehörde ausgesprochen werden können, verfassungsrechtlich unbedenklich sind«.[92] Da disziplinarrechtliche Maßnahmen in einer für die Meinungsfreiheit relevanten Weise in der Bundesrepublik Deutschland die Tätigkeit der Verfassungsschutzämter als Nachzensoren zur Voraussetzung haben, wird deutlich, daß die Beschränkung des Zensurverbots auf die Vorzensur sich nur mit dem letztlich illegitimen Anliegen erklären läßt, das verfassungswidrige Verbotssurrogat möglichst effektiv auszugestalten. Nach der dem internen Geheimdienst geneigten Literaturmeinung ist es nach dem Grundgesetz lediglich verboten, ein staatliches Genehmigungssystem einzuführen, welches eine Veröffentlichung oder auch das Abhalten einer Rede von der Billigung einer zuständigen staatlichen Stelle abhängig macht. Da die Nachzensur jedoch nicht mit der Schere (oder moderner: mit Filzstiften), sondern etwa mit Leuchtstiften arbeitet, mit denen staatlich bewertend – und damit eben zensierend – ideologisch falsche Sätze hervorgehoben werden, welche dann etwa für die Veröffentlichung in sogenannten »Verfassungsschutzberichten« kompiliert werden, ist nach dem geistigen Bild der überwiegenden Grundgesetzinterpreten diese staatlich bewertende Nachzensur zumindest im Grundsatz verfassungsrechtlich möglich.

Mit diesem Ansatz kann aber weder die Praxis des NS- noch des DDR-Regimes angemessen »bewältigt« werden, obwohl dies doch den politischen Hauptzweck der Bundesrepublik Deutschland darstellt. Bei einer äußerst formalen Betrachtungsweise kann nämlich behauptet werden, daß es weder zur NS-Zeit[93] noch zur DDR-Zeit[94] nach Etablieren der jeweiligen Regime eine nennenswerte (Vor-)Zensur gegeben hat, so daß insofern grundgesetzkonforme Verhältnisse vorgelegen hätten. Die Meinungslenkung in der NS-Zeit erfolgte nämlich dadurch, daß die Grundsätze des öffentlichen Dienstrechts auf Journalisten angewandt worden sind und dabei die private Presse mit einem öffentlich-rechtlichen System überlagert worden ist, so daß die weiter privatwirtschaftlich betriebene Presse funktional zu beauftragten Unternehmen des Regimes wurde.[95] Die Sanktion für die Äußerung einer falschen Meinung bestand dann in einem (nachträglichen) Disziplinarverfahren und auf einem darauf basierenden Schreib- und Berufsverbot, welches formale (Vor-)Zensur und Zeitungsverbot fast gänzlich erübrigt hat. Schon dies spricht dafür, daß die von der herrschenden Meinung angenommene Unterscheidung zwischen der verfassungsrechtlich verbotenen Vorzensur und der nach dem Grundgesetz angeblich erlaubten Nachzensur nicht haltbar sein kann. Dies wird immerhin von einer beachtlichen Minderheit des rechtswissenschaftlichen Schrifttums anerkannt: So weisen Hoffmann/Riem[96] zu Recht darauf hin, daß die herrschende Meinung in der Bewertung des Gefahrenpotentials hinsichtlich der Vor- und Nachzensur falsch liege. Auch die historische Grundgesetzauslegung spricht dagegen, daß mit der Rechtslage von 1818, wonach »jeder ... ungehindert drucken lassen (kann), was er sich vor Gericht zu verantworten traut«[97], der Umfang der verfassungsrechtlichen Garantie des Artikels 5 GG bestimmt werden sollte. Die Unterscheidung der herrschenden Meinung zwischen Vorzensur und Nachzensur, welche jedoch überwiegend im Interesse der ideologiepolitischen Meinungssteuerung zu dieser Rechtslage zurückführen dürfte, ist in der 25. Sitzung des Grundsatzausschusses des Parlamentarischen Rates gerade durch die Ablehnung der ursprünglich vorgesehenen Beschränkung auf die »Vorzensur« zum Ausdruck gebracht worden. Die dabei abgelehnte Formulierung hatte dem Art. 111 Abs. 2 Satz 1 der Bayerischen Verfassung von 1946 entsprochen, welcher ausdrücklich die »Vorzensur« verbietet. Aufgrund des Antrags des Abgeordneten Bergsträsser ist die ursprünglich vorgesehene Beschränkung mit der ausdrücklichen Begründung aufgegeben worden, daß es sich bei der Vorzensur nur um einen Teil der Zensur handle, eine Nachzensur wolle man aber ebensowenig.[98] Da Zweck der Zensur die Meinungssteuerung, d. h. die staatliche Kontrolle im Kommunikationsbereich ist, liegt diese nicht vor, wenn die Grundgesetzpolizei etwa eine systematische Presseauswertung vornimmt, um festzustellen, ob Anhaltspunkte für rechtswidrige Handlungen gegen die Verfassungsordnung bestehen, wobei wiederum in einem Rechtsstaat in Übereinstimmung mit den Diskriminierungsverboten des Artikels 3 Abs. 3 GG die Strafnormen keinen ideologisch-diskriminierenden Charakter haben dürfen. Dagegen stellt die staatliche Verurteilung von Ideen, Gedanken, politischen Meinungen und Forderungen mit Hilfe der Geheimdienste ein Instrument der staatlichen Meinungslenkung dar und verletzt so das Zensurverbot des Grundgesetzes, welches schon aufgrund einer der »Bewältigung« dienenden Betrachtung weit auszulegen ist und somit auch ein Verbot der Nachzensur enthält, zumal anders das Verfassungsprinzip der freien Bildung politischer Opposition und die Chancengleichheit für alle Parteien nicht hinreichend gesichert sind.

3. Forderung: Respektierung verfahrensrechtlicher Minimalia des Rechtsstaates

Bei Beachtung des den absoluten Diskriminierungsverboten von Artikel 3 Abs. 3 GG entsprechenden Verbots der Nachzensur nach Artikel 5 Abs. 1 Satz 3 GG dürfte sich eine Rechtsverletzung von betroffenen Personen und Organisationen durch die Veröffentlichung von Grundgesetzpolizeiberichten weitgehend vermeiden lassen. Um jedoch eine Beeinträchtigung des Verfassungsprinzips der freien Bildung politischer Opposition völlig auszuschließen, müssen die generellen Grundsätze des Rechtsstaats auch auf die Veröffentlichung von Grundgesetzpolizeiberichten angewandt werden. Dies bedeutet vor allem, daß Personen und Organisationen, die in Berichten namentlich erwähnt werden sollen, da sie ein im Hinblick auf die FdGO-Prinzipien bedenkliches Verhalten an den Tag gelegt haben, vor Veröffentlichung ein Recht zur Anhörung eingeräumt bekommen. Dieses Recht folgt grundsätzlich aus der Verpflichtung des Staates zur Beachtung der Menschenwürde nach Artikel 1 Abs. 1 GG, die es nach Auffassung des Bundesverfassungsgerichts verbietet, jemanden zum bloßen Objekt staatlicher Maßnahmen zu machen.[99] Dies verpflichtet Behörden dazu, Betroffenen vor einem möglichen Eingriff in ihre Rechte zumindest ein verfahrensrechtliches Mitwirkungsrecht einzuräumen, welches zumindest in einem Anhörungsrecht besteht. Diese aus der Menschenwürde folgenden rechtsstaatlichen Minimalia sind bisher nicht auf die Öffentlichkeitstätigkeit der Geheimdienste angewandt worden, weil man ihnen fälschlicherweise keine rechtliche Bedeutung zugemessen[100] und sie als Teil einer »geistigen Auseinandersetzung« angesehen hat, welche staatlichen Behörden als solchen gar nicht zustehen kann. Die Herausgabe von Verfassungsschutzberichten ist jedoch als allgemeines Verwaltungshandeln anzusehen, mag dieses auch nicht im Sinne von § 28 der Verwaltungsverfahrensgesetze auf den Erlaß eines Verwaltungsaktes gerichtet sein[101], bei dem sich, wie dargestellt[102], der Staat nicht fälschlich auf eine »Meinungsfreiheit« berufen kann, um sich über die rechtsstaatlich zwingenden Verwaltungsvorschriften hinwegzusetzen.[103] Die daher zwingend erforderliche Anhörung[104] kann dazu führen, daß die Bedenken der Grundgesetzpolizei ausgeräumt werden, andernfalls müssen in den Grundgesetzpolizeiberichten die Einlassungen der Betroffenen korrekt referiert werden, etwa in dem Sinne, wie man von einem Strafrichter bei der Abfassung eines Strafurteils erwartet, daß er die Einlassungen eines Angeklagten korrekt wiedergibt und darlegt, warum er diesen nicht folgt. Der mündige Bürger kann sich dann selbst ein Bild davon machen, ob er die amtlichen Vorwürfe für begründet hält oder sie durch die Stellungnahme der Betroffenen ausgeräumt sieht.

4. Forderung: Beendigung des Mißbrauchs des öffentlichen Dienstrechts als Mittel des Verbotssurrogats

Die Nichtbeachtung der vorgenannten rechtsstaatlich gebotenen Grundsätze bei der Herausgabe ideologiepolitisch ausgerichteter Verfassungsschutzberichte ermöglicht den über Disziplinarrecht und Geheimdienste verfügenden Politikern eine Herrschaftstechnik, welche man nur als hinterhältig klassifizieren kann. Wegen der Gewährleistung der Meinungsfreiheit wird es zwar als »noch nicht« disziplinarrechtlich vorwerfbar bezeichnet, wenn ein Beamter nur eine Meinung »hat«, ja selbst die bloße Parteimitgliedschaft wird zugestanden (oder auch nicht?), es wird aber nach der Praxis des bundesdeutschen Parteiverbotssurrogats als eine disziplinarrechtlich vorwerfbare Handlung angesehen, für eine dem Verbotssurrogat unterliegende Partei etwa zum Parlament zu kandidieren.[105] Abgesehen davon, daß mit dieser Konstruktion die Garantie der Meinungsfreiheit auf eine an sich überflüssige Gedankenfreiheit nach der Rechtslage des Augsburger Religionsfriedens von 1555 für Angehörige nicht anerkannter christlicher Sekten reduziert ist, liegt darin auch eine Beeinträchtigung der Garantie des passiven Wahlrechts nach Artikel 48 Abs. 2 GG und eine verfassungswidrige Umgehung der möglichen Beschränkungen des passiven Wahlrechts für Beamte nach Artikel 137 Abs. 1 GG. Im Rahmen der »Liberalisierung« der Radikalenbekämpfung zugunsten der Kommunisten ist man dabei zum Prinzip der »Einzelfallprüfung« übergegangen, deren Kern darin besteht, daß sich für einen Beamten, welcher einer vom Innenminister aufgrund geheimdienstlicher, aber in einem rechtlich unverbindlichen Werk, nämlich im »Verfassungsschutzbericht«, offenkundig gemachter Erkenntnisse als »verfassungsfeindlich« eingestuften Partei angehört, die Vermutung der Verfassungstreue umkehrt: Während diese Verfassungstreue bei Mitgliedern anderer Parteien und bei den zahlreichen gleichgültigen Beamten vermutet wird, wird bei den Mitgliedern unerwünschter Parteien das Gegenteil unterstellt, was der Betroffene jedoch für seinen Einzelfall widerlegen kann. Bemerkenswerterweise macht er dies, indem er nicht für Parteiämter kandidiert oder diese aufgibt[106], damit die Partei den »Verfassungsfeinden« überlassen bleibt. In dieser Konstellation ergibt sich eine Parallele zur US-amerikanischen Verwaltungspraxis, welche in der Mitgliedschaft bei der kommunistischen Partei eine Verletzung des Diensteides auf die amerikanische Verfassung angenommen hatte.[107] Der US Supreme Court hat jedoch diese Behördenpraxis mit der Begründung für verfassungswidrig erklärt, daß man schließlich auch Mitglied in einer Organisation bleiben könne, um ihre rechtswidrigen (verfassungswidrigen) Ziele zu bekämpfen. Im völligen Unterschied zur deutschen Rechtspraxis hat die amerikanische Rechtsprechung zur Überwachung der Mitgliedschaft in der kommunistischen Partei die Beweislast für eine »besondere Absicht« zur Förderung rechtswidriger (verfassungswidriger) Ziele im Rahmen einer solchen Mitgliedschaft dem Staat, d. h. den Vereinigten Staaten, auferlegt, so daß nicht von einer Mitgliedschaft auf rechtswidrige (verfassungswidrige) Absichten geschlossen werden kann oder diese vermutet werden können.[108] In der Tat: Ginge es wirklich um den politischen Pluralismus und die Sicherstellung desselben in einem »verfassungstreuen Rahmen« müßte der entsprechende Beamte, welcher »an sich« wohl »verfassungstreu« ist, sogar ermutigt werden, für Parteiämter bei einer entsprechenden Partei, der er nun einmal aufgrund der (gerade noch zugestandenen) Vereinigungsfreiheit angehört, zu kandidieren. Denn schließlich müßte ein verfassungspolitisches, von der Grundgesetzpolizei in Erwägung zu ziehendes Interesse daran bestehen, daß neue Parteien, für die offensichtlich eine politische Nachfrage im Volk zu bestehen scheint, von verfassungstreuen Kräften gebildet oder übernommen werden. Diese naheliegende Schlußfolgerung hätte jedoch aus der Sicht der etablierten Parteien den parteitaktischen Nachteil, daß dann einer neuen Oppositionspartei nicht mehr mit Hilfe geheimdienstlicher Erkenntnisse in einer für mögliche Wähler und Mitglieder überzeugenden Weise »Verfassungsfeindlichkeit« vorgeworfen werden könnte, wenn diese Partei von lauter »verfassungstreuen« Beamten repräsentiert wird. Eine Hinwendung zur Praxis des amerikanischen Vorbilds ist hier also im Interesse von Rechtsstaat und Demokratie geboten.[109]

5. Forderung: Demokratisierung des Parteiverbots

Damit eine Grundgesetzpolizei wirklich ein »besserer Verfassungsschutz« wird, muß vor allem eine Bestimmung geändert werden, nämlich § 43 BVerfGG über die Antragsberechtigung zur Einleitung eines Parteiverbotsverfahrens: Es muß allen Parteien die Möglichkeit gegeben werden, eine Verbotsdiskussion einleiten zu können, um dann aus »Toleranz« von der Einleitung eines Verfahrens Abstand zu nehmen. In der Tat: Warum soll nicht etwa auch der Partei Die Republikaner die Möglichkeit gegeben werden, z. B. bezüglich der CSU einen Verbotsantrag zu stellen und damit eine »Verbotsdiskussion« einzuleiten, wenn diese Partei mit ideologiestaatlichen Mitteln – etwa: Durchführung von Disziplinarmaßnahmen wegen der Äußerung falscher Auffassungen, Verhinderung der Benutzung öffentlicher Einrichtungen zur Durchführung von Parteitagen, ideologiepolitische Verrufserklärungen in Verfassungsschutzberichten, Manipulation des öffentlich-rechtlichen Rundfunksystems zur Verstärkung der Ächtungserklärung etc. – versucht, das Aufkommen einer demokratisch legitimierten Rechtspartei zu verhindern und somit gegen das Verfassungsprinzip der freien Bildung politischer Opposition agitiert? Falls sich die CSU dabei nichts vorzuwerfen hat, kann sie einem gegen sie gerichteten Verbotsantrag gelassen entgegensehen, weshalb eine gesetzliche Beschränkung der Antragsbefugnis einfach nicht nachvollziehbar ist (auch die angeführte dänische Regelung kennt keine Beschränkung – allerdings ist ein Ausführungsgesetz noch nicht erlassen worden).

Die hier vorgeschlagene Demokratisierung des Antragsrechts auf Einleitung eines Parteiverbotsverfahrens würde automatisch bewirken, daß Artikel 21 Abs. 2 GG mehr in dem Sinne verstanden wird, wie es in der zitierten Vorschrift der dänischen Verfassung enthalten ist. Da Deutsche wohl dazu neigen würden, sich permanent mit Verbotsanträgen zu überziehen, wäre daran zu denken, das vorbildliche türkische Recht (die Masseneinwanderung von Türken könnte vielleicht dazu beitragen, daß die bundesdeutsche Demokratie durch die militante Demokratieschutzkonzeption der jüngsten türkischen Tradition veredelt wird) zu rezipieren[110], welches die Einleitung des Verbotsverfahrens bei einer der Bundesanwaltschaft entsprechenden Institution kanalisiert, wogegen nichts sprechen würde, wenn damit eine Art Klageerzwingungsverfahren verbunden ist, welches dem Bundesverfassungsgericht die Möglichkeit gibt, die Plausibilität der Ablehnung eines Verbotsantrags durch die Bundesanwaltschaft gegen eine Partei zu prüfen. Immerhin stellt die gegenüber dem bundesdeutschen System gerechtere türkische Regelung sicher, daß auch eine parlamentarische Mehrheitspartei verboten werden kann, was in der bundesdeutschen Demokratieform so gut wie ausgeschlossen ist[111] – allerdings sind die Wirkungen des Parteiverbots in der Türkei nicht so weitreichend wie in der freiheitlichen Bundesrepublik: So werden nicht generell Parlamentssitze aberkannt, und es besteht die Möglichkeit, bei Verbot der Mitwirkung bestimmter Personen doch so etwas wie eine Nachfolgeorganisation zu gründen.

6. Forderung: Organisatorische Änderungen

Der ideologische Charakter des bundesdeutschen Verfassungsschutzes wird dadurch prädeterminiert, daß die Behördenorganisation teilweise ideologischen Gesichtspunkten folgt. So gibt es beim derzeitigen Bundesamt für Verfassungsschutz, welches in Grundgesetzpolizeiamt umzubenennen wäre, eine »Abteilung II Rechtsextremismus (einschließlich Rechtsterrorismus)«, eine »Abteilung III Linksextremismus« und eine »Abteilung VII Linksextremistischer Terrorismus«. Legitim ist bei einer Grundgesetzpolizei sicherlich eine Abteilung »Terrorismusbekämpfung«, jedoch haben dort ideologisch-politische Beifügungen wie »links« und »rechts« nichts zu suchen. Die Zusammenfügung von (ideologisch definiertem) Rechtsextremismus mit Terrorismus in einer Abteilung führt sicherlich dazu, daß in der Öffentlichkeitsarbeit des zuständigen Bundesministeriums allzu schnell ein (beabsichtigtes?) Verwischen der polizeilich legitimen Aufgabe der Terrorismusbekämpfung mit der illegitimen, ja illegalen ideologischen Vorgabe, Ideen politischer Opposition zu ächten, erfolgt. Dagegen gewährleistet die organisatorische Trennung im Bereich von »links« eine objektivere Handhabung, die sich ja tatsächlich in »Verfassungsschutzberichten« widerspiegelt. Die Umwandlung des im Ansatz ideologisch ausgerichteten Verfassungsschutzes in eine rechtsstaatlich ausgerichtete Grundgesetzpolizei hat auch Auswirkungen auf die Personalauswahl. Sicherlich besteht dann ein bei weitem geringerer Bedarf an Politikwissenschaftlern, die sich mit Parteiprogrammen und insbesondere mit den geheimen Programmzusätzen auszukennen glauben, sondern gefragt sind dann Experten und Praktiker des polizeilichen Vollzugsdienstes mit einer soliden juristischen Ausbildung.

Wie (geheime) Staatspolizei und Verfassungsschutz bedarf auch die Grundgesetzpolizei einer besonderen parlamentarischen Kontrolle, wodurch vor allem die Entwicklung zu einer Perestroika-Demokratie[112] verhindert werden muß, in welcher in Nachahmung der zaristischen *Subatowschtschina*[113] der Geheimdienst Oppositionsparteien gründet oder unterwandert, um Pluralismus vorzuspiegeln, den man dann mittels »innerparteilicher Demokratie« wieder beenden kann, wenn er außer Kontrolle gerät, oder man staatlicherseits die

Opposition durch Gründung konkurrierender Parteien, teilweise zweifelhafter Art, welche Opposition aus einer bestimmten Richtung als solche diskreditieren soll, schwächt. Das Mittel einer sogenannten »Opposition innerhalb der Opposition«, welche rechtzeitig schreckliche Geheimnisse »offenbart«, scheint im bundesdeutschen Herrschaftssystem auch nicht ganz unbekannt zu sein, denkt man an die Fälle Bösch, Schaal, Brasche und »Axel Reichert«.[114] Man hat zumindest den Eindruck, daß es in der Bundesrepublik sogenannten Neo-Nazismus vor allem deshalb gibt, weil der Verfassungsschutz etwa durch den Einsatz von V-Leuten, welche »Ergebnisse« vorzeigen sollen, für dessen Existenz sorgt.[115] Bei ideologischem Verständnis von Verfassungsschutz führt zumindest die letztlich politische Kontrolle durch ein geheim beratendes parlamentarische Gremium leicht dazu, daß parlamentarisch nicht vertretene Opposition durch Geheimdienstmaßnahmen diskriminiert wird, so daß es angezeigt ist, gesetzlich sicherzustellen, daß in dem parlamentarischen Kontrollgremium Beobachter der parlamentarisch nicht vertretenen politischen Opposition vertreten sind, welchen zwar keine Abstimmungsbefugnis zustehen kann, denen aber Rederecht, eventuell Antragsbefugnis, sicherlich aber Klagebefugnis zum Bundesverfassungsgericht einzuräumen wäre. Offensichtlich kann nicht jede politische Gruppierung vertreten sein, sondern die einzelnen Gruppierungen – vielleicht diejenigen, welche bei Bestehen der Fünfprozentklausel in den vorausgegangenen Wahlen 1 oder 2 % der Wählerstimmen erhalten haben – müßten sich auf neutrale Vertreter ihres Vertrauens einigen, welche selbstverständlich den Vertraulichkeitspflichten eines Mitglieds des parlamentarischen Gremiums unterliegen würden. Das parlamentarische Gremium soll einen von der parlamentarisch nicht vertretenen Opposition vorgeschlagenen Vertreter zurückweisen können, falls dieser nicht die Gewähr für die Beachtung seiner Pflichten bietet, jedoch soll dann im Gerichtswege entschieden werden, ob die vorgebrachten Einwände sich als plausibel darstellen.

7. Forderung: Konzentration auf wirkliche Gefährdungen der Verfassungsordnung

Mit Erfüllung der vorausgegangenen Forderungen würde endlich auch ein Versprechen von Staatssekretär Ritter von Lex eingelöst werden, der bei der Lesung des Bundesverfassungsschutzgesetzes argumentiert hatte, »daß es für die Tätigkeit des Verfassungsschutzes keine sakrosankten Bereiche« geben dürfe. Im Rahmen ihrer prinzipiellen Aufgabenstellung gegenüber »allen Feinden der Demokratie« dürften diese Behörden »auch nicht davor zurückschrecken, in die Reihen der Regierungsparteien hineinzuleuchten«.[116] Dieses rechtsstaatlich zwingend gebotene Versprechen, das deswegen schon nicht besonders glaubwürdig ist, weil es extra hervorgehoben worden ist[117], dürfte in der Geschichte der Bundesrepublik Deutschland – selbst im Spionagebereich, wo häufig zu späte Aufklärung damit wohl zu erklären ist – nie wirklich eingelöst worden sein. Dabei ist doch offensichtlich, daß eine wirkliche Gefahr für den Bestand der Verfassungsordnung – von offenen und bewaffneten »Widerstandsgruppen« oder auch von Gruppierungen, die wie die DKP eine feindliche ausländische Macht vertreten haben, abgesehen, welche selbstverständlich polizeilich zu bekämpfen sind – doch nur von etablierten politischen Kräften ausgehen kann. Auch die NSDAP, welche trotz ihres Verbots durch die Alliierten noch immer das Grundgesetz zu bedrohen scheint, konnte vor der »Machtergreifung« die Verfassungsordnung von Weimar zwar erheblich stören[118], aber wirklich gefährden konnte sie diese erst, als sie etabliert war, und vollends beseitigen konnte sie die Verfassungsordnung – vom Staatsstreich abgesehen, den ebenfalls nur eine an der Macht befindliche Gruppierung durchführen kann – erst, als (auch) »Demokraten« mit verfassungsändernder Mehrheit die demokratische und freie (d. h. nicht nur »freiheitliche«) Verfassung von Weimar mittels eines »Ermächtigungsgesetzes« suspendiert haben. Ähnliche »Demokraten« haben später bei der Errichtung der antifaschistischen DDR-Diktatur mitgewirkt, so daß es eine erhebliche Anmaßung darstellt, daß »Demokraten«, welche entsprechende DDR-Blockparteien integriert haben und deshalb gegen PDS-Demokraten nicht überzeugend argumentieren können, von der grundgesetzpolizeilichen Beobachtung a priori freizustellen seien, was aber den nachvollziehbaren Zweck des ideologiepolitischen Extremismusbegriffs darstellt.[119]

Auch die Verfassung bedrohende Unterwanderungen von Parteien haben eigentlich nur bei etablierten Parteien einen Sinn, da sich bei marginalisierten Gruppierungen schon das Verhältnis von Ertrag und Aufwand nicht lohnt. Wie das Beispiel Italien zeigt[120], wird etwa die Mafia nicht die *Republikaner* zu unterwandern suchen – zumindest solange diese »ausgegrenzt« bleiben – sondern ganz andere, gemeinhin »demokratisch« genannte Parteien. Für eine Grundgesetzpolizei tut sich bei diesem naheliegenden Ansatz eines effektiven Verfassungsschutzes ein weiter, allerdings rechtsstaatlich durchaus fragwürdiger, da den polizeirechtsakzessorischen Charakter des Geheimdienstes tendenziell überschreitender Bereich auf, welcher aber mit Hilfe der FDGO-Prinzipien abgedeckt wäre, nämlich dort, wo für die Integrität der Verfassungsordnung bedenkliche Straflücken bestehen. Zu denken ist hier etwa an strafrechtlich nicht hinreichend erfaßte Formen der Abgeordnetenbestechung und Parteienfinanzierung, welche auf ein Aufkaufen politischer Opposition[121] und auf die Änderung parlamentarischer Mehrheitsverhältnisse[122] hinauslaufen könnten, oder an finanzielle und vergleichbare Verflechtungen angeblich gegnerischer Parteien, wie Personalabsprachen unabhängig vom Wahlausgang[123], wodurch sich diese von »Kartellparteien« zu faktischen Blockparteien (wenn auch ohne Einheitsliste) verwandeln. Des weiteren wären im Interesse der Integrität der Verfassungsordnung auch Formen der heimlichen Zusammenarbeit angeblich gegnerischer Parteien, wie geheime Wahlkampfabreden zu ermitteln, da diese auf eine Beeinträchtigung des Auswahlcharakters freier Wahlen hinauslaufen. In ähnlicher

Weise könnte verbotenen Mechanismen nachgegangen werden, welche die freie Entscheidung von Parlamentariern nach Artikel 38 Abs. 1 Satz 2 GG beeinträchtigen.

Für die Veröffentlichungstätigkeit der Grundgesetzpolizei bzw. der Polizeiminister (Innenminister), welche sich auf die Erkenntnisse der Grundgesetzpolizei stützen, wären sicherlich auch naheliegende Erkenntnisquellen heranzuziehen, wie etwa Gerichtsentscheidungen, welche in dem Bereich ergehen, der die FdGO-Prinzipien tangiert. So belegen Gerichtsentscheidungen, welche Versammlungsverbote aufheben oder Oppositionsparteien den gleichberechtigten Zugang zu staatlichen Einrichtungen sichern[124], daß hier von der Verwaltung objektiv rechtswidrig gehandelt worden ist. Eine verfassungsfeindliche Haltung der Behördenmitarbeiter oder der Politiker, die den Mitarbeitern entsprechende innerdienstliche Weisungen zu rechtswidrigen Verwaltungsentscheidungen erteilt haben, dem Verfassungsprinzip »freie Bildung politischer Opposition« gegenüber ist etwa dann anzunehmen, wenn die Verwaltungsentscheidungen einer ständigen Rechtsprechung zuwider erlassen wurden. Entsprechende Aufzählungen rechtswidriger Behördenentscheidungen in Grundgesetzpolizeiberichten könnten bei Vorliegen entsprechender qualitativer und quantitativer Voraussetzung der diskriminierten Opposition die sachliche Grundlage für eine Verbotsdiskussion geben oder gar aufgrund des geänderten § 43 BVerfGG zur Erhebung einer Parteiverbotsklage gegen etablierte Gruppierungen führen. Umgekehrt würde die geforderte Demokratisierung des Parteiverbotsverfahrens im Rahmen einer an Handlungen orientierten Grundgesetzpolizei dafür sorgen, daß die immer noch feststellbaren massiven rechtswidrigen Behördeneingriffe »gegen rechts« auf ein für die Integrität der Verfassungsordnung erträgliches Maß zurückgehen.

8. und weitere Forderungen

Weitere Forderungen, die zu erheben sind, gehen über den engen Rahmen des sogenannten Verfassungsschutzes im hier diskutierten Sinne hinaus, stehen aber damit in einem notwendigen Systemzusammenhang. Dazu gehören die Änderung des Wahlrechts, und zwar entweder die Abschaffung der Fünfprozentklausel im Rahmen des Verhältniswahlrechts oder aber der Übergang zu dem die Deutschen politisch besser integrierenden, da die Parteienmediatisierung schwächenden Mehrheitswahlrecht, die Öffnung eines plebiszitären Ventils auf Bundesebene, die Privatisierung der Instrumente der bundesdeutschen Meinungssteuerung, d. h. des sogenannten öffentlich-rechtlichen Rundfunksystems, welches Meinungsfreiheit sozialisiert, und die Abschaffung des öffentlich-rechtlichen Zensurrahmens des sogenannten privaten Rundfunks, die erhebliche Zurückführung, wenn nicht Abschaffung der staatlichen Parteienfinanzierung und schließlich die Änderung oder Klarstellung des öffentlichen Dienstrechts, welches entweder die freie politische Tätigkeit der Angehörigen des öffentlichen Dienstes verwirklicht oder umgekehrt es auch den etablierten politischen Kräften verwehrt, den öffentlichen Dienst als ihre Rekrutierungsbasis zu benutzen. Dazu könnte man von den Möglichkeiten des Artikels 137 Abs. 1 GG Gebrauch machen. Die Kombination dieser Elemente würde bei Verwirklichung der anderen Forderungen einer abermaligen Ideologisierung der einmal errichteten Grundgesetzpolizei entgegenwirken.

Als Ausgleich dafür müßte als Instrument eines objektiven und institutionellen, d. h. wirklich relevanten Verfassungsschutzes etwa die Änderung des Grundgesetzes verfahrensmäßig – und nicht wie bei Artikel 79 Abs. 3 GG aus inhaltlichen Gründen – erschwert werden: Man könnte die Änderung des Grundgesetzes davon abhängig machen, daß zum Inkrafttreten des Änderungsgesetzes nicht nur die derzeitige Zweidrittelmehrheit im Bundesrat und Bundestag erforderlich ist, sondern zusätzlich auch die Bestätigung durch eine (einfache) Mehrheit in einer Volksabstimmung. Als Alternative zur Volksabstimmung, dem Horror der politischen Klasse, könnte man daran denken, daß die parlamentarische

Abstimmung in der anschließenden Wahlperiode mit entsprechender Zweidrittelmehrheit oder zumindest mit einfacher Mehrheit bestätigt werden muß. Auch ein Aufgreifen des Artikels 144 Abs. 1 GG (Zustimmung von zwei Dritteln der Landtage der Bundesländer) als zusätzliches Erfordernis für die Grundgesetzänderung könnte als Möglichkeit in Betracht gezogen werden, um die mit dem Grundgesetz errichtete Verfassungsordnung gegenüber »legalen« Verfassungsumstürzen und damit vor dem Erlaß eines neuen Ermächtigungsgesetzes zu sichern. Letztlich geht es dabei um eine Abkühlungsphase, um ein staatsstreichartiges *fait accompli* der politischen Klasse zu verhindern. Die Stabilität des Regierungssystems, deren Mangel gefährliche – »radikale« – Entwicklungen hervorzurufen pflegt, könnte man dadurch sichern, daß dem Bundeskanzler die Möglichkeit der die Abgeordneten zur Räson bringenden Parlamentsauflösung eingeräumt wird, was anstelle des parteienstaatlich vermittelten Fraktionszwangs ein systemadäquates Mittel des parlamentarischen Regierungssystems darstellt. Der Stabilität des Regierungssystems könnte es dienen, wenn man den Diskontinuitätsgrundsatz bei Artikel 69 Abs. 2 GG (Beendigung des Amtes der Regierungsmitglieder bei Neuwahl des Bundestages) aufhebt und eine Neuwahl des Bundeskanzlers selbst nach Neuwahl des Bundestages nur nach den Voraussetzungen des konstruktiven Mißtrauensvotums gemäß Artikel 67 GG zuläßt. Dies soll verhindern, daß ein Adolf Hitler, wie es bei Geltung des Grundgesetzes in den Jahren 1932/1933 der Fall gewesen wäre, gemäß Artikel 63 Abs. 4 GG im dritten Wahlgang mit einfacher Mehrheit zum Bundeskanzler gewählt wird und sich danach mit Hilfe des konstruktiven Mißtrauensvotums nach Artikel 67 GG unter Einsatz geheimdienstlicher Mittel vor der parlamentarischen Abwahl sichert. Anhand dieses Beispiels mag aufgezeigt werden, wie wenig institutionell mit dem zum staatsreligiösen Dokument aufgewerteten Grundgesetz wirklich »bewältigt« worden ist, was wiederum die die institutionellen Schwächen des Grundgesetzes kompensierende Bedeutung des ideologischen Demokratieschutzes als weit vorbeugendes Instrument eines permanenten ideologischen Notstands verständlich macht. Allerdings sollte dabei auch deutlich werden, daß der wirkliche Verfassungsschutz auf einer ganz anderen Ebene gefunden werden muß als bei der Institution des geheimdienstlichen »Verfassungsschutzes« oder auch einer Grundgesetzpolizei. Die wirkliche Problemstellung führt dann allerdings zur Frage der Änderung des Grundgesetzes, wenn nicht gar zur Verfassungsschöpfung nach Artikel 146 GG[125] und damit in Bereiche, die der »Verfassungsschutz« aufgrund der zwischenzeitlich etablierten »Verfassungssouveränität« für »verfassungsfeindlich« hält – zumindest dann, wenn entsprechende Forderungen »von rechts« kommen. Einer freien Verfassung wäre es wohl auch vorbehalten, zum klassischen Staatsschutz zurückzukehren, d. h. die freiheitliche durch eine freie Demokratie zu ersetzen. Dann könnte eine entsprechende Polizeibehörde auch wieder als »Verfassungsschutz« bezeichnet werden, wenn dabei klar ist, daß mit diesem Begriff der klassische Staatsschutz gemeint ist.

Anmerkungen

1 So kommt diese Institution in den Werken des schärfsten vom Verfassungsschutz noch als »systemimmanent« akzeptierten Kritikers der bundesdeutschen politischen Praxis, Hans Herbert von Arnim, nicht vor.

2 Von Arnim meint auf S. 35 seines Buches Die Partei, der Abgeordnete und das Geld. München 1996, daß sich bisher den politischen Kartellen meist nur Die Grünen, neuerdings auch die PDS entziehen konnten; er wußte wohl, weshalb es nicht ratsam ist, statt PDS etwa Republikaner zu schreiben – irgendwie ist der »Verfassungsschutz« also doch gegenwärtig, auch wenn er nicht erwähnt wird.

3 S. Economist vom 29.4.1995, S. 36.

4 S. Joseph A. Schumpeter: Kapitalismus, Sozialismus und Demokratie. München 1975, 4. Auflage, S. 397 ff.

5 Die »Süddeutsche Zeitung« hat deshalb bereits am 20.4.1995, »Nachruf auf die Republikaner«, triumphierend festgestellt, daß dies der entsprechenden Partei den Garaus machen dürfte.

6 NJW 1996, 375 ff., 377; der Europäische Gerichtshof für Menschenrechte hat dabei nicht das »System als solches« bewertet, sondern dieses nur im Einzelfall für menschenrechtswidrig erachtet – weil er sich vorbehalten wollte »gegen rechts«, d. h. gegen deutsche Rechtsparteien

(nur im Falle der Türkei und der Bundesrepublik Deutschland sind entsprechende Verfahren zu erwarten) anders zu entscheiden als zugunsten der im Zweifel international geschützten deutschen Kommunisten? Ist dies der Grund, weshalb sich die bundesdeutsche politische Praxis »gegen rechts« von diesem Urteil wenig beeindruckt zu zeigen scheint?

7 In dieser Legalitätswirkung hat das Bundesverfassungsgericht den Zweck der verfahrensrechtlichen Monopolisierung gesehen; das Entscheidungsmonopol schließt danach ein »administratives Einschreiten gegen den Bestand einer politischen Partei schlechthin aus, mag sie sich der freiheitlichen demokratischen Grundordnung gegenüber noch so feindlich verhalten«, so BVerfGE 5, 140, vor allem aber BVerfGE 12, 305 zugunsten der Parteifunktionäre – von diesem hehren Grundsatz ist mit dem Verbotssurrogat nicht mehr allzuviel geblieben.

8 Vgl. Hermann Borgs / Frank Ebert: Das Recht der Geheimdienste. Stuttgart 1987, Rdnr. 9 zu § 3 A.

9 Horst Meier. In: Die Welt vom 21.5.1999.

10 Lehrbeispiel ist etwa das Verhalten der niedersächsischen SPD: Nachdem Die Republikaner gegen die von der SPD verwaltete Stadt Hannover gerichtlich ein Versammlungsrecht durchgesetzt haben, s. FAZ vom 11.2.1994, hat der DGB-Sprecher erklärt, daß man die Versammlung nicht hinnehmen werde; s. den Leserbrief in der FAZ vom 17.2.1994: »Antifa-Gruppen als Partner«; die diskriminierten REPs sind effektiv gehindert, eine Verbotsdiskussion gegen den entsprechenden SPD-Landesverband einzuleiten.

11 Dazu insbesondere H. H. von Arnim: Fetter Bauch regiert nicht gern. München 1997, S. 205 ff.

12 Man sehe sich nur die Website der Tagesschau im Internet an; dort werden anläßlich bevorstehender Wahlen Links (gemeint: »Verbindungen« und nicht politisch links) zu allen antretenden Parteien hergestellt, nur nicht zu den vom Geheimdienst überwachten Rechtsparteien – geheimdienstlicher Befehl, gemeinsame ideologische Haltung, mangelnde Beherrschung der deutschen Sprache durch häufigen Gebrauch des Engleutsch? Der geheimdienstlich geprägte »Fairständnis«-Begriff erlaubt die Bejahung dieser Fragen.

13 Man hat gelegentlich das Gefühl, daß in einem bundesdeutschen »Tatort«-Film mehr politische Propaganda steckt als in sämtlichen Spielfilmen des sogenannten Dritten Reiches.

14 Das grundlegendste jüngste Werk von Reinhard Ricker / Peter Schiwy: Rundfunkverfassungsrecht. München 1997, muß sich auf S. 58 ff. sehr winden, um angesichts der Struktur des Rundfunksystems das Vorliegen grundgesetzwidriger (Vor-)Zensur zu verneinen; zur geheimdienstlichen Nachzensur in diesem Beitrag.

15 Aufzählung bei Ulrich Wenner: Sperrklauseln im Wahlrecht der Bundesrepublik Deutschland. Frankfurt 1986, S. 1.

16 Eine entsprechende Forderung ist verfassungsfeindlich, wenn sie von

»rechts« erhoben wird, wie sich etwa dem NRW-VS-Bericht 1998 über das Jahr 1997, S. 119, entnehmen läßt.

17 In Rußland sind bei einem Wahlrecht, das dem der Bundesrepublik nachgebildet ist, 1995 49,5 % der Stimmen wegen Scheiterns an der Fünfprozentklausel nicht gezählt worden; s. Hans-Heinrich Nolte: Kleine Geschichte Rußlands. Stuttgart 1998, S. 420; da Rußland jedoch kein Parteienstaat (mehr?) ist, hat dort, anders als in der Bundesrepublik, in der Tat die Erststimme die größere Bedeutung; außerdem wird der Präsident vom Volk gewählt, so daß die wahlrechtlichen Sperrklauseln in Rußland nicht die repressive Auswirkung haben wie in der freiheitlichen Bundesrepublik.

18 So waren etwa bei den Bürgerschaftswahlen in Hamburg am 21. September 1997 19,2 % der Wahlstimmen unberücksichtigt geblieben: FDP 3,5 %; PDS 0,7 %; REP 1,8 %; DVU 4,98 % (sic!); Statt Partei 3,8 % und weitere Sonstige 4,4 %.

19 Eine neue Partei muß mindestens ein Wählerpotential von 7,5 % aufbringen, um die Fünfprozenthürde zu überwinden, weil viele geneigte Wähler die entsprechende Partei in der Befürchtung nicht wählen, ihre Stimme zu »verschenken«; zu den Wählern, die dann die Partei ihrer zweiten Wahl als das »geringere Übel« wählen, sind noch die durchaus politisch interessierten Wähler hinzuzurechnen, die nicht zur Wahl des kleineren Übels bereit sind und daher wegen der antizipierten Wirkung der Sperrklausel sich resigniert der Stimme enthalten; dies läuft durchaus auf eine Verfälschung des Mehrheitsprinzips hinaus.

20 Zu diesem Begriff, s. auch H. H. von Arnim, Fetter Bauch, S. 343 ff., wobei er die ideologischen Implikationen ausblendet, welche dazu nötigen würden, die Institution des Verfassungsschutzes in die Betrachtung einzuführen – dieses ist wiederum für einen deutschen Professor mit Risiken verbunden, da man nicht weiß, was aus der eigenartigen Vorschrift von Artikel 5 Abs. 3 Satz 2 GG (Lehrfreiheit entbindet nicht von Verfassungstreue) alles hervorgezaubert werden kann; eigenartig ist die GG-Vorschrift deshalb, weil sie entweder etwas Selbstverständliches besagt und damit juristisch überflüssig ist, wenn unter »Verfassungstreue« eine auch auf die Verfassung bezogene »Gesetzestreue« verstanden wird, oder andernfalls unterstellt, daß es dem Grundgesetz widersprechende Lehrmeinungen geben kann, womit das Grundgesetz zu einem religiösen Dokument wird: In der Tat spricht der *V*S-Bericht des Bundes von 1999, S. 53, von einer »Leugnung der freiheitlichen demokratischen Grundordnung«, welche demnach »Wahrheiten« enthält!

21 Im NRW-VS-Bericht von 1998 über das Jahr 1997, S. 55, werden die REP kritisiert, daß ausschließlich von »Asylanten« und »Gastarbeitern« die Rede sei, »um die Vorläufigkeit des jeweiligen Aufenthalts zu unterstreichen«, wie es in der Tat juristisch völlig richtig ist, aber geheimdienstlich als »verfassungsfeindlich« erkannt wird!

22 Dies geht so weit, daß es verfassungsfeindlich ist, Thailänderinnen sexuell unattraktiv zu finden, s. NRW-VS-Bericht 1996 über das Jahr 1995,

S. 140; in der geheimdienstlichen Fairständnis-Kampagne wird gezeigt, wie ein (deutscher) Junge ein Negermädchen küßt: Wer dies nicht tun will, scheint Verfassungsfeind zu sein, im Gegensatz zu dem, welcher behauptet, Blondinen unattraktiv zu finden und mit diesen sexuell nichts zu tun haben zu wollen: Die Menschenwürde oder das Menschenbild des Grundgesetzes ist dann wohl nicht verletzt.

23 Zu diesen vom Geheimdienst nicht »beobachteten« Phänomen, Hans-Helmut Knütter: Deutschfeindlichkeit. Asendorf 1991; in VS-Berichten kommt diese vor allem im Dogma der »deutschen Kriegsschuld«, s. NRW-VS-Bericht 1996 über das Jahr 1995, S. 73 (»deutsche Kriegsschuld wird bestritten«), zum Ausdruck, d. h., es geht nicht etwa um die Kriegsschuld des NS-Regimes, so daß Deutsche amtlich immer noch mit dem NS gleichgesetzt werden und damit der historische, aber in einem verspäteten »Widerstand« noch immer gegenwärtige NS auf eine perverse Weise freiheitlich demokratisch legitimiert wird.

24 Bekanntlich ist es verfassungsfeindlich, wie der VS-Bericht des Bundes von 1998, S. 70, deutlich macht, die Nation zum obersten Prinzip zu erheben, d.h. das sich politisch selbst bewußte Volk, mit dem aber »Demokratie« (altgriechisch für: Volksherrschaft) auch in der freiheitlichen demokratischen Grundordnung eigentlich etwas zu tun haben müßte!

25 Dem CDU-Ideologen Geißler ist es wichtiger, Demokrat als Deutscher zu sein, was unterstellt, daß es in Deutschland Demokratie auch ohne Deutsche geben könnte; die ideologischen Ergüsse von VS-Berichten »gegen rechts« kann man in der Tat nur aufgrund dieser bemerkenswerten Demokratiekonzeption begreifen.

26 Immerhin darf man laut VS-Bericht des Bundes von 1998, S. 117, aus sachlichen Gründen den Euro ablehnen, dies jedoch nicht »zu einem fundamental-nationalistischen Angriff gegen die europäische Einigung« benutzen.

27 S. etwa NRW-VS-Bericht 1999 über das Jahr 1998, S. 131; d. h., das Eintreten für die Geltungserstreckung des Grundgesetzes – einst Ziel aller »demokratischen Parteien« – ist im Zuge der Entwicklung der Wertordnung »verfassungsfeindlich« geworden.

28 Man darf deshalb nicht vom »Versailler Diktat« sprechen, wie ein geheimdienstliches Ausrufezeichen im NRW-VS-Bericht 1996 über das Jahr 1995, S. 116, deutlich macht, d. h., es wird noch im Nachhinein auch den Demokraten der Weimarer Republik Verfassungsfeindlichkeit bescheinigt.

29 S. dazu VS-Bericht des Bundes 1998, S. 97, und 1999, S. 74: Verfassungsfeindlichkeit des »Antiamerikanismus«.

30 Der Unterschied zwischen Max Weber und Jürgen Habermas ist dergestalt: Während ersterer durchaus für die »Verwestlichung« (Parlamentarisierung des Kaiserreiches) eingetreten ist, um Deutschland im Wettbewerb mit den führenden westlichen Mächten fit zu halten, versteht letzterer »Verwestlichung« als Unterwerfung unter US-amerikanische Interessen.

31 Es ist deshalb verfassungsfeindlich, Reichskanzler Bismarck positiv zu würdigen, wie der VS-Bericht des Bundes von 1998, S. 74 f., deutlich macht. Bei den einzelnen »Verfassungswerten« geht es nicht darum, wie der Verfasser selbst etwa zum Liberalismus (dessen Anliegen er durchaus positiv sieht) oder zur amtlich als »deutsch« erklärten Kriegsschuld des Nationalsozialismus steht, sondern es geht darum, daß »Liberalismus« im Verständnis der politischen Klasse und »Kriegsschuld« amtlich als Bekenntnis gefordert werden, weil sonst Diskriminierung droht – eine Konsequenz, die wohl mit einem genuinen Liberalismus nichts zu tun hat und im Interesse der Vermeidung der Diskreditierung von »Liberalismus«, wie sie in den USA seit Jahrzehnten üblich geworden ist, von Anhängern des Liberalismus entschieden kritisiert werden muß.

32 Schon das Eintreten für das »Volksganze« ist laut NRW-VS-Bericht 1998 über das Jahr 1997, S. 67, verfassungsfeindlich.

33 Die Ablehnung von Holocaust-Mahnmalen ist deshalb verfassungsfeindlich, wie dem VS-Bericht des Bundes von 1999, S. 49, zu entnehmen ist.

34 Laut NRW-VS-Bericht 1999 über das Jahr 1998, S. 111, kann man, zumindest in der JF, den Begriff »Gesellschaft« »diffamieren«, weshalb nicht verwundert, daß ein Buch wie »Die Wolfsgesellschaft« als Antithese zur Demokratie in der Bundesrepublik freiheitlich beschlagnahmt werden muß.

35 Zum Begriff, s. den Aufsatz von Heidrun Abromeit: Volkssouveränität, Parlamentssouveränität, Verfassungssouveränität: Drei Realmodelle der Legitimation staatlichen Handelns. In: Politische Vierteljahreszeitschrift 1995, S. 49–66, wobei die Bundesrepublik dem letzteren Typ zugerechnet wird, welcher die internationale »Einbindung« und als subjektlose »Demokratie« auch die Auswechslung des Volks erleichtert.

36 Laut NRW-VS-Bericht über das Jahr 1998, S. 110, ist es verfassungsfeindlich, sich »gegen den politischen Anspruch der Aufklärung« zu wenden; unter »Aufklärung« dürfte der Geheimdienst dabei die Ideologie eines Jürgen Habermas verstehen.

37 Dies zu bestreiten, wäre »Agitation gegen die Alleinschuldthese«, was laut VS-Bericht des Bundes über das Jahr 1996, S. 156, verfassungsfeindlich sein muß.

38 Es ist verfassungsfeindlich, Polen für den Ausbruch des Weltkriegs mitverantwortlich zu machen, wie sich der vorgenannten Stelle entnehmen läßt; immerhin ist für ein derartiges »Vergehen« (allerdings im Zusammenhang mit anderen »Vergehen«) mit Billigung des Bayerischen Verfassungsgerichts, NJW 1992, S. 226, ein Lehrer vom Studiendirektor zum Oberstudienrat degradiert worden; polnische Unschuld scheint demnach bundesdeutscher Verfassungswert zu sein.

39 Hier müßte man als Beleg bis zu einem Drittel dessen aufführen, was in VS-Berichten unter »Rechtsextremismus« abgehandelt wird.

40 S. VS-Bericht des Bundes 1990 über das Jahr 1989, S. 125.

41 S. die vom Bundesinnenministerium herausgegebene »Innenpolitik« V/1989 vom 29.11.1989, S. 7, für 1990: »Innenpolitik« V/1990 vom 30.9.1990, S. 14.

42 Es wäre selbstverständlich »Diffamierung demokratischer Politiker« und damit der »parlamentarischen Demokratie«, zu unterstellen, daß sich diese bei diesem Konzept dem amerikanischen Hegemon beugen, obwohl dessen Einflußnahme auf das deutsche Staatsangehörigkeitsrecht zur Erleichterung der EG-Mitgliedschaft der Türkei offensichtlich ist, dazu Christiane Hubo: Verfassungsschutz des Staates durch geistig-politische Auseinandersetzung, S. 225 ff.; nunmehr wird die Verteidigung des Abstammungsprinzips verfassungsfeindlich, wie sich dem VS-Bericht des Bundes von 1998, S. 89, entnehmen läßt.

43 Dieser hat gelautet: »Jeder Bürger ist verpflichtet, im Sinne der Verfassung zu handeln und sie gegen ihre Feinde zu verteidigen«.

44 Artikel 6 der DDR-Verfassung von 1949 hat gelautet: »Boykotthetze gegen demokratische Einrichtungen und Organisationen, Mordhetze gegen demokratische Politiker, Bekundung von Glaubens-, Rassen-, Völkerhaß, militaristische Propaganda und alle sonstigen Handlungen, die sich gegen die Gleichberechtigung richten, sind Verbrechen im Sinne des Strafgesetzbuches.«

45 Nach dem NRW-VS-Bericht von 1999 über das Jahr 1998, S. 117, »verunglimpft« man »demokratische Parteien«, wenn man »die beabsichtigte Änderung des Staatsangehörigkeitsrechts kritisiert, das die größte Gefahr für die Existenz des deutschen Volkes darstelle«.

46 Zur entsprechenden strafrechtlichen Unterdrückung. s. Wolfgang Schuller: Politisches Strafrecht in der DDR 1945–1955. Hamburg 1968, insbesondere S. 56–101.

47 Carl Schmitt: Tyrannei der Werte. Hamburg 1979, S. 37 ff., 55.

48 Erhard Denninger: Freiheitsordnung – Werteordnung – Pflichtenordnung, in: JZ 1975, S. 545 ff.

49 S. dazu VS-Bericht des Bundes von 1997, S. 159, über eine (wohl) verfassungsfeindliche »Meinungsfreiheits-Kampagne«.

50 Zur inneren Verwandtschaft der kommunistischen Grundrechtstheorie mit der Wertordnungslehre s., in Frageform gekleidet, Ernst-Wolfgang Böckenförde: Rechtsauffassung im kommunistischen Staat. München 1967, S. 48 f., 104 f.

51 Hrsg. vom Bundesinnenministerium, Bonn 1999, S. 43.

52 Die Ausführung: »Letztes Jahr wurden … sage und schreibe 7949 Strafverfahren wegen ›Volksverhetzung‹ abgewickelt … Zur Zeit sitzen wegen sogenannter ›Propagandadelikte‹ in Deutschland mehr Menschen hinter Gittern als jemals in den letzten Jahren der DDR« wird im NRW-VS-Bericht 1999 über das Jahr 1998, S. 111, ohne Widerlegung oder eine plausible Gegenargumentation einfach als verfassungsfeindlich diffamiert – so kann man sich in der Tat mit einer kommunistoiden Logik gegen Kritik immunisieren.

53 Artikel 27 Abs. 1 Satz 1 der DDR-Verfassung von 1968/1974 hat ge-

lautet: »Jeder Bürger der Deutschen Demokratischen Republik hat das Recht, den Grundsätzen dieser Verfassung gemäß seine Meinung frei und öffentlich zu äußern.«

54 In einer Entscheidung des VG München, NVwZ 1995, 793 ff., 797, r. Sp., heißt es: »Es ist zwar davon auszugehen, daß die Lehre des ›Universellen Lebens‹ teilweise mit der Wertordnung des Grundgesetzes nicht in Einklang steht. Jedoch ist nicht ersichtlich, daß die Ausrichtung der Lebensführung nach der Lehre des ›Universellen Lebens‹ nur durch Verstoß gegen weltliche Gesetze möglich wäre«: rechtmäßiges Verhalten ist danach also durchaus verfassungsfeindlich!

55 So Patrick Bahner in: FAZ vom 15. 8. 1994: »Wenn Deckerts ›Auffassung zum Holocaust‹ richtig wäre, wäre die Bundesrepublik auf einer Lüge gegründet. Jede Präsidentenrede, jede Schweigeminute, jedes Geschichtsbuch wäre gelogen. Indem er den Judenmord leugnet, bestreitet er der Bundesrepublik ihre Legitimität.«

56 »Wahr« ist laut NRW-VS-Bericht 1996 über das Jahr 1995, S. 112, nunmehr auch die »Tatsache«, daß der 8. Mai »Befreiung« darstellt, womit eine differenzierte Sicht einer historischen Tragik »verfassungsfeindlich« wird; überhaupt wird die Tragik des Menschseins, das ins Christentum eingegangene Erbe des antiken griechischen Weltverständnisses, welches gerade für die Situation der Deutschen – die für den Westen selbst als Gegner des Hitlerregimes Feind waren und daher etwa zur Vermeidung der deutschfeindlichen Massenvertreibungen ungeachtet der »Kriegsschuld« kämpfen durften, selbst wenn dies einem gegenwärtigen Regime zugute kam – kennzeichnend ist, in der Verfassungsreligion der Bundesrepublik völlig negiert: Anstelle des altgriechischen Weltverständnisses, aus dem die Demokratiekonzeption hervorgegangen ist, findet sich die Mentalität einer bestimmten Religionsform, welche bei Vermeidung des Vorwurfs der »Verfassungsfeindlichkeit« nicht benannt werden sollte.

57 Dazu das umfassende Sammelwerk von Erwin K. Scheuch / Gerhard Besier (Hrsg.): Die neuen Inquisitoren. Religionsfreiheit und Glaubensneid, 2 Bde., Osnabrück 1999.

58 S. etwa VS-Bericht des Bundes von 1999, S. 40; dazu die Frage: Widerspricht das »Schüren von Ressentiments« etwa gegen die SPD wirklich dem Menschenbild des Grundgesetzes? Wenn nein, warum das gegen Ausländer? Wenn ja, warum nicht auch das gegen Deutsche?

59 Dazu insbesondere den Beitrag von Herman Weber, S. 174 ff., und von Martin Kriele, S. 382 ff. in Bd. 1 des in Anm. 57 genannten Sammelbandes.

60 Dazu Hans W. Alberts: Das Verbot von Weltanschauungs- und Religionsgemeinschaften. In: ZRP, 1996, 60 ff.

61 BVerwGE 37, 344, vor allem 362 ff.; die »Handlung« der Weltanschauungsgemeinschaft bestand in der Meinungsäußerung, welche kein positives Gesetz verletzt hat (aufgrund der bundesdeutschen Demokratieentwicklung wäre dies nunmehr sicherlich »Volksverhetzung«).

62 Dazu umfassend, Olaf Konstantin Krueger: Eine Republik errötet – Vom ambivalenten Verhältnis zu PDS und Republikanern, Aachen 1995.

63 Dazu Wilfried Böhm: »Totalitärer Liberalismus« – Aktuelle Anmerkungen zu einem Essay von Dwight Macdonald. In: Criticón, Heft 164, S. 54 ff.

64 Vgl. Anm. 8.

65 Borgs-Maciejewski: Verfassungsschutz im internationalen Vergleich. In: Verfassungsschutz in der Demokratie, hrsg. vom Bundesamt für Verfassungsschutz, 1990, S. 165 ff.

66 So zu Recht Schäfer, zitiert bei Hans-Peter Schneider: Der Verfassungsschutz, in: Wir Bürger als Sicherheitsrisiko, hrsg. von Wolf-Dieter Narr, 1977, S. 93 ff., unter Hinweis, daß schon die politische Polizei in Preußen und Reich als »Hohe Polizei« zwischen nachrichtendienstlichen und exekutiven Befugnissen unterschieden habe.

67 Anders als häufig behauptet wird, stehen den Geheimdiensten derartige Befugnisse durchaus zu, da etwa der Einsatz von V-Männern ein Eingriff in mehrere Grundrechte bedeutet, mögen auch Verhaftung und Festnahmen als exekutive Mittel der Polizei vorbehalten sein; so zu Recht Schneider, a.a. O., S. 109.

68 Dazu Okuaira Yasuiro, Die Zensurbehörden in der Periode des Zusammenbruchs des Rechtssystems. In: Nishikawa Masao/Miyachi Masato (Hrsg.): Japan zwischen den Kriegen. Hamburg 1990, S. 323 ff.

69 Der Geheimdienstaktivist und für den ideologischen Senf im Kapitel »Rechtsextremismus« des Verfassungsschutzberichtes des Bundes zuständige Pfahl-Traughber sieht in der Homogenitätsvorstellung eine typisch rechtsextreme Position, s. etwa dessen Agitationsschrift »Brücken zwischen Rechtsextremismus und Konservativismus«, S. 162, verkennt dabei aber, daß er selbst ein derartiges Erfordernis aufstellt, nämlich die Kompatibilität bundesdeutscher politischer Strömungen mit dem »Westen«.

70 Nachweise im anderen Beitrag des Verfassers in diesem Sammelband.

71 Dies ist auch Eckart Werthebach / Bernadette Droste-Lehnen, Der Verfassungsschutz – ein unverzichtbares Instrument der streitbaren Demokratie, in: DÖV 1992, S. 514 ff., 515, aufgefallen.

72 Das Grundgesetz ist juristisch keine besonders gelungene Verfassung und bleibt insoweit weit hinter der Weimarer Reichsverfassung und der Bismarckschen Reichsverfassung zurück; die deutsche Staatsrechtswissenschaft getraut sich diese Erkenntnis kaum auszudrücken; lediglich Dürig, in: Maunz / Dürig / Herzog / Scholz, Rdnr. 3 zu Art. 18, erwähnt die gegenüber der WRV mangelhafte juristische Qualität des Grundgesetzes mehr beiläufig.

73 S. Sabine Laue: Die NPD unter dem Viermächtestatus Berlins. Verhandlungsmasse zwischen den Großmächten. Frankfurt 1993, S. 35.

74 Diesen Aspekt verkennt Horst Meier: Parteiverbot und demokratische Republik, 1994, S. 38 f., wenn er verwundert fragt, warum das BVerfG nicht erwogen habe, seine Zuständigkeit gegenüber dem Ansinnen, die SRP zu verbieten, wegen des vorrangigen Rechts, welches auf der

Grundlage des Gesinnungsrechts nach Artikel 139 GG beruht hat, zu verneinen; dieses Vorgehen hätte als Argument für die Prolongation der Besatzungsherrschaft dienen können: Offensichtlich können »Nazis« in Deutschland nur verboten werden, wenn Besatzungsrecht dafür sorgt; da mußte das bundesdeutsche Verfassungsgericht schon zeigen, daß dem wirklich nicht so ist.

75 S. Keesings Archiv der Gegenwart vom 14.1.1950, S. 2215; in der britischen Zone erst am 30.3.1950; s. Erhard H. Lange: Wahlrecht und Innenpolitik. Meisenheim am Glan 1975, S. 421, Fn. 3, wenngleich nach der Gründung der Bundesrepublik der Lizensierungszwang gelockert worden war.

76 Dazu noch immer grundlegend: Hans Copic: Grundgesetz und politisches Strafrecht neuer Art. Tübingen 1967.

77 Carl Schmitt: Die legale Weltrevolution. In: Der Staat 1978, S. 321 ff., 335, hat dieses Urteil als das »umfangreichste Urteil der Rechtsgeschichte« bezeichnet, welches aufgrund des SRP-Präzedenzfalls ebenfalls äußerst ideologiepolitisch ausgefallen ist, so daß auf seiner Grundlage das zeitlich befristete SPD-Verbot des »Obrigkeitsstaates« ohne weiteres hätte begründet werden können; die KPD hätte allerdings aufgrund des Verbotstatbestandes »Bestand der Bundesrepublik Deutschland«, was mehr dem klassischen Staatsschutz entspricht, verboten werden können, wie Helmut Ridder: Die soziale Ordnung des Grundgesetzes, Opladen 1975, S. 66, zugesteht, welcher sich allerdings vor der Frage, ob die SRP hätte verboten werden können, dadurch drückt, daß er sie als eine gemäß Art. 139 GG »von Anfang an rechtlich verbotene Partei« (S. 57) kennzeichnet: Die linken Kritiker der »wehrhaften Demokratie« flüchten sich immer in den Antifaschismus, welcher doch viel schlimmer ist als die kritikwürdige bundesdeutsche Praxis.

78 Konzeptionell geht dieses auf Art. 30 Abs. 3 der Preußischen Verfassung von 1850 zurück, welcher gelautet hat: »Politische Vereine können Beschränkungen und vorübergehenden Verboten im Wege der Gesetzgebung unterworfen werden«; vom Parteiverbot waren dabei nie die sogenannten Wahlvereine betroffen, d. h., das Wahlrecht der Bürger war damit im »Obrigkeitsstaat« und in der Weimarer Republik anders als in der freiheitlichen Bundesrepublik durch das Parteiverbot nicht beeinträchtigt.

79 Zu den damaligen Parteiverboten, s. Armin Zirn: Parteiverbote nach Art. 21 Abs. 2 GG im Rahmen der streitbaren Demokratie des Grundgesetzes, Tübingen 1988, S. 16 ff. (Kaiserreich) und 26 ff. (Weimarer Republik); hinsichtlich der Rechtsfolgen des bundesdeutschen Parteiverbots hat Wolfgang Abendroth: KPD-Verbotsurteil. In: ders.: Antagonistische Gesellschaft und politische Demokratie. Neuwied; Berlin 1967, S. 139 ff., 153, zu Recht die Frage gestellt, ob »Art. 21 Abs. 2 GG wirklich den Bereich der Freiheit für politische Auseinandersetzungen hinter den Stand zurückwerfen (wollte), der im Deutschen Reich zwischen 1890 und 1933 als unumstritten und selbstverständlich gegolten hat«; dabei hätte statt »1890« (Ende des SPD-Verbots) durchaus »1867« (Ver-

fassung des Norddeutschen Bundes) eingesetzt werden können, da bekanntlich das Parteiverbot des sogenannten Obrigkeitsstaates weniger einschneidend war als das freiheitliche der Bundesrepublik Deutschland.

80 BVerfGE 2, 1 ff., 73.

81 Der Unterschied zwischen § 92 Abs. 2 StGB und den Verfassungsschutzgesetzen besteht darin, daß im Strafrecht »die Menschenrechte« nicht aufgeführt sind; immerhin war der historische Gesetzgeber von 1950 (damals: § 88 Abs. 2 StGB) noch sensibel genug, zu vermeiden, daß Grundrechte den Charakter von Strafnormen gegen Bürger annehmen, also etwas, was seinerzeit zu Recht dem SBZ-Regime vorgeworfen worden ist.

82 Die Abweichungen scheinen dadurch legitimiert, daß das BVerfG seine FdGO-Definition mit einem ominösen »hauptsächlich« eingeleitet hat; damit können Gesetzgeber und Geheimdienste vermuten, daß zur FdGO noch viel mehr und anderes oder auch weniger gehört.

83 Da man zum Zwecke der geheimdienstlichen Überwachung den Republikanern eine Infragestellung des Mehrparteienprinzips vorwerfen wollte – einige Funktionsträger hatten von »Umerziehung« durch Besatzungsmächte gesprochen, womit eine Kritik an der Wiedererrichtung der Demokratie liegen soll – das Niedersächsische Landesverfassungsschutzgesetz (wie andere auch) dieses Prinzip aber gar nicht enthält, mußte der Niedersächsische Verwaltungsgerichtshof diese Abweichung der gesetzlichen FdGO-Definition von der verfassungsgerichtlichen Erkenntnis einfach für irrelevant ansehen, d. h., wenn »man« eine Partei geheimdienstlich überwachen und infiltrieren will, kommt es auf die Gesetzesgrundlage ohnehin nicht so sehr an: Auch das kann man in der freiheitlichen Bundesrepublik anscheinend unter Rechtsstaat verstehen.

84 Dazu Ernst-Wolfgang Böckenförde: Entstehung und Wandel des Rechtsstaatsbegriffs. In: ders. Staat, Gesellschaft, Freiheit. Frankfurt 1976, S. 65 ff., S. 69.

85 Was wieder auf eine Privilegierung der parlamentarischen, d. h. etablierten Opposition gegenüber noch nicht im Parlament vertretenen Opposition hinausläuft; ersterer wird vom Bundesverfassungsgericht zugestanden, sogar »systemimmanente Modifikationen« im Bereich der von Artikel 79 Abs. 3 GG besonders geschützten Grundsätze vorzunehmen (vgl. BVerfGE 30, 1 ff.), letztere wird der Verfassungsfeindlichkeit geziehen, wenn sie etwas Ähnliches fordert, was erstere verwirklichen, wie etwa die erhebliche Verkürzung des gerichtlichen Rechtsschutzes bei geheimdienstlichen Überwachungsmaßnahmen.

86 Logischerweise gilt auch das Umgekehrte: Man muß dann der »Verfassung« treu sein können, indem man Gesetze verletzt; dies heißt dann »Widerstand« und »Zivilcourage«, wobei bestimmte Formen krimineller Zivilcourage von »Antifaschisten« sehr nachlässig geahndet zu werden scheinen; s. FAZ vom 23.8.1995: Kriminelle Vereinigung oder wohlmeinende Regelverletzer. Das Verfahren gegen die Göttinger Autonomen/Justiz unter politischem Druck.

87 So zu Recht Herbert Krüger: Der Verfassungsgrundsatz. In: FS Forsthoff (hrsg. Roman Schnur), München 1972, S. 204.

88 S. insbesondere den weiteren Beitrag des Verfassers in diesem Sammelband.

89 S. 73.

90 Etwa Roman Herzog. In: Maunz / Dürig / Herzog / Scholz, Grundgesetzkommentar Rdnr. 299 zu Art. 5.

91 Anders schon und immer noch unwiderlegt Martin Löffler: Das Zensurverbot der Verfassung, in: NJW 1969, S. 2225, welcher sich allerdings noch nicht mit Verfassungsschutzberichten auseinandergesetzt hat, da diese zum Veröffentlichungszeitpunkt auch weniger bedenklich waren.

92 Herzog, s. Anm. 90.

93 So sogar die Feststellung in einem um Objektivität bemühten linken Werk: »Zensur (im weiten Verständnis, Anm.) war die allgegenwärtige Folge der terroristischen Machtergreifung der Nationalsozialisten, die dann durch ›Gleichschaltung‹ der Institutionen und Kulturlenkung einzelne Eingriffe kaum noch nötig machten und auf Vorzensur sogar verzichten konnten«, s. Kienzle, Logophobie. In: Michael Kienzle / Dirk Mende (Hrsg.): Zensur in der BRD – Fakten und Analysen, München; Wien 1980, S. 16.

94 So hat der DDR-Staatsratsvorsitzende Ulbricht seinerzeit gegen den tschechoslowakischen Reformkommunisten Dubcek nicht ganz unrichtig wie folgt argumentiert: »Als wir aus der Presse erfuhren, daß Sie eine Pressezensur abgeschafft haben, waren wir bei uns erstaunt, weil wir so etwas nicht kannten. Wir haben nie eine Pressezensur gehabt, und Sie sehen, wir sind ganz gut vorwärts gekommen auch ohne Pressezensur«; zitiert bei Jürgen Schwab: Die Meinungsdiktatur. Coburg 1997, S. 64.

95 Was in etwa auch für das sogenannte private Rundfunksystem der Bundesrepublik mit seinen öffentlichrechtlichen Aufsichtsgremien zutrifft.

96 In: Rudolf Wassermann: Kommentar zum Grundgesetz (Reihe Alternativ-Kommentare). Neuwied 1984, Rdnr. 78 zu Artikel 5.

97 Zitiert bei Franz Schneider: »Pressefreiheit, Zensur«. In: Otto Brunner / Werner Conze / Reinhard Kosseleck (Hrsg.): Geschichtliche Grundbegriffe. Stuttgart 1978, Bd. 4, S. 923.

98 Parl. Rat, Sten. Prot. der 25. Sitzung des Grundsatzausschusses, Bl. 10.

99 S. zusammenfassend BVerfGE 50, 166, 175.

100 Daß dies nicht (mehr) zutrifft, ist im anderen Beitrag des Verfassers in diesem Sammelwerk hinreichend ausgeführt.

101 Mit diesem Hinweis ist das VG München, NVwZ 1995, S. 795, der Problematik ausgewichen.

102 Zu der einschlägigen bei Artikel 19 Abs. 3 GG verorteten Rechtsprechung des Bundesverfassungsgerichts s. ebenfalls im anderen Beitrag des Verfassers.

103 Das Problem besteht des weiteren darin, daß ein formelles Verfahren deutlich machen würde, daß in der Herausgabe von Verfassungsschutzberichten der derzeitigen Machart ein wesentliches Element eines Ver-

botssurrogats liegt, d. h. eine Umgehung der Legalitätswirkung vorliegt, die durch die Monopolisierung des Perteiverbotsverfahrens beim Bundesverfassungsgericht erreicht werden soll.

104 Die Auffassung des Bundesverwaltungsgerichts, NVwZ 1994, S. 162, wonach dann, wenn der Staat zur öffentlichen Darstellung der Lehre einer Religionsgemeinschaft berechtigt sei, ohne weiteres folge, daß er hierzu jedenfalls des Einverständnisses der betroffenen Gemeinschaft nicht bedürfe, geht an der Sache vorbei – gerade, wenn ein »Recht« (gemeint: Kompetenz) des Staates besteht, stellt sich nach der Objektformel die Frage des Anhörungsrechts.

105 S. Frankfurter Rundschau vom 16.1.1995, wonach die hessische Landesregierung von der Kandidatur bei der Partei Die Republikaner auf die Identifizierung mit einer Ideologie schließt, die (anders als die der PDS?) mit den Wertvorstellungen der Verfassung nicht vereinbar sei; es geht also um den ideologischen Feind!

106 So die Logik der bayerischen Regierung gegenüber beamteten Mitgliedern der Republikaner; s. Süddeutsche Zeitung vom 4.4.1995.

107 S. dazu Dieter C. Umbach / Sanford Levinson bei Ernst-Wolfgang Böckenförde / Christian Tomuschat / Dieter C. Umbach: Extremisten und öffentlicher Dienst. Baden-Baden 1981, S. 571.

108 Die amerikanische Gesetzgebung ging aufgrund dieser Entscheidungen des Supreme Court dann dazu über, das parteipolitische Engagement von Beamten des civil service überhaupt zu beschränken/auszuschließen, was als verfassungsmäßig erklärt worden ist, da hierbei einer weltanschaulich neutrale Begrenzung der involvierten Grundrechte im Interesse des öffentlichen Dienstes und der Bediensteten selbst vorgenommen würde; dazu: Umbach / Levinson, a.a.O., insbes. S. 580 ff.

109 Diese Rezeption könnte auch in der generellen Beschränkung der parteipolitischen Tätigkeit für Beamte oder bestimmte Beamtenkategorien (Richter, Ministerialbeamte) liegen; es würde hier zu weit führen, auf diesen Gesichtspunkt im einzelnen einzugehen.

110 Zur türkischen Rechtslage s. Ernst E. Hirsch: Die Verfassung der Türkischen Republik vom 9. November 1982. In: Jahrbuch des öffentlichen Rechts der Gegenwart, Band 32, 1983, S. 507 ff., insbesondere S. 524: »Verfassungsmäßig begrenzte freiheitliche Demokratie« und »Beschränkte Gedankenfreiheit«.

111 Eine andere Frage ist natürlich, ob man ein derartiges Regime, welches eine gewisse extrakonstitutionelle Stellung des Militärs voraussetzt, wirklich als Demokratie bezeichnen kann; da dem deutschen Militär eine dem türkischen Militär entsprechende Stellung schon international nicht erlaubt werden würde, müßte in Deutschland wohl die von einem Verteidigungsbündnis (Feind ist »außen«) in ein kollektives Sicherheitssystem (Feind kommt »von innen«) umgewandelte NATO diese Funktion wahrnehmen: Der Wertegemeinschaftskollektivismus ist sicherlich in der Lage, in der wehrhaften Herabstufung der Bundesrepublik Deutschland auf einen Selbstverwaltungsverband »Demokratie« zu erkennen.

[112] Das entsprechende Perestroika-Projekt ist bereits 1983 vorausgesagt worden von Anatoliy Golitsyn: New Lies for Old. London [u.a.] 1984; daß auch in der DDR entsprechende Perestroika-Vorbereitungen im Gange waren, erschließt sich bei Ralf Georg Reuth / Andreas Bönte: Das Komplott, Frankfurt; Berlin 1993.

[113] S. dazu auch Alexander Sinowjew: Katastroika – Gorbatschows Potemkinsche Dörfer. Frankfurt; Berlin 1988, S. 89 ff.

[114] Zu diesen Fällen s. Klaus Kunze: Geheimsache Politprozesse. Uslar 1998, S. 213 ff.

[115] Dazu besonders instruktiv: Burkhard Schröder: Der V-Mann. Hamburg 1997.

[116] S. Walter Imle: Zwischen Vorbehalt und Erfordernis: Eine historische Studie zur Entstehung des nachrichtendienstlichen Verfassungsschutzes nach 1945. München 1985, S. 158.

[117] Es würden sich erhebliche Zweifel am Vorliegen rechtsstaatlicher Verhältnisse ergeben, wenn bei einer parlamentarischen Beratung der Strafgesetzgebung ausdrücklich hervorgehoben würde, daß Strafverfahren auch gegen Mitglieder der im Bundestag vertretenen Parteien eingeleitet werden können, da sich dies von selbst versteht.

[118] Und deshalb auch verboten worden ist, s. Aufzählung bei Walter Schön: Grundlagen der Verbote politischer Parteien als politische Gestaltungsfaktoren in der Weimarer Republik und in der Bundesrepublik. Würzburg 1972, S. 54 ff.

[119] Dazu im anderen Beitrag des Verfassers in diesem Buch.

[120] Zum Prozeß gegen den Christdemokraten Andreotti, s. Süddeutsche Zeitung vom 18./19.9.1999, S. 3.

[121] Wie etwa die Kreditgewährung an die FDP durch die Schweizer Tochter der gewerkschaftseigenen Bank für Gemeinwirtschaft (also der SPD an die FDP), s. von Arnim: Die Partei, der Abgeordnete und das Geld, S. 56.

[122] Darauf ist etwa das Scheitern des konstruktiven Mißtrauensvotum gegen Bundeskanzler W. Brandt zurückzuführen, was auf ein Außerkraftsetzen des für besonders wichtig angesehenen Instituts des konstruktiven Mißtrauensvotums hinausgelaufen ist.

[123] Dazu Erwin K. und Ute Scheuch: Cliquen, Klüngel und Karrieren, Reinbek 1992, S. 72 ff. und 116 ff., sowie diesselben: Inner- und zwischenparteiliche Interessenverflechtungen. In: Aus Politik und Zeitgeschichte B 34–35/92, S. 36 ff.

[124] Daß in diesem Bereich trotz der festen Verwaltungsrechtsprechung noch immer Gerichte angerufen werden, s. etwa VGH Baden-Württemberg DVBl. 1995, S. 302 ff., ist langsam wirklich unerträglich.

[125] Zuletzt befürwortet von H. H. v. Arnim: Die Verfassung hinter der Verfassung. In: ZRP 1999, S. 326 ff., wobei auch in dieser überwiegend überzeugenden Abhandlung der »Verfassungsschutz« ausgeblendet ist, wenngleich die sonstigen Organe der Meinungssteuerung wie »politische Bildung« und von den Parteien kontrolliertes öffentlich-rechtliches Fernsehsystem durchaus genannt werden.

Anhang

Josef Schüsslburner

Beispiel einer dem Rechtsstaatsprinzip entsprechenden Gliederung eines alternativen Verfassungsschutzberichtes entsprechend der Umschreibung der freiheitlichen demokratischen Grundordnung durch das Bundesverfassungsgericht

Vorbemerkung:

Die Gliederung ist als Anregung für einen verfassungskonformen, u. a. das Verbot der Nachzensur beachtenden Verfassungsschutzbericht gedacht. Zur Korrektur und Ergänzung der einseitigen und lückenhaften amtlichen Verfassungsschutzberichte ist ein alternativer Bericht notwendig, den es bisher nicht gibt. Die amtlichen Berichte sind einseitig, weil sie mit Hilfe des ideologisch bestimmten Extremismusbegriffs verfassungsfeindliche Tendenzen in etablierten Parteien und sonstigen Organisationen wie Kirchen und Gewerkschaften bewußt verschweigen, und lückenhaft, wie man etwa daran ersehen kann, daß nur die Spionagetätigkeit östlicher Staaten aufgeführt wird, die viel aktivere der westlichen Partner aber offenbar als legitim und verfassungskonform gilt.

1. Gegen die verfassungsmäßige Ordnung/freiheitliche demokratische Grundordnung als *rechtsstaatliche Herrschaftsordnung* gerichtete Bestrebungen (Schutz der Verfassung als Legalitätsordnung)

   a) Vorbereitung eines gewaltsamen Verfassungsumsturzes

   b) Strafbare Beeinflussung der Willensbildung der Staatsorgane zur Durchsetzung politischer Ziele
      aa) Nötigung von Verfassungs- und Staatsorganen
      bb) Beamten-, Richter- und Abgeordnetenbestechung
      cc) Nötigung von Abgeordneten bei ihrer parlamentarischen Tätigkeit
      dd) Richtereinschüchterung (Versuch der mittelbaren Rechtsbeugung)

c) Anwendung von Gewalt zur Durchsetzung politischer Ziele
   aa) Politischer Terrorismus
   bb) Gewaltsame (Gegen-)Demonstrationen zur Durchsetzung politischer Ziele
   cc) Sonstige politisch motivierte Kriminalität

d) Strafbare Beeinflussung der freien politischen Willensbildung
   aa) Wahlfälschung
   bb) Rechtswidrige Beeinflussung/Nötigung bei der Stimmabgabe
   cc) Gewaltsame Behinderung bei der Teilnahme an politischen Veranstaltungen
   dd) Gewalttätiges Vorgehen gegen Werbematerial gegnerischer Parteien

2. Gegen das *Selbstbestimmungsrecht des Volkes* und die *Volkssouveränität* gerichtete Bestrebungen

a) Landesverrat und Spionage gegen die Bundesrepublik Deutschland

b) Provokationsstrategien ausländischer Geheimdienste (Einschleusen von kriminellen Personen in unliebsame deutsche Parteien)

c) Illegale Masseneinwanderung, Mißbrauch des Asylrechts

d) Erwerb der deutschen Staatsangehörigkeit ohne Aufgabe der früheren Staatsangehörigkeit

e) Gegen die Bundesrepublik Deutschland und das deutsche Volk gerichtete politische Betätigung von Ausländergruppierungen

f) Feindliche Zielsetzungen des Auslands gegen die Deutschen und die Bundesrepublik Deutschland
   aa) Gegen den Bestand der Bundesrepublik Deutschland gerichtete Aktivitäten (etwa Drohung eines Friedensnobelpreisträgers, Deutschland gegebenenfalls von der Landkarte zu radieren)
   bb) Haßpropaganda gegen Deutsche (etwa Aussage eines Friedensnobelpreisträgers, eine bestimmte Gemeinschaft müsse »männlichen Haß« gegen alles Deutsche bewahren)

cc) Bestrebungen, die Bundesrepublik Deutschland einer ausländischen oder internationalen Hoheitsgewalt zu unterstellen
dd) Bestrebungen, die Außengrenzen der Bundesrepublik Deutschland für belanglos zu erklären (auch Kampf gegen die Wiedervereinigung)
ee) Verzicht auf außenpolitische Reziprozität zugunsten deutscher Interessen

3. Gegen *die Achtung vor den im Grundgesetz konkretisierten Menschenrechten, vor allem gegen das Recht der Persönlichkeit auf Leben und freie Entfaltung* gerichtete Bestrebungen

a) Massive Einschüchterung (etwa durch gewalttätige Demonstrationen) von Gerichten, um für politisch motivierte Straftaten, wie Mord oder Körperverletzung, Freispruch zu erzwingen

b) Massive Einschüchterung von Gerichten, Angeklagten aus politischen Gründen keinen fairen Prozeß zukommen zu lassen, um sie so ihrer persönlichen Freiheit unzulässig zu verkürzen

c) Gewalttätige Einschüchterung zum Zwecke der Verhinderung der Verwirklichung von Meinungsfreiheit
aa) Brandanschläge gegen Druckereien oppositioneller Presseorgane
bb) Einschüchterung von Kioskbesitzern, welche oppositionelle Presseorgane anbieten

d) Ideologischer Kampf gegen den Gleichheitsgrundsatz
aa) Propagieren von »umgekehrtem« Rassismus (etwa mittels Kollektivschuldthesen gegen »arische« Deutsche)
bb) Diskriminierende Behandlung deutschstämmiger Aussiedler aufgrund ihrer deutschfreundlichen Einstellung
cc) Ideologische Ausgrenzung von Menschengruppen (»braune Pest«)
dd) Schaffung deutschendiskriminierender Rechtsvorschriften (»Ausländer raus« strafbar – »Deutsche raus« trotz der Erfahrung deutschfeindlicher Massenvertreibung straflos)

e) Verweigerung der Rundfunkfreiheit (kein Zulassungsanspruch für diskriminierte Gruppierungen) zur Machtsicherung ideologisch bevorzugter Gruppen

f) Verhinderung/Beeinträchtigung der Wissenschafts- und Forschungsfreiheit
   aa) Gewaltsame, politisch motivierte Vorlesungsstörungen
   bb) Kennzeichnung von wissenschaftlichen Diskussionsbeiträgen als »Pseudowissenschaft« durch Geheimdienststellen

g) Herabwürdigung von Parteimitgliedern zu einem bloßen Objekt eines Verwaltungsverfahrens (amtliche Verfassungsfeindlichkeitserklärung in Verfassungsschutzberichten ohne Einräumen eines nach der »Objektformel« des BVerfG aus der Menschenwürde folgenden behördlichen Anhörungsrechts)

h) Massive amtliche oder private Ehrverletzung aus politischen Gründen
   aa) Gleichsetzen von Mitgliedern politischer Opposition mit Aids-Gefahr (»Gib rechts keine Chance«)
   bb) Entmenschlichendes Gleichsetzen von Mitgliedern politischer Opposition mit stinkenden Fäkalien

i) Massive Diskriminierung wegen politischer Einstellung in Privatrechtsverhältnissen (= Entbürgerlichung politischer Opposition)
   aa) Kündigung von Arbeitsverhältnissen wegen Zugehörigkeit zu einer »falschen« politischen Partei (etwa wegen dadurch angeblich bewiesener »Ausländerfeindlichkeit«)
   bb) Kündigung eines Mietverhältnisses wegen politisch falscher Geschichtsbetrachtung
   cc) Diskriminierendes Verhalten unter Berufung auf ideologiepolitische Einstufungen in den als rechtlich unverbindlich erklärten Verfassungsschutzberichten

j) Bestreiten von Eigentumsrecht und Rückkehrrecht der deutschen Vertriebenen im Interesse ideologiepolitischer »Einbindung« (Einbindungskollektivismus, welcher die Geltung der Menschenrechte erheblich reduziert)

4. Gegen die *Gewaltenteilung* gerichtete Bestrebungen

   a) Ausübung des sogenannten imperativen Mandats gegenüber Abgeordneten (insbesondere durch Regierungsorgane mittels »innerparteilicher Demokratie«)

   b) Einflußnahme von politischen Parteien auf die Amtstätigkeit von Beamten und Richtern

   c) Unterwandern von Parlamentsfraktionen durch Exekutivorgane (etwa Einschleusen von Geheimdienstmitarbeitern)

   d) Parteipolitisierung des Berufsbeamtentums/parteipolitisches Patronagesystem

   e) Parteipolitisierung der Richterbesetzung

5. Gegen die *Verantwortlichkeit der Regierung* gerichtete Bestrebungen

   a) Mangelnde Konsequenz von Politikern bei (verfassungs-) gerichtlicher Erkenntnis der Verfassungswidrigkeit ihrer Entscheidungen (soweit diese Entscheidungen auf verfassungsfeindliche Einstellung schließen lassen)

   b) Überschreitung von Selbstverwaltungskompetenzen
      aa) Wahrnehmung des allgemein-politischen Mandats durch Gremien der universitären Selbstverwaltung
      bb) Im Auftrag von Regierungs- oder Parteistellen erfolgte Anmaßung politischer Volkserziehung durch (pseudo-unabhängige) öffentlich-rechtliche Rundfunkanstalten (etwa Ausländerfreundlichkeitskampagnen)

   c) »Flucht ins Privatrecht« durch Verwaltungsstellen
      aa) »Private« Veröffentlichungstätigkeit von Verfassungsschutzmitarbeitern im Bereich ihrer dienstlichen Tätigkeit zum Zwecke der Ausweitung der Verfassungsfeindlichkeitserklärung gegenüber oppositionellen Strömungen
      bb) Schaffung halbamtlicher Stellen, für deren Tätigkeit keine staatliche Stelle wirklich verantwortlich ist (etwa: staatliche Finanzierung privater Vereine zur Sektenbekämpfung)

cc) Mißbrauch zivilrechtlicher Befugnisse des Staates zur politischen Diskriminierung (Ausnutzung staatlicher Nachfragemacht bei Ausschreibungen zur Verhinderung der Finanzierung politischer Opposition)

6. Gegen die *Gesetzmäßigkeit der Verwaltung* gerichtete Bestrebungen

a) Politisch motiviertes Hinwegsetzen der Verwaltung über gesetzliche Tatbestände zum Zwecke politischer Diskriminierung

b) Politisch motivierte Ideologisierung unbestimmter Rechtsbegriffe (»öffentliche Sicherheit und Ordnung«) bei der Anwendung des Versammlungsrechts und des allgemeinen Polizeirechts

c) Bewußtes oder grob fahrlässiges Verkennen der Rechtslage im Verwaltungsvollzug
   aa) zum Zwecke ideologisch motivierter gleichheitswidriger Behandlung politischer Gruppierungen
   bb) Politisch motivierte Untätigkeit der Behörden gegen politisch motiviertes rechtswidriges Handeln politischer Gruppierungen (etwa in Fällen krimineller »Zivilcourage« oder bei »Kirchenasyl«)

d) Konkretes Eintreten für Willkürherrschaft
   aa) Forderung, Versammlungen mißliebiger Opposition Polizeischutz zu verweigern
   bb) Forderung nach Aberkennen politischer Rechte wegen als ideologisch falsch angesehener politischer Betätigung

7. Gegen die *Unabhängigkeit der Gerichte* gerichtete Bestrebungen

a) Massive, koordinierte, politisch motivierte Richterschelte/Richterbelobigung
   aa) Beispiel: Vorgehen gegen Richter Orlet im Deckert-Prozeß zum Zwecke der Straferhöhung wegen eines Ideologievergehens (angebliche Menschenwürdeverletzung)
   bb) Beispiel: politisches Lob für Richterschaft, DDR-Diktator Honecker unter Berufung auf Menschenwürde straffrei zu setzen

b) Öffentliche Vorverurteilung bei Strafverfahren
   aa) zum Zwecke, Strafermittlungen in eine ideologisch bestimmte politische Richtung zu drängen
   bb) Politische Ideologisierung von Straftaten zum Zwecke der Erhöhung des Strafmaßes von Angeklagten
   cc) Gewalttätige Demonstrationen gegenüber Gerichten in Strafverfahren mit politisch motivierten Vergehen

c) Verweigerung der Amtshilfe für Justizbehörden bei der Ahndung politisch motivierter Kriminalität

8. Gegen das *Mehrparteienprinzip* gerichtete Bestrebungen

a) Förderung blockparteilicher Tendenzen
   aa) Wahlabsprachen von etablierten Parteien zum Zwecke der Tabuisierung von politischen Themen (wie europäische Währungsreform, Masseneinwanderung, Umsturz des Staatsangehörigkeitsrechts etc.)
   bb) Koordinierte Meinungssteuerung im öffentlich-rechtlichen Rundfunksystem durch »Sprachregelungen« zur Durchsetzung der zwischen den etablierten Parteien vereinbarten Tabuisierung

b) Kartellbildung etablierter Parteien
   aa) Ausgrenzung von Oppositionsparteien nach ideologischen Gesichtspunkten (»demokratische« gegen andere Parteien)
   bb) Personalabsprachen etablierter Parteien auf Gegenseitigkeit
   cc) Bildung einer parteiübergreifenden berufsspezifischen Interessenlage einer politischen Klasse
   dd) Finanzielle und wirtschaftliche Verflechtungen (angeblich) gegnerischer Parteien

9. Gegen die *Chancengleichheit für alle politischen Parteien mit dem Recht auf verfassungsmäßige Bildung und Ausübung politischer Opposition* gerichtete Bestrebungen

a) Beeinträchtigung durch rechtswidriges Behördenhandeln
   aa) Gleichheitswidrige Verweigerung der Zulassung zu öffentlichen Einrichtungen

bb) Rechtswidrige, insbesondere ideologiepolitisch motivierte Veranstaltungs- und Versammlungsverbote
cc) Instrumentalisierung von öffentlichen Ausschreibungen zum Zwecke der Diskriminierung oppositioneller politischer und weltanschaulicher Strömungen

b) Verletzung der staatlichen Neutralität gegenüber allen politischen Strömungen
aa) Ideologiepolitisch motivierte amtliche Veröffentlichungstätigkeit gegen bestimmte Oppositionsparteien (etwa Verwendung des ideologischen »Extremismus«-Begriffes in sogenannten Verfassungsschutzberichten)
bb) Gesinnungsdiskriminierende Disziplinarmaßnahmen gegen Mitarbeiter des öffentlichen Dienstes wegen aktiver Mitgliedschaft bei ideologiepolitisch falschen Parteien/ Beeinträchtigung des passiven Wahlrechts

c) Staatliche Fremdsteuerung politischer Opposition
aa) Ideologiepolitisch motiviertes Infiltrieren von Oppositionsparteien durch interne Geheimdienste (amtliche Provokations- und Spaltungsstrategie)
bb) Nötigung öffentlicher Bediensteter zur »Opposition« (»Distanzierung« durch Verzicht auf passives Wahlrecht) gegenüber ihren Parteien (zur Vermeidung von Disziplinarmaßnahmen)

d) Beeinträchtigung durch Handeln Privater
aa) Verhinderung von Versammlungen, Parteitagen und Wahlkampfveranstaltungen von gegnerischen Parteien durch massive und gewalttätige Gegendemonstranten
bb) Sonstige politisch motivierte Kriminalität gegen Mitglieder gegnerischer Parteien
cc) Unterwanderung gegnerischer Parteien

Hans-Helmuth Knütter, F. Roland A. Richter, Stefan Winckler

Kommentierte Auswahlbibliographie

Vorbemerkung:
Dieses Verzeichnis soll zu weiteren, vertieften Studien anregen. Durch die Enthüllungen über die Staatssicherheit und den KGB ist das Interesse an Geheimdiensten stark angeregt worden. Die Publikationen schillern oft zwischen Sensation und Wissenschaftlicher Seriosität, die im Falle der Geheimdienste aus naheliegenden Gründen besonders schwierig ist.
Hier wurden vor allem – der Zielrichtung dieses Sammelbandes entsprechend – Titel ausgewählt, die direkt oder indirekt über den Verfassungsschutz Auskunft geben.
Wer an einer seriösen Beschäftigung mit den Geheimdiensten interessiert ist, sei auf den »Arbeitskreis Geschichte der Nachrichtendienste e. V.«, Oberstleutnant a. D. Walter Richter M. A., Wellenstr. 48, 53723 Siegburg (E-Mail: walter richter @ t-online.de) hingewiesen.

Uwe Backes / Eckhard Jesse (Hrsg.): Jahrbuch Extremismus und Demokratie. Bonn: Bouvier, 1989–94; ab 1995: Baden-Baden: Nomos.
Das Jahrbuch, der Totalitarismustheorie verpflichtet, enthält die Rubriken »Analyse«, »Daten, Dokumente, Dossiers« und »Literatur«. Dieser umfangreiche Teil ist untergliedert in ausführliche Sammelrezensionen, Hauptbesprechungen einzelner Werke, Kurzbesprechungen, eine kommentierte Bibliographie und eine kommentierte Zeitschriftenauslese. Unter den Mitarbeitern sind auch Angehörige des Bundesinnenministeriums und der Sicherheitsbehörden.

Fritz-Achim Baumann: Polizei- und Nachrichtendienste. In: Innenministerium des Landes Nordrhein-Westfalen (Hrsg.): Rechtsgrundlagen des Verfassungsschutzes in Nordrhein-Westfalen.
Verständliche Einführung in das Recht des administrativen Verfassungsschutzes.

Hermann Borgs-Maciejewski: Was jeder vom Verfassungsschutz wissen sollte. Aufgaben – Methoden – Organisation. Heidelberg:

R. v. Decker & C. F. Müller, 1988. Eine knappe, leicht verständliche Übersicht für den interessierten Laien von einem Abteilungsleiter des Bundesamtes für Verfassungsschutz. Wem diese erste Einführung zu knapp gehalten ist, der sei auf die umfassende Monographie **Verfassungsschutz in der Bundesrepublik Deutschland** von **H. Joachim Schwagerl,** dem ehemaligen Leiter des »Referats für informativen Verfassungsschutz« (Öffentlichkeitsarbeit) in Hessen, verwiesen, auch wenn dieser Band von 360 Seiten bereits aus dem Jahre 1985 (Heidelberg: C. F. Müller Juristischer Verlag) stammt. Zahlreiche Anmerkungen geben dem Werk eine wissenschaftliche Form. Beide Bücher setzen sich ausführlich mit Argumenten auseinander, die gegen den amtlichen Verfassungsschutz ins Feld geführt werden.

Bundesamt für Verfassungsschutz (Hrsg.): Verfassungsschutz in der Demokratie. Beiträge aus Wissenschaft und Praxis. Köln [u. a.]: Carl Heymanns Verlag, 1990.

Der Sammelband erschien zum vierzigjährigen Bestehen des Bundesamtes für Verfassungsschutz. Insgesamt 16 Autoren, z. T. dieselben, die sich an dem früheren Jubiläumsband beteiligten, bemühen sich, »zum Verständnis der Institution ›Verfassungsschutz‹ beizutragen« (Vorwort von W. Schäuble). Unter dem Eindruck des gerade zusammengebrochenen Ostblocks wird die Gefahr des Linksextremismus als gering, die des Rechtsextremismus als größer angesehen (Gerhard Boeden).

Bundesministerium des Inneren (Hrsg.): Verfassungsschutz und Rechtsstaat. Beiträge aus Wissenschaft und Praxis. Köln [u. a.]: Carl Heymanns Verlag, 1981.

Aus Anlaß des dreißigjährigen Bestehens des Verfassungsschutzes äußern sich 17 Autoren zur Notwendigkeit und Rechtfertigung des Verfassungsschutzes.

Dass.: Texte zur Inneren Sicherheit. Bonn: Bundesministerium des Inneren.

Seit Anfang der achtziger Jahre hat das Bundesinnenministerium Referat IS 7 eine große Anzahl von Broschüren veröffentlicht, die sich mit Fragen der Inneren Sicherheit befassen. Mitarbeiter kommen zum Teil aus dem Bereich der Sicherheitsbehörden, deren Sicht der Dinge hier vertreten wird. Diese in hoher Auflage erschienenen Broschüren sind nicht über den Buchhandel, sondern kostenlos über das Ministerium zu beziehen.

Andreas von Bülow: Im Namen des Staates. CIA, BND und die kriminellen Machenschaften der Geheimdienste. München; Zürich: Piper, 1998, zweite Auflage.
Der Autor, von 1969–1994 MdB (SPD), von 1976–1980 Parlamentarischer Staatssekretär beim Bundesminister für Forschung und Technologie, empört sich über den einseitigen Blick der westlichen Politik und Medien auf das Treiben der östlichen Geheimdienste und die Blindheit und Kritiklosigkeit gegenüber westlichen Diensten. Da die Verfassungsschutzberichte ebenfalls westliche Spionagetätigkeit verschweigen, wird das Buch hier aufgeführt, obwohl es sich nicht speziell mit dem Verfassungsschutz befaßt.

Bundesministerium des Inneren: Verfassungsschutz: Bestandsaufnahme und Perspektiven. Halle: Mitteldeutscher Verlag, 1998.
Jene »Beiträge aus Wissenschaft und Praxis« (Untertitel) zu Aufgaben, Kontrolle und rechtlichen Grundlagen dienen vor allem dazu, die Tätigkeiten des Verfassungsschutzes, welche in der fachkundigen Öffentlichkeit kontrovers diskutiert werden, auf wissenschaftlichem Niveau zu rechtfertigen. Wegen dieser Einseitigkeit scheint diese größtenteils von Spitzenbeamten des Verfassungsschutzes und der Innenministerien verfaßte Sammelband zum fünfzigjährigen Bestehen des Bundesamtes für Verfassungsschutz weniger überzeugend als die vergleichbaren vorangegangenen Anthologien des Bundesinnenministeriums.

Erhard Denninger: »Streitbare Demokratie« und Schutz der Verfassung. In: Benda / Maihofer / Vogel: Handbuch des Verfassungsrechts. Berlin ^{3}1994, dritte Auflage, S. 675–716 .
Vertiefte Darstellung des Verfassungsschutzes als Instrumentarium der »streitbaren Demokratie«.

Klaus Eichner / Andreas Dobbert: Headquarters Germany. Die US-Geheimdienste in Deutschland. Berlin: Edition Ost, 1997.
Die beiden Autoren waren in der »Hauptverwaltung Aufklärung« des Ministeriums für Staatssicherheit für amerikanische Geheimdienste zuständig. Das Buch enthält u. a. ausführliche Namenslisten amerikanischer Agenten, die in Deutschland tätig waren.

Geheim. Vierteljahreszeitschrift, Köln, seit 1985, seit 1992 vierteljährlich. Es handelt sich um eine extrem linke Publikation, die manchmal informative, oft aber auch nur polemische Veröffentlichungen über und gegen vor allem westliche Geheimdienste enthält. (K)

Alexander Hirsch: Die Kontrolle der Nachrichtendienste. Berlin 1996, diss iur. München 1995.
Vergleichende Bestandsaufnahme des Rechts der Nachrichtendienste.

Christiane Hubo: Verfassungsschutz des Staates durch geistig-politische Auseinandersetzung – Ein Beitrag zum Handeln des Staates gegen Rechts. Göttingen: Cuvillier Verlag, 1998.
Eine wissenschaftlich fundierte Darstellung der »geistig-politischen Auseinandersetzung mit dem Extremismus«, des sogenannten »positiven« Verfassungsschutzes. Die hervorragende Untersuchung ist als Dissertation bei dem Staatsrechtler Quaritsch an der Verwaltungshochschule Speyer entstanden.

Gotthart Jasper: Der Schutz der Republik. Studien zur staatlichen Sicherung der Demokratie in der Weimarer Republik 1922–1930. Tübingen: Mohr 1963.
Wichtige Untersuchung über das Freiheitsverständnis der Bonner bzw. Berliner Republik. Unerläßlich für die Selbsteinschätzung, die BRD sei »die freiheitlichste politische Ordnung der deutschen Geschichte«.

Peter-Ferdinand Koch: Die feindlichen Brüder. DDR contra BRD. Eine Bilanz nach 50 Jahren Bruderkrieg. Bern, München, Wien: Scherz, 1994.
Eine atembraubende Darstellung der Unterwanderung westlicher Behörden, Institutionen und insbesondere der Geheimdienste durch die Staatssicherheit. Roß und Reiter werden ohne Schonung genannt. Viele Angaben sind nicht überprüfbar, da sie offenbar aus östlichen Quellen stammen.

Klaus Kunze: Geheimsache Politprozesse. Uslar: HeiKun-Verlag, 1998.
Rechtsanwalt Kunze beschreibt, wie »Achtundsechziger« als Beamte und Richter die freiheitlich-demokratische Grundordnung antifaschistisch-doktrinär (um-)interpretieren und wie die Verfassungsschutzämter von den Innenministern gegen politische Konkurrenz mißbraucht werden. Es ist ein parteiisches Buch, verfaßt von einem Rechtsvertreter der Republikaner, und daher sehr stark auf diese Partei bezogen. Die zahlreichen ausführlichen Belege erlauben dem Leser ein eigenes Urteil. Der fast schon elegant zu nennende Stil verdient in jedem Falle ein Lob.

N. N.: Wo steht der Feind? In: »Der Spiegel« 46/1993, S. 76–95

Trotz großen finanziellen Aufwands arbeite der Verfassungsschutz nicht effektiv; anstatt Terroranschläge zu verhindern, hätten es die Ämter fast aussschließlich mit belanglosem Material zu tun. Der Verfassungsschutz habe sich ohnchin mit dem Ende des Ost-West-Konflikts überlebt. Mit einer Fülle an Details, zahlreiche einzelne Personen thematisierend und damit im gewohnten »Spiegel«-Stil geschrieben, einmal mehr institutionenkritisch, bietet dieser lange Artikel einen möglichen Einstieg in das Thema »Verfassungsschutz« nach dem Ende des kalten Krieges.

Claus Nordbruch: Verfassungsschutz. Organisation, Spitzel, Skandale. Tübingen: Hohenrain Verlag, 1998.

Eine scharfe Abrechung mit dem Verfassungsschutz, der sich von einer Sicherheits- zu einer Gesinnungskontrollbehörde entwickelt habe. Obwohl es sich um eine Kritik von rechts handelt, stützt sich der Verfasser stark auf linke Autoren und Materialien. Wertvoll sind die Hinweise, wie der einzelne auf die Beobachtung reagieren kann.

Michael Ostheimer: Verfassungsschutz nach der Wiedervereinigung. Möglichkeiten und Grenzen einer Aufgabenausweitung. Frankfurt: Peter Lang (Europäische Hochschulschriften), 1994.

Diese rechtswissenschaftliche Dissertation spiegelt sehr gut die Debatte um Gegenwart und Zukunft des administrativen Verfassungsschutzes wider, die um 1990 mit dem Zerfall des Hauptfeindes Kommunismus begann. Der Autor steht einer Erweiterung der Aufgaben des Verfassungsschutzes ablehnend gegenüber, denn sie »widersprechen der Systematik des Grundgesetzes«. Die Ämter sollten sich auf die Beobachtung von Bestrebungen beschränken, die gegen die freiheitlich-demokratische Grundordnung gerichtet sind und nicht auf die geistig-politische Auseinandersetzung mit den Mitteln des Verfassungsschutzes.

Klaus Riekenbrauk: Der Verfassungsfeind. Bestimmungen in den veröffentlichten Verfassungsschutzberichten des Bundes und der Länder. Ein Beitrag zum Verfassungsschutz neuerer Art. Münster 1986.

Bei dieser juristischen Dissertation von 1986, die vom neuesten Stand der Rechtswissenschaft ein großes Stück entfernt ist (im Gegensatz zur Promotionsarbeit von Hubo zu einem ähnlichen

Thema von 1998) wird die Öffentlichkeitsarbeit des Verfassungsschutzes anhand der Verfassungsschutzberichte, deren Wirkung in der politischen und juristischen Auseinandersetzung sowie ihre Zulässigkeit erörtert. Ergebnis: »Den Art. 9 Abs. 2, 18 und 21 GG kommen aufgrund ihres Ausnahmecharakters eine Sperrwirkung derart zu, daß andere als in diesen Vorschriften vorgesehene Mittel zur Bekämpfung ›verfassungsfeindlicher‹ Bestrebungen – also auch die Praktiken der Verfassungsschutzberichterstattung – unzulässig sind« (S. 355). Denn was neben diesen Bestimmungen des Grundgesetzes (es sind die Regelungen über Verbote verfassungswidriger Parteien und Organisationen) an streitbarer Demokratie praktiziert werde, geschehe zuungunsten der den Bürgern »gewährleisteten Verfahrenssicherungen« und verkürze »damit in verfassungswidriger Weise den justizförmig gestalteten Schutz vor staatlichen Eingriffen«. Als Folge sieht Riekenbrauk »vermehrte Unsicherheit und schließlich Angst vor Beeinträchtigungen, die – weil nicht mehr an vorbestimmte Verfahren gebunden – unkontrollierbar und damit gefährlicher werden« (S. 341). Diese Rechtsunsicherheit ergebe sich schon aus der unklaren Definition des »Verfassungsfeindes« in den Berichten: vom Schwerstkriminellen bis zum Regierungskritiker werde, so Riekenbrauk, unterschiedlichstes Verhalten darin subsummiert. Das dränge »die Vermutung auf, dass bestimmte mißliebige oppositionelle Gruppierungen in die Grauzone des Verdachtes der ›Verfassungsfeindlichkeit‹ hineingezogen werden, mit der Folge der Ausgrenzung aus dem ›zulässigen‹ politischen Kräftespektrum« (S.133).

Dieser Ablehnung der Verfassungsschutzberichterstattung sei allerdings hinzugefügt, daß sich der Autor erklärtermaßen im Gegensatz zur Rechtsprechung des Bundesverfassungsgerichts bewegt und – im Gegensatz zu den Herausgebern des vorliegenden Sammelbandes – das Konzept der »streitbaren Demokratie« überhaupt ablehnt.

Friedrich W. Schlomann: Die Maulwürfe. Die Stasi-Helfer im Westen sind immer noch unter uns. Frankfurt; Berlin: Ullstein, 1994, zweite Auflage.

Diese vom westlichen Standpunkt aus geschriebene Darstellung erwähnt die Unterwanderung des Verfassungsschutzes durch die Staatssicherheit verhältnismäßig ausführlich im Kapitel »Sicherheitsbehörden«.

Erich Schmidt-Eenboom: Undercover. Der BND und die deutschen Journalisten. Köln: Kiepenheuer und Witsch, 1998.
Ohne direkt auf den Verfassungsschutz einzugehen, zeichnet der Autor ein alarmierendes Bild von der Geheimdienststeuerung der veröffentlichten Meinung in Deutschland.

Burkhard Schröder: Der V-Mann. Hamburg: Rotbuch-Verlag, 1997.
Was der Journalist Burkhard Schröder (bekannt u. a. durch seine Artikel in der »taz«) in diesem sehr spannend geschriebenen Sachbuch darstellt, ist der Werdegang des Verfassungsschutzagenten Michael Wobbe in der neonationalsozialistischen Scene, der durch grobe Fahrlässigkeit des Amtes aufflog. Leitfragen: Warum wird jemand V-Mann; und wer zieht die Drähte? Letztendlich erscheint es vielmehr so, daß ohne die V-Leute des Verfassungsschutzes viele Neonazi-Taten nicht stattgefunden hätten und auch so manche militante Gruppe gar nicht erst entstanden wäre.

Spiegel-Spezial: Geheim. Die Welt der Agenten. Hamburg, Nr. 1/1996, S. 146.

Hansjoachim Tiedge: Der Überläufer – eine Lebensbeichte. Berlin: Verlag Das neue Berlin 1998.
Tiedge, Leiter der Gegenspionage im Bundesamt für Verfassungsschutz, floh 1985 zunächst nach Ostberlin, nach 1990 in die Sowjetunion. Seine Memoiren erschienen dem Verfassungsschutz als so bedrohlich, daß er die zeitweilig beschlagnahmen ließ. Der einzige Erfolg war gesteigertes Interesse in der Öffentlichkeit. Das Buch enthält jahrzehntealte Klatschgeschichten, manchmal lächerlich, manchmal für die Spionagebehörden peinlich. Der Autor nennt Namen von Agenten und infiltrierten Organisationen und veröffentlicht Organisationspläne – aber alles vor 1985.

Über die Autoren

Manfred Brunner, geboren 1947 in München, Rechtsanwalt und Stadtrat in München, 1989 bis 1992 Kabinettschef »Binnenmarkt der Europäischen Kommission«. Buchveröffentlichung: »Kartenhaus Europa? Abkehr vom Zentralismus – Neuanfang durch Vielfalt« (Hrsg., 1994).

Gunnar Digutsch, 1968 in Kiel geboren, studierte nach zweijährigem Dienst bei der Bundeswehr Politische Wissenschaft, Geschichte und Rechtswissenschaften mit Abschluß Magister Artium in Bonn. Seit 1991 ist er Mitarbeiter bei verschiedenen Bundestagsabgeordneten der CDU/CSU-Fraktion. Derzeit promoviert er im Fach Politische Wissenschaft.

Martin Hohmann, 1948 als Sohn ostpreußischer Eltern in Fulda geboren, studierte nach zweijährigem Bundeswehrdienst in Frankfurt Jura. Bis 1984 als Volljurist im Bundeskriminalamt, zuletzt in der Abteilung Terrorismus tätig. Anschließend hauptamtlicher Bürgermeister seiner Heimatgemeinde Neuhof bei Fulda. 1998 Bundestagsabgeordneter als Nachfolger von Alfred Dregger. In Reden und Publikationen beschäftigte sich Hohmann mit Themen wie Grundwerten, jüngere deutsche Geschichte, deutsches Soldatentum sowie Zukunft und Stellung Deutschlands in Europa.

Bernd Kallina, Jg. 1950, Politikwissenschaftler (Dipl. sc. pol.), Absolvent der Werbefachlichen Akademie München WAM, Rundfunkredakteur und Publizist, von 1994 bis 1998 Pressesprecher des Freien Deutschen Autorenverbandes FDA, unter Präsident Professor Werner Ross und Ehrenpräsident Dr. Volkmar Zühlsdorff.

Hans-Helmuth Knütter, geb. 1934 in Stralsund, Studium der Geschichte und Soziologie, Professor für Politikwissenschaft an der Universität Bonn. Zahlreiche Veröffentlichungen zu den Hauptarbeitsgebieten Zeitgeschichte, politischer Extremismus, politische Bildung, darunter: »Ideologien des Rechtsradikalismus« (1962), »Die Juden und die deutsche Linke« (1971), »Die Faschismus-Keule« (1993), »Europa ja – aber was wird aus Deutschland« (als Herausgeber; 1998).

Klaus Kunze, geb. 1953 in Bahrendorf bei Magdeburg, 1972 bis 1975 Polizeibeamter in NRW, 1974 bis 1979 Jurastudium in Köln, 1981 zweites juristisches Staatsexamen. Zunächst Rechtsanwalt in Göttingen, seit 1984 selbständiger Rechtsanwalt in Uslar/Niedersachsen. Buchveröffentlichungen: »Der totale Parteienstaat« (1994), »Mut zur Freiheit« (1995), »Geheimsache Politprozesse« (1998).

Heinrich Lummer, geb. 1932 in Essen, Diplom-Politologe, war von 1967 bis 1986 Mitglied des Abgeordnetenhauses Berlin, 1969 bis 1980 Fraktionsgeschäftsführer. 1980/81 Parlamentspräsident, 1981 bis 1986 Bürgermeister und Senator für Inneres. 1987 bis 1998 Bundestagsabgeordneter. Zahlreiche Veröffentlichungen, u. a. die Monographien »Standpunkte eines Konservativen« (1987), »Asyl – ein mißbrauchtes Recht« (1992), »Das rote Quartett zerbricht« (1999), »Deutschland soll deutsch bleiben« (1999).

F. Roland A. Richter, geb. 1969 in Hannover, studierte 1990 bis 1997 Rechtswissenschaften in Göttingen, Marburg und anschließend wieder Göttingen; 1997 bis 1999 Rechtsreferendar in Wiesbaden, zweites juristisches Staatsexamen 1999. Politische und literarische Veröffentlichungen seit 1997 u. a. in »Criticón« und »Gegengift«.
Internet-Adresse: http://www.geocities.com/roland.richter

Caspar von Schrenck-Notzing, geb. 1927, Publizist. Gründer und langjähriger Herausgeber der Zeitschrift »Criticón«, Leiter des Instituts für konservative Bildung und Forschung (IKBF) in München. Zahlreiche Buchveröffentlichungen, zuletzt »Charakterwäsche« (Neuauflage 1993), »Lexikon des Konservatismus« (Hrsg., 1996), »Critilos Reisen in den freiesten Staat der deutschen Geschichte« (1997).

Josef Schüßlburner, geb. 1954 in Geratskirchen/Niederbayern; Regierungsdirektor, seit 1985 in der Bundesverwaltung; 1987 bis 1989 zur UNO-Rechtsabteilung, Referat für (Völkerrechts-)Kodifikation, New York entsandt und 1997 bis 1999 als nationaler Experte zur EG-Kommission, Brüssel abgeordnet; zahlreiche Beiträge zu juristischen und politischen Themen in unterschiedlichen, u. a. der geheimdienstlichen Nachzensur unterliegenden Magazinen; deshalb aufgrund geheimdienstlicher Unterrichtung (u. a. über einen Artikel zur »Deutschfreundlichkeit der grundgesetzlichen Wertordnung«) Anordnung eines disziplinarrechtlichen Vorermittlungsverfahrens durch Bundesverkehrsminister Wissmann (CDU) und Einstellung desselben, nachdem der im Bundesjustizministerium tätige Vorermittlungsführer in der bloßen Veröffentlichung von Ideen, zumindest grundsätzlich, kein Dienstvergehen erkennen konnte; trotzdem hat das Auswärtige Amt unter Außenminister Fischer (Die Grünen) aufgrund der offen publizierten Gedanken »Sicherheitsbedenken« gegenüber einer geplanten Abordnung an eine bundesdeutsche Auslandsvertretung geltend gemacht. Im Laufe dieses Jahres erscheint sein umfangreiches Werk: »Freiheit unter Vorbehalt – Muß die Verfassung vor den Deutschen geschützt werden?«, welches die Beiträge zu dem vorliegenden Sammelband weiter darlegt.

Stefan Winckler, geb. 1967 in Schöllkrippen/Unterfranken, studierte Publizistik, Politikwissenschaft, Mittlere und Neuere Geschichte in Mainz mit Abschluß Magister Artium. Freier Publizist. Buchveröffentlichung: »Ein kritischer Journalist aus Berlin: Gerhard Löwenthal« (1997), des weiteren Verfasser von Buchrezensionen und Aufsätzen in Zeitschriften wie »Criticón«, »Gegengift«, »Transparenz der Medien« und »Der Selbständige«. Mitwirkung an mehreren Sammelbänden, z. B. Joachim Schäfer (Hrsg.): »Kurswechsel« (1998).